Das neue Recht der Namensaktie

Saarbrücker Studien
zum Privat- und Wirtschaftsrecht

Herausgegeben von Johann Paul Bauer,
Michael Martinek (geschäftsführender Herausgeber)
und Helmut Rüßmann

Band 49

PETER LANG
Frankfurt am Main · Berlin · Bern · Bruxelles · New York · Oxford · Wien

Miguel A. García Mateos

Das neue Recht der Namensaktie

Bestandsaufnahme, Analyse und Kritik

PETER LANG
Europäischer Verlag der Wissenschaften

Bibliografische Information Der Deutschen Bibliothek
Die Deutsche Bibliothek verzeichnet diese Publikation in der Deutschen Nationalbibliografie; detaillierte bibliografische Daten sind im Internet über <http://dnb.ddb.de> abrufbar.

Zugl.: Saarbrücken, Univ., Diss., 2004

D 291
ISSN 1433-8866
ISBN 3-631-53294-6

www.peterlang.de

Saarbrücker Studien zum Privat- und Wirtschaftsrecht

herausgegeben von
Prof. Dr. Johann Paul Bauer
Prof. Dr. Dr. Dr. h.c. Michael Martinek
Prof. Dr. Helmut Rüßmann

Die Schriftenreihe "Saarbrücker Studien zum Privat- und Wirtschaftsrecht" bildet in erster Linie ein Forum für rechtswissenschaftliche Doktorarbeiten der Universität des Saarlandes auf zwei juristischen Schwerpunktgebieten. Zum einen sollen Dissertationen im klassischen Privatrecht, vor allem im bürgerlichen Vermögensrecht der ersten drei Bücher des BGB und ihrer Nebengesetze vorgestellt werden. Zum anderen findet das Wirtschaftsrecht im Sinne des Wirtschaftsprivatrechts besondere Berücksichtigung, womit namentlich die Gebiete des Handelsrechts einschließlich des Bilanzrechts, des Personen- und Kapitalgesellschaftsrechts einschließlich des Konzernrechts, des Gewerblichen Rechtsschutzes sowie des Wettbewerbs- und Kartellrechts bezeichnet sind. Es versteht sich, daß nicht nur rechtsdogmatische Studien, sondern auch rechtstatsächlich, rechtspolitisch oder interdisziplinär angelegte Arbeiten in die Schriftenreihe Aufnahme finden. Denn die Rechts- und Wirtschaftswissenschaftliche Fakultät der Universität des Saarlandes vereinigt unter *einem* Dach die Fachbereiche Rechtswissenschaft und Wirtschaftswissenschaft und regt damit Studenten und Hochschullehrer in besonderer Weise zu fachübergreifender Lehre und Forschung an. Die Schriftenreihe steht aber nicht nur sehr guten und ausgezeichneten Dissertationen, sondern auch anderen "Studien" zu privat- und wirtschaftsrechtlichen Themen offen, bis hin zu Materialien und Skripten des akademischen Unterrichts. Die drei Herausgeber, die zugleich stellvertretend für ihre anderen Saarbrücker Fakultätskollegen des Privat- und Wirtschaftsrechts handeln, verbinden mit den "Saarbrücker Studien zum Privat- und Wirtschaftsrecht" den Wunsch, daß die hier veröffentlichten Arbeiten die verdiente Resonanz in der breiteren juristischen Fachöffentlichkeit finden.

A mi abuela Margarita y a mis padres

Caminante, son tus huellas

el camino, y nada más;

caminante, no hay camino,

se hace camino al andar.

Al andar se hace camino,

y al volver la vista atrás

se ve la senda que nunca

se ha de volver a pisar.

Caminante, no hay camino,

sino estelas en el mar

Antonio Machado

Vorwort

Die vorliegende Arbeit wurde im Wintersemester 2003/2004 an der Rechts- und Wirtschaftswissenschaftlichen Fakultät der Universität des Saarlandes als Dissertation angenommen.

An dieser Stelle ist es mir eine besondere Freude, all denen zu danken, die zum Gelingen dieser Arbeit beigetragen haben.

Mein Dank gilt zunächst meinem Doktorvater Prof. Dr. Dr. Dr. h.c. Michael Martinek, M.C.J. (New York) für die so ausgezeichnete Betreuung dieser Arbeit. Er unterstützte mich bei der Organisation der Arbeit und hatte für meine Anliegen stets ein offenes Ohr.

Mein weiterer Dank gebührt Prof. Dr. Johann-Paul Bauer für die Erstellung des Zweitgutachtens. Schließlich danke ich meinen Eltern und Julia vielmals für ihre stetige Ermunterung und für die große Hilfe bei der Endkorrektur.

Saarbrücken, im Oktober 2004

Miguel A. García Mateos

Inhaltsverzeichnis

I. Einleitung

Kaum ein Rechtsgebiet hat in den letzten Jahren soviel Aufmerksamkeit erfahren wie das - vergleichsweise junge - Rechtsgebiet des Aktienrechts.

Begriffe wie „Aktie", „Old Economy", „New Economy", „DAX" und „Neuer Markt" bzw. „TecDax" sind seit kurzem nicht mehr allein wirtschaftlich interessierten Personen bzw. Wirtschaftsexperten bekannt. Im letzten Jahrzehnt hat sich in Deutschland eine neue „Aktienkultur" entwickelt, die nicht zuletzt durch spektakuläre und medienwirksam präsentierte Börsengänge entstanden bzw. gewachsen ist. So ist die „Aktie" zunehmend für den „Normalbürger" zum (ergänzenden) Vermögensbildungs- und Spekulationsinstrument geworden. Dem gesteigerten Interesse der Anleger entspricht umgekehrt die (Wieder-) Entdeckung der (Klein-)Investoren von Seiten der Unternehmen, die nun versuchen, diese längerfristig an ihr Unternehmen mitgliedschaftlich zu binden. Hierbei ist die in Deutschland in den Hintergrund getretene Namensaktie, welche nur noch bei Versicherungsunternehmen und kleinen Familiengesellschaften ausgegeben worden ist, zunehmend in den Mittelpunkt des Unternehmens- und des Aktionärsinteresses gerückt, zumal die letzten Börsengänge von (kleinen) Gesellschaften mit oftmals innovativem Unternehmensgegenstand dadurch gekennzeichnet gewesen sind, dass sie Namensaktien statt der seit jeher in Deutschland dominierenden Inhaberaktien ausgegeben haben. Diese Tendenz ist dadurch verstärkt worden, dass große Publikumsgesellschaften, wie die DaimlerChrysler AG, Siemens AG, Dresdner Bank AG, Mannesmann AG (heute Vodafone), Deutsche Bank AG und die Deutsche Telekom AG, die teilweise auch im DAX notiert sind, seit 1998 von Inhaberaktien auf Namensaktien umgestellt haben und diese Umstellungen Folgeerscheinungen mit sich bringen, die jeden einzelnen Aktionär betreffen, wie sich beispielhaft aus den Pressemitteilungen der Siemens AG vom 15.07.1999 und der Deutschen Telekom AG vom 08.12.1999[1] entnehmen lässt.

Hintergrund für diese Tendenz ist sicherlich die Anpassung an die aktuellen wirtschaftlichen Rahmenbedingungen, die sich vor allem auf zwei Entwicklungen - der voranschreitenden Verschränkung von Gesellschafts- und Kapitalmarktrecht einerseits und der Internationalisierung und Digitalisierung andererseits - zurückführen lässt.

Von gesetzgeberischer Seite wird diese Entwicklung durch eine im Jahr 1994 begonnene, kontinuierliche Reform des Aktienrechts begleitet. Mit dem „Gesetz zur kleinen Aktiengesellschaft"[2] sind dabei erste Schritte zu einer vorsichtigen Reform des Aktiengesetzes unternommen worden, ohne diese jedoch in ein (ersichtliches) Gesamtkonzept einzubetten. Das „Gesetz zur Kontrolle und Transparenz im Unternehmensbereich" (KonTraG) vom 27.04.1998[3] stellt den nächsten Schritt dar und findet überwiegend Anerkennung. Der bis zum heutigen Datum letzte Reformschritt ist durch das „Gesetz zur Namensaktie und

---

[1] vgl. Anlage I und II
[2] BGBl. I 1994, 1961 ff
[3] BGBl. I 1998, 786 ff

zur Erleichterung der Stimmrechtsausübung – Namensaktiengesetz" (NaStraG) erfolgt, welches am 25.01.2001 in Kraft getreten ist[4].

Ziel dieses Gesetzes ist es, sowohl das Recht der Namensaktie als auch das der Stimmrechtsausübung auf den neuesten Stand zu bringen, um somit der wirtschaftlichen Realität gerecht zu werden[5]. Mit Blick auf das Recht der Namensaktie mussten daher die – aufgrund der bis dahin geltenden Rechtslage – vorhandenen Probleme, die etwa im Zusammenhang mit der Führung des Aktienregisters oder der Hauptversammlung bemerkbar geworden sind, nunmehr gesetzgeberisch geklärt werden. So sind diese Probleme, nicht zuletzt wegen der geringen Verbreitung der Namensaktie, durch eine großzügige Umgehung der Aktienrechtsvorschriften in der Praxis bewältigt worden, wie besonders am Beispiel der Vorlagepflicht der Aktienurkunde nach erfolgtem Rechtsübergang gemäß § 68 Abs. 3 S. 2 AktG a.F., welche bei einer Globalurkunde nicht erfüllbar gewesen ist, deutlich wird. Im Zuge der zunehmenden Ausgabe von Namensaktien, etwa bei Banken, Auto- und Technologieunternehmen, ist jedoch erkennbar geworden, dass die vorhandenen rechtlichen Defizite nicht mehr hinnehmbar sind.

Vor diesem Hintergrund ist die folgende Arbeit nicht dahingehend zu verstehen, dass die Reform des Aktienrechts der letzten Jahre umfassend erörtert werden soll. Vielmehr ist ihr Ziel, aufgrund der immer deutlicher werdenden Dominanz der Namensaktie im Wirtschaftsleben, insbesondere diesen Schwerpunkt des NaStraG, nämlich das Recht der Namensaktie darzustellen, wozu Änderungen vor dem NaStraG gleichfalls heranzuziehen sind, soweit sie für diese Kernelemente Relevanz aufweisen. Unerlässlich ist bei der Darstellung des Namensaktienrechts insoweit auch der Vergleich mit der Inhaberaktie sowie die Darstellung der Praxis des heutigen Aktienhandels, in welchem durch die Einbeziehung der Aktien in die (Giro-) Sammelverwahrung und damit in den Effektengiroverkehr sich die Frage der Auswirkung im Hinblick auf die Namensaktie, insbesondere in Bezug auf die Übertragungsmöglichkeit, stellt. Da das Recht der Namensaktie unzweifelhaft auch due Neuerungen im Hinblick auf die Stimmrechtsausübung bzw. –vertretung umfasst, sind diese gleichfalls Gegenstand der vorliegenden Ausarbeitung, welche sich jedoch des weiteren bemüht, über die bloße Darstellung des Rechts der Namensaktie hinaus, im Simme einer kritischen Würdigung, die „Schwachstellen" bzw. die „Defizite" der aktuellen Rechtslage und gegebenenfalls mögliche (Weiter-) Entwicklungen aufzuzeigen.

---

[4] BGBl. I 2001, 123 ff

[5] vgl. Seibert, a. a. O., ZIP 2000, 937 (939)

II. Entwicklung der Namensaktie

Während es zahlreiche Abhandlungen zur allgemeinen Geschichte der Aktiengesellschaft gibt, finden sich doch nur wenig spezielleren Abhandlungen zur Geschichte der Namensaktie. Die Namensaktie wurde zumeist lediglich am Rande in Untersuchungen zum Bereich der Namens- und Inhaberaktien behandelt. Ein möglicher Grund dafür könnte darin liegen, dass die Namensaktie in Deutschland seit dem 19. Jahrhundert von der Inhaberaktie weitgehend verdrängt worden ist.

1. Die ersten oberitalienischen Aktienbanken

Die Ursprünge des Aktienwesens, und insbesondere der Aktie als solcher, sind nicht vollständig geklärt. Teilweise wird vertreten, dass die Aktiengesellschaft als ein Gebilde des römischen Rechts anzusehen sei, da Parallelen zwischen den Pachtgesellschaften für öffentliche Einnahmen im alten Rom und den modernen Aktiengesellschaften gezogen werden können, welche jedoch nicht nachhaltig erscheinen. Dem ist insbesondere ENDEMANN entgegengetreten, der auf die unterschiedliche Mentalität und die besonderen Wirtschafts- und Vermögensverhältnisse im alten Rom verweist. ENDEMANN sieht in diesen Gesellschaften der Römer Vereinigungen des Geldes und des Geldes wegen, nicht aber Gesellschaften wagender Unternehmer, wie es später die Handelsgesellschaften in Holland sind[6]. Dementsprechend kann daraus gefolgert werden, dass die Aktie in der Antike unbekannt war und ihre Wurzeln vielmehr dem mittelalterlichen und modernen Recht zuzuordnen ist[7].

In diesem Zusammenhang beschreibt RENAUD, dass es auch germanische Wurzeln für die Aktiengesellschaft gibt, da die Gewerkschaften des 12. Jahrhunderts in Deutschland gewisse Parallelen aufweisen:

> *„Offenbar liegt nämlich den Gewerkschaften wie den Actiengesellschaften die gemeinsame Idee zu Grunde, des Betriebes eines gegebenen Unternehmens durch die gemeinschaftlichen Mittel Mehrerer und zum Nutzen derselben im Verhältnis eben dieser Betheiligung, ohne dass die einzelnen Genossen hierbei in die Lage kommen könnten, ihr gesammtes Vermögen einzubüssen, und ohne dass sie sogar unmittelbar, wenn auch nur in beschränktem Masse, von den Gläubigern der Gesellschaft angesprochen zu werden vemöchten. Bei beiden Vereinsformen ist ferner die Mitgliedschaft nicht allein eine vererbliche, sondern auch eine ihrem Wesen nach frei veräusserliche, und in der Veräusserung, hier des Actienrechts, dort des Kuxes, den Genossen das Mittel geboten, sich wegen der in das Unternehmen eingeworfenen Beiträge zu erholen, möglicher Weise allerdings mit einer gewissen Einbusse, möglicherweise aber auch unter Realisirung eines Gewinns. Bei beiden Arten von Gesellschaften endlich findet sich ein Vermögen, an welchem die Vereinsmitglieder einen verhätlnissmässigen Antheil haben, ohne dass ein condominium pro indiviso derselben vorläge – ein Verhältniss,*

---

[6] vgl. Endemann, a. a. O., S. 19

[7] vgl. Renaud, a. a. O., S. 7; vgl. Bösselmann, a. a. O., S. 50 f; vgl. Weber, a. a. O., S. 241 f

welches bei der Gewerkschaft wie bei der Actiengesellschaft zur Aufstellung des abenteuerlichen Begriffs eines Gesammteigenthums geführt hat."[8]

Dessen ungeachtet werden allgemein die frühen oberitalienischen Aktienbanken als Vorläufer des modernen Aktienwesens angesehen. Die erste bekannt gewordene Aktienbank ist die St. Georgsbank (società delle compere e de banchi di S. Giorgio) zu Genua, die seit 1407 als Aktienbank aufgetreten ist, welcher aber die Verkörperung der Kapitalbeteiligung in Gestalt eines Beteiligungszertifikats noch fremd gewesen ist[9].

Als Folge innerer Zerrüttung und äußerer Kriege sahen sich die in Finanznot steckenden italienischen Städte, insbesondere Genua, genötigt, ihren Finanzbedarf durch die Aufnahmen von Darlehen in Form öffentlicher Anleihen von reichen Bürgern zu decken. Dieser als Resultat der Summe aller zur Verfügung gestellten Geldmittel begründete Darlehensfonds (Mons) ist dabei in eine Anzahl von sogenannten „Partialobligationen" gleicher Höhe aufgeteilt worden. Um eine Überschaubarkeit zu gewährleisten, hat man über die Inhaber (luogatario) der einzelnen Anteile ein Staatschuldenbuch (cartularium) geführt, wobei nach dem Eintrag in das Buch die Anteile „loca" bzw. „luoghi" genannt worden sind[10].

Die von den Gläubigern nicht kündbaren Anteile gewährten dem luogatario, der seinen Titel in Form des Kaufes übertragen konnte, ohne dass es einer Umschreibung im „cartularium" bedurfte, neben Privilegien, wie etwa die Freiheit von Arrest und Besteuerung, in Höhe des Nominalbetrages eine Forderung gegen den Staat auf Kapital und hohe Zinsen. Diese konnten jedoch zumeist vom Staat nicht aufgebracht werden, mit der Folge, dass den Staatsgläubigern (comparae) als Sicherungsmittel gewisse Staatseinkünfte, deren Verwertung zumindest teilweise die Zinsforderung decken sollte, zugewiesen worden sind[11].

Mit dem Zusammenschluss aller Staatsgläubiger und der damit verbundenen Gründung der vormals erwähnten St. Georgsbank im Jahre 1407 ist jedoch eine wesentliche Änderung eingetreten. Die bis dahin einzeln ihre Ansprüche geltend machenden Staatsgläubiger haben ihre Rechtsposition auf die gegründete St. Georgsbank übertragen, indem sie fast sämtliche Anteile und Forderungen auf diese vereinigten, so dass nunmehr die St. Georgsbank der Stadt als Gläubigerin gegenübergetreten ist. So ist ein zu 8% verzinslicher Gesamtbetrag von 476.706 loca à 100 Lire gebündelt worden, welcher das (Grund-)Kapital der St. Georgsbank ausmacht hat. Dieses „Gesamtkapital" seinerseits ist wie-

---

[8] vgl. Renaud, a. a. O., S. 8

[9] vgl. Fick, a. a. O., ZHR 5 (1862) S. 40 f; vgl. v. Rottenburg, a. a. O., S. 4; vgl. Renaud, a. a. O., S. 12; vgl. Bösselmann, a. a. O, S. 50; vgl. Lehmann, a. a. O., S. 44 ff; vgl. Happ, a. a. O., in FS Bezzenberger 2000, 111 (115)

[10] vgl. Lehmann, a. a. O., S. 42 f; vgl. Renaud, a. a. O., S. 13; vgl. Bösselmann, a. a. O., S. 52

[11] vgl. Happ, a. a. O., in FS Bezzenberger 2000, 111 (115); vgl. Lehmann, a. a. O., S. 43/45; vgl. Renaud, a. a. O., S. 13; vgl. Bösselmann, a. a. O., S. 52

derum in gleiche Anteile eingeteilt und entsprechend von den „Altgläubigern" der Stadt Genua gehalten worden[12].

Die organisatorische Verfestigung der Strukturen, wie z. B. der vereinbarte jährliche Wechsel des Vorstands und die Regelung der Art und Weise seiner Wahl, ist sukzessive erfolgt[13].

Nachdem der Staat nicht mehr in der Lage gewesen ist, die vereinbarte Zinsleistung zu erbringen, hat sich im Jahre 1419 ein weiterer Schritt vollzogen, der die damalige Aktienbank dem heutigen Verständnis einer Aktiengesellschaft angenähert hat, in dem die hohe Verzinsung durch die Zahlung einer Dividende ersetzt worden ist[14]. Die Dividendenzahlung ist dabei zunächst vierteljährlich erfolgt, da die Zinsen ursprünglich vierteljährlich zur Auszahlung kamen, was sich jedoch im Jahre 1456 zugunsten einer jährlichen Dividendenzahlung geändert hat. Die Umwandlung von einer festen Verzinsung zu einer Dividendenzahlung hat dazu geführt, dass aus den ursprünglichen Gläubiger nunmehr ein „Aktionär" und aus dem „Rentenpapier" ein „Dividendenpapier" geworden ist, wobei die Dividende den Zinsbetrag von 7% niemals erreicht hat[15].

Trotz der Tatsache, dass die St. Georgsbank juristische eine Aktiengesellschaft dargestellt hat, ist sie doch keine spekulative Handelsgesellschaft gewesen, auch wenn ihr Grundkapital im Laufe der Zeit Schwankungen erlebt hat. Nach wie vor hat es sich bei der St. Georgsbank im Kern um ein eher öffentliches Institut von (ehemaligen) Staatsgläubigern gehandelt, die dementsprechend vorsichtig ihre Geschäfte geführt hat[16].

Die jeweiligen Anteile sind frei übertragbar geblieben, ohne dass es einer Umschreibung im cartularium bedurft hat, weshalb die Eintragung im selben lediglich Beweiszwecken gedient hat. Auch wenn wohl Bescheinigungen über die Eintragung erteilt worden sein dürften, hat es doch an einer Verbriefung des Anteils- bzw. Mitgliedschaftsrechts in Gestalt einer Aktienurkunde im modernen Sinn gefehlt[17].

Trotz der Neuerungen, die sich im Zuge der Gründung und Etablierung der St. Georgsbank im Wirtschaftsleben widergespiegelt haben, ist es nicht zu einer nennenswerten Verbreitung dieses Modells gekommen[18].

Erwähnenswert im Hinblick auf die Geschichte der Namensaktie ist des weiteren die Ambrosiusbank (banco di S. Ambrogio), obwohl sie sich, was sowohl die Entstehungsgeschichte als auch die Struktur und die Bewertung der

---

12 vgl. Renaud, a. a. O., S. 13; Lehmann, a. a. O., S. 43; vgl. Bösselmann, a. a. O., S. 52

13 vgl. Renaud, a. a. O., S. 14

14 vgl. Bösselmann, a. a. O., S. 52; vgl. Lehmann, a. a. O., S. 44; vgl. v. Rottenburg, a. a. O., S. 4

15 vgl. Bösselmann, a. a. O., S. 52; vgl. Lehmann, a. a. O., S. 45 f

16 vgl. Lehmann, a. a. O., S. 45; vgl. Bopp, a. a. O., S. 12 f

17 vgl. Happ, a. a. O., in FS Bezzenberger 2000, 111 (115); vgl. Lehmann, a. a. O., S. 45

18 vgl. Lehmann, a. a. O., S. 45/ 52; vgl. Bösselmann, a. a. O., S. 52

Rechtslage der jeweiligen Mitglieder bzw. Teilhaber betrifft, wesentlich von der St. Georgsbank unterscheidet[19].

Bei dieser in Anlehnung an die St. Georgsbank im Jahre 1592 in Mailand errichteten (Ambrosius-)Bank, welche im Jahre 1598 zur Aktienbank umgewandelt worden ist, hat es ursprünglich an einer Verkörperung der Beteiligungen gefehlt. Die „luoghi" haben von Anfang an auf den Namen des Inhabers – dem „luogatario" - gelautet, welcher eine Quittung (ricevuta, recapito) über die Zahlung seiner Einlage auf der von ihm gemachten Offerte im Gegenzug erhalten hat. In Ermangelung der Existenz einer Aktienurkunde ist eine Kopie dieser Quittung in ein Buch eingetragen worden, woraus zu schlussfolgern ist, dass die „ricevuta" lediglich als Bescheinigung über das Guthaben gedient hat[20].

Im Laufe der Zeit ist es dann üblich geworden, über die Beteiligung eine Art von Aktienurkunde auszustellen, wobei spätestens seit 1675 dem Inhaber des Anteils eine *„cartella, checonteneva la conditione di pagarsi capitale al Presentatore"* ausgestellt worden ist, welche jedoch offensichtlich nur widerstrebend Akzeptanz gefunden hat. Desgleichen finden sich zum gleichen Zeitraum sogenannte *„cartelle al Presentatore"* über die *„utili"*, bei der es sich in Wahrheit um einen Kuponschein gehandelt hat, der als fixer Zinsschein an die Stelle der variablen Dividende getreten ist. Hintergrund für diese Entwicklung ist die immer schlechter werdenden Finanzsituation der Stadt Mailand gewesen, die schließlich 1662 dazu geführt hat, dass den luogatarii statt der Dividende wieder feste Zinsen zugesichert worden sind, weshalb die „luoghi" verschiedentlich nicht als Dividenden-, sondern als Rentenpapier qualifiziert worden ist[21].

2. Die großen Handelskompagnien und die Bildung der modernen Aktiengesellschaft

Obwohl mit der St. Georgsbank und der St. Ambrosiusbank die ersten Anzeichen für die moderne Aktiengesellschaft zu sehen sind, sind es vor allem die großen Handelskompagnien in der zweiten Hälfte des 17. Jahrhunderts gewesen, die neben anderen „Kapitalvereinigungen" dieser Zeit, wie Reedereien, Gewerkschaften, Genossenschaften etc., von großer Bedeutung für das moderne Aktienwesen gewesen sind und dieses popularisiert haben[22].

Die Gründung der Handelskompagnien, deren vornehmliche Funktion darin bestanden hat, das nötige Kapital für überseeische Unternehmung zu sammeln, sind dabei nur vor dem Hintergrund der kolonialen Bewegung der wichtigsten europäischen Staaten – mit Ausnahme des Deutschen Reiches, wel-

---

[19] Näheres hierzu unter Lehmann, a. a. O., S. 46 ff

[20] vgl. Lehmann, a. a. O., S. 47/50

[21] vgl. Lehmann, a. a. O., S. 50; vgl. v. Rottenburg, a. a. O., S. 5; vgl. Bopp, a. a. O., S. 13

[22] vgl. Lehmann, a. a. O., S. 21 ff/52; vgl. Bösselmann, a. a. O., S. 52 ff; vgl. Weber, a. a. O., S. 243

ches als Folge des 30-jährigen Krieges sowohl wirtschaftlich als auch politisch zerrüttet gewesen ist -, zu verstehen[23].

Die wohl erste dieser Handelskompagnien ist die in Holland am 20.03 1602 aus mehreren kleineren kaufmännischen Unternehmungen gebildete Niederländisch-Ostindische Kompagnie[24] gewesen, die wegen ihres großen Erfolgs und insbesondere wegen der beeindruckenden Kursentwicklung von 650 Prozent in den ersten 70 Jahren ihres Bestehens bald in Holland – wie auch in anderen europäischen Staaten - nachgebildet worden ist, so u.a. in Gestalt der 1621 errichteten Kompagnie von Surinam bzw. der holländisch-westindischen Kompagnie[25].

Die noch heute in Kontinentaleuropa verbreitete und an die niederländische Sprache angelehnte Terminologie, die den Anteil bzw. den Beleg über die Erbringung der Einlage als „Aktie", welches die niederländische Form des lateinischen Wortes „actio", d.h. „Anspruch" ist, und den Inhaber als „Aktionär" (ursprünglich Aktionist) bezeichnet, dürfte aus der Zeit um 1600 stammen, wobei das Wort „Aktie" erstmals um 1606 erwähnt wird[26].

Während in Kontinentaleuropa der holländische Typus der Handelskompagnie die Grundlage des heutigen Aktienwesens darstellt, hat sich in England und in der Folgezeit im gesamten vom Common Law dominierten (Rechts-) Raum ein anderer – zwar am holländischen Modell angelehnter, jedoch selbständiger – Typus von Kompagnie gebildet. Diese Selbständigkeit spiegelt sich auch heute noch in einem grundlegend anderen Verständnis des Aktienwesens wider und kommt auch terminologisch zum Ausdruck, wie sich durch die Begriffe „share" statt „Aktie" oder „shareholder" statt „Aktionär" belegen lässt[27].

---

[23] vgl. Baums, a. a. O., S. 12; vgl. Weber, a. a. O., S. 243; vgl. Lehmann, a. a. O., S 52/75

[24] Zeitlich gesehen folgten ihr u.a. die:

Englisch-Ostindische Komagnie	1613
Schwedische Handels-Kompagnie	1615
Dänisch-Ostindische Kompagnie	1616
Fränzösisch Compagnie des Indes Occidentales	1628
Brandenburgisch-Ostindische Kompagnie	1651
Brandenburgisch-Afrikanische Komagnie	1682
Brandenburgisch-Amerikanische Kompagnie	1688
Mississippi-Gesellschaft (Compagnie d'Occident)	1717
Orientalische Handelskompagnie zu Wien	1719

und einige 50 weitere Kompagnien. Ferner folgten auch Banken

Bank von England	1694
Banque Royale	1720

[25] vgl. Renaud, a. a. O., S. 16 f; vgl. Lehmann, a. a. O., S. 53/59; vgl. Bösselmann, a. a. O., S. 56 f

[26] vgl.Lehmann, a. a. O., S. 53; vgl. Bösselmann, a. a. O., S. 53; vgl. Bopp, a. a. O., S. 13; vgl. Henn, a. a. O., Rn 1

[27]vgl. Lehmann, a. a. O., S. 62; vgl. Renaud, a. a. O., S. 26., vgl. Bösselmann, a. a. O., S. 57

Die für ihre Tätigkeit in den Kolonien erforderliche Übertragung von Hoheitsrechten hat sich regelmäßig in der Form eines Octrois seitens des Landesherrn vollzogen. Als Octroi bezeichnet man die über die Genehmigung einer privilegierten Handelsgesellschaft ausgestellte obrigkeitliche Urkunde, durch welche alle den Beteiligten und deren Rechtsnachfolgern bewilligten Ausnahmen von der Anwendung des allgemeinen Rechtes fixiert sind. Die durch Octroi verliehenen Privilegien haben im Einzelfall darin bestehen können, dass die Kompagnie von Steuern und anderen Abgaben befreit, ihr Ausschließlichkeitsrechte (Monopole) eingeräumt, eine Schutzzollpolitik zugunsten ihrer Waren oder ein anderer spezieller Schutz zugesagt oder ihr Personal von der Militärpflicht befreit worden ist. Auch haben die Privilegien darin bestehen können, dass man die Aktien der Kompagnie nicht mit Arrest belegen durfte oder die persönliche Haftung der handelnden Vorsteher für die Schulden der Kompagnie ausgeschlossen worden sind[28], weshalb das Octroi folglich als eine Art Einzelgesetz angesehen werden kann. Dennoch ist das Octroi nicht mit der Verfassung der Handelskompagnie, welche die innere Struktur regelt, zu verwechseln, obwohl regelmäßig im Rahmen des konstitutiven Octrois den Kompagnien auch die innere Struktur vorgegeben worden ist[29].

Trotz der staatlichen Einflussnahme und Beaufsichtigung, beispielsweise durch die Überwachung der Zeichnung, die Ernennung des Vorstandes, etc, die jedoch von Staat zu Staat variierte, ist die Aktienkompagnie als juristische Person des Zivilrechts zu charakterisieren[30] und war grundsätzlich allen Anlegern offen.

Der Eintritt in eine solche Gesellschaft ist regelmäßig im Wege der Sukzessivgründung aufgrund einer schriftlichen Zeichnung in einem an der Zeichenstelle geführten Buch oder in einem besonderen Zeichnungsschein erfolgt, zu welcher eine öffentliche Aufforderung ergangen ist. Die Anteile der einzelnen Aktionäre sind mit Angabe des Betrags der Einlage und des Namens des Einlegenden in das Buch der Gesellschaft eingetragen worden, und über die erfolgte Zahlung ist die Aktie als Beleg ausgestellt worden, der zugleich den Hinweis enthalten hat, dass die Eintragung in das Buch erfolgt sei[31].

Rechtlich erscheint dabei die Zeichnung als Antrag, welcher der Annahme bedarf, damit die Mitgliedschaft entsteht. Dieser Zeichnungsakt hatte nämlich die Verpflichtung des Zeichnenden zur Erbringung der Einlage zur Folge, welche üblicherweise in mehreren Raten zu leisten gewesen ist, wobei der Zeichner mit Zahlung der ersten Rate einen Beleg (Recepisse) über die von ihm erbrachte Leistung erhalten hat. Die Ausgabe bzw. Aushändigung einer Aktienurkunde ist indes erst erfolgt, nachdem mehrere Raten erbracht worden sind, wodurch die zunächst vornehmliche Quittungs- und Beweisfunktion der Akti-

---

[28] vgl. Bösselmann, a. a. O., S. 58/ 61; vgl. Weber, a. a. O., S. 243; vgl. Baums, a. a. O., S. 13
[29] vgl. Lehmann, a. a. O., S. 61
[30] vgl. Lehmann, a. a. O., S. 61 f
[31] vgl. Happ, a. a. O. in FS Bezzenberger 2000, 111 (115); vgl. Lehmann, a. a. O., S. 64 f; vgl. Bopp, a. a. O., S. 13

enurkunde ersichtlich wird, wohingegen die Nichtleistung zur Kaduzierung geführt hat. Die Aktienurkunde als solches hat ihre Ursprünge hingegen in dem Buch selbst, in welches die Eintragungen der Anteile der einzelnen Aktionäre dem Namen und dem Betrage der Einlage nach erfolgt und entsprechend bescheinigt worden ist. Aus dieser Bescheinigung hat sich sukzessive die Aktienurkunde (billet d'action, Aktie-Brief, Obligation, Lott-Sedel) entwickelt[32].

Mit der Eigenschaft der Aktie als Dividendenpapier und mit ihren Kursschwankungen durch den Wechsel an Angebot und Nachfrage und den daraus resultierenden Gewinnmöglichkeiten hat sie schon bald die Spekulationslust von risikobereiten Anlegern auf sich gelenkt. Schon wenige Jahre nach Gründung der Niederländisch-Ostindischen Kompagnie hat man sich gezwungen gesehen, durch ein Edikt gegen den hochspekulativen Handel mit Aktien einzuschreiten. Wegen der anhaltenden schlechten Erfahrungen mit unseriösen Aktiengesellschaften sind durch verschiedene weitere Edikte der Generalstaaten vom 15.07.1621, 20.05.1624 und 16.09.1677 Anordnungen getroffen worden, die die ansonsten frei übertragbare Mitgliedschaft an gewisse Voraussetzungen geknüpft haben, wobei die allgemeine Fassung dieser Bestimmungen den Schluss zulässt, dass es zu diesem Zeitpunkt in Holland keine Inhaberaktien gegeben hat. So ist in etwa die Übertragung der Aktien von der vollen Erbringung der Einlage abhängig gemacht worden. Der Verkäufer von Aktien ist zudem verpflichtet worden, die Umschreibung der Aktien in den Gesellschaftsbüchern zu bewirken, während der Erwerber an einer Weiterveräußerung solange gehindert gewesen ist, bis die Umschreibung und die Quittierung des Preises erfolgt sind. Die (an sich) formlose Übertragungsmöglichkeit ist zudem dahingehend modifiziert worden, dass auch die Eintragung des Erwerbers im Aktienbuch, welche von dem Direktor der Gesellschaft und dem Veräußerer persönlich vorgenommen werden musste, verlangt worden ist und ihm erst im Anschluss an diese Eintragung eine neue Aktienurkunde, im Gegenzug zur Rückgabe der alten Aktienurkunde, ausgehändigt werden konnte[33]. Dementsprechend hat erst die Umschreibung im Aktienbuch den Erwerber zur Ausübung der Aktionärsrechte berechtigt.

Bei der Englisch-Ostindischen Kompagnie ist die Übertragung der Aktie in der Art vollzogen worden, dass der Veräußerer und der Erwerber zusammen vor dem Registerführer erscheinen, die Übertragung anmelden und beide den Vermerk im Buch unterschreiben mussten[34].

Während also bis zum Ende des 16. Jahrhunderts sowohl das (Geschäfts-) Buch, in welchem die Aktionärsstellung dokumentiert worden ist, und der (Aktien-)Schein nur Beweismittel gewesen sind, was u.a. dazu geführt hat, dass unterschiedliche Bezeichnungen, wie etwa „Aktienempfangsbescheinigungsbuch“ entstanden sind, hat sich etwa zu Anfang des 17. Jahrhunderts die Be-

---

[32] vgl. Lehmann, a. a. O., S. 64 f

[33] vgl. Renaud, a. a. O., S. 17; vgl. Bösselmann, a. a. O., S. 54; vgl. Lehmann, a. a. O., S. 65; vgl. Bopp, a. a. O., S. 13; vgl. v. Rottenburg, a. a. O., S. 6

[34] vgl. Happ, a. a. O., in FS Bezzenberger 2000, 111 (115)

scheinigung, die bei der Übertragung normalerweise dem Erwerber ausgehändigt worden ist, zum Rechtsbrief entwickelt[35].

Die Bedeutung der Bescheinigung der Urkunde bzw. der Bescheinigung als solche, die der Aktie im rechtstechnischen Sinne entspricht, ist in der Folgezeit beim Rechtsübergang immer stärker in den Vordergrund getreten, wohingegen das (Aktien-)Buch in seiner Bedeutung für den Rechtsübergang zurückgedrängt worden ist[36].

Angesichts des wachsenden Handels mit Beteiligungen an Handelskompagnien und der als umständlich und zeitraubend empfundenen Technik der Anteilsübertragung ist man noch im 17. Jahrhundert immer häufiger dazu übergegangen, auf der (Aktien-)Urkunde selbst einen Vermerk zu setzen, welcher die Klausel über die Übertragung des Anteils enthalten hat. Erst im Anschluss hieran ist die Eintragung in das (Aktien-)Buch vorgenommen und die Umschreibung auf der Urkunde vermerkt worden[37]. Die Aktienurkunde hat damit nicht nur als Beleg der Einzahlung der Einlage gedient, sondern hat erstmals auch eine gewisse „Transport- und Verbriefungsfunktion“ gehabt.

Die Aktienurkunde ist überwiegend im Wege des Namens- bzw. des Vollindossaments übertragen worden, wobei der Rechtsübergang vereinzelt aber auch mittels Blankoindossament stattgefunden hat, wie sich aus dem Statut der Brandenburgisch-Afrikanischen Kompagnie von 1682 entnehmen läßt, in welchem das Blankoindossament ausdrücklich zugelassen worden ist. Teilweise hat man dabei aus der Inhaberschaft der Aktienurkunde die Vermutung des rechtmäßigen Erwerbs abgeleitet, infolge dessen die Annahme nahe liegend ist, dass die Veräußerung der Mitgliedschaft durch Übertragung der Aktienurkunde erfolgt ist, während die Umschreibung nur der Sicherung des Erwerbs gedient hat[38].

Bei den holländischen Gesellschaften des 18. Jahrhunderts soll die Übertragung durch Indossament bereits allgemein üblich gewesen sein. Vereinzelt ist auch eine Vinkulierung aufgetreten, die die Veräußerung der Aktie von der Zustimmung der Gesellschaft abhängig gemacht oder der Gesellschaft ein Vorkaufsrecht eingeräumt hat[39].

Auch in Frankreich haben zahlreiche Gründungen von Handelskompagnien nach holländischen Vorbild stattgefunden. Die innere Verfassung der Gesellschaft betreffend, ist es in Frankreich jedoch bald zu unterschiedlichen Ausprägungen bzw. zu eigenständigen (Weiter-)Entwicklungen gekommen. Insbesondere die organschaftlichen Strukturen, d.h. die Bildung einer Generalversammlung, die den Vorstand bestimmte, und die Entstehung des Aufsichtsrats als Kontrollorgan, welcher ursprünglich aus Hauptgesellschaftern bestanden hat, haben sich frühzeitig herausgebildet, wohingegen sich bei den holländi-

---

[35] vgl. Happ, a. a. O., in FS Bezzenberger 2000, 111 (116)
[36] wie vor
[37] vgl. v. Rottenburg, a. a. O., S. 6; vgl. Bopp, a. a. O., S. 13
[38] vgl. Lehmann, a. a. O., S. 65; vgl. v. Rottenburg, a. a. O., S. 6
[39] vgl. Bopp, a. a. O., S. 13

schen Gesellschaften die Generalversammlung später entwickelt hat und auch der Vorstand zunächst von der Regierung bestimmt worden ist[40].

Im Gegensatz zu Holland, wo die Gründung der Handelskompagnien regelmäßig nur durch private Unternehmer erfolgt ist, ist in Frankreich die Beteiligung des Staates bei den Gründungen der Handelskompagnien von wesentlicher Bedeutung gewesen, was auch verdeutlicht, dass diese Gesellschaften in Anbetracht ihrer Gewinnmöglichkeiten von erheblicher wirtschaftlicher Relevanz gewesen sind. So ist 1628 auf Veranlassung Richelieus die Compagnie des Indes occidentales gegründet worden, welche jedoch im Jahre 1674 durch den Rückerwerb sämtlicher Anteile durch König Ludwig XIV vollständig unter staatliche Herrschaft gekommen ist[41].

Die staatliche Dominanz hat sich auch im Rahmen der 1664 gegründeten Compagnie des Indes Orientales gezeigt, bei der ganz im Stile der holländischen Handelskompagnien die Anteilsscheine als Namensaktien ausgegeben worden sind, welche in das Aktienbuch eingetragen werden mussten. Die Einberufung der sogannten „Generalversammlung", welche nach unserem heutigen Verständnis der Aktionärs- bzw. der Hauptversammlung entspricht, hat unmittelbar und ausschließlich durch den König stattgefunden. Per königlichem Dekret ist neben der Festsetzung und Auszahlung der Dividenden auch die Zeit festgelegt worden, in der Aktieneinzahlungen vorzunehmen gewesen sind, mit der Folge, dass etwaige Versäumnisse zum Verlust des Aktienrechts geführt haben[42].

Während die Ausgabe von Namensaktien im 17. und 18. Jahrhundert die Regel gewesen, ist die Inhaberaktie nur sporadisch im damaligen Wirtschaftsleben vorgekommen[43].

Die Ausgabe von Inhaberaktien lässt sich zumindest in indirekter Form im 17. Jahrhundert nachweisen[44]. So hat das Octroi für die Brandenburgisch-Ostindische Kompagnie von 1651 die Auslassung des Namens des Aktionärs gestattet[45].

> *„Wenn einer oder ander der Participanten Bedenken hätten, seinen Namen bekannt zu machen, so sollen die Directors zufolge der niederländischen Compagnieordre Macht haben, zu solcher ungenannten Participanten Versicherung und Beweis der eingelegten Gelder einen Schein mit nombres ihnen zu erteilen"*[46].

---

[40] vgl. Lehmann, a. a. O., S. 62
[41] vgl. Renaud, a. a. O., S. 17
[42] vgl. Renaud, a. a. O., S. 17 ff
[43] vgl. v. Rottenburg, a. a. O., S. 6; vgl. Lehmann, a. a. O., S. 65
[44] Insoweit steht diese Tatsache den Ausführungen Renauds (vgl. S. 18) entgegen, wonach die 1717 gegründete Compagnie d'Occident die erste Aktiengesellschaft gewesen ist, bei der Inhaberaktien eingeführt worden sind; vgl. auch Bösselmann, a. a. O., S. 58; vgl. Bopp, a. a. O., S. 13
[45] vgl. v. Rottenburg, a. a. O., S. 6; vgl. Lehmann, a. a. O., S. 65; vgl. Bösselmann, a. a. O., S. 58, vgl. Bopp, a. a. O., S. 13
[46] vgl. Merkt in v. Rosen/Seifert, a. a. O., 63 (69)

Die Inhaberaktie ist erstmals durch das Octroi zur Gründung der Brandenburgisch-Amerikanische Kompagnie von 1688 ausdrücklich zugelassen worden, wobei die Ausgabe der Inhaberaktien unter Beibehaltung des Aktienbuches erfolgen musste, in dem die Aktien nach Nummern registriert worden sind[47].

Auch die im Jahre 1717 gegründete französische Compagnie d'Occident[48] hat die Ausgabe sämtlicher Anteilsscheine als Inhaberpapiere vorgesehen, von denen es solche für eine und solche für zehn Aktien gegeben hat. Die der Compagnie d'Occident zugrunde liegenden Gesellschaftsstatuten haben dabei insbesondere den Warencharakter der Aktien, die als Ware verkauft und gehandelt werden konnten, hervorgehoben[49]:

„Les actions sont regardées comme marchindises, et en cette qualité pourront être vendues, achetées et négociées, ainsi que bon semblera aux propriétaires."

Die Ausgabe von Inhaberaktien ist jedoch von Anfang an mit Missbräuchen verbunden gewesen. So ist es insbesondere in Frankreich, infolge des von John Law initiierten sogenannten „Mississippi-Schwindels"[50], in dessen Verlauf europaweit zahlreiche Anleger große Vermögen verloren, zu einem Verbot von Inhaberaktien und anderer Konsequenzen gekommen, wie etwa dem Verbot der Gründung einer Aktiengesellschaft in Hamburg oder dem Erlass des sogenannten „Bubble Act" in England[51]. Das Verbot der Ausgabe von Inhaberaktien ist jedoch 1721 wieder aufgehoben worden, ohne dass diese Maßnahme erkennbare Wirkung im Hinblick auf eine stärkere Verbreitung dieser Aktienform in der Folgezeit gezeigt hat, weshalb ungeachtet ihrer frühen Existenz die Inhaberaktie bis weit in das 19. Jahrhundert im Vergleich zur Namensaktie eher eine Randerscheinung geblieben ist[52].

3. Das Zeitalter der Kodifikation

Während sich im 17. und 18. Jahrhundert die Aktiengesellschaft nach unserem heutigen Verständnis schrittweise herausgebildet hat, ist es europaweit zu

---

47 vgl. v. Rottenburg, a. a. O., S. 6; vgl. Bopp, a. a. O., S. 13; vgl. Bösselmann, a. a. O., S. 58; vgl. Bopp, a. a. O., S. 13

48 Die 1664 gegründete Compagnie des Indes orientales, deren Anteile auf den Namen ausgestellt worden sind, ist im Jahre 1717 mit der Compagnie d'Occident vereinigt worden, welche im Jahre 1719 – nachdem eine Reihe von Aktiengesellschaften, wie die Compagnie de Sénégal, die Compagnie du Canada und de la Chine mit ihr fusionierten, den Namen Compagnie des Indes angenommen hat. vgl. Renaud, a. a. O., S. 18

49 vgl. Renaud, a. a. O., S. 18 f; vgl. Bösselmann, a. a. O., S. 58

50 Näheres hierzu vgl. Renaud, a. a. O., S. 18; vgl. Fick, a. a. O., ZHR 5 (1862) S. 47; vgl. Weber, a. a. O., S. 247 ff

51 vgl. Bösselmann, a. a. O., S. 57/60; vgl. Renaud, a. a. O., S. 18; vgl. Lehmann, a. a. O., S. 60 f

52 Grosskomm-Assmann, a. a. O., Einl. Rn 28; vgl. Fick, a. a. O., ZHR 5 (1892) S. 56 f; vgl. Bösselmann, a. a. O., S. 60; vgl. v. Rottenburg, a. a. O., S. 6

keiner allgemeinen gesetzlichen Verankerung des Aktienrechts gekommen. Weder die „Ordonnance du Commerce" von 1673, in der „lediglich" zwei Handelsgesellschaften kodifiziert worden sind, noch andere Gesetzbücher des 17. und 18. Jahrhunderts haben das Recht der Aktiengesellschaften in genereller Form geregelt. Selbst in dem zu seiner Zeit fortschrittlichsten Gesetz, dem Allgemeinen Preußischen Landrecht von 1794, ist keine entsprechende Regelung der Rechtsverhältnisse der Aktiengesellschaft erfolgt, obwohl das Aktienwesen in diesem als bekannte Erscheinungsform vorausgesetzt worden ist, wie sich aus der Erwähnung „Aktien" in § 12, Titel 2, Teil I entnehmen lässt[53]. Im Hinblick auf die gesellschaftlichen Verbindungen hat das Allgemeine Preußische Landrecht einerseits die in dem Titel über das gemeinschaftliche Eigentum aufgeführte Sozietät („Gesellschaften, welche durch Vertrag entstehen" I 17 §§ 169 ff) mit ihrer besonderen Ausprägung als Handelsgesellschaft, und andererseits die Personenverbindungen „mehrerer Mitglieder des Staates zu einem gemeinschaftlichen Endzweck" (II 6) geregelt. Zu den letzteren haben die körperschaftlich strukturierten „erlaubten Privatgesellschaften", die „Korporationen und Gemeinen" und die „privilegierten Gesellschaften" gezählt, zu denen die Aktiengesellschaft gehört hat, sofern sie vom Staat genehmigt und ihr besondere Rechte eingeräumt worden ist[54].

Trotz dieser Regelungen hat das damalige materielle Aktienrecht ein losen Verbund von Rechtssätzen dargestellt, die sich zum einen sowohl aus dem staatlichen Octroi als auch zum anderen den in den Statuten vertragsmäßig niedergelegten Regelungen ergeben haben[55].

Auch wenn es im Rahmen von immer weiteren Gründungen und dementsprechend zur Übernahme gewisser, bereits etablierter Grundsätze gekommen ist, hat es nur so etwas ähnliches wie „Kernelemente" an aktienrechtlichen Regelungen gegeben, weshalb sich jede Gesellschaft von der anderen unterschieden hat. So hat es zum Beispiel seit der Entstehungszeit der Gesellschaften eine Nachschusspflicht der Aktionäre gegeben, wenn die Gesellschaft weiteres Kapital benötigt hat. Diese Verpflichtung ist schrittweise in unterschiedlichem Umfang von den Gesellschaften abgebaut worden, bis letztlich die Haftungsbeschränkung des Aktionärs auf seine Einlage unter dem Einfluss des „Code de Commerce" von 1807 eingeführt worden ist[56].

Auch die staatliche Einflussnahme hat bei der Unterschiedlichkeit der Aktiengesellschaft, die auch Kompagnien genannt worden sind, eine wesentliche Rolle gespielt. Wie bereits geschildert, musste insoweit zwischen dem Octroi und den Statuten der Gesellschaft unterschieden werden. Während die Octrois für die Stellung der Gesellschaft nach außen hin von Bedeutung gewesen sind, haben die Statuten, die sich die Gesellschaften selbst geben konnten, die

---

53 vgl. Hopt, a. a. O., S. 135; vgl. Lehmann, a. a. O., S. 65 f; ; vgl. Renaud, a. a. O., S. 21; vgl. Baums, a. a. O., S. 15; vgl. Loewenfeld, a. a. O. S. 3

54 vgl. Baums, a. a. O., S. 15

55 vgl. Lehmann, a. a. O., S. 65; vgl. Renaud, a. a. O., S. 20 f; vgl. Bösselmann, a. a. O., S. 61

56 vgl. Bösselmann, a. a. O., S. 61; vgl. Henn, a. a. O., Rn 1

Fragen der inneren Verfassung geregelt und haben also insoweit nach unserem heutigen Verständnis das eigentliche Aktienrecht dargestellt. Je mehr statutarische Regelungen Eingang in das Octroi gefunden haben, umso stärker ist die Möglichkeit der staatlichen Einflussnahme auf die Gesellschaft geworden und umso stärker ist eine Ausrichtung derselben auf die staatlichen Bedürfnisse möglich gewesen[57].

Im „Code de Commerce" von 1807 ist die Aktiengesellschaft bzw. die „société anonyme", in der Form wie sie sich allmählich herausgebildet hat, erstmals neben anderen Gesellschaften des Handelsrechts anerkannt und vor allem auch erstmals begrifflich in Abkehr zu den alten Kapitalvereinigungen, wie Kompagnien, Genossenschaften, Gewerkschaften etc. ausdrücklich bezeichnet worden[58].

Neben zahlreichen anderen wichtigen Regelungen, wie beispielsweise dem Ausschluss der persönlichen Haftung für Verbindlichkeiten der Gesellschaft (art. 31, 32 C.d.C), der begrenzten Haftung der Aktionäre in Höhe ihrer Einlage (art. 33 C.d.C.) und der Notwendigkeit der staatlichen Genehmigung bei der Gründung (art. 37, 40, 45 C.d.C), welche den Übergang vom Octroi- zum Konzessionssystem eingeläutet haben, ist zum ersten Male gesetzlich verankert worden, dass Aktien sowohl auf den Inhaber als auch auf den Namen lauten können[59].

Art. 35
L'action peut être établie sous la forme d'un titre au porteur. – Dans ce cas, la cession s'opère par la tradicion du titre.

Art. 36
La propriété des actions peut être établie par une inscripcion sur le registre de la société. – Dans ce cas, la cession s'opère par un déclaracion de transfert inscrite sur le registres, et signeé de celui qui fait le transport ou d'un fondéde pouvoir.

Der Erlass des Code de Commerce ist aber auch für die weitere Entwicklung des deutschen Aktienrechts von großer Bedeutung gewesen, da sich der territoriale Anwendungsbereich des am 01.01.1808 unter napoleonischer Herrschaft in Kraft getretenen Code de Commerce nicht nur auf Frankreich beschränkt hat, sondern u. a. auch auf viele deutschen Staaten, insbesondere die Rheinprovinz, erstreckt hat. Auch nachdem 1815 die napoleonische Herrschaft in Deutschland beendet gewesen ist und weite Teile, insbesondere das Rhein-

---

[57] vgl. Bösselmann, a. a. O., S. 61

[58] vgl. Bösselmann, a. a. O., S. 61 f; vgl. Großkomm-Assmann, a. a. O., Einl. Rn 30; vgl. Lehmann, a. a. O., S. 63; vgl. Renaud, a. a. O., S. 37 f; vgl. Hopt, a. a. O., S. 135; vgl. Baums, a. a. O., S. 24

[59] vgl. Lehmann, a. a. O., S. 69; vgl. Großkomm-Assmann, a. a. O., Einl. Rn 31; vgl. Bösselmann, a. a. O., S. 61f/68

land, an Preußen zurückgefallen sind, haben die Staaten an der Geltung des französische Handelsgesetzbuch festgehalten[60].

4. Die Entwicklung im 19. Jahrhundert in Deutschland

In der ersten Hälfte des 19. Jahrhunderts ist die Namensaktie die vorherrschende Aktienart geblieben, auch wenn die durch den nachhaltigen Ausbau des Transport- und Kommunikationswesens einsetzende industrielle Revolution und der damit einhergehende Wandel des Kapitalmarktes eine zunehmende Popularität der Aktiengesellschaft und der Inhaberaktie mit sich gebracht hat. Aufgrund der höheren Verkehrsfähigkeit ist insbesondere bei den meisten Eisenbahngesellschaften Inhaberaktien ausgegeben worden[61].

Mit den neu errichteten Aktienbanken Anfang und Mitte des 19. Jahrhunderts[62] hat sich die Situation zugunsten der Inhaberaktie geändert. Die leichte Übertragbarkeit hat die Möglichkeiten der Banken gefördert, bei den Gründungen neuer Gesellschaften Einfluss zu nehmen[63], wohingegen die Ausgabe von Namensaktien hinsichtlich der Gründungs- und Investitionsmöglichkeiten nach Auffassung der Bankhäuser ein Hindernis dargestellt haben.

Dennoch ist die Namensaktie ursprünglich auch bei diesem Prozess aus unterschiedlichen Gründen weit verbreitet gewesen. Insbesondere der Umstand, dass bei Aktienemissionen meist nicht die sofortige vollständige Erbringung des Zeichnungskapitals verlangt worden ist, hat zur Ausgabe von Namensaktien geführt.

Des weiteren hat man sich zunächst gegen die mit der Ausgabe von Inhaberaktien einhergehende Anonymität der Gesellschafter gesperrt, wobei selbst herausragende Unternehmerpersönlichkeiten dieser frühen Phase des Kapitalismus aus eher ideologischen denn wirtschaftlichen Gründen für die Namensaktie und somit gegen die Verbreitung der Inhaberaktie gewesen sind[64].

---

[60] vgl. Bösselmann, a. a. O., S. 63; vgl. Baums, a. a. O., S. 25 f

[61] vgl. v. Rottenburg, a. a. O., S. 6 f; vgl. Bösselmann, a. a. O., S. 48; ; vgl. Loewenfeld, a. a. O., S. 4

[62]
Privat-Diskonto- und Darlehens-Kasse zu Lübeck (1819)
Stettiner Ritterschaftliche Privatbank (1824)
Bayerische Hypotheken- und Wechsel-Bank (1834/35)
Leipziger Bank (1839)

[63] vgl. v. Rottenburg, a. a. O., S. 7

[64] So hat Gustav Mevissen (1815-1899), Direktor der ersten Aktienbank Deutschlands, des Schaafhausen'schen Bankvereins, Präsidiumsmitglied der Rheinischen Eisenbahngesellschaft und Mitbegründer der Darmstädter Bank sowie der Berliner Handels-Gesellschaft, die Aktiengesellschaft als notwendig erachtet. Er hat sie aber vor allem als neue Form der Assoziation zu dem Zweck betrachtet, private und öffentliche Interessen gleichzeitig zu verfolgen, wozu die Einzelunternehmung nicht immer in der Lage sei. Mevissen hat auch in der Öffentlichkeit keinen Hehl aus seiner Abneigung gegen den Aktienhandel gemacht, weshalb er die Namensaktien favorisiert hat. Die Inhaberaktie ist seiner Auffassung nach ein notwendiges Übel gewesen, weshalb er sie nur als stimmrechtslose Aktie zulassen wollte; vgl. Merkt in v. Rosen/Seifert, a. a. O., 63 (70)

Dennoch hat sich – nicht zuletzt im Zuge der stärker werdenden Spekulation in Eisenbahnwerte nach 1840 – zunehmend die Ansicht verbreitet, dass nur die Inhaberaktien für einen raschen und unkomplizierten Börsenhandel tauglich seien, ohne dass die vorgebrachten Erwägungen, wie etwa die des „unpersönlichen Charakters"[65] des Kapitals bzw. der „entpersönlichenden Wirkung" des Handels mit Inhaberaktien oder die fehlende Bindung des Anteilseigners zum Unternehmen[66] der sich abzeichnenden Entwicklung ernsthaft entgegentreten konnten.

Die tiefe Skepsis gegenüber der Inhaberaktie ist insbesondere auch in dem Gesetz vom 17.06.1833 zum Ausdruck gekommen, durch welches festgelegt worden ist, das in Preußen die Ausgabe von Wertpapieren auf den Inhaber der landesherrlichen Genehmigung bedurft haben, welche vollinhaltlich und öffentlich bekannt gegeben werden musste[67].

Während der Code de Commerce das erste Gesetzeswerk gewesen ist, welches zur Aktiengesellschaft allgemeine Bestimmungen erlassen hat, hat es außerhalb des Geltungsbereiches dieses Gesetzes in Deutschland an einer entsprechenden Kodifikation gefehlt.

In dem Gesetz über Eisenbahnunternehmungen vom 03. November 1838 sind erstmals Regelungen über die speziellen Eisenbahngesellschaften getroffen worden[68]. Danach ist die Regelung im Hinblick auf die Inhaberaktie gemäß § 2 Nr. 1 als Kannbestimmung normiert worden, wohingegen das Preußische Aktienrecht vom 09.11.1843, welches erstmals die Aktiengesellschaft allgemein geregelt hat, die Inhaberaktie in § 11 zwar vorgesehen worden ist, aber ihre Ausstellung ausdrücklich von einer Genehmigung abhängig gemacht und überdies die volle Einzahlung des Nominalbetrages für die Ausstellung vorausgesetzt hat[69]. Erschwerend hat zudem noch ein Circular-Erlass vom 22.04.1845 gewirkt, in welchem die ausnahmsweise zu erfolgende Genehmigung der Ausgabe von Inhaberaktien vom Interesse der Allgemeinheit und vom Bestehen einer bestimmten Kapitalhöhe, die der einzelne nicht allein aufzubringen vermochte, abhängig gemacht worden ist. Diese restriktiven Praxis der Ausgabe von Inhaberaktien wurden in drei weitere Zirkularverfügungen von 1853 und 1856 bestätigt und weitergeführt[70].

Die Ausgabe von Inhaberaktien sollte nach staatlicher Lesart die Ausnahme bleiben, da sie als besonders geeignet angesehen worden ist, größere

---

[65] vgl. Merkt in v. Rosen/Seifert, a. a. O., 63 (71)

[66] vgl. Müller-Erzbach, a. a. O., S. 4 f

[67] vgl. Bösselmann, a. a. O., S. 73; vgl. Hopt, a. a. O., S. 141

[68] vgl. Lehmann, a. a. O., S. 77; vgl. Renaud, a. a. O., S. 30; vgl. Loewenfeld, a. a. O., S. 4; vgl. Hopt, a. a. O., S. 143

[69] vgl. Passow, a. a. O., S. 149; vgl. Lehmann, a. a. O., S. 77; v. Rottenburg, a. a. O., S. 7; vgl. Renaud, a. a. O., S. 30; vgl. Happ, a. a. O., in FS Bezzenberger 2000, 111 (116); vgl. Henn, a. a. O., Rn 2; vgl. Loewenfeld, a. a. O., S. 4; vgl. Hopt, a. a. O., S. 143

[70] vgl. Bösselmann, a. a. O., S. 73; vgl. Hopt, a. a. O., S. 144; Circularverfügung an sämtliche Königliche Oberpräsidenten die Konzessionierung von Aktiengesellschaften betreffend vom 22.04.1845; vgl. Passow, a. a. O., S. 63 f

Kapitalbeträge anzusammeln. So ist man nämlich der Ansicht gewesen, dass wegen der leichten Veräußerbarkeit für kurze Zeit zur Verfügung stehendes Geld zur Anlage auf den Kapitalmarkt verwendet werden könnte[71], was die Förderung der Spekulationslust zur Folge gehabt hätte, die vor allem im Hinblick auf mögliche Verluste von Kleinanlegern eingedämmt werden sollte.

Dementsprechend ist die Konzessionspraxis in Preußen bei der Ausgabe von Inhaberaktien darauf ausgerichtet gewesen, die größtmögliche Kontrolle auszuüben, was zur Folge gehabt hat, dass sich Gründungen außerordentlich verzögert haben. Auch wenn die oftmals unnötig angeforderten Gutachten der Handelskammer oder anderer Stellen, Vertragsentwürfe oder weitere Dokumente bereits vorhanden gewesen sind, konnte man damals davon ausgehen, dass vom Augenblick des Einreichens bis zur Genehmigung der Statuten in der Regel ein Jahr vergehen würde, was wiederum dazu geführt hat, dass die Unternehmer dazu übergegangen sind, anstelle von Aktiengesellschaften Kommanditgesellschaften auf Aktien zu gründen, die aufgrund der damaligen gesetzlichen Regelungen keiner Genehmigung bedurft haben[72].

Noch in den Motiven zum preußischen Entwurf eines Handelsgesetzbuches von 1857 ist festgestellt worden, dass die Ausgabe von Inhaberaktien deshalb ungefährlich sei, weil die Aktiengesellschaften zu ihrer Errichtung der landesherrlichen Genehmigung bedürften[73].

In den Fällen der nur teilweise erbrachten Einzahlung der geschuldeten Einlage ist, wie seit den Anfängen der modernen Aktiengesellschaften, die Ausgabe von Namensaktien verpflichtend gewesen. Um Gesellschaftsgründungen zu erleichtern, hat neben der Teilzahlung des vollgezeichneten Grundkapitals jedoch auch die Möglichkeit bestanden, ein Grundkapital festzusetzen, ohne von Anfang an auf die Zeichnung sämtlicher Anteile zu bestehen, da zahlreiche Unternehmen Schwierigkeiten gehabt haben, schon bei der Gründung eine hinreichende Anzahl von Aktien auszugeben und ihnen somit die Möglichkeit zur Verfügung gestanden hat, im Laufe der Zeit weitere Aktionäre zu gewinnen. Die Versicherungsgesellschaften haben dabei nicht nur von der Möglichkeit der Teilzahlungen des vollgezeichneten Grundkapitals Gebrauch gemacht. Der Umstand, dass sie vielfach nur dann außerhalb des Gründungslandes zugelassen worden sind, wenn sie sich bereit erklärten, dort einen Teil ihres Aktienkapitals unterzubringen, hat viele Versicherungsunternehmen dazu veranlasst, ungegebene Aktien über längere Zeit hinweg für diese Zwecke bereit zu halten[74].

Mit dem Allgemeinen Deutschen Handelsgesetzbuch (ADHGB) von 1861, das erstmals auch eine vollständige Kodifikation der inneren Organisation der Aktiengesellschaft beinhaltet hat und in dessen Art. 207 die Inhaberaktie ohne Einschränkung gesetzliche Anerkennung gefunden hat, sind die Weichen für die Ablösung des Konzessionssystems gestellt worden, ohne dieses jedoch

---

[71] vgl. v. Rottenburg, a. a. O., S. 7; vgl. Passow, a. a. O., S. 150; vgl. Baums, a. a. O., S. 36
[72] vgl. Bösselmann, a. a. O., S. 114 ff; vgl. Baums, a. a. O., S. 37; vgl. Hopt, a. a. O., S. 144
[73] vgl. Passow, a. a. O., S. 150
[74] vgl. Bösselmann, a. a. O., S. 127

aufzugeben[75]. Die einzelnen Staaten des Deutschen Bundes konnten im Zuge dieses Gesetzes gemäß Art. 249 auf die Genehmigungspflicht für die Neugründung verzichten, wovon allerdings nur die Hansestädte, Oldenburg, Baden und Württemberg sowie (ab 1868) Sachsen Gebrauch gemacht haben, während die anderen Staaten, vor allem Bayern und Preußen an der Genehmigungspflicht festgehalten haben[76].

Mit dem Aufschwung des deutschen Wirtschaftslebens, insbesondere dem Vordringen von Großbetrieben, ist die Konzessionspflicht als eine lästige, das Geschäftsleben hindernde Maßnahme empfunden worden. Dementsprechend haben sich die Stimmen gemehrt, die die Abschaffung dieser Konzessionspflicht gefordert haben[77].

Die eigentliche Lösung vom Konzessionssystem hat sich dann allgemein mit dem Gesetz des Norddeutschen Bundes vom 11. Juni 1870 vollzogen, welches durch die Reichsgesetze vom 16. und 22.04.1871 von den süddeutschen Ländern und 1874 auch in Elsass-Lothringen eingeführt worden ist, infolge dessen das ADHGB des Norddeutschen Bundes auch formell gemeines Recht im ganzen Reichsgebiet gewesen ist und ein System nahezu freier Körperschaftsbildung oder jedenfalls nur rudimentärer Normativbestimmungen eingeführt hat[78].

Das Aktiengesetz des Norddeutschen Bundes bzw. des Deutschen Reiches hat jedoch nicht nur das Normativsystem eingeleitet, es hat auch den grundsätzlichen Richtungswandel zugunsten der Inhaberaktie im Zuge des wirtschaftlichen Liberalismus verdeutlicht.

Während vormals die Ausgabe von Inhaberaktien grundsätzlich an die Genehmigung des Staates geknüpft worden ist, ist diese Genehmigungspflicht nunmehr abgeschafft worden. Die (unbeschränkte) Zulassung der Inhaberaktie ist dabei mit der langjährigen Gewöhnung begründet worden. Darüber hinaus ist ein Grund für die die Notwendigkeit der Zulassung von Inhaberaktien auch darin gesehen worden, dass Großunternehmen allein über das Instrument der Namensaktie und der damit verbundenen umständlicheren und aufwendigeren Handhabung nicht finanzierbar wären. Die Aktiennovelle von 1870 hat jedoch auch bestimmt, dass die landesgesetzlichen Bestimmungen, die die Genehmigungspflicht von Unternehmen aufgrund ihres Unternehmensgegenstands zum Inhalt gehabt haben, aufrecht erhalten bleiben sollten. Die Genehmigungspflicht ist daher nicht mehr vom der Rechtsform als Aktiengesellschaft abhängig gewe-

---

[75] vgl. Bösselmann, a. a. O., S. 73; vgl. Hopt, a. a. O., S. 128; vgl. Großkomm-Assmann, a. a. O., Einl. Rn 68; vgl. Henn, a. a. O., Rn 2

[76] vgl. Loewenfeld, a. a. O., S. 4; vgl. MK-Semler, a. a. O., Einl. Rn 20; vgl. Lehmann, a. a. O., S. 79

[77] vgl. Passow, a. a. O., S. 66/68

[78] vgl. Hopt, a. a. O., S. 128; vgl. Bösselmann, a. a. O., S. 73 f; vgl. Goßkomm-Assmann, a. a. O., Einl. Rn 79; vgl. MK-Semler, a. a. O., Einl. Rn 21; vgl. Lehmann, a. a. O., S. 79; vgl. Hommelhoff, a. a. O., ZGR Sonderheft 4, 53 (55); Des weiteren ist in diesem Aktiengesetz der Aufsichtsrat als obligatorisches Organ der Aktiengesellschaft eingeführt worden; vgl. Henn, a. a. O., Rn 2

sen, sondern vom jeweiligen Unternehmensgegenstand abhängig gewesen, was jedoch keine umfassenden Konsequenzen gehabt hat, da vereinzelt Maßnahmen ergriffen bzw. „Richtlinien" erlassen worden sind, wonach bestimmte Unternehmensgegenstände, die vorrangig bei Aktiengesellschaften aufgetreten sind, der Genehmigungspflicht unterzogen worden sind[79].

Die (unbeschränkte) Zulassung der Inhaberaktie hat deutlich gemacht, dass sich diese zunehmend als Mittel zur schnelleren Finanzierung, aber auch als Kapitalanlage und damit als Spekulationsobjekt durchgesetzt hat, wohingegen die Namensaktie nach wie vor für den mitgliedschaftsbetonten Daueraktionär als adäquate Aktienform angesehen worden ist.

Der Gesetzgeber hat jedoch auch die mit der unbeschränkten Zulassung der leichter übertragbaren Inhaberaktien einhergehenden Risiken der Aktienspekulation erkannt[80], vor der insbesondere die Kleinanleger geschützt werden sollten.

Aus diesem Grunde ist erstmals ein Mindestnennbetrag eingeführt worden, der je nach Aktienart unterschiedlich gewesen ist. So hat gemäß Art. 207a der Mindestnennbetrag für Namensaktien 50 Vereinstaler betragen, wohingegen er für Inhaberaktien auf 100 Vereinstaler festgelegt worden ist. Der Gesetzgeber hat damit verhindern wollen, dass Aktien mit geringem Nennwert sozusagen als privates Papiergeld in Umlauf geraten.

Die Einführung der Mindestnennbeträge sollte aber auch die Risiken im Zusammenhang mit der Beteiligung bei Versicherungsgesellschaften, deren regelmäßig auf den Namen lautenden Aktien nicht voll eingezahlt, sondern vielmehr mit einem Wechsel gedeckt worden sind, eindämmen. Es sollte verhindert werden, dass Personen bei der Zeichnung beteiligt werden, die sich im Falle des Rückgriffs auf die Wechselverbindlichkeit als zahlungsunfähig erweisen könnten[81].

Die Etablierung des Normativsystems und die damit einhergehenden liberalisierten Gründungsmöglichkeiten von Aktiengesellschaften in Deutschland haben erhebliche Auswirkungen gehabt[82].

So hat die Zahl der Gründungen von Aktiengesellschaften nach Aufhebung des Konzessionszwangs sprunghaft zugenommen. Während bis zum Erlass der Novelle von 1870 in Preußen überhaupt 410 Aktiengesellschaften mit einem Grundkapital von zusammen 1.026.172.455 Talern gegründet worden sind, sind im Zeitraum vom Erlass der Novelle bis zum Ablauf des Jahres 1874 allein 857 Gesellschaften mit einem Grundkapital von zusammen 1.429.925.925 Talern entstanden[83]. Eine wesentliche Rolle an diesem Anstieg und der zunehmende „Aktienkultur" ist auch in der großzügigeren Ausgabemöglichkeit von Inhaberaktien zu sehen gewesen.

---

[79] vgl. Passow, a. a. O., S. 70/150
[80] vgl. MK-Semler, a. a. O., Einl. Rn 21
[81] vgl. Passow, a. a. O, S. 153
[82] vgl. Loewenfeld, a. a. O., S. 7
[83] vgl. Loewenfeld, a. a. O., S. 9

Indes sind die mit der Liberalisierung der Gründungsmöglichkeiten von Aktiengesellschaften und der unbeschränkten Ausgabemöglichkeit von Inhaberaktien befürchteten Missstände in der Phase des Gründungsbooms zwischen 1871 und 1873 eingetreten und haben zur Folge gehabt, dass ein erheblicher Teil gerade des Kleinkapitals verloren gegangen ist, was Anlass dafür gewesen ist, erneut ein Aktienrechtsnovelle zu diskutieren[84].

So haben sich in der Folgezeit die Stimmen gemehrt, die sowohl die Aufhebung der Genehmigungspflicht als auch die Existenz von unterschiedlichen Aktienarten in Frage gestellt haben, ohne dass dies jedoch etwas an der Beibehaltung der durch die Aktiennovelle des Jahres 1870 getroffenen Regelungen geändert hat.

In der Begründung zur Aktiennovelle von 1884 ist in Bezug auf die Genehmigungsfreiheit der Aktiengesellschaft festgestellt worden:

„Die Gründe, aus welchen die staatliche Konzession und Aufsicht, abgesehen von gewissen Gegenständen des Unternehmens, für die Aktiengesellschaften im allgemeinen aufgegeben worden ist, bestehen noch heutzutage mit zwingender Gewalt. Gegenüber den zahllosen, verschiedenartigsten Unternehmen ist der Staat nicht in der Lage, eine solche ihm auf dem Gebiet privater Interessen gestellte Aufgabe ohne nicht zu rechtfertigenden Aufwand an Kräften und ohne schwer zu ertragendes Eindringen in die geschäftlichen Verhältnisse mit Erfolg zu erfüllen. Die Verheißung staatlicher Prüfung des Bedürfnisses für eine Aktiengesellschaft und ihrer Solidarität konnte das Publikum und die Gesellschaftsgläubiger nicht gegen Schwindel und Unsolidarität schützen, mußte im Gegenteil, weil das Publikum allzu geneigt ist, sich auf die verheißende Fürsorge zu verlassen und der eigenen Tätigkeit zu entschlagen, nicht selten die Opfer des Schwindels vermehren, statt sie zu verhüten. Die Wahrheit dieser Sätze ist inzwischen durch die neuesten Erscheinungen in anderen Ländern noch bekräftigt ... . Nirgends hat in den neueren Gesetzen und Gesetzesentwürfen eine Rückkehr zu der staatlichen Einwirkung stattgefunden, welche zu der Reform des Aktiengesetzes von den verschiedenen Seiten gemacht sind, kaum eine einzige Stimme sich für die Wiedereinführung der staatlichen Genehmigung und Aufsicht erhoben."[85]

Im Hinblick auf die Aufrechterhaltung der Unterscheidung zwischen Inhaberaktie und Namensaktie ist in derselben Begründung konstatiert worden:

„Der Entwurf glaubt für die Aktiengesellschaften beide Arten von Aktien beibehalten zu müssen. Bleibt, wie selbst von den Anhängern der Namensaktie verlangt wird, die Übertragung der letzteren durch Blankoindossament gestattet, so würde die Hoffnung, es werde durch ausschließliche Beibehaltung von Namensaktien der verderblichen Agiotage Einhalt getan werden, sich als trügerisch erweisen. Zu einer Beseitigung der

---

[84] vgl. Passow, a. a. O., S. 71; vgl. Loewenfeld, a. a. O., S. 1 ff; vgl. MK-Semler, a. a. O., Einl. Rn 1; vgl. Lehmann, a. a. O., S. 79; vgl. Schubert, a. a. O., ZGR Sonderheft 4, 1 (2 f); vgl. Hommelhoff, a. a. O., ZGR Sonderheft 4, 53 (56)

[85] vgl. Passow, a. a. O., S. 71 f

Inhaberaktien dürfte ein Grund nicht nachgewiesen sein. Vielmehr läßt sich wohl anerkennen, daß theoretisch die Form der Inhaberaktie dem Grundgedanken der Aktiengesellschaft als eines Kapitalvereins am meisten entspricht und daß praktisch der Verkehr im großen auf diese Form hindrängt. Noch weniger freilich als zu einem Ausschluß der Inhaberaktie liegt ein Anlaß vor, die Ausstellung von Aktien auf Namen zu verbieten. Wird vorgeschrieben, daß die Urkunde über das Aktienrecht bis zur Vollzahlung der Aktie den Namen des Aktionärs bezeichne, so erscheint es nur als natürlich, wenn auch demnächst die Aktie auf Namen gestellt bleibt. Für die Veräußerung bieten die Namensaktien durch die Zulässigkeit des Blankogiros keine ernste Schwierigkeiten; in Bezug auf die Übertragbarkeit stehen sie den Inhaberaktien gleich. Die Notwendigkeit aber, zur Legitimation gegenüber der Gesellschaft die Umschreibung im Aktienbuche zu erwirken, mag vielleicht die Namensaktie im Verkehr weniger beliebt machen, bietet indes an sich große Vorzüge. Sie führt zu einer größeren Stabilität in dem Personal der Aktionäre, zu einem erhöhten Interesse an dem Geschicke der Gesellschaft und gewährt, wenn nicht ausschließlich, so doch weit besser, als dies bei den Inhaberaktien der Fall ist, die Möglichkeit, durch gesetzliche oder statutarische Vorschriften die persönliche Teilnahme an der Generalversammlung durch die Aktionäre selbst zu fördern. Die Abneigung behufs solcher Teilnahme, die Umständlichkeit der Eintragung im Aktienbuch zu überwinden, verliert sich, sobald nur die in der Generalversammlung auszuübenden Rechte entsprechende Wichtigkeit erlangen. Legislativ ist deshalb die Wahl der Namensaktie zu begünstigen, aber beide Formen der Aktien müssen dem Verkehr offen stehen; die Natur und Größe des Unternehmens muß entscheiden, welcher Form der Vorzug zu geben ist."[86]

Diese Begründung hat deutlich hervorgehoben, dass die Beibehaltung der Inhaberaktie der wirtschaftlichen Realität entsprochen hat, welche dadurch zum Ausdruck gekommen ist, dass die Aktionäre – vor allem größerer Aktiengesellschaften – eher kapitalanlageorientiert als mitgliedschaftsorientiert gewesen sind, infolge dessen für solche Aktionäre auch weniger eine etwaige Stärkung bzw. die Wahrnehmung der mitgliedschaftlichen Rechte, wie etwa der Teilnahme an der Hauptversammlung, sondern eher an dem Kurs und die Dividende der Gesellschaft von Interesse gewesen ist[87]. Dennoch ist die Namensaktie, nicht zuletzt wegen der im Vergleich zu Inhaberaktie eingeschränkteren Übertragbarkeit, die vom Gesetzgeber bevorzugte Aktienart geblieben, wobei es den Unternehmen jedoch freigestellt worden ist, sich für die eine oder andere Aktienart zu entscheiden.

Der Gesetzgeber hat der Gesellschaft dementsprechend in der Aktienrechtsnovelle vom 18.07.1884 gemäß § 179 HGB grundsätzlich Wahlfreiheit hinsichtlich der Ausgabe von Inhaber- oder Namensaktien gewährt, hat gleichzeitig aber nach § 183 Abs. 1 HGB die Ausgabe von auf den Namen lautende Aktien vorgesehen, falls im Gesellschaftsvertrag keine Regelung über die von der Gesellschaft gewählte Aktienart getroffen worden ist, ohne dass diese Ein-

---

[86] vgl. Passow, a. a. O., S. 150 f
[87] vgl. Loewenfeld, a. a. O., S. 11 f

schränkung große praktische Bedeutung gehabt hat, da die meisten Gesellschaften sich statutarisch zugunsten der Inhaberaktie entschieden haben[88].

Unverändert ist indes die verpflichtende Ausgabe von Namensaktien in den Fällen geblieben, in denen die Einlage nicht voll eingezahlt worden ist, was vor allem für die Versicherungsgesellschaften Geltung gehabt hat, deren Grundkapital damals wie heute primär eine Garantiefunktion erfüllt. Die jeweiligen Namensaktionäre sind gemäß § 222 HGB 1884 im Aktienbuch der Gesellschaft eingetragen worden, wobei nur der dort Eingetragene nach Maßgabe des § 223 Abs. 3 HGB 1884 gegenüber der Gesellschaft als Aktionär und damit als formell Legitimierter angesehen worden ist. Als weitere Auswirkung der Garantiefunktion des Grundkapitals bei Versicherungsgesellschaften, bei denen die Versicherungsleistungen regelmäßig durch die laufenden Prämien gedeckt worden sind und somit das gezeichnete Grundkapital lediglich als Reserve gedient hat, hat das Aktiengesetz von 18.07.1884 zudem eine Ausnahme vom grundsätzlichen Verbot der Erhöhung des Grundkapitals vor vollständiger Leistung gemacht, sofern die Versicherungsgesellschaften eine solche Maßnahme statutarische vorgesehen haben[89].

Die gesetzgeberische Konsequenz aus dem Aktienschwindel nach der Liberalisierung des Aktienrechts im Jahre 1870 hat folglich weder in der Rücknahme der Genehmigungsfreiheit noch in der Beschränkung der Ausgabe von Inhaberaktien bestanden.

So hat man die Ursache für die nach der Aktienrechtsnovelle von 1870 aufgekommene Aktienspekulation in der zu geringen Höhe des Mindestnennbetrags gesehen, weshalb der „kleine Mann" im Allgemeinen wie im eigenen Interesse vor der Bedrohung seiner wirtschaftlichen Existenz geschützt werden sollte, da die Geldanlage in Aktien stets als gewagt angesehen worden ist und es sich bei dem eingesetzten Kapital der Kleinanleger oftmals um die einzige Ersparnis langjähriger Arbeit gehandelt hat. Ferner hat die Regierung die Auffassung vertreten, dass der Kleinanleger außerstande gewesen sei, den richtigen Zeitpunkt zur Realisierung seines Spekulationsgewinns durch Verkauf zu höherem Preis zu wählen, und es ihm überhaupt unmöglich gewesen sei, die Lage des Unternehmens selbständig zu beurteilen oder seine Rechte als Aktionär zu vertreten, weshalb die Investition in Aktien durch eine drastische Anhebung des Mindestnennbetrages unmöglich gemacht werden sollte, um ihn vor den Gefahren der Aktienspekulation zu schützen. Statt der Anlage in Aktien sollte vielmehr auf die Anlage in guten Hypotheken, Staatspapieren, Pfandbriefen, Sparkassen oder die Beteiligung an Genossenschaften verwiesen werden.[90].

Demzufolge wollte die Regierung in einer ursprünglichen Fassung den Mindestnennbetrag für Namensaktien auf 1.000 Mark und für die besonders

---

[88] vgl. Passow, a. a. O., S. 151
[89]vgl. Merkt in v. Rosen/Seifert, a. a. O., 63 (76)
[90] vgl. Passow, a. a. O., S. 153 f

risikogeneigten Inhaberaktien auf 2.000 Mark[91] heraufsetzen[92], was sich jedoch als nicht durchsetzbar erweisen sollte. Statt dessen hat man sich im Gesetzgebungsverfahren auf einen einheitlichen Mindestnennbetrag von 1.000 Mark geeinigt. Ausnahmeregelungen, nach denen der Mindestnennbetrag auf 200 Mark festgesetzt worden ist, sind nur für vinkulierte Namensaktien sowie Namensaktien gemeinnütziger Unternehmen im Fall eines besonderen örtlichen Bedürfnisses zugelassen worden[93].

Die Erhöhung der Mindestnennbeträge hat indes in der Wirtschaft nicht zu einer stärkeren Ausgabe von Namensaktien geführt. Die Inhaberaktie ist gegen Ende des 19. Jahrhunderts weiterhin die dominierende Aktienform geblieben. Einzelne Aktiengesellschaften haben jedoch eine Mittelstellung eingenommen, indem sie sich prinzipiell für Inhaberaktien entschieden haben, jedem einzelnen Aktionär es aber freigestellt haben, seine Aktien in Namensaktien umwandeln zu lassen, was nach § 183 Abs. 2 HGB 1884 zulässig gewesen ist. Ebenso ist es verbreitet gewesen, Aktien verschiedener Gattungen geschlossen dem einen oder anderen Typ zuzuordnen, so etwa Stammaktien als Inhaberaktien und Aktien mit erhöhtem Stimmrecht als Namensaktien auszugeben[94].

Bei Schaffung des Handelsgesetzbuches vom 10.05.1897 hat das Aktienrecht, das in den §§ 178 bis 334 HGB geregelt worden ist, keine wesentlichen Änderungen erfahren. Während jedoch bis dahin das Aktienrecht von der Kommanditgesellschaft auf Aktien als Regelform ausgegangen ist und für die Aktiengesellschaft nur zusätzliche Sondervorschriften Anwendung gefunden haben, hat sich von nun an das Verhältnis umgekehrt. Die Aktiengesellschaft ist zur Grundlage der Regelung des Aktienrechts erhoben worden, während für die Kommanditgesellschaft auf Aktien nunmehr einige Sondervorschriften eingeführt worden sind[95].

5. Die Entwicklung in Deutschland in der ersten Hälfte des 20. Jahrhunderts

Trotz Krise des Aktienwesens kurz nach der Jahrhundertwende, ausgelöst durch die Wirtschaftskrise von 1901, in der vor allem die Funktion und die Funktionsfähigkeit des Aufsichtsrates als effektives Kontrollorgan kontrovers diskutiert worden ist, ist das im HGB geregelte Aktienrecht - mit Ausnahme der vorübergehenden Wiedereinführung des Konzessionssystems während des 1.

---

[91] Nachdem ursprünglich ein Betrag von 5.000 Mark als Mindestnennbetrag für Inhaberaktien beabsichtigt worden ist. vgl. Entwurf eines Gesetzes betreffend die Kommanditgesellschaft auf Aktien und die Aktiengesellschaft (Januar 1882) ZGR Sonderheft 4, 263 ff (Art. 207a, 173a)

[92] vgl. Entwurf vom 07.03.1884 in ZGR Sonderheft 4, S. 387 (Art. 207a)

[93] vgl. Passow, a. a. O., S. 153 f; vgl. Schubert, a. a. O., ZGR Sonderheft 4, 1 (31)

[94] vgl. Passow, a. a. O., S. 152

[95] vgl. MK-Semler, a. a. O., Einl. Rn 23; vgl. Hoffmann-Becking in MüHdB, a. a. O., § 1 Rn7

Weltkrieges zum Zwecke der Kriegsfinanzierung - bis zum Ende des 1. Weltkrieges unverändert geblieben[96].

Auch hinsichtlich der Dominanz der Inhaberaktie in Deutschland in diesen ersten Jahrzehnten des 20. Jahrhunderts hat sich keine Veränderung ergeben[97], wofür sich vor allem zwei Gründe anführen lassen: Zum einen hat damals in der deutschen Industrie, zunächst als Begleiterscheinung des ungebrochenen Wirtschaftswachstums in der kriegsvorbereitenden Hochphase der ausgehenden Gründerzeit, sodann als Folge der inflationären Geldentwertung nach Ende des Krieges, ein latenter Kapitalbedarf geherrscht, für dessen Deckung die flexible Inhaberaktie besser geeignet schien. Zum anderen ist nach der Revolution des Jahres 1919 der Ruf nach Beteiligung der Arbeitnehmer am Unternehmensvermögen besonders laut geworden. Die Ausgabe von Belegschaftsaktien hat sich vielen, gegenüber der radikalen Vergesellschaftung bzw. Verstaatlichung, als der schonendere und daher vorzugswürdige Weg dargestellt, zumal die Arbeitnehmeraktie einen unmittelbaren und greifbaren Vorteil für den einzelnen Arbeitnehmer verkörpert hat[98].

Der weiteren Popularisierung der Inhaberaktie, die von politischer Seite im Dezember 1919 in der verfassungsgebenden Deutschen Nationalversammlung mit dem Vorschlag einer Herabsetzung des gesetzlich vorgeschriebenen Mindestnennbetrages unterstützt worden ist, hat die Reichsregierung ablehnend gegenüber gestanden. Die Hauptargumente der Reichsregierung haben dabei auf den gewonnenen Erkenntnissen der frühen Gründerjahre beruht, die entscheidend für die Aktienrechtsnovelle von 1884 gewesen sind. Hauptargument gegen die Herabsetzung des Mindestnennbetrags ist, wie Jahre zuvor, das Bestreben gewesen, Spekulation, insbesondere des „einfachen Mannes" und unsoliden Gründungen vorzubeugen. Dementsprechend sollte verhindert werden, dass die Aktien durch zu leichte Handelbarkeit und zu geringen Mindestnennwert in die Hände kleiner Anleger gelangen, die Großunternehmungen, für die die Rechtsform der Aktiengesellschaft bestimmt sei, nicht beurteilen könnten und die zur Teilnahme an der Hauptversammlung weder gewillt noch befähigt seien[99].

Die dramatische Verarmung von großen Teilen der Bevölkerung im Inflationsjahr 1923 sollte der Einschätzung der Reichsregierung recht geben. Nicht zuletzt die Zunahme von Aktienspekulation, welche durch die leichte Veräußerbarkeit der Inhaberaktie begünstigt worden ist, hat bei den meisten Kleinanlegern zum Verlust ihrer Ersparnisse geführt. Daher haben sich in der Wissenschaft nach 1923 Bestrebungen gezeigt, der Namensaktie im Verhältnis zur Inhaberaktie wieder eine Vorrangstellung zu verschaffen[100].

---

[96] vgl. Passow, a. a. O., S. 72 ff; vgl. MK-Semler, a. a. O., Einl. Rn 24; vgl. Großkomm-Assmann, a. a. O., Einl. Rn 124 f

[97] vgl. v. Rottenburg, a. a. O., S. 7; vgl. Bopp, a. a. O., S. 12

[98] vgl. Merkt in v. Rosen/Seifert, a. a. O., 63 (80); vgl. v. Rottenburg, a. a. O., S. 7

[99] wie vor

[100] vgl. v. Rottenburg, a. a. O., S. 7

Im Vordergrund der Überlegungen hat dabei die Frage bzw. die Feststellung gestanden, dass nur mit der Ausgabe von Namensaktien eine persönliche Bindung zwischen Aktionär und Aktiengesellschaft entstehen könne und dass gerade diese persönliche Bindung Spekulationen verhindern könne. So hat man insbesondere in der Kontinuität im Aktionärsbestand und in der Förderung des Interesses an den Geschicken der Aktiengesellschaft, insbesondere durch Gewährleistung einer höheren Gesellschafterpräsenz in der Hauptversammlung, die Vorzüge der Namensaktie gesehen[101]. Im Gegensatz hierzu ist die Inhaberaktie aufgrund ihrer leichten Veräußerbarkeit an der Börse weiterhin als Ursprung für Aktienspekulationen aufgefaßt worden. Nach Auffassung der Kritiker hat die leichte Handelbarkeit des in der Inhaberaktie verbrieften Mitgliedschaftsrechtes dabei nicht nur den Handel „entpersönlicht", sondern hat auch das Mitgliedschaftsverhältnis selbst seines persönlichen und verantwortlichen Charakters entkleidet[102].

Die gesetzgeberischen Aktivitäten im Anschluss an die Wirtschaftskrise der 30iger Jahre in Form von Notverordnungen vom 19.09.1931 und vom 06.10.1931 haben jedoch keine Änderung im Hinblick auf eine Zurückdrängung der Inhaberaktie gebracht, in der nach wie vor die ursprünglichste Form der Beteiligung an einer Kapitalgesellschaft gesehen worden ist.

Das Aktiengesetz vom 30.01.1937, dessen Vorarbeiten in den zwanziger Jahren begannen, hat die Entwicklung der laufenden Novellierung des Aktienrechts im HGB durch Ausklammerung dieser Materie aus dem HGB und Überführung in ein Sondergesetz beendet[103].

Obgleich das Aktiengesetz von 1937 keineswegs als typisch nationalsozialistisches Gesetz angesehen werden kann, ist es im Rahmen der Reformdiskussionen zu völkischen Tönen gekommen, die eine Privilegierung der Namensaktie zum Inhalt gehabt haben. So ist im Vorwort einer Schrift aus dem Jahre 1934 festgestellt worden, dass in der Förderung der Inhaberaktie nur kurzfristige Vorteile – „Anonymität und Warencharakter" – gesehen werden könnten, wohingegen der Inhaberaktie nach Zweck und Wesen drei gefährliche Züge, nämlich „Unpersönlichkeit, Heimatlosigkeit und Unkontrollierbarkeit" zu eigen seien, die durch die Ereignisse der zwanziger Jahre in den Vordergrund gerückt wären. Letztendlich widerstrebe die Inhaberaktie der „verantwortlichen Führerarbeit des Unternehmers", da der Unternehmer häufig nicht wisse, wem das Unternehmen gehöre und gebe zudem der Börsenspekulation eine Entscheidung im Wirtschaftsleben, die ihr nicht zukomme. Konsequenterweise lasse sich das erforderliche Persönliche nur mit der Namensaktie in das Aktienrecht hineintragen, weshalb bei einer Reform des Aktienrechts die Namensaktie stärker im Wirtschaftsleben zu etablieren sei[104].

---

101 vgl. Passow, a. a. O., S. 150 f
102 vgl. Müller-Erzbach, a. a. O., S. 4
103 vgl. Henn, a. a. O., Rn 4; vgl. Deutsche Bank, a. a. O., S. 25
104 vgl. Richter, a. a. O., Vorwort

Praktische Konsequenzen haben diese Forderungen nicht gehabt, wie auch ganz allgemein die nationalsozialistisch fermentierten Regelungsprinzipien der Aufhebung der Anonymität der Aktiengesellschaft bzw. des „Verpersönlichungs"-Ideals und des Führerprinzips in der Aktienrechtsreform von 1937 wenig Spuren hinterlassen haben[105]. Das Aktiengesetz von 1937 ist bei der Regelung geblieben, wonach die Aktien auf den Inhaber oder den Namen lauten können (§ 10 Abs. 1 AktG 1937), und „wenn die Satzung nichts anderes bestimmt, die Aktien als Namensaktien[106] auszustellen sind" (§ 17 Abs. 1 AktG 1937). Demnach ist für die Bestimmung der Aktien als Inhaber- oder Namensaktien die Satzung der betreffenden Gesellschaft, d.h. der Mehrheitswille der Aktionäre, wie er in der Satzung festgelegt worden ist und jeweils durch einen qualifizierten Hauptversammlungsbeschluss geändert werden konnte (§§ 145 Abs. 1, 146 Abs. 1 AktG 1937), maßgebend gewesen. In der Praxis ist es indes dabei geblieben, dass sich die große Masse der Gesellschaften für die Inhaberaktie entschieden[107].

Die Namensaktie hat sich generell bei Gesellschaften mit verhältnismäßig wenigen Aktionären etablieren können, die mit ihrem Aktienbesitz die Absicht der Dauereinlage verbunden hatten, etwa im Rahmen der Beteiligung an Familien- oder Forschungsgesellschaften[108]. Sodann ist es bei der Regelung geblieben, wonach nicht voll eingezahlte Aktien als Namensaktien ausgestellt werden müssen (§ 10 Abs. 2 AktG 1937), welches nach wie vor, vor allem für Versicherungsunternehmen besonders bedeutsamen gewesen ist[109]. Schließlich sind Namensaktien weiterhin für solche Gesellschaften vorgeschrieben gewesen, die aus besonderen in ihrer Zweckbestimmung liegenden Gründen, die Übertragung der Aktien durch die Satzung von ihrer Zustimmung abhängig gemacht haben, also die Aktien vinkuliert haben (§ 61 Abs. 3 AktG 1937), so zum Beispiel bei den sogenannten Nebenleistungsaktiengesellschaften, wie etwa den Rübenzukker-Aktiengesellschaften mit laufenden Lieferverpflichtungen der Aktionäre (§ 50 Abs. 1 AktG 1937)[110].

---

[105] vgl. Großkomm-Assmann, a. a. O., Einl. Rn 153 ff

[106] In der Aktienrechtsreform des Jahres 1937 ist erstmals der Begriff der „Namensaktie" eingeführt worden, wohingegen die Vorläuferbestimmung von § 183 Abs. 1 HGB 1897 noch von „auf den Namen lautenden Aktien" gesprochen hat; vgl. Happ, a. a. O., in FS Bezzenberger 2000, 111 (111)

[107] vgl. Herold, a. a. O., NJW 1952, 81 (81)

[108] wie vor

[109] Hier sind auch erstmals in aller Schärfe die rechtlichen Schwierigkeiten zu Tage getreten, die sich aus der eigentümlichen Verbindung der kapitalistischen Struktur der Aktiengesellschaft mit dem personalistischen Element der Vinkulierung ergeben haben, so in dem bekannten Präzedenzfall der Aktien der Viktoria-Versicherung, für deren Veräußerung die Genehmigung - wie das Reichsgericht befand: zu Unrecht - verweigert worden ist; vgl. RGZ 132, 149 (149 ff)

[110] vgl. Herold, a. a. O., NJW 1952, 81 (81); vgl. Happ, a. a. O. in FS Bezzenberger 2000, 111 (112)

Bis zu der schließlich durch die Kriegsbewirtschaftung bedingten vollständigen Staatskontrolle des privaten Unternehmensbereichs und dem anschließenden totalen Zusammenbruch der deutschen Wirtschaft hat die Inhaberaktie ihre klare Vorherrschaft gegenüber der Namensaktie behalten.

6. Bestrebungen zur Förderung der Namensaktie nach dem Zweiten Weltkrieg

In der Nachkriegszeit hat man vor dem Hintergrund der überwiegenden Verbreitung der Namensaktien im anglo-amerikanischen Wirtschafts- und Handelsraum versucht, diese auch auf dem deutschen Kapitalmarkt stärker zu etablieren.

Auf Initiative der alliierten Besatzungsmächte sind zunächst die entflochtenen Unternehmen der Montanindustrie, der IG-Farben und der drei Großbanken gezwungen worden, ihre Inhaberaktien in Namensaktien umzuwandeln, wobei die Aktien der Montanunternehmen und der IG-Farben-Nachfolgegesellschaften sogar ohne Dividendenscheinbogen ausgegeben worden sind[111].

Sinn und Zweck der Umstellung von Inhaber- auf Namensaktien ist es gewesen, die Kontrolle der Eigentumsverhältnisse bei den betreffenden Unternehmen zu ermöglichen und infolge dessen die Entstehung neuer Unternehmensverbindungen und damit ein Wiedererstarken der deutschen Industrie zu verhindern[112].

Da es sich bei den vorbezeichneten Unternehmen um Publikumsgesellschaften mit breiter Aktionärsschaft gehandelt hat, ist in den ersten Jahren nach 1950 ein wesentlicher Anteil der an den deutschen Börsen gehandelten Aktien auf den Namen des betreffenden Aktionärs ausgegeben worden[113].

Obwohl die Börsenusancen und die Allgemeinen Geschäftsbedingungen der Wertpapiersammelbanken an die neuen Verhältnisse für den Wertpapierhandel in Deutschland angepasst worden sind, hat man diese Maßnahme verbreitet abgelehnt und die Rückkehr zur Inhaberaktie verlangt[114]. Die Namensaktie ist nach wie vor als ungeeignet für den Kapitalmarkt angesehen worden, weil ihre Übertragung schwerfällig sei[115], und sie demzufolge nicht dem Erstarken der deutschen Wirtschaft dienlich wäre, welches die Alliierten mit dem Zwang zur Namensaktie gerade verhindern wollten.

Im Einzelnen ist auf die vergleichsweisen hohen Kosten abgestellt worden. So wäre sowohl die Emission und Übertragung der Aktienurkunde als auch die Einberufung und Durchführung der Hauptversammlung und die Dividen-

---

[111] vgl. Herold, a. a. O., NJW 1952, 81 (82 f); vgl. Eckhard in Geßler/Hefermehl, a. a. O., § 10 Rn 15

[112] vgl. Merkt in v. Rosen/Seifert, a. a. O., 63 (83)

[113] vgl. Herold, a. a. O., NJW 1952, 81 (81 f)

[114] vgl. Herold, a. a. O., NJW 1952, 81 (81 f); vgl. Merkt in v. Rosen/Seifert, a. a. O., 63 (84)

[115] vgl. Merkt in v. Rosen/Seifert, a. a. O., 63 (84); vgl. Eckhardt in Geßler/Hefermehl, a. a. O., § 10 Rn 15

denzahlung, für den Fall, dass die Namensaktie ohne Dividendenschein ausgegeben würde, wesentlich kostspieliger als bei der Inhaberaktie[116]. Im Hinblick auf das Argument der größeren Kontrollmöglichkeit der Aktionärsschaft durch das ehemalige Aktienbuch ist eingewandt worden, dass der Aussagewert des Aktienbuches eher als gering einzuschätzen wäre, da eine Umschreibung verzögert, bis zur nächsten Hauptversammlung hinausgeschoben oder sogar durch die Eintragung einer Bank oder eines Kassenvereins die Eigentumslage planmäßig verschleiert werden könne. Schließlich sei auch das Bedürfnis nach Anonymität nicht zu vernachlässigen, wohingegen den vermeintlichen Vorteilen der Namensaktie, insbesondere den besseren Kontaktmöglichkeiten der Gesellschaft mit ihren Aktionären sowie den größeren Variierungsmöglichkeiten kein besonderes Gewicht beigemessen werden bräuchte, da sich diese Vorteile durch Zwischenschaltung von depotführenden Kreditinstituten, etwa bei der Versendung von Aktionärsbriefen, auch bei Inhaberaktien erreichen ließen[117].

In Übereinstimmung mit dieser Stimmungslage hat die große Mehrzahl der betroffenen Gesellschaften in den Jahren zwischen 1954 und 1956 die Namensaktien in Inhaberaktien (um-)gewandelt[118], infolge dessen die Bedeutung der Namensaktie erneut zusehends gesunken ist.

Dieser Bedeutungsverlust ist auch anhand der Gesetzgebung ersichtlich geworden. In der Aktienrechtsreform vom 06.09.1965 ist, im Gegensatz zu den vorangegangenen gesetzgeberischen Initiativen nunmehr deutlich erkennbar gewesen, dass der Namensaktie, ganz im Sinne der herrschenden Praxis, keine größere Gewichtung im Vergleich zur Inhaberaktie eingeräumt worden ist. Die noch vormals für eine gesetzgeberische Bevorzugung der Namensaktie vorgebrachten Erwägungen wie Kleinanlegerschutz und Transparenz sind gänzlich zugunsten der Anpassung an den tatsächlichen Verhältnissen zurückgedrängt worden. Dementsprechend hat § 24 Abs. 1 AktG in seiner damaligen Fassung beinhaltet, dass Aktien vorbehaltlich einer anderen Satzungsbestimmung als Inhaberaktien auszugeben seien. Die vergleichbare Regelung des § 17 Abs. 1 AktG 1937, wonach im Zweifel die Aktien als Namensaktien auszustellen sind, ist also gänzlich umgekehrt worden. Ungeachtet dieser Grundregel mussten jedoch auch nach dem AktG von 1965 Aktien, die vor der vollen Leistung des Nennbetrags oder des höheren Ausgabebetrags ausgegeben worden sind, zwingend auf den Namen lauten[119].

---

[116] vgl. Herold, a. a. O., NJW 1952, 81 f; vgl. Rasch, a. a. O., S. 230; vgl. Schäfer, a. a. O., Das Wertpapier 1954, 27; vgl. Pinckernelle, a. a. O., Das Wertpapier 1954, 230; vgl. Merkt in v. Rosen/Seifert, a. a. O., 63 (84); vgl. Eckhardt in Geßler/Hefermehl, a. a. O., § 10 Rn 15

[117] vgl. Köhler, a. a. O., Das Wertpapier 1954, 199; vgl. Merkt in v. Rosen/Seifert, a. a. O., 63 (84)

[118] Nur bei der Mannesmann AG konnte dieser Schritt erst im zweiten Anlauf im Jahre 1954 vollzogen werden, nachdem sich bei der ersten Hauptversammlung im Juli 1953, auf der die Frage zur Abstimmung gestanden hatte, noch eine Mehrheit für die Beibehaltung der Namensaktie ausgesprochen hatte. vgl. Merkt in v. Rosen/Seifert, a. a. O., 63 (85)

[119] vgl. Happ, a. a. O., in FS Bezzenberger 2000, 111 (112); vgl. Deutsche Bank, a. a. O., S. 29: Ein Verstoss gegen diese Regelung hat nunmehr eine Ordnungswidrigkeit dargestellt (vgl.

Hintergrund für die tiefgreifende Reform des Aktienrechts im Jahre 1965 ist die Anpassung des Aktienrechts an die grundlegenden Wandlungen gewesen, die sich in der (west-)deutschen Wirtschafts- und Gesellschaftsordnung in den zwei Jahrzehnten nach dem Ende des Zweiten Weltkrieges vollzogen hat. So ist es das Bestreben der Bundesregierung gewesen, jeden einzelnen Staatsbürger zum Erwerb von Eigentum anzuregen, weshalb alle dahingehenden Bestrebungen unterstützt worden ist. Eines der bewährtesten Mittel zur Erreichung dieses sozialpolitischen Zieles ist die breite Streuung des Aktienbesitzes gewesen, da bereits zwei Währungsreformen gezeigt haben, dass Vermögen, welches zum Erwerb von Aktien verwandt worden ist, trotz aller Risiken dieser Vermögenslage im Wesentlichen erhalten bleiben konnte, weshalb die Aktie und insbesondere die Inhaberaktie als Instrument der Vermögensbildung gefördert werden sollte. Dies ist vor allem dadurch geschehen, in dem das Gesetz einerseits die Rechte der Aktionärs erweitert hat, wie in etwa bei der Neugestaltung des Auskunftsrechts, der Publikationspflicht und der Einschränkung der Gewinnthesaurierung, ohne jedoch andererseits die lebensnotwendigen Belange der Gesellschaft außer Acht zu lassen[120].

Mit der Umsetzung der zweiten gesellschaftsrechtlichen EG-Richtlinie (Kapitalrichtlinie) vom 13.12.1976[121] ist durch das sogenannte „zweite Koordinierungsgesetz" vom 13.12.1978[122] im deutschen AktG vorgeschrieben worden, dass die Aktienart stets in der Satzung anzugeben sei (§ 23 Abs. 3 Nr. 5 AktG). Statt einer gesetzlichen Vermutungswirkung für die eine oder andere Aktienart, verlangt das Gesetz nunmehr eine zwingende Satzungsbestimmung bezüglich der von der Gesellschaft gewählten Aktienart[123].

Die „gesetzgeberische Neutralität" hinsichtlich der von einer Gesellschaft zu wählenden Aktienart hat jedoch nichts an der in der Praxis herrschenden Präferenz für die Inhaberaktie geändert.

Erst in der letzten Hälfte der 90er Jahre ist es im Zuge des allgemeinen „Aktienbooms" zu einer Renaissance der Namensaktie gekommen. Während im Jahre 1990 nur noch ca. 10% der börsennotierten Aktiengesellschaften, insbesondere Versicherungsgesellschaften wie die Allianz AG oder die Münchener Rück AG, Namensaktien gezeichnet haben, hat sich dieses in den folgenden Jahren verändert.

Ausgangspunkt dieser Entwicklung ist dabei die im Jahre 1997 bei der Deutschen Lufthansa AG erfolgte Umstellung von Inhaber- auf Namensaktien gewesen, ohne dass die Ursache hierfür in gesellschaftspolitischen Überlegungen des Unternehmens gesehen werden kann, sondern vielmehr auf gesetzlicher Veranlassung beruht haben.

---

§ 405 Abs. 1 Nr. 1 AktG 1965) und nicht mehr wie in der Regelung des AktG des Jahres 1937 ein Vergehen (vgl. § 296 Abs. 1 Nr. 3 AktG)

120 vgl. Deutsche Bank, a. a. O., S. 25, vgl. MK-Semler, a. a. O., Einl. Rn 35

121 vgl. ABl. Der Europäischen Gemeinschaften Nr. L 26/1 vom 31.01.1977

122 vgl. BGBl. I S. 1959

123 vgl. Happ, a. a. O. in FS Bezzenberger, 2000, 111 (112)

Es sind in den Jahren 1998 und 1999 weitere Umstellungen von Inhaber- auf Namensaktien von namenhaften Publikumsgesellschaften erfolgt, wie die Deutsche Telekom AG, Siemens AG, Deutsche Bank AG, DaimlerChrysler AG etc., die ausschließlich unternehmenspolitisch motiviert gewesen sind und die in der Namensaktie ein adäquates Medium gesehen haben, um das Mitgliedschaftsverhältnis effektiver auszugestalten.

Im Jahre 2003 verbriefen neun der dreißig DAX-Gesellschaften ihre Mitgliedschaftsrechte in Namensaktien, infolge dessen nach wie vor die meisten Gesellschaften im DAX Inhaberaktien führen. Berücksichtigt man jedoch ergänzend die Börsenkapitalisierung und die regelmäßigen Umsatzstückzahlen ergibt sich ein anderes Bild. Von den zehn - vom Börsenkapitalwert ausgehend – größten DAX-Gesellschaften geben sechs Gesellschaften, darunter die vier größten – die Deutsche Telekom AG, Siemens AG, Deutsche Bank AG und die Allianz AG – Namensaktien aus. Der Börsenkapitalwert der neun in Namensaktien zeichnenden Gesellschaften umfasst dabei mehr als die Hälfte der gesamten DAX-Kapitalisierung. Nimmt man ferner noch die regelmäßigen Umsatzstückzahlen der an der Deutschen Börse gehandelten DAX-Werte hinzu, ist auffällig, dass nur die von der BASF AG, Bayer AG, E-On AG und der Hypo-Vereinsbank AG gehandelten (Inhaber-)Aktien ein vergleichbares Handelsvolumen aufweisen können, wobei die meisten an der Deutschen Börse gehandelten Aktien auf den Namen lauten.

Hiervon ausgehend kann festgestellt werden, dass nunmehr die Namensaktie die in Deutschland dominierende Aktienart ist, ohne dass eine Umkehrung dieser Entwicklung in absehbarer Zeit in Sicht wäre. Hinzu kommt, dass mit der zunehmenden Öffnung des deutschen Kapitalmarktes für ausländische Investoren bzw. die zunehmende internationale Verflechtung der Kapitalmärkte die Verbreitung der Namensaktie eher begünstigen denn benachteiligen werden, da die Namensaktie bzw. die „registered share“ vor allem im anglo-amerikanischen Rechts- und Wirtschaftsraum die bei weitem dominierende Aktienart ist.

III. Namensaktie und Inhaberaktie

1. Die unverkörperten Mitgliedschaft

Die Mitgliedschaft einer Gesellschaft bedarf grundsätzlich keiner Verkörperung in Form einer Aktienurkunde. Die unverkörperte Mitgliedschaft entsteht vielmehr bei Vorhandensein einer Übernahmeerklärung durch den Aktienzeichner automatisch mit der Eintragung der Gesellschaft im Handelsregister, ohne dass, wie sich aus § 214 Abs. 4 AktG ergibt, die Ausgabe von Aktienurkunden - gleichgültig, ob als Inhaber- oder als Namensaktie - vorausgesetzt wird, weshalb die Verbriefung lediglich deklaratorischen Charakter hat. Zeitlich gesehen erwirbt der Aktionär das Mitgliedschaftsrecht selbst bei wertpapiermäßiger Verbriefung in Aktienform vor der Ausgabe der jeweiligen Aktienurkunden, da nach §§ 41 Abs. 4, 191 AktG vor der Eintragung der Gesellschaft diese nicht wirksam ausgegeben werden können. Eine Ausnahme hierzu besteht lediglich bei einer bedingten Kapitalerhöhung, da hierbei das neue Aktienrecht erst mit der Ausgabe der Bezugsaktien entsteht[124].

1.1 Übertragung der unverkörperten Mitgliedschaft

Die einzige Regelung bezüglich der Möglichkeit der Übertragung solcher unverkörperten Mitgliedschaftsrechte im AktG findet sich in §§ 41 Abs. 4, 191, wonach vor Eintragung der Gesellschaft bzw. der Durchführung der Kapitalerhöhung keine Anteilsrechte, d.h. Mitgliedschaftsrechte, übertragen werden können. In Ermangelung einer spezifisch aktienrechtlichen Regelung der Übertragungsmöglichkeiten von unverkörperten Mitgliedschaftsrechten sind allgemeine (zivilrechtliche) Überlegungen zu treffen, infolge derer danach zu unterscheiden ist, ob ein Rechtsübergang des Mitgliedschaftsrechts kraft Gesetzes – wie durch Erbfolge, Fusion oder Spaltung – erfolgt, bei welchem die jeweiligen allgemeinen Regeln gelten, oder aber, ob eine rechtsgeschäftliche Übertragung des Mitgliedschaftsrechts erfolgt, wo über § 413 BGB ausschließlich das Zessionsrecht der §§ 398 ff BGB Anwendung findet, da die Mitgliedschaft ein Komplex von Rechten und Pflichten ist[125].

Die Anwendbarkeit des Zessionsrechts bei (unverkörperten) Mitgliedschaftsrechten bringt auch einige Nachteile mit sich. So kann der Zessionar nach §§ 398 ff BGB nur Rechte erwerben, die dem Zedenten auch tatsächlich zustehen. Der gutgläubige Erwerb einer nicht vorhandenen Mitgliedschaft ist daher genauso wenig möglich, wie etwa der gutgläubig-lastenfreie Erwerb oder gar – im Falle, dass dem Zedenten weniger Mitgliedschaftsrechte zustehen – der

---

[124] vgl. MK-Heider, a. a. O., § 10 Rn 3/6; vgl. RGZ 31, 17 (22); 34, 110 (115); 41, 9 (13 f); 52, 417 (423); vgl. KK-Lutter, a. a. O., § 68 Rn 9; vgl. Sedatis, a. a. O., Rn 347; vgl. Meyer-Cording, a. a. O., S. 94; Hueck/Canaris, a. a. O., S. 217; vgl. Eckhardt in Geßler/Hefermehl, a. a. O., § 10 Rn 4; vgl. Wiesner in MüHdB, a. a. O., § 14 Rn 3/1; vgl. Bopp, a. a. O., S. 20; vgl. Nirk/Reuter/Bächle, a. a. O., I Rn 437

[125] vgl. KK-Lutter, a. a. O., Anh. § 68 Rn 2, § 41 Rn 112; vgl. Wiesner in MüHdB, a. a. O., § 14 Rn 1; vgl. Raiser, a. a. O., § 12 Rn 65; vgl. Sedatis, a. a. O., Rn 348; vgl. Hueck/Canaris, a. a. O., S. 217; Hefermehl/Bungeroth in Geßler/Hefermehl, a. a. O., § 68 Rn 44 f; vgl. Hüffer, a. a. O., § 41 Rn 30 f; vgl. Nirk/Reuter/Bächle, a. a. O., I Rn 438

Erwerb der vollständigen, d.h. der unbeschränkten, Mitgliedschaft[126]. § 405 BGB ist mangels Vorhandensein einer Verbriefung und damit der Existenz einer Urkunde nicht einschlägig.

Da die Abtretung sowie der zugrunde liegende Verpflichtungsvertrag – anders als bei § 15 Abs. 3 GmbHG – an keine Form gebunden ist, kann der Übergang des Mitgliedschaftsrechts auf den Erwerber auch aufgrund eines konkludenten Verhaltens der Parteien, wie etwa der gemeinsamen Mitteilung bzw. Anzeige an die Aktiengesellschaft über die Übertragung, erfolgen. Hierbei sind jedoch die §§ 407, 409 BGB zu beachten, infolge derer die Gesellschaft, zum Beispiel bei Zahlung von Dividenden, vor einer solchen Anzeige an den bisherigen Aktionär mit befreiender Wirkung leisten kann. Ist der Gesellschaft die Übertragung des Mitgliedschaftsrechts hingegen angezeigt worden, kann eine Leistung mit befreiender Wirkung an der Erwerber erfolgen, auch wenn die Abtretung nur zum Schein erfolgt oder unwirksam ist[127].

Erwähnenswert ist in diesem Zusammenhang die Regelung des § 410 BGB, wonach die Aktiengesellschaft dem neuen Aktionär gegenüber zur Leistung nur gegen Aushändigung einer vom bisherigen Aktionär über die Abtretung ausgestellte Urkunde verpflichtet, weshalb zwar die Einhaltung der Schriftform empfehlenswert ist[128], dies jedoch keine Änderung des formlosen Charakters der Übertragungsmöglichkeit der unverkörperten Mitgliedschaftsrechte mit sich bringt, da hierdurch lediglich der Abtretungsvorgang dokumentiert wird und nicht etwa eine Verkörperung des Mitgliedschaftsrechtes zustande kommt.

Die Abtretung des (unverkörperten) Mitgliedschaftsrechts beschränkt sich in ihrer Wirkung jedoch nicht nur auf das Verhältnis der vertragsschließenden Parteien, sondern wirkt sich auch auf das Verhältnis gegenüber der Aktiengesellschaft aus. Mit der Abtretung wird der Erwerber ipso iure Aktionär, ohne dass die Regelung des § 67 Abs. 2 AktG Anwendung findet, wonach im Verhältnis zur Gesellschaft nur derjenige als Aktionär gilt, der auch als solcher im Aktienregister eingetragen ist, da anhand der Eintragung keine Aussage über die tatsächliche materielle Berechtigung des Eingetragenen getroffen werden kann. Überdies besteht nach (fragwürdiger) h.M. bei unverkörperten Mitgliedschaften, ungeachtet einer bereits vorhandenen Absicht zur späteren Ausgabe von Namensaktien, keine Verpflichtung zur Führung eines (förmlichen) Aktienregisters. Relevant wird dies, wenn der Aktionär vor der Abtretung seiner Ein-

---

[126] vgl. KK-Lutter, a. a. O. Anh. § 68 Rn 3; vgl. Wiesner in MüHdB, a. a. O., § 14 Rn 2; vgl. Hefermehl/Bungeroth in Geßler/Hefermehl § 68 Rn 45

[127] vgl. Raiser, a. a. O., § 12 Rn 65; vgl. Hefermehl/Bungeroth in Geßler/Hefermehl, a. a. O., § 68 Rn 45; vgl. KK-Lutter, a. a. O., Anh. § 68 Rn 5; vgl. Palandt, a. a. O., § 409 Rn 5; vgl. MüKo-Roth, a. a. O., § 409 Rn 11; vgl. Staudinger-Busche, a. a. O., § 409 Rn 26; Zur strittigen Rechtslage, ob auch die Leistung an den Altgläubiger befreiende Wirkung hat, da die Abtretungsanzeige keine konstitutive, rechtsgestaltende Wirkung hat; vgl. Jauernig, a. a. O., § 409 Rn 2; vgl. Palandt, a. a. O., § 409 Rn 5; vgl. MüKo-Roth, a. a. O., § 409 Rn 11; vgl. Staudinger-Busche, a. a. O., § 409 Rn 26

[128] vgl. Wiesner in MüHdB, a. a. O., § 14 Rn 2

lagepflicht nicht oder nur teilweise nachgekommen ist und er seine Rechtsstellung auf den neuen Aktionär überträgt. Dieser erwirbt die Mitgliedschaft mit sämtlichen Rechten und Pflichten, mit der Folge, dass er – ohne besondere Schuldübernahme – als Schuldner der gesamten bzw. der verbleibenden Einlagepflicht anzusehen ist, da nur der wirkliche Aktionär Schuldner dieser Einlage ist[129].

Die Übertragbarkeit der unverkörperten Mitgliedschaft an einer Aktiengesellschaft kann grundsätzlich durch die Satzung weder ausgeschlossen noch eingeschränkt werden. Die einzige Möglichkeit einer Beschränkung der unverkörperten Mitgliedschaften ist im Rahmen der sogenannten „Vinkulierung" gemäß § 68 Abs. 2 S. 1 AktG gegeben. In diesem Falle ist die Übertragung der Mitgliedschaft von der Zustimmung der Gesellschaft, welche nach § 68 Abs. 2 S. 2 AktG der Vorstand erteilt, abhängig. Voraussetzung für eine derartige Einschränkung ist jedoch, dass entweder per Gesetz oder statutarisch gemäß § 23 Abs. 3 Nr. 5 AktG die Ausgabe von Namensaktien vorgesehen ist, die Übertragung der Aktien an die Zustimmung der Aktiengesellschaft gebunden ist und die entsprechenden Aktienurkunden noch nicht ausgegeben worden sind[130].

Hintergrund für die Anwendung dieser Vorschrift, die von der Ausgabe von Namensaktien ausgeht, ist die Überlegung, dass eine Regelung, die für Aktien gilt, deren Übertragung – im Vergleich zur Inhaberaktie, bei der eine derartigte Einschränkung unzulässig ist – stärker formalisiert und daher auch weniger für den (Rechts-)Verkehr geeignet ist, erst recht für die zum Umlauf gänzlich ungeeigneten unverkörperten Mitgliedschaften gelten muss. Dementsprechend ist bei Inhaberaktien eine derartige Einschränkung unzulässig[131].

Das Zustimmungserfordernis der Gesellschaft bzw. die Vinkulierung des Mitgliedschaftsrechtes und die damit verbundene Beschränkung der Übertragungsmöglichkeit steht hierbei nicht in Verbindung zu der Existenz des Aktienregisters. Während das Aktienregister ausschließlich das Verhältnis des als Aktionär Eingetragenen zur Gesellschaft regelt, betrifft die Vinkulierung, worauf noch näher einzugehen sein wird, das dingliche Rechtsgeschäft insgesamt, so dass ein ohne Zustimmung der Aktiengesellschaft geschlossenes Übertragungsgeschäft schwebend unwirksam ist. Das Verpflichtungsgeschäft wird hingegen durch die Vinkulierung nicht betroffen, weshalb es selbst im Falle der Versagung der Übertragung wirksam bleibt und infolge dessen zwischen den daran Beteiligten ein Fall der Rechtsmängelhaftung vorläge[132].

Ein Ausschluss der Übertragbarkeit oder eine weitergehende Beschränkung als die soeben beschriebene ist auch nicht im Hinblick auf § 399 BGB

---

129 vgl. KK-Lutter, a. a. O., Anh. § 68 Rn 4/7

130 vgl. Wiesner in MüHdB, a. a. O., § 14 Rn 1; vgl. KK-Lutter, a. a. O., Anh. § 68 Rn 6

131 vgl. KK-Lutter, a. a. O., Anh. § 68 Rn 6; vgl. Hefermehl/Bungeroth in Geßler/Hefermehl, a. a. O., § 68 Rn 81; vgl. Wiesner in MüHdB, a. a. O., § 14 Rn 1; vgl. Hüffer, a. a. O., § 68 Rn 10

132 vgl. KK-Lutter, a. a. O., Anh. § 68 Rn 6; vgl. Wiesner in MüHdB, a. a. O., § 14 Rn 21/29; vgl. Hüffer, a. a. O., § 68 Rn 11/16; vgl. MK-Bayer, a. a. O., § 68 Rn 38

möglich. So würde es dem – lediglich durch § 68 Abs. 2 AktG modifizierten – Grundsatz der freien Übertragbarkeit widersprechen, wenn die gesetzlichen Übertragungsmöglichkeiten oder –formen eingeschränkt würden[133].

1.2 Sonstige Verfügungsmöglichkeiten der unverkörperten Mitgliedschaft

Neben der Möglichkeit, sein unverkörpertes Mitgliedschaftsrecht im Wege des Zessionsrechts zu übertragen, ist es dem Rechtsinhaber selbstverständlich möglich, anderweitig frei über sein Mitgliedschaftsrecht, unter Berücksichtigung der gesetzlichen Maßgaben, zu verfügen[134].

Das unverkörperte Mitgliedschaftsrecht kann somit gemäß §§ 1068 Abs. 1, 1273 Abs. 1 BGB sowohl Gegenstand des Nießbrauchs als auch des Pfandrechts sein, wobei nach §§ 1068 Abs. 2, 1273 Abs. 2 S. 1 BGB grundsätzlich die Vorschriften über den Nießbrauch bzw. das Pfandrecht an beweglichen Sachen Anwendung finden, sofern keine anderweitigen Sonderregelungen in den §§ 1069 – 1084 bzw. §§ 1274 – 1296 BGB getroffen sind. Die in diesem Zusammenhang gesetzlich geregelten Sondervorschriften des § 1081 BGB für den Nießbrauch und der §§ 1292, 1293 BGB für das Pfandrecht finden jedoch aufgrund der fehlenden Verkörperung des Mitgliedschaftsrechts in einer Aktienurkunde keine Anwendung.

Im Hinblick auf die wirksame Bestellung des Nießbrauchs gemäß § 1069 Abs. 1 BGB und des Pfandrechts gemäß § 1274 Abs. 1 S. 1 BGB erfolgt die Belastungsmöglichkeit nach den für die Übertragung des Rechts geltenden Vorschriften. Dies hat zur Folge, dass beim unverkörperten Mitgliedschaftsrecht die Belastung durch formlose Einigung über den zu bestellenden Nießbrauch bzw. über das zu bestellende Pfandrecht möglich ist, ohne dass ein weiterer Publizitätsakt erforderlich wäre, da die unverkörperte Mitgliedschaft allein nach Zessionrecht übertragbar ist.

Eine Anzeige der jeweiligen Belastung des unverkörperten Mitgliedschaftsrechts gegenüber der Gesellschaft ist gesetzlich nicht erforderlich. Etwas anderes ergibt sich auch nicht aus § 1280 BGB, der die Wirksamkeit der Verpfändung von einer entsprechenden Anzeige abhängig macht, da es sich insoweit um eine Regelung handelt, die die Verpfändung einer Forderung zum Gegenstand hat, und nicht etwa die Verpfändung eines (unverkörperten) Mitgliedschaftsrechtes. Nichts desto trotz ist jedoch im Hinblick auf die Schutzvorschrift des § 1070 Abs. 1 BGB und §§ 1281, 1282 BGB eine Anzeige gegenüber der Gesellschaft zu erwägen.

Bezüglich einer möglichen Vinkulierung der unverkörperten Mitgliedschaft gilt es anzumerken, dass die Vinkulierung keine grundsätzliche Einschränkung der Belastungsmöglichkeit darstellt, infolge dessen das zuvor Be-

---

[133] vgl. KK-Lutter, a. a. O., Anh. § 68 Rn 6; vgl. v. Godin/Wilhelmi, a. a. O., § 68 Anm. 9 f; a. A. vgl. Hueck/Canaris, a. a. O., S. 217, wonach die Satzung eine Vinkulierung auch für solche Mitgliedschaftsrechte vorsehen kann, die in Inhaberpapieren verbrieft werden soll

[134] vgl. KK-Lutter, a. a. O., Anh. § 68 Rn 8

schriebene gilt, wobei es jedoch für eine wirksame Belastung der unverkörperten Mitgliedschaft stets der Zustimmung der Gesellschaft bedarf, was wiederum eine vorherige Information der Gesellschaft voraussetzt.

Aufgrund der gemäß § 1069 Abs. 1 BGB und § 1274 Abs. 1 S. 1 BGB bei unverkörperten Mitgliedschaften zugrunde zu legenden Vorschriften des Zessionsrechts richtet sich auch die Möglichkeit eines gutgläubigen Erwerbs nach diesen Vorschriften. Dies hat jedoch zur Folge, dass ein solcher gutgläubiger Erwerb des unverkörperten Mitgliedschaftsrechts nicht möglich ist.

Bedeutsam beim Nießbrauch ist, dass dieser auch an einzelnen Rechten der Mitgliedschaft (zum Beispiel am Gewinnstammrecht) bestellt werden kann. Nach §§ 1068 S. 2, 1030 BGB hat der Nießbraucher Anspruch auf die Nutzung im Sinne von § 100 BGB, was vor allem für die Dividende einschließlich der Vorabdividende nach § 60 Abs. 2 AktG als bestimmungsgemäßer Ertrag der Aktie gilt. Dementsprechend ist der Nießbraucher auch Eigentümer der Gewinnanteilsscheine. Nicht von der Nutzungsberechtigung umfasst sind die Vergütungen für Nebenleistungen nach § 61 AktG und ein Kursgewinn bei Verkauf der Aktie, da es sich insoweit nicht um die Nutzung der Mitgliedschaft, sondern vielmehr um ein Surrogat derselben handelt. Gleiches gilt grundsätzlich auch für die dem Aktionär nach § 271 AktG zustehende Liquidationsquote. So erstreckt sich der Nießbrauch nicht automatisch nach §§ 1074, 1075 BGB auf diese; statt dessen hat der Nießbraucher lediglich entsprechend § 1079 BGB einen Anspruch auf Bestellung des Nießbrauchs am Liquidationsguthaben[135].

Der Nießbrauch erstreckt sich ferner auch nicht automatisch auf das – unmittelbare und mittelbare – Bezugsrecht nach § 186 AktG . Dieses steht lediglich dem Aktionär zu, infolge dessen er frei darüber entscheiden kann, ob er das Bezugsrecht veräußert oder ausübt. Im Falle der Veräußerung entsteht indes die Verpflichtung, dem Nießbraucher entsprechend § 1079 BGB den Nießbrauch am Erlös zu bestellen. Übt der Aktionär hingegen das Bezugsrecht aus, hat der Nießbraucher einen Anspruch auf quotenmäßigen Nießbrauch an den neuen Aktien, welches sich aus dem Wertverhältnis zwischen dem Bezugsrecht und dem Gesamtwert der neuen Aktien ergibt[136].

Einer derartigen Belastung der Aktie liegt der Gedanke zugrunde, dass eine einmal mit dem Nießbrauch belastete Substanz auch weiterhin dem Recht des Nießbrauchs auf Ziehung der Nutzung unterfällt. Dementsprechend ist dieser Grundsatz auch bei einer Kapitalerhöhung aus Gesellschaftsmittel, bei Kapitalherabsetzung und Umwandlung zu beachten[137].

Ebenso wie beim Bezugsrecht, steht – nach umstrittener Meinung - die Befugnis zur Ausübung des Stimmrechts ausschließlich dem Aktionär zu, wobei im Innenverhältnis zwischen Aktionär und Nießbraucher der Aktionär bei der

---

[135] vgl. Scharff, a. a. O., S. 21 ff; vgl. Wiesner in MüHdB, a. a. O., § 14 Rn 56

[136] Werden Aktien zum Börsenkurs ausgegeben, hat der Nießbraucher keinen Anspruch auf Nießbrauchbestellung. vgl. Staudinger-Frank, a. a. O., § 1068, 1069 Rn 111; vgl. Wiesner in MüHdB, a. a. O., § 14 Rn 57; vgl. Scharff, a. a. O., S. 22 ff; vgl. Raiser, a. a. O., § 12 Rn 76

[137] vgl. Wiesner in MüHdB, a. a. O., § 14 Rn 58

Stimmabgabe die Interessen des Nießbrauchers berücksichtigen muss. Auch im Rahmen der Hauptversammlung hat die Bestellung des Nießbrauchs schließlich Auswirkungen. So steht dem Nießbraucher nach § 245 AktG – im Gegensatz zum Pfandgläubiger – die Befugnis zur Anfechtung von Hauptversammlungsbeschlüssen zu, infolge dessen er unmittelbar auf diese Einfluss nehmen kann, wohingegen ein eigenes Auskunftsrecht des Nießbrauchers nach § 131 AktG nicht besteht[138].

Der Inhalt des Pfandrechts richtet sich in erster Linie nach der zwischen Pfandgläubiger und Aktionär zugrunde liegenden Vereinbarung. Haben diese ausdrücklich ein sogenanntes „Nutzungspfandrecht" nach § 1213 BGB vereinbart, erwächst daraus die Berechtigung des Pfandgläubiger, die Nutzungen aus dem Pfand zu ziehen, so dass er einen Anspruch auf die Dividende hat. Fehlt es an einer derartigen ausdrücklichen Vereinbarung, steht dem Pfandgläubiger – aufgrund eines „normalen" Pfandrechts – „lediglich" ein Pfandrecht an der Dividende zu. Die Verpfändung der (Inhaber-)Aktie umfasst analog § 1289 BGB die künftigen Gewinnansprüche, wobei aber der Aktionär über seine Dividendenansprüche verfügen kann, solange der Pfandgläubiger der Gesellschaft nicht angezeigt hat, dass er von seinem Einziehungsrecht nach Maßgabe der §§ 1281, 1282 BGB Gebrauch macht. Mit der Bestellung des Pfandrechts werden automatisch auch alle Surrogationsansprüche und der Anspruch auf Liquidationserlös umfasst. Gratisaktien aus einer Kapitalerhöhung aus Gesellschaftsmitteln unterliegen gleichfalls einem bereits bestehenden Pfandrecht. Etwaige Vergütungen für Nebenleistungen nach § 61 AktG werden jedoch vom Pfandrecht nicht berührt. Gleiches gilt auch für das Bezugsrecht nach § 186 AktG, welches ausschließlich dem Aktionär zusteht. Im Falle der Veräußerung des Bezugsrechts ist der Aktionär verpflichtet, dem Pfandgläubiger ein Pfandrecht am Erlös zu bestellen. Sofern der Aktionär das Bezugsrecht ausübt und neue Aktien aus der Kapitalerhöhung erwirbt, hat der Pfandgläubiger Anspruch auf verhältnismäßige Erweiterung des Pfandrechts an den neuen Aktien, wobei sich das Verhältnis aus dem Wertverhältnis zwischen Bezugsrecht und dem Gesamtwert der neuen Aktien ergibt. Verwaltungsrechte, insbesondere das Stimmrecht und – im Gegensatz zum Nießbraucher - eine eigene Anfechtungsbefugnis nach § 245 AktG, stehen dem Pfandgläubiger nicht zu. Der Aktionär kann auch weiterhin über die mit dem Pfandrecht belasteten Akten verfügen, soweit das Pfandrecht nicht berührt wird (§ 1276 Abs. 1 BGB)[139].

1.3 Verbriefung der unverkörperten Mitgliedschaft

Auch wenn die mitgliedschaftliche Beteiligung an einer Aktiengesellschaft, einhergehend mit allen Rechten und Pflichten, unabhängig von einer wertpapiermäßigen Verbriefung in einer Aktienurkunde besteht, wird von einer solchen nur in Ausnahmefällen, etwa bei Familiengesellschaften oder bei Ge-

---

[138] vgl. Wiesner in MüHdB, a. a. O., § 14 Rn 59; vgl. Raiser, a. a. O., § 12 Rn 76; vgl. Scharff, a. a. O., S. 89 ff

[139] vgl. Wiesner in MüHdB, a. a. O., § 14 Rn 61 f; vgl. Raiser, a. a. O., § 12 Rn 77

sellschaften mit überschaubaren Aktionärskreis, abgesehen. Die wertpapiermäßige Verbriefung ist vielmehr die Regel und auch als vom Gesetzgeber gewollt anzusehen. Gleichzeitig dient die Verbriefung in eine Aktienurkunde der Steigerung der Verkehrsfähigkeit und entspricht auch der Interessenlage des Erwerbers, dessen guter Glaube – im Gegensatz zu Abtretung unverbriefter Mitgliedschaften nach §§ 413, 398 BGB – nunmehr im Rahmen des Erwerbstatbestands geschützt ist. Schließlich erhöht sich durch das Vorhandensein einer Aktienurkunde auch die Legitimationsfähigkeit des jeweiligen Aktionärs gegenüber Dritten und der Aktiengesellschaft. Einhergehend mit der Verbriefung des Mitgliedschaftsrechts ist zum Zeitpunkt der Ausgabe von auf den Namen lautende Aktien (bzw. auch bei Zwischenscheinen) nach h.M. die Führung eines Aktienregisters nötig[140].

Zu berücksichtigen ist aber, dass zur wertpapiermäßigen Verbriefung des Mitgliedschaftsrechtes das Ausstellen einer Urkunde nicht genügt. Hinzu kommen muss – wie bei anderen Wertpapieren – der Abschluss eines Begebungsvertrages mit dem Inhalt, dass dieses Papier künftig die Mitgliedschaft verkörpern und der Aktionär Eigentümer des Papiers werden soll[141]. Der in diesem Zusammenhang teilweise in der Rspr. und der Literatur vertretenen Auffassung, der Aktionär werde in entsprechender Anwendung des § 952 BGB bereits zum Zeitpunkt der Ausfertigung der Aktienurkunde automatisch Eigentümer des Wertpapiers, kann nicht gefolgt werden, da diese Ansicht dem Wertpapiercharakter der Aktienurkunde nicht gerecht wird. Aufgrund der wertpapiermäßigen Verbriefung der Mitgliedschaft finden nämlich, insbesondere für ihre Übertragung und die Gefahr bzw. Möglichkeit eines Rechtsverlustes durch gutgläubigen Erwerb Dritter, andere Regelungen Anwendung, welche der im Begebungsvertrag zugrunde liegenden Erklärung des Rechtsinhabers bedürfen bzw. nicht ohne sein Mitwirken geändert werden können[142]. Nicht erforderlich für einen Verbriefungsanspruch ist jedoch, wie auch aus § 10 Abs. 2 S. 1 AktG deutlich wird, dass die Einlage auf die Aktie vollständig geleistet worden ist.

Das Bestehen eines (solchen) Verbriefungsanspruches des Aktionärs hat seit jeher der allgemeinen Auffassung entsprochen und ist erstmals im Rahmen des Gesetzes für kleine Aktiengesellschaften und zur Deregulierung des Aktien-

[140] vgl. MK-Heider, a. a. O., § 10 Rn 8; vgl. Großkomm-Brändel, a. a. O., § 10 Rn 10; vgl. MK-Bayer, a. a. O., § 67 Rn 15; vgl. KK-Lutter, a. a. O., § 67 Rn 4; vgl. Raiser, a. a. O., Rn 66; vgl. Eckhardt in Geßler/Hefermehl, a. a. O., § 10 Rn 4; vgl. v. Godin/Wilhelmi, a. a. O., § 10 Rn 2; vgl. KK-Kraft, a. a O., § 10 Rn 2

[141] vgl. KK-Lutter, a. a. O., Anh. § 68 Rn 9; vgl. Bopp, a. a. O., S. 22; vgl. MK-Heider, a. a. O., § 10 Rn 7; vgl. Wiesner in MüHdB, a. a. O., § 14 Rn 3; vgl. Sedatis, a. a. O., Rn 348; vgl. Meyer-Cording, a. a. O., S. 94; vgl. Zöllner, a. a. O., S. 39; Die – allgemein überholte – Kreationstheorie ist bei Mitgliedschaftsrechten gänzlich unvertretbar, da sie dazu führen würde, dass die Mitgliedschaft ohne Wissen des Aktionärs plötzlich verkörpert wäre, er also weder nach §§ 413, 398 ff BGB noch – mangels Urkunde – nach §§ 929 ff BGB verfügen könnte

[142] vgl. RGZ 85, 327 (330 f); 94, 61 (64); vgl. v. Godin/Wilhelmi, a. a. O., § 68 Anm 2; vgl. MK-Heider, a. a. O., § 10 Rn 7; vgl. Hueck/Canaris, a. a. O, S. 217; vgl. Zöllner, a. a. O., S. 184; vgl. Hachenburg, a. a. O., JW 1952, 13 (13); vgl. Bopp, a. a. O., S. 22

rechts vom 02.08.1994 durch die Einführung des § 10 Abs. 5 AktG ausdrücklich vorgesehen worden, indem es den Gesellschaften ermöglicht worden ist, statutarisch den Anspruch auf Einzelverbriefung auszuschließen oder zu beschränken. Die im Rahmen der Änderung des § 10 Abs. 5 AktG durch das KonTraG Gesetz gewordene (aktuelle) Regelung ist noch weitergehender, da nach dieser es den Gesellschaften nunmehr auf der Grundlage einer Satzungsbestimmung möglich ist, den Verbriefungsanspruch des Aktionärs in Gänze – und nicht wie bis dahin nur den Einzelverbriefungsanspruch – auszuschließen oder zu beschränken. Sofern der Verbriefungsanspruch folglich in der Satzung ausgeschlossen ist, hat der Aktionär kein Recht auf Erhalt von Aktienurkunden, auch nicht einer einzigen, in der sämtliche Aktien verbrieft sind, der sogenannten Mehrfachurkunde[143].

Aber auch wenn in jüngerer Vergangenheit immer mehr Gesellschaften vom Ausschluss des Verbriefungsanspruches nach Maßgabe des § 10 Abs. 5 AktG Gebrauch machen, erfolgt regelmäßig eine Verbriefung (auch bei Börseneinführung) in Form einer Globalurkunde, die bei der Clearsream Banking AG hinterlegt wird, wodurch die Verkehrsfähigkeit der Aktie gewährleistet und die Übertragung auf ein anderes Depot im Wege der (Giro-)Sammelverwahrung möglich bleibt[144].

Die Ausgabe einer Globalurkunde, die eine Sammelurkunde ist und gemäß § 9a Abs. 1 S. 1 DepotG als ein Wertpapier definiert wird, welches mehrere Rechte verbrieft, welches jedes für sich in vertretbaren Wertpapieren gleicher Art verbrieft sein könnte, hat den Vorteil, dass nicht für jede Aktie eine Aktienurkunde ausgestellt werden muss. Die Zusammenfassung vom Aktien zu einer einzigen Urkunde erspart den Gesellschaft somit überflüssige Druckkosten, verringert den zur Verwahrung benötigten Tresorraum und vereinfacht zudem auch den Wertpapierverkehr[145].

Die Verbriefung in einer Globalurkunde führt indes nicht zu einer Vereinigung der Einzelrechte. Diese bleiben vielmehr als selbständige Mitgliedschaftsrechte bestehen, wobei die jeweiligen Berechtigten Miteigentum zu Bruchteilen an der Globalurkunde erwerben und somit eine Gemeinschaft nach §§ 741 ff BGB bilden. Die Zusammenfassung mehrerer Einzelrechte ändert nichts an der Möglichkeit der freien Übertragbarkeit der in ihr verkörperten Mitgliedschaftsrechte, welche sich nach den Regeln für die Übertragung des Eigentums an beweglichen Sachen richtet, so dass neben der dinglichen Einigung die Einräumung des mittelbaren Besitzes oder unmittelbaren Mitbesitzes

---

[143] vgl. RGZ 85, 327 (330 f); vgl. KK-Kraft, a. a .O., § 10 Rn 8; vgl. Großkomm-Brändel, a. a. O., § 10 Rn 23; vgl. Hüffer, a. a. O., § 10 Rn 3; vgl. MK-Heider, a. a. O., § 10 Rn 2/10 ff; vgl. Eckhardt in Geßler/Hefermehl, a. a. O., § 10 Rn 5; vgl. Hueck/Canaris, a. a. O., S. 217; vgl. Sedatis, a. a. O., Rn 347; vgl. Kölling, a. a. O., NZG 2000, 631 (634)

[144] vgl. Seibert, a. a. O., DB 1999, 267 (268); vgl. MK-Heider, a. a. O., § 10 Rn 8; vgl. MK-Bayer, a. a. O., § 68 Rn 5; vgl. Nirk/Reuter/Bächle, a. a. O., I Rn 439

[145] vgl. MK-HGB-Einsele, a. a. O., Depotgeschäft, Rn 49; vgl. Eckhardt in Geßler/Hefermehl, a. a. O., § 10 Rn 10

ausreicht. Die Gebrauchmachung von der Möglichkeit der Errichtung einer Globalurkunde liegt dabei allein im Ermessen der Gesellschaft, auch wenn die Satzung keine Regelung über den Ausschluss des Einzelverbriefungsanspruches enthält. In einem solchen Falle würde aber dem Aktionär, der an einer Globalurkunde beteiligt ist, nach § 749 Abs. 1 BGB der Anspruch zustehen, die Aufhebung der Bruchteilsgemeinschaft zu verlangen, infolge dessen ihm die Gesellschaft Einzelurkunden über sein(e) Mitgliedschaftsrecht(e) ausstellen müsste[146].

Unabhängig von der Möglichkeit den Verbriefungsanspruch auszuschließen, steht es der Aktiengesellschaft frei, in welcher Art die vorhandenen Mitgliedschaften verbrieft, so dass sie gemäß § 10 Abs. 1 AktG zwischen zwei Arten – der Inhaberaktie und der Namensaktie – wählen können.

Eingeschränkt wird diese Bestimmungsfreiheit durch die noch darzustellende Notwendigkeit der Ausgabe von Namensaktien in den Fällen des § 10 Abs. 2 S. 1, des § 55 Abs. 1 S. 1, des § 101 Abs. 2 S. 2 AktG sowie aufgrund des Unternehmensgegenstandes.

Zudem hat der Gesetzgeber die Ausgabe von Namensaktien in § 1 Abs. 3 des Gesetzes über die Überführung der Anteilsrechte an der Volkswagen GmbH in privater Hand i.d.F. des Änderungsgesetzes vom 02.08.1966 ausgeschlossen und somit gleichzeitig den einzigen Fall der gesetzlich veranlassten Ausgabe von Inhaberaktien geregelt. Es ist in diesem Zusammenhang das Bestreben des Gesetzgebers erkennbar geworden, dass die Aktien dieser Gesellschaft sich möglichst wenig von der damaligen im Wirtschaftsleben üblichen Aktienform unterscheiden sollen[147].

Die Bestimmungsfreiheit der Gesellschaft wird schließlich durch das Gleichbehandlungsgebot des § 53a AktG begrenzt, wonach eine Aktiengesellschaft ihre Aktionäre nicht ohne genügende sachliche Rechtfertigung unterschiedlich behandeln und willkürlich teilweise Namensaktien und teilweise Inhaberaktien ausgeben darf. So gewährt der Verbriefungsanspruch der Aktionäre unter gleichen Bedingungen das Recht, dieselbe Aktienart einfordern zu können, die auch den anderen Aktionären gewährt worden sind[148].

Warum die teilweise Ausgabe von Inhaberaktien und von Namensaktien – ohne sachliche Rechtfertigung - gegen das Gleichheitsgebot des § 53a AktG verstoßen würde und warum die Entscheidung der Gesellschaft für die eine oder andere Aktienart so wichtig ist, zeigt sich am deutlichsten bei der Frage der Übertragbarkeit der jeweiligen Aktienart sowie der damit einhergehenden Legitimitätsfrage.

Die rechtlich unterschiedliche Ausgestaltung dieser beiden Aktienarten haben letztlich dazu geführt, dass die Inhaberaktie in der Vergangenheit von

---

[146] vgl. Eckhardt in Geßler/Hefermehl, a. a. O., § 10 Rn 11 ff; vgl. MK-Bayer, a. a. O., § 68 Rn 5

[147] vgl. MK-Heider, a. a. O. § 10 Rn 22

[148] vgl. MK-Heider, a. a. O., § 10 Rn 23

den Gesellschaften bevorzugt als Aktienart gewählt worden ist, wohingegen die Namensaktie eher eine Randerscheinung geblieben ist.

2. Verfügung und Übertragung der verkörperten Mitgliedschaft

Mit der Verkörperung bzw. der Verbriefung der Mitgliedschaft in Form von Aktien wird die Unterscheidung zwischen Inhaber- und Namensaktien relevant, da sich beide nicht nur hinsichtlich der Verfügungs- bzw. Übertragungsmöglichkeiten, sondern auch bezüglich der Frage, wer gegenüber der Gesellschaft legitimiert ist, unterscheiden.

Insbesondere bei der Übertragung der verkörperten Mitgliedschaft in Form der Aktie ist entscheidend, dass die Aktie und somit das in ihr verkörperte Mitgliedschaftsrecht nur als Ganzes übertragen werden kann. Eine Abspaltung von Rechten, insbesondere das Abspalten oder Übertragen des Stimmrechts von Aktien ist nicht möglich, wie der BGH in einem Leitsatz festgestellt hat: „Das Stimmrecht kann regelmäßig nicht von der Aktie abgespalten oder ohne diese übertragen werden“[149].

Die in diesem Zusammenhang oftmals erwähnte sogenannte „Legitimationsübertragung“, welche sowohl für die Namens- als auch die Inhaberaktie zulässig ist, stellt dabei eigentlich keine Form der Übertragung des Mitgliedschaftsrechts dar. Bei ihr wird lediglich die Form der Vollrechtsübertragung in ihrer entsprechenden rechtlichen Ausgestaltung dazu benutzt, dem Übertragungsempfänger, statt ihn zum (materiellen) Rechtsinhaber zu machen, nach außen hin bloß als Inhaber des Rechtes zu legitimieren. Im eigentlichen Sinne handelt es sich um einen Unterfall der Ermächtigungstreuhand, wonach der „Legitimationsaktionär“ entsprechend § 185 BGB treuhänderisch ermächtigt wird, nach Maßgabe der internen Absprache im eigenen Namen über die Mitgliedschaft des Aktionärs zu verfügen, insbesondere das Stimmrecht auszuüben[150]. Aus diesem Grunde sollen die Fragen im Zusammenhang mit der Legitimationsübertragung nicht im Rahmen der Vollrechtsübertragung der verkörperten Mitgliedschaft, sondern vielmehr im Zusammenhang mit der Eintragungsfähigkeit im Aktienregister und der Stimmrechtsproblematik erörtert werden.

2.1 Inhaberaktie

Gemäß § 10 Abs. 1 AktG können – sofern eine Verbriefung der Mitgliedschaft stattfindet – die Aktien auf den Inhaber oder den Namen lauten.

Wenn die Satzung entsprechend § 23 Abs. 3 Nr. 5 AktG eine Inhaberklausel vorschreibt, handelt es sich bei den Aktien um Inhaberpapiere, bezüglich derer, soweit nicht die Besonderheiten des verbrieften Mitgliedschaftsrechts oder Grundsätze des Aktiengesetzes entgegenstehen, die Vorschriften

---

[149] vgl. BGH WM 1987, 70 (71); vgl. Happ, a. a. O., in FS Rowedder 1994, 119 (122)

[150] vgl. Wiesner in MüHdB, a. a. O., § 14 Rn 53; vgl. Hefermehl/Bungeroth in Geßler/Hefermehl, a. a. O., § 68 Rn 46 f; vgl. Nirk/Reuter/Bächle, a. a. O., I Rn 440

über die Inhaberschuldverschreibungen (§§ 793 ff BGB) analog herangezogen werden[151].

Voraussetzung für die Ausgabe von Inhaberaktien ist aber nach Maßgabe des § 10 Abs. 2 S. 1 AktG, dass die Einlage vollständig geleistet worden ist, da andernfalls nur die Ausgabe von Namensaktien zulässig wäre.

Das verbriefte Recht wird hierbei durch die wahrnehmbare Urkunde repräsentiert, so dass der Eigentümer der Urkunde auch Inhaber des Rechtes ist. Die Urkunde ist somit Trägerin des Rechtes, d. h. das Papier als körperlicher Gegenstand und das verbriefte Recht als unkörperlicher Gegenstand stellen ein einheitliches Rechtsgebilde dar, welches durch den Sachkörper und das in ihm zur Erscheinung kommende Recht bestimmt wird, wodurch die stärkstmögliche Umlauffähigkeit erreicht wird. Trotz dieser engen Verknüpfung zwischen Urkunde und dem hierhin verkörperten Recht, gilt es jedoch zwischen beiden zu unterscheiden[152].

2.1.1 Übertragung der Inhaberaktie

Eine Übereignung erfolgt mangels anderweitiger ausdrücklicher Regelungen im AktG nach den allgemeinen Regeln für Inhaberpapiere, weshalb die Übertragung der in der wirksam ausgegebenen Inhaberaktie verbrieften Mitgliedschaft durch Einigung und Übergabe (oder ein Übergabesurrogat) der Urkunde gemäß §§ 929 ff BGB erfolgt. Bei der Inhaberaktie als Inhaberpapier gilt der sachenrechtliche Grundsatz, wonach „das Recht aus dem Papier dem Recht am Papier folgt". Sofern eine Übereignung als Wertpapier vorliegt, geht der Verkehrsschutz zudem gegenüber „normalen" beweglichen Sachen weiter, da auch bei Abhandenkommen ein gutgläubiger Erwerb von Inhaberaktien möglich ist (§§ 932 S. 2, 935 Abs. 2 BGB). Veräußert oder verpfändet ein Kaufmann im Betrieb seines Handelsgewerbes eine Inhaberaktie, so ist ein gutgläubiger Erwerb auch dann möglich, wenn der gute Glaube des Erwerbers die Befugnis des Veräußerers oder Verpfänders über die Sache für den Eigentümer zu verfügen, betrifft (§ 366 HGB)[153]. Allerdings wird der gutgläubige Erwerb durch Banken gemäß § 367 HGB beschränkt.

Eine Übertragung der Inhaberaktie ist aber auch im Rahmen des Zessionsrechts möglich. So kann in etwa das Mitgliedschaftsrecht nach §§ 398, 413 BGB übertragen werden, ohne dass eine Aufspaltung von Eigentum an der Aktienurkunde und Innehabung der Mitgliedschaft wegen § 952 Abs. 2 BGB

---

[151] vgl. MK-Heider, a. a. O., § 10 Rn 32; vgl. Sedatis, a. a. O., Rn 350; vgl. KK-Lutter, a. a. O., Anh. § 68 Rn 25; vgl. Hueck/Canaris, a. a. O., S. 215; vgl. Zöllner, a. a. O., S. 182; a. A. vgl. Bopp, a. a. O., S. 23; vgl. Opitz, a. a. O., S. 682 (684); vgl. Kölling, a. a. O., NZG 2000, 631 (632)

[152] vgl. KK-Lutter, a. a. O., Anh. § 68 Rn 14; vgl. Bopp, a. a. O., S. 17

[153] vgl. Sedatis, a. a. O. Rn 87/350; vgl. Raiser, a. a. O., § 12 Rn 66; vgl. Wiesner in MüHdB, a. a. O., § 14 Rn 4; vgl. OLG Frankfurt DB 86, 2277; vgl. Hefermehl/Bungeroth in: Geßler/Hefermehl, a. a. O., § 68 Rn 42; vgl. KK-Lutter, a. a. O., Anh. § 68 Rn 5; vgl. MK-Heider, a. a. O., § 10 Rn 36 f; vgl. Hueck/Canaris, a. a. O., S. 182; vgl. Zöllner, a. a. O., S. 215; vgl. Nirk/Reuter/Bächle, a. a. O., I Rn 438; vgl. Bopp, a. a. O., S. 17

i.V.m. Abs. 1 BGB zu befürchten ist, da der Gläubiger kraft Gesetzes mit dem Forderungserwerb auch das Eigentum an der Urkunde bzw. der Inhaberaktie erwirbt. Zu bedenken ist jedoch, dass bei diesem Übertragungsweg die Gefahr besteht, dass der Erwerber sein Recht durch gutgläubigen Erwerb eines Dritten nach §§ 932 ff BGB verliert, wenn er bei der Abtretung nicht den Besitz an der Aktienurkunde erhält[154].

2.1.2 Belastung der Inhaberaktie

Neben der Übertragung der Inhaberaktie ist aufgrund des Grundsatzes der freien Verfügbarkeit selbstverständlich auch die Belastung der durch die Inhaberaktie verkörperten Rechte, etwa durch Pfändung und Nießbrauch, ohne weiteres nach Maßgabe der zivilrechtlichen bzw. sachenrechtlichen Vorschriften möglich[155].

2.1.2.1 Verpfändung der Inhaberaktie

Für die Verpfändung der Inhaberaktie sind daher nach §§ 1273 Abs. 2 S. 1, 1293 BGB die Bestimmungen über das Pfandrecht an beweglichen Sachen gemäß §§ 1205 ff BGB anwendbar. Nach § 1205 Abs. 1 S. 1 BGB ist somit für die wirksame Bestellung eines Pfandrechts neben der dinglichen Einigung bezüglich der Belastung mit einem Pfandrecht noch die Übergabe der Aktienurkunde notwendig. Das Tatbestandsmerkmal der Übergabe kann, entsprechend den Regelungen der Übertragung des Eigentums an beweglichen Sachen, unterschiedlich ausgestaltet sein. § 1205 Abs. 1 S. 2 BGB regelt (§ 929 S. 2 BGB entsprechend) insoweit den Fall, dass der Gläubiger bereits im Besitz der Sache ist, wohingegen § 1205 Abs. 2 BGB eine § 931 BGB entsprechende Regelung trifft. Hiernach kann der Verpfänder, sofern er mittelbarer Besitzer der Inhaberaktie ist, die Übergabe ersetzen, in dem er seinen Herausgabeanspruch gegen den unmittelbaren Besitzer abtritt und diesem die Verpfändung anzeigt. Eine Ersetzung der Übergabe durch Besitzkonstitut (§ 930 BGB entsprechend) ist indes ausgeschlossen. Sofern der Schuldner den unmittelbaren Alleinbesitz an der Inhaberaktie behalten will, kommt eine Belastung nur im Wege der Sicherungsübereignung in Betracht.

Die Sonderregelung des § 1206 BGB, die insoweit keine Entsprechung bei den §§ 929 ff BGB aufweist, gestattet es, die Übergabe durch Einräumung eines gesamthänderischen Mitbesitzes an den Gläubiger (1. Alt.) oder nach § 1206 2. Alt. BGB durch gesamthänderischen mittelbaren Besitz zu ersetzen, wenn der unmittelbare Besitzer angewiesen ist, nur an den Eigentümer und dem Gläubiger gemeinschaftlich die Inhaberaktie herauszugeben[156].

---

[154] vgl. Baumbach/Hefermehl, a. a. O., Rn 31; vgl. MüKo-Hüffer, a. a. O., Vor § 793 Rn 14; vgl. Zöllner, a. a. O., S. 182; vgl. Hueck/Canaris, a. a. O., S. 182; vgl. Wiesner in MüHdB, a. a. O., § 14 Rn 4

[155] vgl. KK-Lutter, a. a. O., Anh. § 68 Rn 16; Ohne weiteres sind auch die Regelung der Zwangsvollstreckung gemäß §§ 808 ff ZPO anwendbar.

[156] vgl. KK-Lutter, a. a. O., Anh. § 68 Rn 16; vgl. MüKo-Damrau, a. a. O., § 1205 Rn 1

Überdies ist nach § 1207 BGB die Möglichkeit des gutgläubigen Pfandrechtserwerb eröffnet. Aufgrund der entsprechenden Anwendung des § 932 Abs. 1 S. 1 BGB erwirbt der Gläubiger durch die Verpfändung auch dann ein Pfandrecht, wenn der Verpfänder nicht Eigentümer der Inhaberaktie ist, es sei denn, dass der Gläubiger zu dem Zeitpunkt, in dem er das Pfandrecht erwirbt nicht in guten Glauben über die Eigentümerschaft des Verpfänders gewesen ist. Erfasst wird durch diese Vorschrift die Pfandrechtsbestellung gemäß § 1205 Abs. 1 S. 1 BGB durch Einigung und Übergabe, sowie die Pfandbestellung gemäß § 1206 1. HS. BGB durch Einigung und Einräumung des gesamthänderischen Mitbesitzes. Maßgeblicher Zeitpunkt für das Vorhandensein des guten Glaubens ist der Zeitpunkt, zu dem das Pfandrecht entstanden wäre, wenn der Eigentümer selbst die Verpfändung vorgenommen hätte, d.h. also der letzte Teil des Bestellungsaktes erfolgt ist und zwar unabhängig davon, ob es sich hierbei um die Einigung oder aber un die Übergabe handelt.

Durch die entsprechende Anwendung des § 932 Abs. 1 S. 2 BGB wird auch der gutgläubige Prandrechtserwerb im Rahmen der Pfandrechtsbestellung nach Maßgabe des § 1205 Abs. 1 S. 2 BGB erfasst, d.h. wenn der Gläubiger bereits unmittelbarer oder mittelbarer Alleinbesitzer der Inhaberaktie gewesen ist. Danach kommt ein gutgläubiger Pfandrechtserwerb in den Fällen, in welchem das Pfandrecht durch bloße Einigung bestellt wird, weil der Gläubiger schon im Besitz der Inhaberaktie befindet, nur dann zustande, wenn der Gläubiger den Besitz vom verpfändenden Nichtberechtigten erhalten hatte. Es wird ferner jener Fall erfasst, dass Verpfänder und Gläubiger die Inhaberaktie schon im gesamthänderischen Mitbesitz haben. Entscheidend ist in diesem Zusammenhang, dass der gute Glaube zum Zeitpunkt der Einigung vorhanden ist[157].

Die entsprechende Anwendung des § 934 BGB im Rahmen des § 1207 BGB gewährleistet einen gutgläubigen Pfandrechtserwerb in den Sachverhalten, in denen sich der Pfandrechtserwerb gemäß § 1205 Abs. 2 BGB vollzieht, wobei sich der Gläubiger und der mittelbare Besitzer der Inhaberaktie, welcher nicht deren Eigentümer ist, sich über die Pfandrechtsbestellung im Wege der Ersetzung der Übergabe durch die Abtretung des Herausgabeanspruches und Anzeige der Verpfändung gegenüber dem unmittelbaren Besitzer einigen müssen. Hiervon ist die Konstellation zu unterscheiden, in welcher der Verpfänder nur über gesamthänderisch gebundenen Besitz im Sinne des § 1206 2. HS. verfügt und diesen an den gutgläubigen Gläubiger zum Zwecke der Pfandrechtsbestellung abtritt. Der Gläubiger erwirbt hierbei nämlich kein Pfandrecht, da sich an die Übertragung des mittelbaren Mitbesitzes im Gegensatz zum mittelbaren Alleinbesitz keine Rechtsscheinswirkung knüpfen lässt. Die entsprechende Anwendung des § 934 BGB erfasst ferner den Fall des § 1206 2. HS. BGB, d.h. die Pfandrechtsbestellung durch Begründung von gesamthänderischem mittelbaren Besitz von Verpfänder und Gläubiger, und gebietet folglich, die Abtretung des Herausgabeanspruchs der Einräumung des gesamthänderisch gebundenen (Mit-)Herausgabeanspruchs gleichzustellen. Anders als bei § 931 BGB ist jedoch bei

[157] vgl. MüKo-Damrau, a. a. O., § 1207 Rn 3

der Pfandrechtsbestellung noch die Verpfändungsanzeige oder die Anweisung an den mittelbaren Besitzer erforderlich, die Inhaberaktie nur an Verpfänder und Gläubiger gemeinsam herauszugeben. Erst der Zugang dieser Erklärung ermöglicht die gutgläubige Entstehung des Pfandrechts, weshalb der gute Glaube auch bis zu diesem Zeitpunkt vorhanden sein muss[158].

Der Umstand, dass § 1207 BGB nicht auf § 933 BGB verweist, stellt demgegenüber keine sachliche Ausnahme dar, da – wie bereits beschrieben – eine Pfandrechtsbestellung durch Einräumung eines Besitzkonstituts (entsprechen § 930 BGB) nicht möglich ist[159].

Eine Besonderheit hinsichtlich der Möglichkeit des gutgläubigen Pfandrechtserwerbs stellt die entsprechende Anwendung des § 935 BGB dar, infolge dessen bei vorhandenem guten Glauben, nach Maßgabe von § 935 Abs. 2 BGB, auch ein gutgläubiger Pfandrechtserwerb an abhanden gekommenen Inhaberaktien möglich ist.

Der gute Glaube muss sich – ebenfalls den Regelungen der §§ 932 ff BGB entsprechend – auf die Eigentümerstellung bezüglich der Inhaberaktie des Verpfänders beziehen, wohingegen ein guter Glaube hinsichtlich der Verfügungsbefugnis nur im Rahmen des § 366 HGB geschützt ist. Ist der Verpfänder Eigentümer der Inhaberaktie, fehlt diesem aber die Verfügungsbefugnis oder ist diese beschränkt, kommt der Schutz des guten Glaubens auch entsprechend der zivilrechtlichen Vorschriften, wie etwa der §§ 135, 136 bzw. § 161 Abs. 3 BGB, in Betracht[160].

Wie bei der Verpfändung der unverkörperten Mitgliedschaft ist auch bei der Verpfändung der Inhaberaktie die Benachrichtigung gegenüber der Gesellschaft nicht erforderlich.

2.1.2.2 Nießbrauch

Sofern die Belastung der Inhaberaktie mit einem Nießbrauch zwischen den Parteien beabsichtigt wird, erfolgt die Bestellung des Nießbrauchs gemäß §§ 1068 Abs. 2, 1069 Abs. 1 BGB nach den für die Übertragung des Rechtes, d.h. des in einer Inhaberaktie verkörperten Mitgliedschaftsrechts, geltenden Vorschriften.

Wie bereits ausgeführt, kann die Inhaberaktie dabei auf zwei unterschiedliche Arten übertragen werden. So können die Parteien im Wege der Abtretung nach §§ 398, 413 BGB das verkörperte Recht durch Einigungsvertrag übertragen, wobei die Eigentümerstellung hinsichtlich der Aktienurkunde gemäß § 952 BGB kraft Gesetz auf den Zedenten übergeht. Im Falle der Nießbrauchsbestellung bedeutet dies, dass die Eingungserklärung zwischen Besteller und Nießbraucher für die Belastung der Inhaberaktie ausreichend ist. Diese Art der Nießbrauchsbestellung bringt mit sich, dass ebenso wie im Falle der Über-

---

[158] vgl. MüKo-Damrau, a. a. O., § 1207 Rn 5
[159] vgl. MüKo-Damrau, a. a. O., § 1207 Rn 1
[160] vgl. MüKo-Damrau, a. a. O., § 1207 Rn 6

tragung der Inhaberaktie auf zessionsrechtlicher Grundlage, ein gutgläubiger Nießbrauchserwerb nicht möglich ist.

Des weiteren kann die Übertragung der Inhaberaktie nach sachenrechtlichen Vorschriften erfolgen, so dass nach deren Maßgabe für eine wirksame Bestellung des Nießbrauchs neben der dinglichen Einigung zwischen den Parteien hinsichtlich der Belastung mit einem Nießbrauch, noch die Übergabe der Aktienurkunde erforderlich wäre, was insoweit der Regelung des § 929 S. 1 BGB entspräche. Selbstverständlich ist in diesem Zusammenhang auch die Ersetzung der Übergabe durch die in den §§ 929 ff BGB geregelten Übergabesurrogate, auf die hierbei nicht noch einmal eingegangen wird, entsprechend für die Nießbrauchsbestellung möglich. Bezüglich des Tatbestandsmerkmals der Übergabe ist jedoch die Regelung des § 1068 Abs. 2 i.V.m. § 1081 Abs. 2 BGB besonders zu berücksichtigen. Hiernach genügt für die wirksame Bestellung an Stelle der Übergabe der Aktienurkunde die Einräumung des unmittelbaren oder mittelbaren Mitbesitzes an derselben[161]. Die Regelungen der §§ 1081 ff BGB, und infolge dessen auch des § 1081 Abs. 2 BGB, haben dispositiven Charakter, so dass eine Abänderung etwa durch Vertrag erfolgen kann, weshalb der Ausschluss der §§ 1081, 1082 BGB beispielsweise regelmäßig in der Bestimmung zu sehen ist, dass der Besitz allein dem Nießbraucher zustehen solle[162].

Die Nießbrauchsbestellung setzt voraus, dass die Einigung zwischen dem Eigentümer der zu belastenden Inhaberaktie und dem Erwerber vereinbart wird. Ausnahmsweise kann der Nießbrauch auch dann wirksam begründet werden, wenn ein anderer als der Eigentümer die Einigung erklärt hat. Voraussetzung ist dabei jedoch, dass der Erwerber in gutem Glauben gehandelt hat. Für den Erwerb des Nießbrauchs sind in diesem Fall gemäß §§ 1068 Abs. 2 i.V.m. 1032 S. 2 BGB die Vorschriften der §§ 932 ff entsprechend anwendbar. Insoweit entspricht die Rechtslage hinsichtlich der Möglichkeit des gutgläubigen Nießbrauchserwerbs den allgemeinen Regelungen des Sachenrechts, weshalb es einer eingehenden Erörterung dieser Fragestellung nicht bedarf[163]. Zu erwähnen ist in diesem Zusammenhang aber die Möglichkeit des gutgläubigen Nießbrauchserwerbs an abhanden gekommenen Inhaberaktien, da § 1032 S. 2 BGB auch auf § 935 BGB verweist.

Ebenso wie bei der Belastung mit einem Pfandrecht bedarf es auch bei der Nießbrauchsbestellung keiner Anzeige gegenüber der Gesellschaft.

2.2 Namensaktie

Sieht die Satzung gemäß § 23 Abs. 3 Nr. 5 AktG die Ausgabe von auf den Namen lautenden Aktien vor, ist damit auch eine Entscheidung über die Art und Weise der Übertragung der durch die Namensaktie verkörperten Mitgliedschaft getroffen.

---

[161] vgl. KK-Lutter, a. a. O., Anh. § 68 Rn 16; vgl. Wiesner in MüHdB, a. a. O., § 14 Rn 55 ff/60

[162] vgl. MüKo-Petzold, a. a. O., § 1081 Rn 1

[163] vgl. Hoffmann, J., a. a. O., S. 20 f

2.2.1 Übertragung der Namensaktie durch Abtretung

Auch wenn § 68 Abs. 1 AktG regelt, dass die Namensaktie durch Indossament übertragen werden kann, ist nach allgemeiner Meinung eine Übertragung der Namensaktie – im Gleichklang zur Übertragung der unverkörperten Mitgliedschaft – auch nach den Regeln des Zessionsrechtes gemäß § 413 i.V.m. §§ 398 ff BGB möglich, ohne dass diese Übertragungsmöglichkeit statutarisch ausgeschlossen oder von einer bestimmten Form abhängig gemacht werden kann. Die der Übertragung zugrunde liegenden Abtretungsvereinbarung, d. h. die schuldrechtliche Einigung, ist dabei entsprechend den allgemeinen Regeln des Zessionsrechtes formlos wirksam[164].

Streitig ist allerdings, ob die Übergabe der (soweit vorhandenen) Aktienurkunde gleichfalls Voraussetzung für die Wirksamkeit der Abtretung ist[165].

Insbesondere die ältere Rspr. hat die Notwendigkeit der begleitenden Übergabe der Aktienurkunde bejaht und dies vor allem mit Parallelen zum Wechsel als Zahlungsanweisung aufgrund von § 792 Abs. 1 S. 3 BGB analog begründet[166]. Diese Begründung vermag indes nicht zu überzeugen. Aus den Vorschriften des Zessionsrechtes lässt sich – anders als bei der Übereignung nach §§ 929 ff BGB – das Erfordernis der Übergabe oder eines Übergabesurrogates nämlich nicht herleiten. Schließlich ist auch die Innehabung des Rechtes nicht mit seiner Ausübung zu verwechseln. So ist die Ausübung des durch die Namensaktie verkörperten Mitgliedschaftsrechtes – anders als beim Wechsel – von der Eintragung in das Aktienregister gemäß § 67 Abs. 2 AktG abhängig und nicht etwa von der Innehabung der Urkunde. Zur wirksamen Übertragung der Namensaktie ist folglich die Übergabe der Aktienurkunde bzw. ein entsprechendes Übergabesurrogat nicht erforderlich. Das Eigentum an der Aktienurkunde geht vielmehr entsprechend § 952 BGB auf den neuen Inhaber der Mitgliedschaft über[167].

Die Anwendbarkeit der §§ 398 ff BGB bringt jedoch mit sich, dass ein gutgläubiger Erwerb nicht möglich ist und darüber hinaus die Verkehrsfähigkeit der Namensaktie stark herabgesetzt wird, weshalb diese Form der Rechtsübertragung in der Praxis nicht sehr verbreitet ist[168].

Eine Besonderheit stellt die gleichfalls zulässige Blankozession dar. Bei ihr wird eine Abtretungsurkunde ausgestellt und in dieser der Name des Zessio-

---

164 vgl. MK-Bayer, a. a. O., § 68 Rn 30/32; vgl. KK-Lutter, a. a. O., § 68 Rn 17; vgl. Wiesner in MüHdB, a. a. O., § 14 Rn 14; vgl. BGH NJW 1958, 302 (302 f); vgl. Hüffer, a. a. O., § 68 Rn 3; vgl. Raiser, a. a. O., § 12 Rn 68; vgl. Nirk/Reuter/Bächle, a. a. O., I Rn 439

165 vgl. MK-Bayer, a. a. O., § 68 Rn 30; vgl. Hüffer, a. a. O., § 68 Rn 3

166 vgl. RGZ 88, 290 (292); 160, 338 (341); vgl. BGH NJW 58, 302 (303); vgl. v. Godin/Willhelm, a. a O., § 68 Anm 4; vgl. Großkomm-Barz (Voraufl.), a. a. O., § 68 Anm. 3; vgl. Baumbach/Hueck, a. a. O., Rn 4; vgl. Gursky, a. a. O., S. 75 f

167 vgl. Wiesner in MüHdB, a. a. O., § 14 Rn 14; vgl. Hefermehl/Bungeroth in Geßler/Hefermehl, a. a. O.,§ 68 Rn 35; vgl. KK-Lutter, a. a. O., § 68 Rn 17; vgl. MK-Bayer, a. a. O., § 68 Rn 30

168 vgl. KK-Lutter, a. a. O., § 68 Rn 17; vgl. MK-Bayer, a. a. O., § 68 Rn 31; vgl. Kümpel, a. a. O., WM 1983 Sonderbeilage 8, S.7

nars offen gehalten, da von vorne herein eine Weiterabtretung des Erstempfängers beabsichtigt wird. Bei der so entstehenden Abtretungskette hat zwar jeder Zwischenerwerber das Recht, sich selbst (oder einen Dritten) als Neugläubiger in die Urkunde einzutragen, doch tritt regelmäßig erst das letzte Glied der Kette namentlich in Erscheinung. Mit dieser Vorgehensweise wird bezweckt, das eventuelle Entstehen neuer Einwendungen des Schuldners in der Person des Zwischenerwerbers, die dann nach § 404 BGB fortwirken würden, zu verhindern[169].

2.2.2 Übertragung der Namensaktie durch Indossament

Wie bereits erwähnt, sieht das Aktiengesetz in § 68 Abs. 1 als gesetzlichen Regelfall vor, dass Namensaktien durch Indossament übertragen werden können. Diese Regelung stellt keine Einschränkung, sondern vielmehr eine Erweiterung der Übertragungsmöglichkeiten dar[170].

Da eine besondere Orderklausel für diese (spezifisch wertpapierrechtliche) Übertragung nicht vorgeschrieben ist, der Berechtigte also die Namensaktie durch Indossament übertragen kann, auch wenn sie nicht ausdrücklich an Order lautet, handelt es sich bei der Namensaktie – auch im Fall der Vinkulierung – um ein sogenanntes „geborenes Orderpapier" und nicht etwa – wie der Wortsinn vermuten lässt – um ein Rekta- oder Namenspapier[171] [172].

Die Übertragung durch Indossament kann auch nicht ausgeschlossen bzw. eingeschränkt werden. So besteht mangels Verweis in § 68 Abs. 1 S. 2 AktG weder die Möglichkeit einer negativen Orderklausel gemäß § 11 Abs. 2 WG noch wäre eine Rektaklausel eines Indossanten (vgl. Art. 15 Abs. 2 WG)

---

[169] vgl. MüKo-Roth, a. a. O., § 398 Rn 30; vgl. v. Berenberg-Gosslar, a. a. O., BB 1954, 427 (428)

[170] vgl. KK-Lutter, a. a. O., § 68 Rn 17; vgl. Wiesner in MüHdB, a. a. O., § 14 Rn 14; vgl. Kümpel, a. a. O., WM 1983 Sonderbeilage 8, S. 5

[171] vgl. MK-Bayer, a. a. O., § 68 Rn 2; vgl. KK-Lutter, a. a. O., § 68 Rn 5; vgl. Hüffer, a. a. O., § 68 Rn 2; vgl. MK-Heider, a. a. O., § 10 Rn 24; vgl. Wiesner in MüHdB, a. a. O., § 14 Rn 7; vgl. Hueck/Canaris, a. a. O., S. 215; vgl. Nirk/Reuter/Bächle, a. a. O., I Rn 449

[172] Bei Rekta- oder Namenspapieren handelt es sich um Wertpapiere, bei denen eine bestimmte Person als Berechtigter bezeichnet wird. Der Verpflichtete soll hier direkt (recta) an den Berechtigten, der in der Regel namentlich benannt ist, leisten und nicht an den jeweiligen Inhaber der Urkunde. Eine Übertragung ist im Wege der §§ 398, 413 BGB möglich, führt aber nicht dazu, dass der Rechtsnachfolger namentlich in der Urkunde ausgewiesen wird, weshalb der Papierbesitz keine Vermutungswirkung für die materielle Berechtigung zulässt, der Schuldner also nur durch Leistung an den wahren Berechtigten und nicht etwa an den Papierinhaber von seiner Verpflichtung frei wird. Rektapapiere haben folglich weder Legitimations- noch Liberalisierungswirkung. Die wichtigsten Rektapapiere sind Hypotheken-, Grundschuld- und Rentenschuldbriefe, die bürgerlich-rechtliche Anweisung (§ 793 BGB), die handelsrechtlichen Wertpapiere (§ 363 HGB), soweit sie nicht an Order gestellt sind; vgl. Müller/Christmann-Schnander, a. a. O., Rn 39 ff; vgl. Bopp, a. a. O. S. 15

wirksam. Ein Ausschluss dieser Übertragungsmöglichkeit aufgrund einer statutarischen Regelung ist gleichfalls nicht möglich[173].

2.2.2.1 Transportfunktion

Für die Übertragung sind nach § 68 Abs. 1 S. 2 AktG die Art. 12, 13 und 16 WG maßgebend. In Ergänzung hierzu sind auch die Vorschriften der Art. 14, 18, 19 WG anwendbar, auf deren ausdrücklichen Verweis aber verzichtet worden ist, weil deren Geltung als selbstverständlich erachtet wird, wohingegen die übrigen Vorschriften über das Indossament nicht anwendbar sind[174].

Das Indossament ist eine wertpapierrechtliche Sonderform rechtsgeschäftlicher Übertragung, die aus mehreren Elementen besteht. Insoweit ist bei der Übertragung einer Namensaktie stets zu berücksichtigen, dass es sich nicht um die Übereignung einer Sache oder die Abtretung einer Forderung handelt[175].

Nach Art. 13 Abs. 1 WG i.V.m. § 68 Abs. 1 S. 2 AktG muss eine auf dem Wertpapier „Namensaktie“ oder mit diesem fest verbundenen Blatt (Anhang) schriftliche Übertragungserklärung[176] vorliegen, welche vom Indossanten unterschrieben wird. Bei einer derartigen Erklärung handelt es sich insbesondere nicht um eine Anweisung im Sinne des § 793 BGB, da eine solche bei Mitgliedschaften im Gegensatz zu Wechselforderungen nicht möglich ist[177].

Neben dem Indossament muss noch die nach sachenrechtlichen Regeln vorgenommene Übertragung der indossierten Namensaktie durch Einigung und Übertragung oder eines Übergabesurrogats gemäß §§ 929 ff BGB stattfinden, wodurch dem Erwerber die materielle Berechtigung zur Geltendmachung der in der Namensaktie verbrieften Rechte verschafft werden[178]. Allein diese (zusätzliche) Besitzverschaffung an der Urkunde durch Übergabe oder Übergabesurrogat zugunsten des Empfängers (Indossatars) begründet die besondere Legitimationswirkung des Art. 16 Abs. 1 WG i.V.m. § 68 Abs. 1 S. 2 AktG.

Das Indossament seinerseits darf keine Bedingung enthalten. Sofern dies jedoch der Fall sein sollte, gilt die Bedingung gemäß Art. 12 Abs. 1 WG i.V.m § 68 Abs. 1 S. 2 AktG als nicht geschrieben. Ferner ist auch ein Teilindossament nach Art. 12 Abs. 2 WG i.V.m. § 68 Abs. 1 S. 2 AktG nichtig[179].

---

173 vgl. Hüffer, a. a. O., § 68 Rn 2; vgl. KK-Lutter, a. a. O., § 68 Rn 7; vgl. MK-Bayer, a. a. O., § 68 Rn 2; vgl. Bopp, a. a. O., S. 27

174 vgl. KK-Lutter, a. a. O., § 68 Rn 6; vgl. Wiesner in MüHdB, a. a. O., § 14 Rn 9; vgl. MK-Bayer, a. a. O., § 68 Rn 9

175 vgl. KK-Lutter, a. a. O., § 68 Rn 7; vgl. Bopp, a. a. O., S. 26; vgl. Opitz, a. a. O., S. 682 (683)

176 Bsp: „Für mich an...“ Unterschrift. Ursprünglich ist diese Erklärung regelmäßig auf der Rückseite des Papiers (in dosso) festgehalten worden.

177 vgl. MK-Bayer, a. a. O., § 68 Rn 3/10; vgl. KK-Lutter, a. a. O., § 68 Rn 7; vgl. Wiesner in MüHdB, a. a. O., § 14 Rn 8; vgl. Hüffer, a. a. O., § 68 Rn 4

178 vgl. Wiesner in MüHdB, a. a. O., § 14 Rn 7; MK-Bayer, a. a. O., § 68 Rn 3; vgl. KK-Lutter, a. a. O., § 68 Rn 7; vgl. Opitz, a. a. O. S. 682 (683); vgl. Sedatis, a. a. O., Rn 97

179 vgl. Wiesner in MüHdB, a. a. O., § 14 Rn 8; vgl. Gursky, a. a. O., S. 77

Inhaltlich muss das Indossament, dessen Wortlaut nicht vorgeschrieben ist, „lediglich" zum Ausdruck bringen, dass das Mitgliedschaftsrecht künftig einem (namentlich benannten) Dritten zustehen soll, wobei jedoch die Übertragung der Namensaktie auch in Form des Blankoindossaments zulässig ist. Lediglich für Aktien von Kapitalanlagegesellschaften ist die Übertragung durch Blankoindossament nach § 1 Abs. 3 S. 2 KAGG ausgeschlossen[180].

Beim Blankoindossament braucht nach Art. 13 Abs. 2 WG i.V.m. § 68 Abs. 1 S. 2 AktG das Indossament den Indossatar nicht zu bezeichnen und kann selbst in der bloßen Unterschrift des Indossanten bestehen. Diese muss jedoch zwingend gemäß Art. 13 Abs. 2 WG i.V.m. § 68 Abs. 1 S. 2 AktG auf die Rückseite der Namensaktie oder des Anhangs gesetzt werden[181].

Der Erwerber der blankoindossierten Namensaktie kann nach Art. 14 Abs. 2 WG i.V.m. § 68 Abs. 1 S. 2 AktG nicht nur das Indossament mit seinem Namen oder dem Namen eines anderen ausfüllen (Nr. 1) bzw. die Namensaktie mittels Blanko- oder Vollindossament auf einen Dritten weiterindossieren (Nr. 2). Es ist ihm auch möglich, die Namensaktie weiterzugeben, ohne das Blankoindossament auszufüllen oder ein neues Indossament hinzuzufügen (Nr. 3). Im letztgenannten Fall erfolgt die Übereignung ohne weiteren Skripturakt durch formlose Einigung und Übergabe der Urkunde, wodurch die Namensaktie eine der Inhaberaktie angenäherte Umlauffähigkeit erlangt, ohne dass die Namensaktie dadurch zum Inhaberpapier wird[182].

Die Eintragung im Aktienregister gemäß § 67 Abs. 3 AktG ist dagegen für eine wirksame Übertragung der durch die Namensaktie verkörperten Mitgliedschaft nicht erforderlich. Die materiellrechtlichen Veränderungen der Rechtslage erfolgen vielmehr stets außerhalb des Aktienregisters[183].

Die soeben beschriebene materiellrechtliche Veränderung, nach welcher durch das Indossament die Mitgliedschaft übertragen wird und somit der Indossatar zum Aktionär wird, wird auch als Transportfunktion bezeichnet[184].

2.2.2.2 Gutgläubiger Erwerb

Die eigentliche Besonderheit im Zusammenhang mit dieser Transportfunktion liegt aber im erweiterten Gutglaubensschutz, der durch Art. 16 Abs. 2 WG i.V.m. § 68 Abs. 1 S. 2 AktG zum Ausdruck kommt. Auch wenn der Wortlaut die Problematik regelt, unter welchen Voraussetzungen die Herausgabe der einem früheren Inhaber abhanden gekommenen Namensaktie ausgeschlossen ist, ist die Bedeutung dieser Vorschrift nicht nur auf die Frage des

---

180 vgl. Wiesner in MüHdB, a. a. O., § 14 Rn 8 f; vgl. MK-Bayer, a. a. O., § 68 Rn 10; vgl. Bopp, a. a. O., S. 27; vgl. Raiser, a. a. O., § 12 Rn 68; vgl. Hueck/Canaris, a. a. O., S. 216

181 vgl. Wiesner in MüHdB, a. a. O., § 14 Rn 9; vgl. MK-Bayer, a. a. O., § 68 Rn 11; vgl. Bopp, a. a. O., S. 27

182 vgl. Wiesner in MüHdB, a. a. O., § 14 Rn 9; vgl. MK-Bayer, a. a. O., § 68 Rn 12; vgl. KK-Lutter, a. a. O., § 68 Rn 7; vgl. Gursky, a. a. O., S. 79; vgl. Bopp, a. a. O., S. 27

183 vgl. MK-Bayer, a. a. O., § 68 Rn 4; vgl. KK-Lutter, a. a. O., § 68 Rn 9; vgl. v. Berenberg-Gosslar, a. a. O., BB 1954, 427 (428)

184 vgl. Hüffer, a. a. O., § 68 Rn 9; vgl. KK-Lutter, a. a. O., § 68 Rn 9

Ausschlusses des Herausgabeanspruches beschränkt, sondern erstreckt sich vielmehr auf die Frage des gutgläubigen Erwerbes einer Namensaktie von einem formell legitimierten, aber materiell nicht berechtigten Besitzer[185].

Der gutgläubige Erwerb der Mitgliedschaft ist nach Art. 16 Abs. 2 WG i.V.m. § 68 Abs. 1 S. 2 AktG möglich, wenn die Namensaktie „einem früheren Inhaber irgendwie abhanden gekommen ist". Der Begriff des „Abhandenkommens" ist daher bei Art. 16 Abs. 2 WG, ebenso wie in § 935 Abs. 1 BGB, von zentraler Bedeutung, obschon sich das zugrunde liegende Verständnis diesbzgl unterscheidet. Während § 935 BGB den Tatbestand des unfreiwilligen Besitzverlustes (Diebstahl, Verlust) umfasst, erstreckt sich der Regelungsbereich des Begriffs „Abhandenkommen" im Sinne des Art. 16 Abs. 2 WG auch auf die unwirksame Übereignung durch den Berechtigten sowie auf die unwirksame Übereignung durch einen Dritten, der nicht verfügungsberechtigt ist oder ohne Vertretungsmacht handelt. Auch die Fälle des § 366 HGB sind folglich vom Gutglaubensschutz erfasst[186].

Streitig ist jedoch, ob ein gutgläubiger Erwerb auch dann möglich ist, wenn der Indossant geschäftsunfähig bzw. beschränkt geschäftsfähig ist.

So wird teilweise in Anlehnung an die Rspr. des BGH zum Wechselrecht[187], in der die Transportfunktion des Art. 16 Abs. 2 WG auch bei der Übereignung des Wechsels durch einen nicht voll Geschäftsfähigen anerkannt wird, ohne jedoch gleichzeitig eine wechselmäßige Haftung auf diesen zu erstrecken, ein gutgläubiger Erwerb von Namensaktien von einem nicht voll Geschäftsfähigen für möglich erachtet. Neben der Bezugnahme auf diese Rspr. wird die Möglichkeit des gutgläubigen Erwerbes ferner noch mit dem Interesse an der Umlauffähigkeit der Namensaktie, sowie dem stärkeren Gutglaubensschutz von Orderpapieren gegenüber Inhaberpapieren durch das zusätzliche Erfordernis einer lückenlosen Indossamentenkette begründet[188].

Dieser Auffassung ist indes nicht zu folgen. Es darf nicht verkannt werden, dass im Wechselrecht ein gutgläubiger Erwerb von einem nicht voll Geschäftsfähigen zwar möglich ist, hierdurch jedoch keine Haftung zu Lasten des nicht voll Geschäftsfähigen erfolgt. Die Ausweitung dieses Gutglaubensschutzes auf den Bereich der Namensaktie entzöge dem nicht voll Geschäftsfähigen aber seine Rechtsstellung als Inhaber der Namensaktie zugunsten des gutgläu-

---

185 vgl. Hüffer, a. a. O., § 68 Rn 9; vgl. MK-Bayer, a. a. O., § 68 Rn 15, vgl. KK-Lutter, a. a. O., § 68 Rn 10; vgl. Wiesner in MüHdB, a. a. O., § 14 Rn 12

186 vgl. MK-Bayer, a. a. O., § 68 Rn 16; vgl. Wiesner in MüHdB, a. a. O., § 14 Rn12; vgl. KK-Lutter, a. a. O., § 68 Rn 11; vgl. Hüffer, a. a. O., § 68 Rn 9; vgl. BGHZ 26, 268 (272) zur Vertretungsmacht; BGH NJW 51, 402 zur fehlenden Verfügungsbefugnis; NJW 51, 598 (598); vgl. Opitz, a. a. O., S. 682 (684); vgl. Großkomm-Barz (Voraufl.), a. a. O., § 68 Anm. 4; vgl. Baumbach/Hueck, a. a. O., § 68 Rn 6; vgl. Hefermehl/Bungeroth in Geßler/Hefermehl, a. a. O., § 68 Rn 21

187 vgl. BGH NJW 51, 402; NJW 51, 598 (598)

188 vgl. Sedatis, a. a. O., Rn 122; vgl. MK-Bayer, a. a. O., § 68 Rn 18; vgl. Wiesner in MüHdB, a. a. O., § 14 Rn 12; vgl. Hefermehl/Bungeroth in Geßler/Hefermehl, a. a. O., § 68 Rn 22 f

bigen Erwerber, infolge dessen auch ein Widerspruch zu dem zivilrechtlichen Grundsatz zu erkennen wäre, wonach von einem nicht voll Geschäftsfähigen ein gutgläubiger Eigentumserwerb nicht möglich ist[189].

Auch ein entsprechendes Umlaufinteresse überwiegt nicht gegenüber dem Schutz des nicht voll Geschäftsfähigen, wie ein Vergleich mit der Inhaberaktie deutlich macht. So gibt es zwar zwischen der Inhaberaktie als Inhaberpapier und der Namensaktie als geborenes Orderpapier erhebliche Unterschiede, doch wird dem Ausschluss des Gutglaubensschutzes gegenüber einem nicht voll Geschäftsfähigen bei der Inhaberaktie nicht mit dem Argument des gesteigerten Umlaufinteresses begegnet[190]. Warum die Namensaktie in dieser Hinsicht bevorzugt werden soll, ist nicht ersichtlich.

Letztlich rechtfertigt auch das Argument des vorhandenen Rechtsscheins aufgrund einer lückenlosen Indossamentenkette nicht die Möglichkeit des gutgläubigen Erwerbs von einem nicht voll Geschäftsfähigen.

Insoweit trifft es zwar zu, dass eine ununterbrochene Reihe von Indossamenten für die Inhaberschaft und der Besitz der Urkunde für die Verfügungsbefugnis bzw. Vertretungsmacht des Indossanten spricht, keines von beiden jedoch etwas über die Geschäftsfähigkeit des Verfügenden aussagt. Aus dem Vorliegen der gesetzlichen Voraussetzungen des Art. 16 Abs. 1 WG i.V.m. § 68 Abs. 1 S. 2 AktG kann daher kein Rechtsschein gegen den nicht voll geschäftsfähigen Indossanten begründet werden, weshalb auch ein gutgläubiger Erwerb ausscheidet[191].

Der Gutglaubensschutz erstreckt sich auch nicht auf die Fälle, in denen die in der Namensaktie verkörperten Mitgliedschaft nicht oder nicht in dem verbrieften Umfang besteht, wie zum Beispiel bei gefälschten Namensaktien. Die Ausweitung des gutgläubigen Erwerbs auf diese Tatbestände würde nämlich dazu führen, dass der Erwerb nicht zu Lasten eines wirklich Berechtigten ginge, sondern vielmehr die Zahl der Mitgliedschaften vermehrt bzw. sich in ihrer Relation verändern würden und somit nicht nur nicht von der Transportfunktion gedeckt wäre, sondern zudem auch gegen das Prinzip des festen Grundkapitals verstoßen würde[192].

Nicht vom Anwendungsbereich des Art. 16 Abs. 2 WG i.V.m. § 68 Abs. 1 S. 2 AktG erfasst werden ferner auch Willensmängel oder fehlende Geschäftsfähigkeit auf Seiten des Erwerbers[193].

Auch im Bereich des Insolvenzrechtes findet der Gutglaubensschutz keine Anwendung. So verdrängt die Regelung des Art. 16 Abs. 2 WG i.V.m. § 68

---

[189] vgl. MK-Bayer, a. a. O., § 68 Rn 18

[190] wie vor

[191] vgl. MK-Bayer, a. a. O. § 68 Rn 18; vgl. KK-Lutter, a. a. O., § 68 Rn 11; vgl. Baumbach/Hueck, a. a. O., § 68 Rn 6; vgl. Hueck/Canaris, a. a. O., S. 123; vgl. Zöllner, a. a. O., S. 96

[192] vgl. MK-Bayer, a. a. O., § 68 Rn 19; vgl. Wiesner in MüHdB, a. a. O., § 14 Rn 12; vgl. KK-Lutter, a. a. O., § 68 Rn 12

[193] vgl. MK-Bayer, a. a. O., § 68 Rn 21

Abs. 1 S. 2 AktG nicht die Beschränkung der Verfügungsbefugnis des Gemeinschuldners in der Insolvenz gemäß § 81 InsO, da die Insolvenzordnung den guten Glauben nur im Bereich des Immobiliarrechts schützt. Gleiches gilt ebenso beim Erwerb vom Erben im Falle der Nachlassverwaltung, wie durch den Verweis des § 1984 Abs. 1 S. 2 auf § 81 InsO ersichtlich wird[194].

Keinen Verstoß gegen die Transportfunktion stellt indes die Möglichkeit des gutgläubigen Zweiterwerbs der Namensaktie im Falle der Weiterveräußerung auch dann dar, wenn der (gutgläubige) Ersterwerb gescheitert ist[195].

Damit jedoch die Möglichkeit des gutgläubigen Erwerbes der durch die Namensaktie verkörperten Mitgliedschaft an der Aktiengesellschaft eröffnet ist, muss der Indossatar zunächst in objektiver Hinsicht alle Erfordernisse des Art. 16 Abs. 2 WG i.V.m. § 68 Abs. 1 S. AktG erfüllen.

Dazu gehört zunächst, dass der Erwerber den Besitz der Aktienurkunde durch einen formal ordnungsgemäßen Erwerbsvorgang erlangt hat. Erforderlich sind Einigung und Übergabe oder Übergabesurrogat gemäß §§ 929 ff BGB sowie ein auf den Erwerber ausgestelltes Vollindossament oder ein Blankoindossament[196].

Darüber hinaus verlangt Art. 16 Abs. 2 WG i.V.m. § 68 Abs. 1 S. 2 AktG, dass der Erwerber „sein Recht nach den Vorschriften des vorstehenden Absatzes nachweist“. Der Indossatar muss demnach eine Indossamentenkette vorweisen können, welche nicht durch andere Erwerbsvorgänge, wie etwa Abtretung, Erbgang usw. unterbrochen ist. Grundlage des Schutzes ist der Rechtsschein der Indossamentenkette, die förmlich lückenlos sein muss. Selbst der Nachweis einer materiellen Berechtigung des der Unterbrechung nachfolgenden Indossanten (zum Beispiel im Rahmen eines Erwerbes durch Gesamtrechtsnachfolge) vermag diesen Rechtsschein nicht wieder herzustellen, wohingegen inhaltliche Mängel der Indossamenten, wie etwa bei einer Fälschung, unschädlich sind[197].

In subjektiver Hinsicht ist für den gutgläubigen Erwerb der gute Glaube des Indossatars im Sinne des § 932 Abs. 2 BGB erforderlich. Insoweit scheidet der gutgläubige Erwerb also bei positiver Kenntnis bzw. grob fahrlässiger Unkenntnis des wahren Tatbestands aus[198].

Im Falle blankoindossierter Namensaktien ist jedoch auch die Verschärfung des Gutglaubenserwerbs nach § 367 Abs. 1 S. 2 i.V.m. S. 1 HGB zu berücksichtigen, nach dem ein Erwerber, der Kaufmann ist und Bankier- oder

---

194 vgl. KK-Lutter, a. a. O., § 68 Rn 11; vgl. Baumbach/Hefermehl, a. a. O., Art. 16 Rn 10; Hefermehl/Bungeroth in Geßler/Hefermehl, a. a. O., § 68 Rn 25; vgl. MK-Bayer, a. a. O., § 68 Rn 20

195 vgl. Hefermehl/Bungeroth in Geßler/Hefermehl, a. a. O., § 68 Rn 25; vgl. MK-Bayer, a. a. O., § 68 Rn 22

196 vgl. Hefermehl/Bungeroth in Geßler/Hefermehl, a. a. O., § 68 Rn 27

197 vgl. Wiener in MüHdB, a. a. O., § 14 Rn 13; vgl. MK-Bayer, a. a. O., § 68 Rn 23 f; vgl. Hefermehl/Bungeroth in Geßler/Hefermehl, a. a. O., § 68 Rn 29; vgl. KK-Lutter, a. a. O., § 68 Rn 10; vgl. Raiser, a. a. O., § 12 Rn 68; vgl. Sedatis, a. a. O., Rn 109

198 vgl. Wiesner in MüHdB, a. a. O., § 14 Rn 13; vgl. MK-Bayer, a. a. O., § 68 Rn 25; vgl. KK-Lutter, a. a. O., § 68 Rn 13

Geldwechslergeschäfte betreibt, als bösgläubig gilt, wenn seit der Veröffentlichung des Diebstahls, Verlustes oder des sonstigen Abhandenkommens im Bundesanzeiger, mehr als ein Jahr verstrichen ist. Eine Ausnahme hiervon besteht nach § 367 Abs. 2 HGB nur dann, wenn der Erwerber nachweisen kann, dass er die Veröffentlichung infolge besonderer Umstände nicht gekannt und die Unkenntnis nicht auf grober Fahrlässigkeit beruht hat[199].

2.2.2.3 Legitimationsfunktion

Neben der bereits beschriebenen Transportfunktion, hat das Indossament vor allem die Funktion, im Falle der Übertragung der Namensaktie den Erwerber als den Berechtigten zu „legitimieren", d.h. eine Grundlage für den Nachweis seiner Berechtigung aus der Namensaktie zu bieten. Entsprechend dieser sogenannten „Legitimationsfunktion" gilt nach Art. 16 Abs. 1 WG i.V.m. § 68 Abs. 1 S. 2 AktG als rechtmäßiger Inhaber der Namensaktie, wer sie in Händen hat, sofern er sein Recht durch eine ununterbrochene Reihe von Indossamenten nachweist, und zwar auch dann, wenn das letzte Indossament ein Blankoindossament ist. Art. 16 Abs. 1 WG i.V.m. § 68 Abs. 1 S. 2 AktG begründet jedoch lediglich eine widerlegbare Vermutung, so dass es einem Inhaber der Namensaktie unbenommen ist, sein Recht auf andere Weise nachzuweisen. Dies gilt insbesondere dann, wenn die Reihe von Indossamenten unterbrochen ist. Hierbei können auftretende Lücken durch den Nachweis anderer Erwerbstatbestände (Abtretung, Erbgang, etc.) überbrückt werden[200].

Diese Legitimationsfunktion des Indossaments ist aber von der noch zu erörternden Rechtsscheins- bzw. Vermutungswirkung des Aktienregisters zu unterscheiden.

Die dritte wesentliche Funktion des Indossaments, die Garantie – oder Haftungsfunktion, welche besteht, dass jeder Indossant grundsätzlich jedem künftigen Erwerber nach Art. 15 Abs. 1 WG haftet, findet im Rahmen der Aktienrechts keine Anwendung[201].

2.2.3 Sonderformen der Übertragung von Namensaktien

Neben den erwähnten Formen des (Voll-)Indossaments und des Blankoindossaments kommen zur Übertragung der Namensaktie aber auch Sonderformen, wie das Vollmachts- oder Prokuraindossament gemäß Art. 18 WG i.V.m. § 68 Abs. 1 S. 2 AktG in Betracht[202].

Bei dem Vollmachts- oder Prokuraindossament wird zwischen dem sogenannten „offenen" und dem „verdeckten" Prokuraindossament unterschieden. Beim sogenannten „offenen" Prokuraindossament wird dem Indossament ein

---

[199] vgl. MK-Bayer, a. a. O., § 68 Rn 26

[200] vgl. Zöllner, a. a. O., S. 91; vgl. Hefermehl/Bungeroth in Geßler/Hefermehl, a. a. O., § 68 Rn 16; vgl. Wiesner in MüHdB, a. a. O., § 14 Rn 11; vgl. Gursky, a. a. O., S. 83; vgl. Hüffer, a. a. O., § 68 Rn 8

[201] vgl. Zöllner, a. a. O., S. 93; vgl Gursky, a. a. O., S. 83; vgl. Hüffer, a. a. O., § 68 Rn 8

[202] vgl. Wiesner in MüHdB, a. a. O., § 14 Rn 10

den beschränkten Zweck der „Übertragung" ausdrückender Vermerk („Wert in prokura", „zum Inkasso") beigefügt, aus dem ersichtlich wird, dass dem Indossatar nicht die mitgliedschaftlichen Rechte übertragen werden, sondern vielmehr lediglich die Befugnis eingeräumt wird, diese im Namen des Aktionärs geltend zu machen. Es handelt sich folglich nicht um eine Form des Rechts- bzw. Legitimationsübergangs der mitgliedschaftlichen Rechte[203].

Anders stellt sich indes die Situation beim sogenannten „verdeckten" Prokuraindossament dar. Hier ist die Beschränkung der Berechtigung des Indossatars nicht erkennbar, infolge dessen der Indossatar nach außen hin als Vollrechtsinhaber erscheint. Dieses Indossament, dessen Rechtsnatur streitig ist und welches teilweise als fiduziarische (treuhänderische) Übertragung, teilweise aber auch als Ausübungsermächtigung angesehen wird, hat somit volle Legitimationswirkung zur Geltendmachung der mitgliedschaftlichen Rechte im eigenen Namen, weshalb auch bei einer Weitergabe die gleichen Erfordernisse wie für die Vollrechtsübertragung durch Indossament gelten. Im Ergebnis entspricht das „verdeckte" Prokuraindossament somit einer Legitimationsübertragung[204].

Nach § 1274 Abs. 2 BGB kann die Aktie als Mitgliedschaftsrecht an der Aktiengesellschaft insoweit verpfändet werden, als sie übertragbar ist. Während bei Inhaberaktien für die Bestellung des Pfandrechts gemäß § 1293 BGB die Bestimmungen über das Pfandrecht an beweglichen Sachen gelten, d.h. nach § 1205 BGB die Übergabe der Aktienurkunde oder eines dort genannten Übergabesurrogates vonnöten ist, setzt die Verpfändung nach § 1292 BGB Einigung und Übergabe der mit Hilfe eines Pfandindossaments im Sinne des Art. 19 WG indossierte Aktie voraus[205]. Auch wenn ein bestimmter Wortlaut für das Pfandindossament nicht vorgeschrieben ist, muss der Wortlaut des Vermerks derart gestaltet sein, dass ersichtlich wird, dass ein Indossament zum Zwecke der Verpfändung erfolgt. Es genügt beispielsweise der Vermerk „Wert zur Sicherheit", „Wert zum Pfand", „In Verpfändung" oder ähnliches, um dieser Anforderung gerecht zu werden. Im Wege des Pfandindossaments wird sowohl der Pfandgläubiger nach Art. 16 WG (Möglichkeit des gutgläubigen Erwerbs) als auch der Verpfänder vor weitergehenden Verfügungen des Pfandgläubigers geschützt[206].

---

[203] vgl. KK-Lutter, a. a. O., § 68 Rn 15; vgl. Gursky, a. a. O., S. 85; vgl. Hefermehl/Bungeroth in Geßler/Hefermehl, a. a. O., § 68 Rn 52; vgl. KK-Lutter, a. a. O., § 68 Rn 15; vgl. Baumbach/Hefermehl, a. a. O. Art. 18 Rn 2/3; vgl. Zöllner, a. a. O., S. 104

[204] vgl. KK-Lutter, a. a. O., § 68 Rn 15; Baumbach/Hefermehl, a. a. O., Art. 18 Rn 7; vgl. Zöllner, a. a. O., S. 104

[205] vgl. Wiesner in MüHdB, a. a. O., § 14 Rn 60; vgl. KK-Lutter, a. a. O., § 68 Rn 20; vgl. Wiedemann, a. a. O., S. 424; vgl. v. Rottenburg, a. a. O., S. 43

[206] vgl. Baumbach/Hefermehl, a. a. O. Art. 19 Rn 7; vgl. KK-Lutter, a. a. O., § 68 Rn 20; vgl. Hefermehl/Bungeroth in Geßler/Hefermehl, a. a. O., § 68 Rn 58

2.2.4 Vinkulierte Namensaktien

Die vinkulierte Namensaktie stellt keine eigenständige Aktienart dar, sondern vielmehr einen Sonderfall der Namensaktie, so dass auch diese zu der Gruppe der Orderpapiere und nicht etwa zu der der Rektapapiere gehört[207].

2.2.4.1 Einführung und Aufhebung der Vinkulierung

Wie bereits im Zusammenhang mit der Übertragbarkeit unverkörperter Mitgliedschaftsrechte erwähnt, stellt die Vinkulierung nach § 68 Abs. 2 S. 1 AktG eine gesetzlich zulässige Beschränkung der Übertragungsmöglichkeiten dar, wonach, soweit kein gesetzlich verpflichtender Tatbestand die Vinkulierung der Namensaktie erforderlich macht, per Satzungsregelung eine solche Übertragung von der Zustimmung der Gesellschaft abhängig gemacht wird.

Soll eine solche Vinkulierungsklausel nachträglich in die Satzung aufgenommen werden, gilt es § 180 Abs. 2 i.V.m. Abs. 1 AktG zu beachten. Hiernach bedarf eine Satzungsänderung im Hinblick auf alle bereits existierenden (nicht vinkulierten) Namensaktien der Zustimmung aller betroffenen Aktionäre[208].

Die Frage des Zustimmungserfordernisses der jeweiligen Aktionäre wird auch im Falle der Kapitalerhöhung relevant.

Enthält die Satzung demnach bereits eine Vinkulierungsklausel, so erstreckt sich diese automatisch auch auf alle neuen Aktien, ohne dass es einer Zustimmung der betroffenen Aktionäre bedarf. Enthält die Satzung keine Vinkulierungsklausel und sollen nur die durch die Kapitalerhöhung neu geschaffenen Aktien vinkuliert werden, ist grundsätzlich eine Zustimmung der betroffenen Aktionäre gemäß § 180 Abs. 2 AktG erforderlich. Hintergrund für die Anwendbarkeit dieser Vorschrift in diesem Fall ist die Regelung des § 186 Abs. 1 S. 1 AktG, wonach jedem Aktionär auf der Grundlage der bisherigen Satzung ein Bezugsrecht auf neue, nicht vinkulierte Namensaktien zusteht. Wird hingegen dieses Bezugsrecht nach Maßgabe des § 186 Abs. 3 AktG wirksam ausgeschlossen oder – wie in den Fällen der §§ 192 Nr. 2 und 3 AktG – bestimmt, dass die neuen Aktien nur an Dritte, d.h. nicht bezugsberechtigte (Alt-) Aktionäre auszugeben sind, ist die Zustimmung der Aktionäre nach § 180 Abs. 2 AktG entbehrlich[209].

Ist aufgrund der Satzung nur ein Teil der Aktien vinkuliert, bedarf die Vinkulierung neuer, aus der Kapitalerhöhung geschaffener Aktien der Zustimmung all derer Aktionäre, die ein Bezugsrecht auf neue, nicht vinkulierte Aktien haben. Jedoch entfällt auch hierbei die Zustimmungspflicht, soweit kein Bezugsrecht besteht, insbesondere also dann, wenn die Vinkulierung auf die neuen

---

[207] vgl. KK-Lutter, a. a. O., § 68 Rn 14

[208] vgl. KK-Lutter, a. a. O., § 68 Rn 25; vgl. MK-Bayer, a. a. O., § 68 Rn 45; vgl. Wiesner in MüHdB, a. a. O., § 114 Rn 19

[209] vgl. MK-Bayer, a. a. O., § 68 Rn 48; vgl. Wiesner in MüHdB, a. a. O., § 14 Rn 20; vgl. Nirk/Reuter/Bächle, a. a. O., I Rn 454

Aktien beschränkt wird, die aufgrund des Bezugsrechts vinkulierter Altaktien erworben werden[210].

Eine Zustimmung nach § 180 Abs. 2 AktG ist letztlich auch dann erforderlich, wenn die (neue) Vinkulierung zugleich auch das Bezugsrecht erfassen soll. So verlagert sich durch eine derartige Regelung das Bezugsrecht, welches zunächst Bestandteil der alten (nicht vinkulierten) Aktien gewesen ist, auf die neuen (vinkulierten) Aktien. Im Ergebnis werden somit die alten Aktien entwertet, wenn ein uneingeschränkter Handel mit allen Bezugsrechten aufgrund der Vinkulierung der neuen Aktien nicht möglich ist[211].

Will der Satzungsgeber indes die Vinkulierungsklausel aufheben, bedarf es hierfür nicht der Zustimmung der betroffenen Aktionäre. Die Aufhebung – ebenso wie eine gegebenenfalls bezweckte Erleichterung – der Vinkulierungsklausel kann im Aktienrecht nach allgemeiner Meinung stets durch einfachen satzungsändernden Beschluss erfolgen[212].

2.2.4.2 Reichweite der Vinkulierung

Wie gleichfalls im Zusammenhang mit der Übertragung der unverkörperten Mitgliedschaft beschrieben, ist nach § 68 Abs. 2 S. 1 AktG trotz formeller und materieller Berechtigung des Aktionärs die Übertragung, d.h. das dingliche Verfügungsgeschäft, an die Zustimmung der Gesellschaft gebunden, wohingegen das schuldrechtliche Verpflichtungsgeschäft von diesem Zustimmungserfordernis nicht berührt ist. Darüber hinaus wäre eine Satzungsregelung, die bereits den Abschluss eines Verpflichtungsgeschäfts an die Zustimmung der Gesellschaft bindet, nach Maßgabe von § 23 Abs. 5 AktG nichtig[213]. Die Besonderheit der Verknüpfung des dinglichen Übertragungsgeschäftes mit der Zustimmung der Gesellschaft führt dazu, dass das Indossament auf der jeweiligen Aktie durch die Vinkulierung seine volle Transportfunktion verliert, was weitreichende Konsequenzen mit sich bringt. Hat beispielsweise die Aktiengesellschaft dem vormaligen Erwerb des jetzigen Veräußerers nicht zugestimmt, mit der Folge, dass dieser nicht Inhaber des Mitgliedschaftsrechtes geworden ist, kann dieser Mangel nur im Wege des gutgläubigen Erwerbs – unter den Voraussetzungen des Art. 16 Abs. 2 i.V.m. § 68 Abs. 1 S. 2 AktG – geheilt werden. Dies führt aber nicht dazu, dass die Zustimmung der Aktiengesellschaft für den Indossatar im Rahmen des aktuellen Rechtsgeschäftes entbehrlich würde, da der vorhandene gute Glaube sich nicht auch auf das Zustimmungserfordernis der Gesellschaft bezieht[214].

---

[210] vgl. Hüffer, a. a. O., § 68 Rn 13; § 180 Rn 7; vgl. MK-Bayer, a. a. O., § 68 Rn 49; vgl. Nirk/Reuter/Bächle, a. a. O., I Rn 454

[211] vgl. MK-Bayer, a. a. O., § 68 Rn 50; a. A. KK-Zöllner, a. a. O., § 180 Rn 14

[212] vgl. MK-Bayer, a. a. O., § 68 Rn 51

[213] vgl. MK-Bayer, a. a. O., § 68 Rn 27/38; vgl. Wiesner in MüHdB, a. a. O., § 14 Rn 21; vgl. Möhring, a. a. O., BB 1953, 773 (774)

[214] vgl. KK-Lutter, a. a. O., § 68 Rn 14; vgl. MK-Bayer, a. a. O., § 68 Rn 27; vgl. Hüffer, a. a. O., § 68 Rn 9

Da die Vinkulierung nach § 68 Abs. 2 S. 1 AktG nur auf die rechtsgeschäftlichen Übertragungsmöglichkeiten beschränkt ist, scheiden folglich alle Fälle nicht-rechtsgeschäftlichen Erwerbs aus dem Anwendungsbereich aus. Dies betrifft insbesondere jede Art von Gesamtrechtsnachfolge, zum Beispiel den Erbfall gemäß § 1922 BGB, aber auch jede Einzelrechtsnachfolge, die auf gesetzlicher Grundlage beruht. Der Vollzug von Vermächtnissen durch die Erben sowie die Auseinandersetzung von Erben stellen demgegenüber rechtsgeschäftliche Übertragungen dar, die der Zustimmung der Gesellschaft bedürfen. Gleichfalls von der Vinkulierung ist neben dem Fall der Treuhandübertragung wegen der Eintragung des Legitimierten im Aktienregister auch die sogenannte „Legitimationsübertragung" erfasst, obwohl der Legitimierte nicht Aktionär im materiellrechtlichen Sinne wird[215], er gleichwohl aber aufgrund der Legitimationswirkung des § 67 Abs. 2 AktG der Gesellschaft gegenüber als Berechtigter gilt.

Von der Vinkulierung sind jedoch die Fälle der schuldrechtlichen Verfügungsbeschränkungen zu unterscheiden, zu denen sich die einzelnen Aktionäre durch privatautonome Abreden verpflichten können. Im Rahmen einer solchen schuldrechtlichen Vereinbarung können die Aktionäre folglich auch Beschränkungen vereinbaren, die aufgrund einer Vinkulierungsklausel nicht möglich wären, wie etwa das Gewähren von An- und Vorkaufsrechten zu festgelegten Preisen, etc.. Eine derartige Vereinbarung kann dabei nicht nur individuell zwischen einzelnen Aktionären, sondern auch als sogenannte „satzungsergänzende" oder „schuldrechtliche" Nebenabrede mit Wirkung für alle zustimmenden Aktionäre getroffen werden, wobei nach h.M. eine solche schuldrechtliche Vereinbarung auch gegenüber der Gesellschaft selbst eingegangen werden kann[216], was jedoch vor allem im Hinblick auf die Umgehungsmöglichkeiten der Vinkulierung der näheren Erörterung bedarf.

Die Unterscheidung zwischen Vinkulierung und schuldrechtlicher Nebenabrede wird dabei im Hinblick auf die dingliche Wirkung im Falle der Zuwiderhandlung deutlich. Im Gegensatz zur Vinkulierung, die eine gesetzliche Ausnahme zu § 137 S. 1 BGB ist, begründet ein Verstoß gegen die Beschränkung auf Grundlage der schuldrechtlichen Nebenabrede „lediglich" eine Schadensersatzpflicht, verhindert jedoch nicht die pflichtwidrige Verfügung über die Aktie mit dinglicher Wirkung[217].

2.2.4.3 Ausgestaltung der Vinkulierung

In Bezug auf die konkrete Ausgestaltung der Vinkulierung besteht grundsätzlich Satzungsfreiheit, infolge dessen die Gesellschaft nicht verpflichtet ist, den nach Maßgabe des § 68 Abs. 2 AktG zulässigen Rahmen auszuschöpfen. Die Vinkulierung kann sich daher – allenfalls – auf alle rechtsgeschäftlichen

---

[215] vgl. Wiesner in MüHdB, a. a. O., § 14 Rn 21; vgl. MK-Bayer, a. a. O., § 68 Rn 32

[216] vgl. KK-Lutter, a. a. O., § 68 Rn 23; vgl. Hefermehl/Bungeroth in Geßler/Hefermehl, a. a. O.,§ 68 Rn 70; vgl. Wiesner in MüHdB, a. a. O., § 14 Rn 18

[217] vgl. Wiesner in MüHdB, a. a. O., § 14 Rn 18; vgl. KK-Lutter, a. a. O., § 68 Rn 23

Übertragungen beziehen, wohingegen eine Verschärfung dahingehend, dass auch schuldrechtliche Verpflichtungsgeschäfte oder Rechtsübergänge durch Gesamtrechtsnachtolge von der Zustimmung der Gesellschaft abhängig sein sollen oder gar der Ausschluss der Übertragbarkeit als solcher, nicht zulässig ist. Demgegenüber kann die Satzung der Vinkulierung selbstverständlich einen geringeren als den gesetzlich zulässigen Umfang festlegen, indem etwa das Zustimmungserfordernis der Gesellschaft auf bestimmte Übertragungen beschränkt wird. Findet folglich eine solche Beschränkung auf bestimmte Übertragungsformen statt, sind alle anderen Formen der Übertragung im Umkehrschluss zustimmungsfrei[218].

Dessen ungeachtet kann die Satzung gemäß § 68 Abs. 2 S. 4 AktG Verweigerungsgründe benennen, bei deren Vorliegen eine Zustimmung verweigert werden kann, so dass die dem Satzungsgeber gewährte Gestaltungsfreiheit insbesondere nicht dazu führt, dass unbedingt ein „wichtiger Grund" vorliegen muss, um die Zustimmung verweigern zu können, obgleich sich in der Praxis eine derartige Satzungsregelung regelmäßig wiederfindet. Es können daher durchaus anderweitige statutarische Verweigerungsgründe in Betracht kommen, wie etwa mangelnde Solvenz des Erwerbers, die Nichtzugehörigkeit des Erwerbers zum bisherigen Aktionärskreis oder einer bestimmten Berufsgruppe etc..

Da der Satzungsgeber frei ist, die Verweigerungsgründe festzulegen, bleibt auch die Art der Festlegung seiner Entscheidung überlassen. So kann der Satzungsgeber auf eine detaillierte Beschreibung der Verweigerungsgründe verzichten und diese nur generalklauselartig umschreiben, um sich somit einen größeren Entscheidungsspielraum einzuräumen. Entscheidet sich der Satzungsgeber hingegen für eine detaillierte bzw. konkrete Ausgestaltung der statutarischen Verweigerungsgründe, ist anhand der Auslegungsregeln zu ermitteln, ob damit eine abschließende Regelung bezweckt ist, infolge dessen die Gesellschaft nicht berechtigt wäre, die Zustimmung aus einem anderen Grunde zu verweigern[219].

Die Dispositionsmöglichkeit des Satzungsgebers macht es ferner möglich, anstelle von Verweigerungsgründen Zustimmungsgebote, d.h. Fälle festzulegen, in denen die Zustimmung erteilt werden muss. Diese Möglichkeit stellt sich gleichsam als Spiegelbild einer abschließenden Aufzählung der Verweigerungsgründe dar[220].

Unzulässig ist jedoch nach h.M. das Beschließen von statutarischen Zustimmungsverboten. So lässt sich aus dem Wortlaut des § 68 Abs. 2 S. 4 AktG, der von Gründen spricht, aus denen die Zustimmung verweigert werden „darf", ableiten, dass der Satzungsgeber im Rahmen seiner Satzungshoheit keine bestimmten Fälle regeln kann, bei denen die Zustimmung verweigert werden muss

---

[218] vgl. KK-Lutter, a. a. O., § 68 Rn 27; vgl. Wiesner in MüHdB, a. a. O., § 14 Rn 23; vgl. MK-Bayer, a. a. O. § 68 Rn 57

[219] vgl. Hefermehl/Bungeroth in Geßler/Hefermehl, a. a. O., § 68 Rn 99; vgl. MK-Bayer, a. a. O., § 68 Rn 61

[220] vgl. Hefermehl/Bungeroth in Geßler/Hefermehl, a. a. O., § 68 Rn 99

und überdies auch bestimmte Personengruppen nicht zwingend vom Aktienerwerb ausschließen kann, so dass der Gesellschaft folglich eine Entscheidungsfreiheit über die Zustimmung verbleiben muss. Auch die Entstehungsgeschichte des § 68 Abs. 2 S. 4 AktG stützt diese Auffassung. Ausgehend von der ursprünglichen Rechtslage des § 61 Abs. 3 S. 3 AktG 1937, wonach die Zustimmung zur Übertragung „nur aus wichtigen Gründen" verweigert werden durfte, sind keine Anhaltspunkte erkennbar, dass es nunmehr – entgegen dieser ursprünglichen Rechtslage – zulässig sei, die Präzisierung der Verweigerungsgründe zu bestimmten Zustimmungsverboten fortzuentwickeln. In diesem Zusammenhang gilt es auch zu berücksichtigen, dass § 68 Abs. 2 AktG als Ausnahme vom Grundsatz der freien Übertragbarkeit der Mitgliedschaft eng auszulegen und somit einer Erweiterung durch Satzungsbestimmungen nicht zugänglich ist, weshalb eine über den Wortlaut hinausgehende Auslegung nicht angebracht erscheint. § 68 Abs. 2 S. 4 AktG soll demnach vornehmlich klarstellen, dass die Satzung im Interesse der Rechtssicherheit Verweigerungsgründe benennen kann[221].

Die Gestaltungsfreiheit der Gesellschaft ist jedoch in den Fällen eingeschränkt, in denen die Vinkulierung gesetzlich vorgeschrieben ist, weshalb die Satzung die Verweigerungsgründe nicht in einer Weise regeln kann, die Sinn und Zweck der gesetzlichen Vinkulierung widerspricht[222].

2.2.4.4 Zuständigkeitsordnung

Die Satzung kann überdies sowohl die gesetzliche Zuständigkeitsordnung modifizieren, als auch die Durchführung des Entscheidungsverfahrens regeln, wie etwa durch Aufnahme bestimmter Fristen. Grundsätzlich ist dabei der Vorstand als Gesamtorgan entscheidungsbefugt, ohne dass diesem die Möglichkeit zusteht, die Entscheidung an einen Ausschuss delegieren zu können[223]. Gemäß § 68 Abs. 2 S. 3 AktG kann die Satzung die Entscheidung über eine Zustimmung auch der Hauptversammlung oder dem Aufsichtsrat, nicht jedoch einzelnen Aktionären oder Dritten übertragen. Entscheidend ist, dass es sich dabei um eine alternative Entscheidungszuweisung handelt und nicht etwa statutarisch eine kumulative Entscheidungszuweisung geregelt wird, wonach etwa mehrere Organe oder gegebenenfalls alle Organe gemeinsam entscheiden müssen, da eine solche Maßnahme die Übertragungsmöglichkeit der vinkulierten Namensaktie in unzulässiger Weise erschweren würde[224]. Aus diesem Grunde wäre auch ein etwaiger Zustimmungsvorbehalt des Aufsichtsrats gemäß § 111 Abs. 4 S. 2 AktG unwirksam.

---

221 vgl. Hefermehl/Bungeroth in Geßler/Hefermehl, a. a. O., § 68 Rn 102 f; vgl. MK-Bayer, a. a. O., § 68 Rn 62

222 vgl. Wiesner in MüHdB, a. a. O., § 14 Rn 24; vgl. MK-Bayer, a. a. O., § 68 Rn 60

223 vgl. MK-Bayer, a. a. O., § 68 Rn 63; Zur gesetzlichen Zuständigkeit der Hauptversammlung vgl. Schmidt, a. a. O., in FS Beusch 1993, 759 (768 ff); vgl. MK-Bayer, a. a. O., § 68 Rn 64

224 vgl. Wiesner in MüHdB, a. a. O., § 14 Rn 26

Wird jedoch dem Aufsichtsrat statutarisch die Entscheidungsbefugnis übertragen, kann dieser zulässigerweise diese Kompetenz nach Maßgabe des § 107 Abs. 3 S. 2 AktG einem entsprechenden Aufsichtsratsausschuss zuweisen. Diese Möglichkeit der Verlagerung der Entscheidungskompetenz auf einen Ausschuss ist bei einer Entscheidungsbefugnis des Vorstands nicht gegeben, da aufgrund der Verantwortlichkeit des Gesamtvorstandes und des in Ermangelung einer anderweitigen statutarischen Regelung geltenden Einstimmigkeitsprinzips eine Ausschussbildung zur Entscheidungsfindung nicht gestattet ist[225].

Im Hinblick auf die mögliche Entscheidungskompetenz des Vorstandes nach § 77 Abs. 1 AktG bzw. des Aufsichtsrates nach § 108 Abs. 1 AktG gilt es noch zu beachten, dass, soweit der Veräußerer bzw. der Erwerber Mitglied des Vorstandes bzw. des Aufsichtsrates ist, das Stimmverbot des § 34 BGB analog Anwendung findet, infolge dessen das jeweils betroffene Organmitglied nicht stimmberechtigt ist[226].

Soweit die Hauptversammlung statutarisch mit der Entscheidung betraut ist, reicht, sofern nicht die Satzung eine anderweitige Mehrheit oder weitere Erfordernisse verlangt, grundsätzlich die einfache Stimmmehrheit nach § 133 Abs. 1 1. HS AktG aus. Zu berücksichtigen ist in diesem Zusammenhang insbesondere das grundsätzliche Verbot, die Übertragung von vinkulierten Namensaktien völlig auszuschließen, weshalb eventuelle Beschränkungen, wie etwa das Erfordernis der einstimmigen Schlussfassung, nicht zu einem de facto-Ausschluss der Übertragbarkeit führen dürfen. Im Gegensatz zum Stimmverbot gemäß § 34 BGB analog bei Vorstands- bzw. Aufsichtsratsmitgliedern ist der Veräußerer bzw. Erwerber – soweit er bereits Aktionär ist – stimmberechtigt. Dies folgt zum einen daraus, dass der Fall des § 68 Abs. 2 AktG in § 136 Abs. 1 AktG nicht genannt ist, zum anderen, dass dem Aktienrecht ein allgemeines Stimmverbot bei Interessenkollisionen fremd ist, was insbesondere dadurch belegt wird, dass etwa auch der herrschende Aktionär bei Beschlussfassungen über einen Beherrschungsvertrag und der übernehmende Rechtsträger im Falle der Verschmelzung in der Hauptversammlung der übertragenden Gesellschaft mitstimmen darf[227].

2.2.4.5 Entscheidung der Gesellschaft

Zustimmung und Verweigerung der Zustimmung sind empfangsbedürftige Willenserklärungen, die nach § 182 Abs. 1 BGB entweder dem Veräußerer oder dem Erwerber gegenüber abgegeben werden können[228]. Dabei kann die Gesellschaft dem Aktionär die Zustimmung nach Abschluss des zustimmungsbedürftigen Geschäftes als Genehmigung gemäß § 184 Abs. 1 BGB oder vorher als Einwilligung gemäß § 183 S. 1 BGB erteilen. Die ausdrückliche statutari-

---

225 vgl. Lutter, a. a. O., AG 1992, 369 (370); vgl.Hefermehl/Bungeroth in Geßler/Hefermehl, a. a. O., § 68 Rn 119; vgl. Henn, a. a. O., Rn 668

226 vgl. KK-Lutter, a. a. O., § 68 Rn 29

227 vgl. MK-Bayer, a. a. O., § 68 Rn 68 f

228 vgl. Wiesner in MüHdB, a. a. O., § 14 Rn 25

sche Bezeichnung nur einer der beiden Zustimmungsformen, d.h. entweder nur der Einwilligung oder nur der Genehmigung, führt nicht zur Unwirksamkeit der jeweils anderen Zustimmungsform. Aufgrund der fehlenden Berechtigung des Satzungsgebers die Übertragbarkeit der Aktie über den gesetzlichen Rahmen des § 68 Abs. 2 AktG hinaus einzuschränken, wonach ausdrücklich die Übertragung von der „Zustimmung" der Gesellschaft abhängig gemacht wird, kann nämlich die jeweils andere Form der Zustimmung (statutarisch) nicht wirksam ausgeschlossen werden. Der Umstand, dass eine weitergehende Einschränkung als die durch § 68 Abs. 2 AktG vorgesehene nicht möglich ist, führt auch dazu, dass die Zustimmung bzw. die Verweigerung derselben an keine Form gebunden ist, demnach formlos und daher sowohl mündlich als auch konkludent, etwa durch Eintragung im Aktienregister, gegenüber dem Erklärungsempfänger erteilt werden kann. Soweit indes die Satzung eine entsprechende Formvorschrift beinhaltet, betrifft diese Regelung nur das Innenverhältnis, hat aber keinerlei Außenwirkung[229].

Die Ausgestaltung der Zustimmung der Gesellschaft bzw. deren Verweigerung als empfangsbedürftige Willenserklärung bringt mit sich, dass diese den allgemeinen Regeln über Willenserklärungen unterliegt und folglich erst mit Zugang beim Empfänger Wirksamkeit erlangt. Darüber hinaus kann nur die Einwilligung bzw. deren Verweigerung generell bedingt bzw. befristet werden, wohingegen die Genehmigung bzw. deren Verweigerung – als Ausübung eines Gestaltungsrechtes - nur aufschiebend bedingt/befristet, nicht aber auflösend bedingt/befristet werden kann. Im Hinblick auf die Anwendbarkeit der allgemeinen Regeln über Willenserklärungen sind Zustimmung und Verweigerung auch anfechtbar. Die Einwilligung gemäß § 183 S. 1 BGB und deren Verweigerung können zudem bis zum Abschluss des dinglichen Vertrages widerrufen werden, was bei der Genehmigung bzw. deren Verweigerung nach Zugang nicht mehr möglich ist[230].

Wird in der Satzung von den Regelungsmöglichkeiten des § 68 Abs. 2 S. 4 AktG kein Gebrauch gemacht, so liegt die Erteilung der Zustimmung bzw. die Verweigerung derselben im Ermessen des zuständigen Organs. Die Ermessensentscheidung hat sich dabei in erster Linie am Wohl der Gesellschaft zu orientieren, ohne die berechtigten Interessen des betroffenen Aktionärs, d.h. des Veräußerers, gänzlich außer Acht zu lassen. Aus der gesellschaftlichen Treuepflicht folgt zudem, dass die Zustimmung nur dann verweigert werden darf, wenn diese Entscheidung unter Berücksichtigung der widerstreitenden Interessen erforderlich und verhältnismäßig ist. In diesem Zusammenhang ist auch dem Grundsatz Rechnung zu tragen, dass niemand auf Dauer in einer Aktiengesellschaft festgehalten werden kann bzw. die Vinkulierung nicht zu einer grundsätzlichen Unveräußerbarkeit der Aktien auf unabsehbare Zeit führen darf, infolge dessen

---

229 vgl. MK-Bayer, a. a. O., § 68 Rn 90

230 vgl. Hefermehl/Bungeroth in Geßler/Hefermehl, a. a. O. § 68 Rn 108; vgl. KK-Lutter, a. a. O., § 68 Rn 35

in einigen Fällen die Zustimmung nur aus „wichtigem Grund“ versagt werden darf[231].

Das zuständige Gesellschaftsorgan darf daher nicht, wie früher vertreten, nach völlig freiem, sondern muss stattdessen nach pflichtgemäßen Ermessen entscheiden, wobei verschiedene Grenzen der Ermessensausübung beachtet werden müssen. Die Entscheidung darf nach den Regeln des allgemeinen bürgerlichen Rechts nicht schikanös (§ 226 BGB) sein, nicht auf eine sittenwidrige Schädigung abzielen (§ 826 BGB) und auch nicht gegen die Grundsätze von Treu und Glauben (§ 242 BGB) verstoßen. Stets ist bei der Entscheidung des zuständigen Gesellschaftsorgans auch das aktienrechtliche Gleichbehandlungsgebot des § 53a AktG zu beachten, was insbesondere auch für börsennotierte Aktiengesellschaften gilt. Ist daher in der Vergangenheit die Zustimmung stets erteilt worden, ist die Verweigerung nur unter besonderen Voraussetzungen rechtmäßig, so etwa dann, wenn die Aktien an einen Konkurrenten übertragen werden sollen oder wenn für den Erwerber eine Sperrminorität begründet werden würde. Umgekehrt darf das Gleichbehandlungsgebot aber auch nicht zu einer „Zementierung“ des bisherigen Praxis führen und muss folglich auch Änderungen der bisherigen Übung zugänglich sein, was insbesondere dann der Fall ist, wenn sich die Entscheidungspraxis einem veränderten Unternehmensziel angepasst hat und damit nicht willkürlich ist. Der bereits erwähnte Grundsatz der freien Übertragbarkeit der vinkulierten Namensaktie kann schließlich auch dazu führen, dass eine Ermessensreduzierung eintritt, wenn etwa eine Veräußerung der Aktien faktisch unmöglich ist[232].

Da eine Entscheidung über eine Zustimmung zur Übertragung sowohl vor als auch nach Durchführung des dinglichen Rechtsgeschäfts getroffen werden kann, entfaltet eine solche Entscheidung bis zu dem Zeitpunkt zu dem sie gegenüber dem Erwerber oder Veräußerer erklärt wird, keine Außenwirkung, so dass das zuständige Organ die Entscheidung bis zu diesem Zeitpunkt ohne weiteres abändern bzw. – sofern dies zulässig ist – mit einer Bedingung bzw. Befristung versehen kann[233].

Dem Veräußerer steht dabei grundsätzlich kein Anspruch auf Zustimmung zur Übertragung zu, sofern die Satzung auf eine konkrete Festlegung der Verweigerungsgründe verzichtet. Allerdings kann sich ein solcher klagbarer Anspruch im Einzelfall aufgrund der dargelegten Grenzen der Ermessensausübung ergeben, wobei in einem solchen Falle nur dem Veräußerer aufgrund ei-

---

[231] vgl. Kropff, a. a. O., ZGR 1994 Sonderheft 12, 3 (6); vgl. BGH DB 1987, 435; vgl. Hefermehl/Bungeroth in Geßler/Hefermehl, a. a. O., § 68 Rn 124; vgl. Wiesner in MüHdB, a. a. O., § 14 Rn 27 f; vgl. MK-Bayer, a. a. O., § 68 Rn 72

[232] vgl. MK-Bayer, a. a. O., § 68 Rn 72 ff; vgl. Lutter, a. a. O., AG 1992, 369 (371 f); vgl. Hefermehl/Bungeroth in Geßler/Hefermehl, a. a. O., § 68 Rn 124 ff; vgl. Nirk/Reuter/Bächle, a. a. O., I Rn 455; vgl. Möhring, a. a. O., BB 1953, 773 (775)

[233] vgl. MK-Bayer, a. a. O., § 68 Rn 82

ner eventuellen Verletzung seiner (betroffenen) Aktionärsstellung, nicht aber dem Erwerber, dieser Anspruch zusteht[234].

Auch wenn folglich grundsätzlich kein klagbarer Anspruch auf Abgabe einer Erklärung von Seiten der Gesellschaft besteht, sind sowohl Veräußerer als auch Erwerber berechtigt, die Gesellschaft aufzufordern, die Zustimmung zu erteilen. Die Gesellschaft ist dabei gehalten, die Zustimmung bzw. deren Verweigerung innerhalb einer angemessen Frist zu erklären, sofern nicht statutarisch eine anderweitige Regelung getroffen worden ist. Sollte keine ausdrückliche statutarische Regelung getroffen sein, gilt die Zustimmung analog §§ 108 Abs. 2, 177 Abs. 2, 415 Abs. 2 S. 2 BGB nach Ablauf der (angemessenen) Frist als verweigert[235].

Sofern die Satzung keine Beschränkungen im Hinblick auf die Vinkulierungsklausel festlegt, bedarf es grundsätzlich keiner Begründung der Entscheidung der Gesellschaft und zwar unabhängig davon, ob der Übertragung zugestimmt oder ob diese verweigert wird. Regelt die Gesellschaft hingegen die Verweigerungsgründe im Rahmen ihrer Satzungsautonomie abschließend oder generalklauselartig, muss sie in ihrer (ablehnenden) Entscheidung die tragenden Gründe mitteilen, um so dem Veräußerer zumindest eine Überprüfung der Entscheidung zu ermöglichen. Erforderlich wird nach allgemeiner Meinung eine Begründung jedoch dann, wenn die Zustimmung im Wege der Klage eingefordert wird[236].

Schließlich ist hinsichtlich der Entscheidung der Gesellschaft über die Zustimmung zur Übertragung bzw. deren Verweigerung noch auf die Fragen im Zusammenhang mit der Zuständigkeit einzugehen.

Wie bereits zuvor erörtert, kann die Satzung die Entscheidungsbefugnis im Gegensatz zur gesetzlichen Regelung gemäß § 68 Abs. 2 S. 2 AktG, die dem Vorstand die entsprechende Befugnis einräumt, statutarisch dem Aufsichtsrat oder aber auch der Hauptversammlung übertragen. Hiervon ist jedoch die Frage der Abgabebefugnis zu unterscheiden. Die Abgabe der Zustimmungserklärung bzw. der Verweigerung stellt einen Akt der Außenwirkung dar, zu dem nur der Vorstand nach Maßgabe von § 68 Abs. 2 i.V.m. § 78 Abs. 1 AktG berechtigt ist[237], wie gleichwohl im Falle einer Klage auf Zustimmung nur die Gesellschaft, vertreten durch den Vorstand, verklagt werden kann. Die Erklärung muss dabei insbesondere nicht vom Gesamtvorstand abgegeben werden, da insoweit die allgemeinen Regeln über die Gesamtvertretung nach §§ 78 Abs. 2 und 3 AktG Anwendung finden, die es ermöglichen im Einzelfall auch einen Bevollmächtigten mit dieser Angelegenheit zu betrauen[238].

---

[234] vgl. Hefermehl/Bungeroth in Geßler/Hefermehl, a. a. O., § 68 Rn 126

[235] vgl. MK-Bayer, a. a. O., § 68 Rn 89; vgl. Hefermehl/Bungeroth in Geßler/Hefermehl, a. a. O., § 68 Rn 129

[236] vgl. MK-Bayer, a. a. O., § 68 Rn 89; vgl. Nirk/Reuter/Bächle, a. a. O., I Rn 454

[237] vgl. Hüffer, a. a. O., § 68 Rn 15; vgl. KK-Lutter, a. a. O., § 68 Rn 31

[238] vgl. Wiesner in MüHdB, a. a. O., § 14 Rn 25; vgl. MK-Bayer, a. a. O., § 68 Rn 88; Im Insolvenzfall bleibt der Vorstand zur Abgabe der Erklärung allein zuständig. Eine Ausnahme

Die ausschließliche Zuständigkeit des Vorstands im Hinblick auf die Abgabebefugnis der Zustimmung bzw. deren Verweigerung hat zur Folge, dass eine Erklärung nichtig ist, wenn sie nicht vom Vorstand oder einem entsprechenden Bevollmächtigten abgegeben wird. Dagegen ist die Zustimmungserklärung bzw. –verweigerung des Vorstands auch dann immer wirksam, wenn nicht er selbst, sondern ein anderes Organ zur Entscheidung zuständig ist und eine von der Erklärung des Vorstandes abweichende Entscheidung getroffen hat.

Die Pflichtwidrigkeit des Vorstands bleibt in einem solchen Fall der unberechtigten Zustimmung auf das Innenverhältnis beschränkt, wohingegen bei einer zu Unrecht erklärten Verweigerung der beschlossenen Zustimmung durch den Vorstand, nicht nur eine Schadensersatzpflicht gegenüber der Gesellschaft besteht, sondern ein solcher Anspruch auch dem veräußerungswilligen Aktionär zusteht, da zugleich auch ein Eingriff in sein Mitgliedschaftsrecht vorliegt. Ausnahmsweise ist jedoch eine Durchbrechung der reinen Innenwirkung dann anzunehmen, wenn etwa der Vorstand eine satzungsmäßige Zuständigkeit ignoriert und damit offensichtlich seine (unbeschränkte) Vertretungsmacht missbraucht hat, infolge dessen die pflichtwidrig abgegebene Erklärung auch im Außenverhältnis unwirksam ist[239].

2.2.4.6 Rechtsfolgen der Erteilung/der Verweigerung der Zustimmung

Wie bereits ausgeführt, ist eine ohne Einwilligung der Gesellschaft getroffene Verfügung zunächst schwebend unwirksam. Im Falle der Genehmigung wird die Verfügung gemäß § 184 Abs. 1 BGB rückwirkend auf den Zeitpunkt der Vornahme der Verfügung wirksam, wobei die ex tunc-Wirkung auch im Hinblick auf die noch zu erörternde Eintragungswirkung des § 67 Abs. 2 AktG gilt. Wird die Zustimmung verweigert, führt dies zur Unwirksamkeit der betroffenen Verfügung, ohne dass eine spätere Genehmigung der Verfügung durch die Gesellschaft möglich ist, infolge dessen die angestrebte Verfügung nur durch Neuvornahme der Verfügung und durch eine neue Zustimmung der Gesellschaft erreicht werden kann[240].

Ist die Zustimmung der Gesellschaft wirksam verweigert, ist die zustimmungsbedürftige Verfügung in vollem Umfang unwirksam[241]. Der Veräußerer bleibt Aktionär mit allen Rechten und Pflichten und Eigentümer der Aktienur-

---

gilt dann, wenn die Aktien noch nicht voll eingezahlt sind. Da in diesem Fall die Vermögensverwaltung nach § 80 InsO berührt ist, geht nicht nur die Entscheidungszuständigkeit, sondern auch die Erklärungszuständigkeit uneingeschränkt auf den Insolvenzverwalter über. Wird die Gesellschaft liquidiert, ist nach §§ 268 Abs. 2, 269 AktG der Liquidator zuständig.

239 vgl. Schmidt, a. a. O., in FS Beusch 1993, 759 (770); vgl. MK-Bayer, a. a. O., § 68 Rn 94 f; vgl. KK-Lutter, a. a. O., § 68 Rn 37; vgl. Hefermehl/Bungeroth in Geßler/Hefermehl, a. a. O., § 68 Rn 134

240 vgl. Wiesner in MüHdB, a. a. O., § 14 Rn 29; vgl. Hefermehl/Bungeroth in Geßler/Hefermehl, a. a. O., § 68 Rn 136 f; vgl. MK-Bayer, a. a. O., § 68 Rn 96; vgl. v. Berenberg-Gosslar, a. a. O., BB 1954, 427 (427)

241 Zur Frage der Wirksamkeit bei einer rechtswidrigen Genehmigungsverweigerung vgl. MK-Bayer, a. a. O., § 68 Rn 99; vgl. Schmidt, a. a. O., in FS Beusch 1993, 759 (778 ff)

kunde. Die Unwirksamkeit besteht daher nicht nur gegenüber der Gesellschaft, sondern auch im Verhältnis der Vertragspartner untereinander und gegenüber Dritten[242]. Betroffen ist jedoch nur das dingliche Verfügungsgeschäft, nicht dagegen das zugrunde liegende schuldrechtliche Verpflichtungsgeschäft, zum Beispiel der Kaufvertrag über die Namensaktie, sofern nicht die Zustimmung der Gesellschaft zur auflösenden Bedingung gemacht worden ist[243]. Infolge der endgültigen Verweigerung der Zustimmung wird die Leistung des Veräußerers unmöglich. Dem Erwerber stehen als Konsequenz hieraus die Rechte aus §§ 453, 433 Abs. 1 S.2, 435, 437 BGB zu, so dass er vom Veräußerer entweder gemäß §§ 437 Nr. 3, 283 S. 1, 280 Abs. 1 BGB Schadensersatz statt Leistung verlangen oder aber gemäß §§ 437 Nr. 2, 326 Abs. 5 BGB vom Vertrag zurücktreten kann. Sofern der Erwerber Kenntnis von der Vinkulierung hatte, entfällt diese Haftung des Aktionärs, §§ 433 Abs. 1 S. 2, 442 BGB. Zwar kann § 442 BGB bei Kenntnis des Erwerbers von der Vinkulierung nicht unmittelbar angewendet werden, da erst die Verweigerung der Genehmigung und nicht schon die Vinkulierung einen Rechtsmangel darstellt, so dass der Erwerber bei Abschluss des Kaufvertrages die endgültige Genehmigungsverweigerung noch nicht kennt, sondern nur die Möglichkeit der (späteren) endgültigen Genehmigungsverweigerung in Betracht ziehen muss. Jedoch weiß er infolge einer Vinkulierung um das Risiko des Scheiterns des Kaufvertrags und kann nicht davon ausgehen, dass der Veräußerer dieses Risiko übernehmen will. Der Erwerber verliert in diesem Fall also den Anspruch auf die Leistung gemäß § 275 Abs. 1 BGB, ebenso wie der Veräußerer gemäß § 326 Abs. 1 1. HS. BGB seinen Anspruch auf die Gegenleistung verliert[244].

In diesem Zusammenhang wird aber auch vertreten, dass der Erwerber keinesfalls gehalten ist, seine Rechte aus §§ 453, 433 Abs. 1 S. 2, 435, 437 BGB geltend zu machen, sondern ihm weiterhin die Möglichkeit unbenommen bleibt, seinen (nach den Vertretern dieser Auffassung nicht untergegangen) kaufvertraglichen Erfüllungsanspruch an einen Dritten, dem die Genehmigung der Gesellschaft erteilt wird, (entgeltlich) zu veräußern und im Wege der Abtretung zu übertragen. Diese Möglichkeit ist insbesondere für Vermächtnisnehmer und Beschenkte, für die bei einem Scheitern der Rechtsübertragung kein Freiwerden von eigenen Gegenleistungspflichten und in der Regel auch kein Schadensersatzanspruch in Betracht kommt, von Interesse[245]. Jedoch vermag dieser Ansicht nicht zu überzeugen, da sie zivilrechtsdogmatisch widersprüchlich ist. So wird dem Erwerber die Möglichkeit der Abtretung des Erfüllungsanspruches eingeräumt, obwohl bereits Unmöglichkeit eingetreten ist und anstelle des Primär- nun der Sekundäranspruch aus §§ 453, 433 Abs. 1 S. 2, 435, 437 BGB begründet wird. Überdies ist festzuhalten, dass für diese Ansicht auch

---

[242] vgl. Hefermehl/Bungeroth in Geßler/Hefermehl, a. a. O., § 68 Rn 140
[243] vgl. MK-Bayer, a. a. O., § 68 Rn 100 f
[244] vgl. MK-Bayer, a. a. O., § 68 Rn 102 f
[245] vgl. KK-Lutter, a. a. O., § 68 Rn 42; vgl. Hefermehl/Bungeroth in Geßler/Hefermehl, a. a. O., § 68 Rn 143

kein Bedürfnis besteht, da die diese Ansicht begründenden und auf die Entscheidung BGHZ 32, 35 (41) zurückgehenden Erwägungen, wonach dem Beschenkten oder einem Vermächtnisnehmer keine Schadensersatzansprüche zustehen, zwischenzeitig als überholt anzusehen sind, da insoweit nach heute ganz h.M. auch das Scheitern des Vertrages aufgrund eines persönlichen Erwerbshindernisses zur Unmöglichkeit der Leistung nach § 275 Abs. 1 BGB führt. Auch die in diesem Zusammenhang vorgebrachte hilfsweise Begründung, dass die Unmöglichkeit erst dann eintrete, wenn der Versuch des nicht von der Gesellschaft akzeptierten Erwerbers, seinen Erfüllungsanspruch abzutreten, gescheitert ist, ist dogmatisch nicht haltbar, da es im Zeitraum zwischen Eintritt der Unmöglichkeit im Zuge der endgültigen Zustimungsverweigerung und Untergang des Erfüllungsanspruchs keine Möglichkeit zur Abtretung dieses Anspruchs gibt[246].

Soweit die Erteilung der Zustimmung bzw. deren Verweigerung im Ermessen der Gesellschaft steht und diese innerhalb des ihr somit gewährten Spielraums entschieden hat, besteht keine Schadensersatzpflicht der Gesellschaft. Ist dagegen wegen Vorliegens eines statutarischen Zustimmungsgebotes oder wegen Nichtberücksichtigung satzungsgemäßer Verweigerungsgründe oder angesichts der ihrer Ermessensausübung gezogenen Grenzen die Gesellschaft zur Erteilung der Zustimmung verpflichtet, kann eine Zustimmungsverweigerung Schadensersatzansprüche begründen, die dabei – ebenso wie der Anspruch auf Zustimmung – nur dem der Gesellschaft als Aktionär angehörender Veräußerer zustehen, nicht jedoch dem (potentiellen) Erwerber. Diesem stehen gegebenenfalls (Schadensersatz-)Ansprüche aus abgetretenem Recht oder ausnahmsweise aus eigenem Recht in den Grenzen des § 826 BGB gegen die Gesellschaft zu, wenn diese ihm durch die Verweigerung vorsätzlich und sittenwidrig Schaden zugefügt hat[247].

Im Zusammenhang mit der Übertragungsmöglichkeit von vinkulierten Namensaktien und der daraus im Falle der rechtswidrigen Zustimmungsverweigerung resultierenden Haftung nach den Vorschriften des allgemeinen Leistungsstörungsrechts ist noch auf den in der Praxis regelmäßig vorkommenden Zwischenerwerb ohne Zustimmung einzugehen, der insbesondere bei blankoindossierten oder nach § 18 Abs. 3 DepotG übertragenen vinkulierten Namensaktien stattfindet. Hierbei handelt es sich um eine Veräußerungskette über ein oder mehrere Erwerber, ohne dass die Gesellschaft um ihre Zustimmung ersucht worden ist, infolge dessen sämtliche Verfügungen zunächst schwebend unwirksam sind. Um diese schwebende Unwirksamkeit zu beheben, wäre es folgerichtig denkbar, dass die Gesellschaft jeden einzelnen Veräußerungsschritt genehmigt, so dass die Verfügungen rückwirkend wirksam werden. Diese Vorgehensweise würde jedoch mit sich bringen, dass jeder einzelne Erwerber erst einmal ausfindig gemacht werden müsste, was bei blankoindossierten (vinku-

---

[246] vgl. MK-Bayer, a. a. O., § 68 Rn 105

[247] vgl. Wiesner in MüHdB, a. a. O., § 14 Rn 32; vgl. Hefermehl/Bungeroth in Geßler/Hefermehl, a. a. O., § 68 Rn 147; vgl. MK-Bayer, a. a. O., § 68 Rn 109

lierten) Namensaktien aufgrund der Annäherung an die Inhaberpapiere und der damit einhergehenden Anwendung der sachenrechtlichen Grundsätze nicht ganz unproblematisch ist. Anschließend wäre zudem der jeweilige Inhaber entsprechend im Aktienregister zu vermerken, was einen erheblichen Verwaltungsaufwand darstellen würde.

Regelmäßig erfolgt daher die Zustimmung erst für den letzten einer Kette von Erwerbern, so dass sich die Frage nach der Wirksamkeit der jeweils vorherigen Verfügungen stellt. Einhelligkeit herrscht – nicht zuletzt auch wegen der soeben dargestellten Nachteile der „Einzelgenehmigung“ - insoweit, dass in einem solchen Falle nur der letzte Erwerber Aktionär wird, nicht jedoch die Zwischenerwerber gleichfalls für den Zeitraum ihrer Besitzzeit zu Aktionären werden. Begründet wird diese (zutreffende) Ansicht damit, dass in jeder zustimmungsbedürftigen Veräußerung zugleich die auf Dritte übertragbare und als solche nicht zustimmungsbedürftige Ermächtigung nach § 185 BGB enthalten sei, über das Mitgliedschaftsrecht im eigenen Namen zu verfügen[248].

Wird infolge dessen bei einer Kette zustimmungsbedürftiger Veräußerungen dem letzten Erwerber die Genehmigung erteilt und dieser somit Aktionär, tritt dadurch dasselbe Ergebnis ein, als wenn jede einzelne (Zwischen-)Veräußerung genehmigt worden wäre. Alle Beteiligten müssen sich daher so behandeln lassen, als wären die den einzelnen Veräußerungen zugrunde liegenden schuldrechtlichen Verträge erfüllt worden. Verweigert die Gesellschaft dagegen die Zustimmung und genehmigt keine der vorangegangenen Veräußerungen, ist insoweit auf die Ausführungen im Zusammenhang mit der Haftung infolge Nichtleistung zu verweisen[249].

2.2.4.7 Gutgläubiger Erwerb

Die Möglichkeit des gutgläubigen Erwerbs von vinkulierten Namensaktien ist gegeben, soweit auch bei Namensaktien bzw. bei Zwischenscheinen ohne Vinkulierung ein solcher Erwerb möglich ist. Jedoch vermag der gute Glaube des Erwerbers nicht die für den Erwerb notwendige Zustimmung der Gesellschaft zu ersetzen, was auch dann gilt, wenn die Aktienurkunde keinen Hinweis auf die Vinkulierung enthält, da der Erwerber von Namensaktien stets damit rechnen muss, dass die Übertragung von der Zustimmung der Gesellschaft abhängig gemacht wird[250].

2.2.4.8 Umgehungstatbestände der Vinkulierung

Die statutarisch eingeführte Vinkulierung hat regelmäßig den Zweck, unerwünschte Einflüsse bzw. unerwünschte Aktionäre von der Gesellschaft fern zu halten. Da jedoch die Vinkulierung „nur“ das dingliche Verfügungsgeschäft erfasst, kann das Zustimmungserfordernis des § 68 Abs. 2 AktG dadurch unter-

---

[248] vgl. Hefermehl/Bungeroth in Geßler/Hefermehl, a. a. O., § 68 Rn 149; vgl. KK-Lutter, a. a. O., § 68 Rn 43; vgl. Wiesner in MüHdB, a. a. O., § 14 Rn 32

[249] vgl. Hefermehl/Bungeroth in Geßler/Hefermehl, a. a. O., § 68 Rn 150

[250] vgl. Hefermehl/Bungeroth in Geßler/Hefermehl, a. a. O., § 68 Rn 151

laufen werden, dass eine rechtliche Konstruktion gewählt wird, die im wirtschaftliches Ergebnis einer Verfügung ähnlich ist und ohne die Mitwirkung der Gesellschaft zustande kommt. Eine derartige Umgehung der Vinkulierung auf der Grundlage der von § 68 Abs. 2 AktG nicht erfassten schuldrechtlichen Verträge kommt durch Treuhandabreden, Stimmbindungsverträgen mit Dritten, sowie durch Dritten gewährte Stimmrechtsvollmachten in Betracht[251].

Hinsichtlich einer möglichen Treuhandabrede kann dabei zwischen zwei Konstellationen unterschieden werden. So kann zum einen der Aktionär mit dem Dritten, dem regelmäßig zuvor die Zustimmung bzgl. der Übertragung verweigert worden ist, im Hinblick auf die Verweigerung der Zustimmung zum Rechtsübergang eine Vereinbarung treffen, die die fehlgeschlagene Übertragung durch eine Treuhandabrede ersetzt, so dass der verhinderte Erwerber die Aktionärsrechte (künftig) treuhänderisch ausübt. Zum anderen können die Aktien – mit Zustimmung der Gesellschaft – an eine andere Person veräußert werden, die ihrerseits als Treuhänder für einen als Erwerber nicht akzeptierten Dritten auftritt.

Daneben ist es dem Aktionär weiterhin möglich, einen – von der Gesellschaft nicht akzeptierten - Dritten gemäß § 134 Abs. 3 S. 1 AktG zu bevollmächtigen, sein Stimmrecht wahrzunehmen, was grundsätzlich auch bei vinkulierten Namensaktien gilt.

Schließlich kann dem nicht erwünschten Dritten durch Stimmbindungsvertrag, welcher, wie der Umkehrschluss zu § 136 Abs. 2 AktG zeigt, gleichfalls grundsätzlich zulässig ist, faktisch eine der dinglichen Rechtsposition vergleichbare Einflussnahme gewährt werden, die von der Gesellschaft unerwünscht ist[252].

In Anbetracht dieser Umgehungsmöglichkeiten stellt sich die Frage, wie sie rechtlich zu qualifizieren sind. Hierbei ist zu prüfen, ob die Umgehung den Zweck der Vinkulierung gefährden kann, was wiederum von dem mit der Vinkulierung bezweckten Erfolg abhängig ist. Dient nämlich die Vinkulierung dazu, die noch offene Einlageverpflichtung solventer Aktionäre oder Nebenleistungen gemäß § 55 Abs. 1 AktG zu sichern, ist eine Gefährdung des Zwecks der Vinkulierung kaum denkbar, so dass auch eine Umgehung ausscheidet, infolge dessen die getroffenen Gestaltungsmaßnahmen zwischen den Parteien Wirksamkeit beanspruchen. Ist dies nicht der Fall, d.h., dient die Vinkulierung, wie anfangs festgehalten, dem gesellschaftlichen Bestreben, unerwünschte Einflüsse von vorne herein abzuwehren, und ist aufgrund der Gestaltungsmöglichkeit eine Umgehung der Vinkulierung objektiv möglich, stellt sich die Frage der Wirksamkeit der an sich zulässigen – schuldrechtlichen – Vereinbarung, ohne dass es auf eine subjektive Umgehungsabsicht ankommt[253].

---

[251] vgl. Wiesner in MüHdB, a. a. O., § 14 Rn 34; vgl. KK-Lutter, a. a. O., § 68 Rn 48
[252] vgl. Hefermehl/Bungeroth in Geßler/Hefermehl, a. a. O., § 68 Rn 156 ff; vgl. MK-Bayer, a. a. O., § 68 Rn 117
[253] vgl. MK-Bayer, a. a. O., § 68 Rn 118

Teilweise wird dabei vertreten, dass die der Umgehung zugrunde liegenden Rechtsgeschäfte gemäß § 138 Abs. 1 BGB nichtig sind[254]. Dieser Ansicht kann indes nicht gefolgt werden. Erstreckte man nämlich die Nichtigkeitsfolge auf diese Rechtsgeschäfte, würde man den Umgehungsschutz weiter erstrecken als der Schutz der umgangenen Bestimmung des § 68 Abs. 2 AktG selbst reicht, weshalb im Einklang mit der wohl h.M. die Umgehungsgeschäfte als schwebend unwirksam zu bewerten sind, die analog § 68 Abs. 2 AktG genehmigt werden können[255].

In diesem Zusammenhang ist jedoch auf ein Problem einzugehen, welches scheinbar von der h.M. nicht erörtert wird.

So sollen schuldrechtliche Nebenabreden zwischen der durch den Vorstand vertretenen Gesellschaft und ihren Aktionären zulässig und wirksam sein, was zutreffenderweise auch dem Grundsatz der Privatautonomie entspricht.

Bedenken bestehen hierbei vor allen jedoch bezüglich der inhaltlichen Ausgestaltung solcher schuldrechtlichen Nebenabreden mit der Gesellschaft, da insoweit – im Gegensatz zu schuldrechtlichen Nebenabreden mit Dritten – durchaus faktische Störungen der innergesellschaftlichen Kompetenzordnung auftreten können. Denkbar wäre in etwa eine Vereinbarung, die ihrem Inhalt nach Verfügungen wie Veräußerungen und Erwerb von Aktien der Gesellschaft – wegen § 137 BGB zwar ohne dingliche Wirkung, aber gesichert durch beispielsweise Vertragsstrafenregelungen – an die Zustimmung des Vorstandes bzw. der durch den Vorstand vertretenen Gesellschaft binden, ohne dass eine etwaige Vinkulierungsklausel berührt wäre. Sofern es sich dabei nicht um Aktienbesitz von völlig untergeordneter Bedeutung handelt, verschafft sich der Vorstand mittels der in einem solchen schuldrechtlichen Vertrag enthaltenen Verfügungs- bzw. Erwerbsbeschränkungen gegenüber der Gesellschaft Einfluss auf die Zusammensetzung des Aktionärskreises und damit mittelbar auf die Willensbildung in der Hauptversammlung[256].

Noch deutlicher wird diese Problematik insbesondere hinsichtlich möglicher Umgehungstatbestände bei Absprachen mit dem Vorstand, die ein Stimmbindungs- oder Treuhandvertrag oder aber die Bevollmächtigung zur Stimmrechtsausübung zum Gegenstand haben, und somit diesem gleichfalls die Möglichkeit einräumen, maßgeblich an der Willensbildung der Hauptversammlung Einfluss zu nehmen[257].

Die im Zuge solcher schuldrechtlichen Nebenabreden entstehende Verschiebung der Kompetenzordnung kann dabei zu massiven Funktionsstörungen

---

[254] vgl. RGZ 69, 134 (137); vgl. Hefermehl/Bungeroth in Geßler/Hefermehl, a. a. O., § 68 Rn 157

[255] vgl. KK-Lutter, a. a. O., § 68 Rn 49; vgl. Baumbach/Hueck, a. a. O., § 68 Rn 7; vgl. Lutter/Grundewald, a. a. O., AG 1989, 109 (110 ff); a. A. Bayer in MK, der solche Rechtsgeschäfte grundsätzlich als wirksam erachtet und nur ausnahmsweise zur Nichtigkeit gelangt, wobei die Gesellschaft durch „geschickte Vertragsgestaltung und ggf. zulässige Satzungsklauseln" in begrenztem Umfang Vorsorge treffen kann.

[256] vgl. Otto, a. a. O., AG 1991, 369 (372)

[257] vgl. Otto, a. a. O., AG 1991, 369 (373)

bei der Gesellschaft führen. So wäre es nämlich lebensfremd, anzunehmen, dass beispielsweise der Vorstand im Rahmen der ihm eingeräumten (Stimmrechts-) Möglichkeiten diese nicht zu seinen Gunsten nutzen würde, infolge dessen die Hauptversammlung ihrer Funktion als Kontroll- und Entscheidungsorgan gegebenenfalls nicht mehr wirksam nachkommen kann. Ebenfalls schwer vorstellbar ist, dass beispielsweise Aufsichtsräte, deren Abberufung der Vorstand über seinen Stimmrechtseinfluss in der Hauptversammlung herbeiführen könnte, ihre Überwachungsfunktion noch wirksam wahrnehmen würden[258]. Dementsprechend gilt es, die für die Umgehungstatbestände der Vinkulierung vertretene Auffassung, insbesondere im Hinblick auf die Rechtsfolge der schwebenden Unwirksamkeit bis zu einer Genehmigung durch den die Gesellschaft vertretenden Vorstand, hinsichtlich etwaiger Vertragsgestaltung mit der Gesellschaft zu überdenken, um so das Organisationsrecht der Aktiengesellschaft beruhend auf einem „Modell der Gewaltenteilung im Sinne einer Gewaltenverzahnung und gegenseitiger Gewaltenkontrolle“[259] aufrecht zu erhalten. Dies gilt umso mehr, als dass die den drei (Gesellschafts-)Organen zugewiesenen Kompetenzen, welche nach § 23 Abs. 5 AktG ohne gesetzliche Ermächtigung weder durch die Satzung noch durch einstimmigen Hauptversammlungsbeschluss abbedungen werden können, abschließenden Charakter haben, infolge dessen diese vom Gesetzgeber gewollte Regelung nicht durch schuldrechtliche Vereinbarung zwischen Aktionär und Gesellschaft unterlaufen werden kann.

Diese grundsätzliche Erwägung wird durch das an verschiedenen Stellen des Aktiengesetzes - etwa für die Stimmausübungsverbote aus eigenen Aktien gemäß § 71b AktG und den wechselseitigen Beteiligungen im Sinne von § 19 AktG gemäß § 328 Abs. 2 und 3 AktG – zum Ausdruck kommende Bestreben des Gesetzgebers, der Gefahr der Einflussnahme der Verwaltung auf die Willensbildung der Hauptversammlung entgegenzuwirken, bestätigt. § 136 Abs. 2 AktG kommt insoweit aber besondere Bedeutung zu; nach dieser Vorschrift sind Verträge nichtig, durch welche sich Aktionäre verpflichten, nach Weisung der Gesellschaft, des Vorstands oder des Aufsichtsrates zu stimmen bzw. bei Abstimmungen den jeweiligen Vorschlägen von Vorstand oder Aufsichtsrat zu folgen. Sinn und Zweck dieser Vorschrift, deren Wortlaut scheinbar nur Vereinbarungen von pauschaler Stimmpflicht „nach Weisung“ des Vorstandes zugrunde legt, machen es im Wege einer teleologischen Gesetzesinterpretation notwendig, über den Wortlaut hinaus, auch all diejenigen Abstimmungspflichten zu umfassen, die bereits im Zeitpunkt des Vertragsschlusses – mehr oder weniger – konkretisiert sind. Man wird überdies das Verbot des § 136 Abs. 2 AktG sinngemäß auch auf eine Bindung bezüglich aller sonstigen, der Mitgliedschaft entspringenden Herrschaftsrechte wie insbesondere Einberufungs-, Antrags- und Klagerechten zu erstrecken haben, soweit man diesbezüglich ein Bindungsverbot gegenüber der Verwaltung nicht schon aus dem allgemeinen

---

[258] vgl. Otto, a. a. O., AG 1991, 369 (376)
[259] vgl. Otto, a. a. O., AG 1991, 369 (373)

Gesichtspunkt der abschließenden aktienrechtlichen Kompetenzabgrenzung ableitet[260].

Der Anwendungsbereich des § 136 Abs. 2 AktG ist überdies auch auf solche Fallkonstellationen auszuweiten, bei denen die schuldrechtliche Vereinbarung zwar nicht mit der Gesellschaft bzw. dem Vorstand oder dem Aufsichtsrat, sondern mit einzelnen Vorstands- bzw. Aufsichtsratsmitgliedern persönlich abgeschlossen wird und diese Bindung gerade wegen der Organzugehörigkeit der betreffenden Person eingegangen worden ist, wovon bei Publikumsgesellschaften regelmäßig ausgegangen werden kann. Zu differenzieren gilt es jedoch in dem Fall, in dem das Vorstands- bzw. das Aufsichtsratsmitglied selbst nennenswert an der Gesellschaft beteiligt ist. Hierbei ist anhand der Umstände des Einzelfalles zu unterscheiden, ob die Bindung gegenüber dem Vertragspartner mehr in dessen Eigenschaft als Organmitglied oder als Aktionär eingegangen wurde, wobei sich im ersteren Fall der Anwendungsbereich des § 136 Abs. 2 AktG auch hierauf erstrecken würde[261].

Um einen vollumfänglichen Schutz vor den Gefahren der Funktionsstörung durch schuldrechtliche Nebenabreden, die eine Kompetenzverlagerung zugunsten der Verwaltung im Wege solcher Stimmbindungs- oder Treuhandverträge bewirken, zu gewährleisten, kann unter Berücksichtigung des Regelungsgehaltes des § 136 Abs. 2 AktG angenommen werden, dass nicht nur Vereinbarungen zwischen Aktionären und dem Vorstand bzw. dem Aufsichtsrat unwirksam sind, wenn dadurch der Rechtsinhaber, d.h. der Aktionär, zu einem bestimmten Verhalten, insbesondere zu einer bestimmten Stimmabgabe, verpflichtet wird, sondern auch solche, die die Verwaltung in eine solche Position bringen. Es macht nämlich keinen Unterschied, ob sich der Aktionär vertraglich verpflichtet den Weisungen des Vorstands bzw. des Aufsichtsrats Folge zu leisten oder aber den Vorstand bzw. den Aufsichtsrat selbst die (eingeschränkte) Rechtsstellung mittels schuldrechtlicher Nebenabrede verschafft, so dass es zu deren Ausführung keiner Weisung mehr bedarf.

Die Möglichkeit der Aktionäre, eine gegebenenfalls vorhandene Vinkulierungsklausel durch schuldrechtliche Nebenabrede, insbesondere durch Stimmbindungsverträge mit dem Gesellschaftsorgan, d.h. dem Vorstand oder dem Aufsichtsrat, zu umgehen, ist daher im Ergebnis abzulehnen. Auch hierbei ist nämlich das bei der Beurteilung der Rechtslage im Falle von schuldrechtlichen Nebenabreden zwischen Aktionär und Dritten maßgebliche Kriterium der Gefährdung des Zweckes der Vinkulierung zu beachten, da solche schuldrechtliche Nebenabreden zwischen Aktionär und Verwaltung regelmäßig – nicht zuletzt mit der dadurch verursachten Kompetenzverlagerung - eine Umgehung ermöglichen, ohne dass auch hier eine subjektive Umgehungsabsicht erforderlich wäre.

---

[260] vgl. Otto, a. a. O., AG 1991, 369 (376 f)

[261] vgl. Otto, a. a. O., AG 1991, 369 (379) Zur Frage der Anwendbarkeit des § 136 Abs. 2 AktG bei Vorschaltgesellschaften vgl. S. 378

2.2.5 Verpfändung von Namensaktien

Das in der Aktie verkörperte Mitgliedschaftsrecht kann insoweit verpfändet werden, als es übertragbar ist. Dementsprechend kann das Pfandrecht in Zessionsform nach §§ 1274 Abs. 2 i.V.m. §§ 398, 413 BGB durch (formlose) vertragliche Einigung begründet werden, ohne dass dabei die Übergabe der Aktienurkunde erforderlich wäre. Genauso wie bei der Übertragung erweist sich die Verpfändung unter Heranziehung von zessionsrechtlichen Vorschriften aufgrund des fehlenden Gutglaubensschutzes als nachteilig[262].

Die Verpfändung kann weiterhin durch Einigung über die Bestellung des Pfandrechts, Vollindossament und Übergabe der indossierten Urkunde bzw. Übergabesurrogat nach §§ 1292, 1274 BGB erfolgen. Sofern die Namensaktie ein Blankoindossament trägt, genügt Einigung und Übergabe. Die Anwendung der wertpapierrechtlichen Vorschriften aufgrund der Verfügung im Wege des Indossaments führt auch zur Anwendbarkeit der Gutglaubensvorschrift des Art. 16 Abs. 2 WG. Der Pfandgläubiger wird daher bei Vorliegen einer formal lükkenlosen Indossamentenkette gegen Mängel im Recht des Verpfänders geschützt. Gleichzeitig wird jedoch bei dieser Form der Pfandrechtsbestellung der Verpfänder dem Nachteil ausgesetzt, dass das Indossament für den Pfandgläubiger mehr Rechte ausweisen kann, als ihm zustehen[263].

Eine Verpfändung der Aktie kann schließlich auch mit Hilfe eines Pfandindossaments im Sinne von Art. 19 Abs. 1 WG erfolgen. Diese Form der Verpfändung ermöglicht es dem Pfandgläubiger weiterhin – wie bei einem Voll- oder Blankoindossament – das Pfandrecht gutgläubig zu erwerben, bewahrt jedoch den Verpfänder vor den mit dem Voll- oder Blankoindossament verbundenen weitergehenden Nachteilen[264]. Generell wird dabei zwischen dem sogenannten „offenen“ und dem „verdeckten“ Pfandindossament unterschieden. Ein „offenes“ Pfandindossament liegt vor, wenn das Indossament seinen Inhalt nach nur zur Verpfändung der Rechte aus der Namensaktie dient. Dementsprechend muss bei ihm aus einem zusätzlichen Vermerk im Indossament ersichtlich sein, dass er zum Zwecke der Verpfändung indossiert worden ist, wobei jedoch ein genauer Wortlaut des Vermerks nicht vorgeschrieben ist. Ein „verdecktes“ Pfandindossament, welches nicht im Wechselgesetz geregelt wird, von § 1292 BGB aber gleichfalls umfasst ist, liegt vor, wenn nach außen hin ein Vollindossament erteilt ist, der Indossatar aber in Wirklichkeit nur ein Pfandrecht erwerben soll[265]. Es handelt sich insoweit um die bereits geschilderte Verpfändungsmöglichkeit im Wege des Voll- bzw. Blankoindossaments, welches dem Indossatar zwar nicht das Eigentum an der Namensaktie verschafft, diesen aber, weil

[262] vgl. Hefermehl/Bungeroth in Geßler/Hefermehl, a. a. O., § 68 Rn 56; vgl. KK-Lutter, a. a. O., § 68 Rn 20, vgl. Wiesner in MüHdB, a. a. O., § 14 Rn 60

[263] vgl. KK-Lutter, a. a. O., § 68 Rn 20; vgl. Hefermehl/Bungeroth in Geßler/Hefermehl, a. a. O., § 68 Rn 57

[264] vgl. Hefermehl/Bungeroth in Geßler/Hefermehl, a. a. O., § 68 Rn 58; vgl. Palandt, a. a. O., § 1292 Rn 3

[265] vgl. Gursky, a. a. O., S. 85 f; vgl. Baumbach/Hefermehl, a. a. O., Art. 19 Rn 7

das Indossament vorbehaltlos erteilt ist, legitimiert, Dritten gegenüber als Eigentümer aufzutreten. Demzufolge kann der Indossatar die Namensaktie durch Voll- bzw. Blankoindossament weitergeben und somit bei vorhandener Gutgläubigkeit des Erwerbers dessen gutgläubigen Erwerb der Namensaktie nach Maßgabe von Art. 16 Abs. 2 WG ermöglichen.

Bezüglich der Möglichkeit des gutgläubigen Pfandrechtserwerbs ist abschließend anzumerken, dass grundsätzlich ein solcher Erwerb bei abhanden gekommenen Orderpapieren, d.h. bei Namensaktien, nicht möglich ist, da insoweit eine § 1207 BGB vergleichbare Regelung fehlt, die § 935 BGB für entsprechend anwendbar erklärt. Dessen ungeachtet ist aber aufgrund der Geltung des Art. 16 Abs. 2 WG bei der Belastung im Wege des Indossaments ein gutgläubiger Pfandrechtserwerb an abhanden gekommenen (indossierten) Namensaktien möglich.

Sofern die Namensaktie vinkuliert ist, bedarf es in Anbetracht der Gleichstellung der Verpfändung mit der Übertragung im Hinblick auf die anzuwendenden Vorschriften für eine wirksame Bestellung des Pfandrechts zugunsten des Pfandgläubigers neben den beschriebenen Voraussetzungen nach § 68 Abs. 2 S. 1 AktG noch der Zustimmung der Gesellschaft[266]. Im Hinblick auf das Zustimmungserfordernis gilt das im Rahmen der Zustimmung zur Übertragung der vinkulierten Namensaktien Ausgeführte entsprechend. Der völlige Ausschluss der Belastungsmöglichkeit der vinkulierten Namensaktie ist demnach nicht zulässig. Jedoch ist es der Gesellschaft gestattet, für die Belastung der vinkulierten Namensaktien (mit einem Pfandrecht) statutarische Verweigerungsgründe zu regeln. Sollte es aber an einer statutarischen Regelung etwaiger Verweigerungsgründe fehlen, ist die Gesellschaft auch bei der Belastung mit einem Pfandrecht gehalten nach pflichtgemäßen Ermessen zu entscheiden.

Bei keiner der soeben beschriebenen Verpfändungsmöglichkeiten ist die Benachrichtigung der Gesellschaft für die Wirksamkeit der Verpfändung erforderlich, obwohl eine solche Benachrichtigung durchaus ratsam erscheint, um zu verhindern, dass die Gesellschaft an den Aktionär mit befreiender Wirkung nach § 1275 i.V.m. §§ 407, 413 BGB leistet. Dies gilt selbstverständlich nicht für die Verpfändung von vinkulierten Namensaktien, da es bei diesen ohnehin der Zustimmung der Gesellschaft bedarf, insofern diese also auch über die Verfügung benachrichtigt werden muss, um eine wirksamen Bestellung des Pfandrechts zu erwirken. Eine Anwendbarkeit des – nur für Forderungen geltenden - § 1280 BGB ist hingegen nicht eröffnet. Eine obligatorische Eintragung der Verpfändung in das Aktienregister findet ebenso nicht statt[267].

2.2.6 Belastung durch Nießbrauch

Namensaktien können nach § 1068 Abs. 1 BGB mit einem Nießbrauch belastet werden. Auch hierbei gilt der Grundsatz, dass die Mitgliedschaft insoweit – mit einem Nießbrauch – belastet werden kann, als sie übertragbar ist.

---

[266] vgl. Wiesner in MüHdB, a. a. O., § 14 Rn 60; vgl. KK-Lutter, a. a. O., § 68 Rn 22

[267] vgl. Hefermehl/Bungeroth in Geßler/Hefermehl, a. a. O., § 68 Rn 59

Gemäß § 1069 Abs. 1 BGB, der auf die für die Übertragung des Rechts geltenden Vorschriften verweist, kann die Nießbrauchsbestellung auch durch dingliche Einigung, Voll- bzw. Blankoindossament und Übergabe bzw. Übergabesurrogat erfolgen. Dementsprechend können in diesem Zusammenhang auf die insoweit erfolgten Ausführungen im Hinblick auf die Belastung mit einem Pfandrecht herangezogen werden.

Aus § 1081 Abs. 2 BGB ergibt sich für blankoindossierte Namensaktien weiterhin die Besonderheit, dass statt der Übergabe auch die Einräumung des Mitbesitzes ausreichend ist. Wird dagegen eine voll auf den Nießbraucher indossierte Namensaktie zur Bestellung eines Nießbrauchs übergeben, liegt rechtlich eine Vollrechtsübertragung vor, bei der eine zusätzliche - nur im Innenverhältnis zwischen Indossatar und Indossanten wirksame – Abrede getroffen worden ist, wonach der Indossatar nur die Rechte eines Nießbrauchers ausüben darf[268], was durchaus Nachteile mit sich bringen kann.

Dessen ungeachtet kommt für die Bestellung des Nießbrauchs grundsätzlich nur die Zessionsform in Betracht, da es im Gegensatz zum Pfandindossaments kein „Nießbrauchindossament" gibt und eine dem § 1292 BGB entsprechende Vorschrift für den Nießbrauch nicht existiert. Die Bestellung des Nießbrauchs erfolgt daher nach § 1069 Abs. 1 i.V.m. §§ 398, 413 BGB durch formfreie vertragliche Einigung. Infolge der Anwendung der zessionsrechtlichen Vorschriften ist jedoch die Möglichkeit des gutgläubigen Nießbrauchserwerb nicht eröffnet, wohingegen im Rahmen der Nießbrauchsbestellung durch Indossament ein solcher grundsätzlich, wie ihm Rahmen der Verpfändung der Namensaktie ausgeführt, eröffnet ist. Hierbei ist aber zu beachten, dass durch das Fehlen eines „Nießbrauchindossaments" das Voll- bzw. Blankoindossament dem Nießbraucher mehr Rechte ausweist als ihm tatsächlich zustehen.

Bei der Belastung einer vinkulierten Namensaktie mit dem Nießbrauch bedarf es, wie bei der Verpfändung, der Zustimmung der Gesellschaft[269]. Auch hinsichtlich der Benachrichtungspflicht der Gesellschaft, sowie der Eintragungspflicht im Aktienregister, gilt das für die Verpfändung Beschriebene.

2.3 Besonderheiten aufgrund der Depotverwahrung von Wertpapieren

Nach ihrer rechtlichen Konzeption ist die Namensaktie wie die Inhaberaktie ein Wertpapier, das die Beteiligung an der Aktiengesellschaft verbrieft. Ihre Verwahrung findet in der Praxis, nicht zuletzt aufgrund der stärker werdenden Tendenz der Aktiengesellschaften, den Verbriefungsanspruch nach § 10 Abs. 5 AktG gänzlich auszuschließen bzw. „lediglich" eine Global- bzw. Sammelurkunde auszugeben, regelmäßig nicht mehr beim jeweiligen Aktionär statt, sondern vielmehr bei einem depotführenden Kreditinstitut, welches auch mit der Verwaltung der mit der mitgliedschaftlichen Stellung einhergehenden

---

[268] vgl. Hefermehl/Bungeroth in Geßler/Hefermehl, a. a. O., § 68 Rn 58; vgl. KK-Lutter, a. a. O., § 68 Rn 21; vgl. Wiesner in MüHdB, a. a. O., § 14 Rn 55

[269] vgl. Scharff, a. a. O., S. 16

Rechte und Pflichten (z.B. Dividendeneinzug, Stimmrechtsausübung) betraut ist. Die Tätigkeit des depotführenden Kreditinstituts beschränkt sich aber regelmäßig nicht nur auf die Verwaltung der Aktien, sondern erstreckt sich zunehmend auch auf die Abwicklung der Übertragungsvorgänge. Die besondere Bedeutung der Auswirkung der Depotverwahrung der Mitgliedschaftsrechte wird dadurch deutlich, dass über 90% aller in Deutschland gehandelten Wertpapiere, insbesondere auch alle lediglich in einer Globalurkunde verbrieften Namensaktien, von der Clearstream Banking AG, der zentralen und für den stückelosen Effektengiroverkehr unverzichtbaren Wertpapiersammelbank, in ihren Tresoren verwahrt, Bestandsveränderungen erfasst und weitergeleitet werden[270].

Im Hinblick auf die Frage, ob bei Verfügungen von depotverwahrten Wertpapieren, insbesondere die Unterscheidung zwischen Inhaber- und Namensaktie relevant ist, gilt es daher zunächst, die unterschiedlichen Arten der Depotverwahrung und ihre Auswirkungen auf die Rechtsstellung des Aktionärs zu unterscheiden.

2.3.1 Sonderverwahrung

Die Sonderverwahrung bzw. Streifbandverwahrung gemäß § 2 DepotG stellt dabei die ursprüngliche Grundform der Wertpapierverwahrung in einem sogenannten „Streifbanddepot“ dar und hat bis vor wenigen Jahren noch dem anschaulichen Bild von der im Alleineigentum des Aktionärs stehenden Aktienurkunde und dem körperlichen Übertragungsvorgang entsprochen. Bei ihr bewahrt der Verwahrer, d.h. das depotführende Kreditinstitut, die fremden – verkörperten – Wertpapiere unter äußerlich erkennbarer Bezeichnung jeden Hinterlegers auf dem die Wertpapiere umgebenden „Streifband“ gesondert von den eigenen Beständen der Bank (sogenannter Nostrobesitz) und denen Dritter auf, um eine Vermischung und Vermengung mit diesen zu verhindern, wodurch dem Kunden bzw. Hinterleger das Eigentum an den hinterlegten Wertpapieren erhalten bleibt. Gleichzeitig wird er aufgrund des zwischen ihm und dem depotführenden Kreditinstitut, d.h. dem Verwahrer, vereinbarten Verwahrungs- bzw. Depotvertrages mittelbarer Besitzer der eingelieferten Wertpapiere[271].

Die eigentumserhaltende Wirkung der Sonderverwahrung hat dabei nicht nur zur Folge, dass der Kunde sein Eigentum nach § 985 BGB und in Anbetracht der Anwendbarkeit der § 688 ff BGB auch parallel dazu aus § 695 BGB herausverlangen kann. Die Sonderverwahrung erfordert insbesondere im Rah-

---

270 vgl. MK-Bayer, a. a. O., § 67 Rn 12

271 vgl. Schlegelberger, a. a. O. Anh. § 406 Rn 235; vgl. Baumbach/Hopt, a. a. O., § 2 DepotG Rn 1; vgl. Wiesner in MüHdB, a. a. O., § 14 Rn 5; vgl. Heinsius/Horn/Than, a. a. O., § 5 Rn 13; vgl. Than/Hannöver in v. Rosen/Seifert, a. a. O., 279 (283); vgl. Peters, a. a. O., S. 18; vgl. Heißel/Kienle, a. a. O., WM 1993, 1909 (1909); vgl. Claussen, a. a. O., Rn 278; vgl. Staub-Canaris-BVR, a. a. O., Rn 2101; vgl. MK-HGB-Einsele, a. a. O., Depotgeschäft Rn 37 f

men der Übertragung der Mitgliedschaften, dass die Erfüllung eines Übertragungsvorganges stets eine physische Übergabe der Aktienurkunde bedingt[272].

2.3.1.1 Übertragung sonderverwahrter Wertpapiere

Im Falle der Veräußerung sonderverwahrter Inhaberaktien erfolgt daher die Übertragung der Aktienurkunde durch entsprechende dingliche Einigung und Übergabe derselben. Während dabei im Rahmen der Einigungserklärung die Parteien selbst tätig werden, findet die Übergabe unter Einschaltung von Mittelspersonen – der depotführenden Kreditinstitute – gemäß § 929 S. 1 BGB statt.

Sind in etwa bei der Übertragung von Seiten des Verkäufers und des Käufers unterschiedliche depotführende Kreditinstitut beteiligt, erfolgt die Besitzverschaffung, indem der Verkäufer sein depotführendes Kreditinstitut anweist, die ihm zugeordneten, vertragsgegenständlichen Aktienurkunden an das depotführende Kreditinstitut des Käufers zu versenden, so dass dieser nunmehr den durch sein depotführendes Kreditinstitut vermittelten (mittelbaren) Besitz inne hat. Es handelt sich hierbei um eine Übergabe im Sinne von § 929 S. 1 BGB, da das Aushändigen einer Sache von einer Mittelsperson an die andere, d.h. des Besitzmittlers des Veräußerers an den Besitzmittler des Erwerbers, als solche anerkannt wird[273]. Selbstverständlich kann der Veräußerer sein depotführendes Kreditinstitut auch anweisen, die entsprechenden Aktienurkunden direkt dem Erwerber auszuhändigen, infolge dessen dieser den unmittelbaren Besitz inne hätte.

Bei Übertragungvorgängen zwischen Kunden desselben depotführenden Kreditinstituts findet die Besitzverschaffung dergestalt statt, dass das depotführende Kreditinstitut die betreffenden Wertpapiere des Verkäufers physisch übergibt, indem es die entsprechenden Aktienurkunden zunächst vom (Aktien-) Bestand des Verkäufers entfernt und dem des Käufers zufügt. Ferner wird auf dem die Wertpapiere umgebenden Streifband nunmehr der Käufer äußerlich erkennbar bezeichnet, wodurch der Wille des depotführenden Kreditinstituts zum Ausdruck kommt, nun dem Käufer den Besitz an diesen Wertpapieren zu mitteln. Auch bei dieser Form der Besitzverschaffung handelt es sich um eine Übergabe nach § 929 S. 1 BGB. Entscheidend für eine Übergabe im Sinne von S. 1 ist nämlich der auf Veräußererseite eintretende Besitzverlust, welcher mit der Besitzerlangung auf Erwerberseite einhergeht. Dementsprechend ist die Anweisung an den Besitzmittler des Veräußerers, nunmehr für den Erwerber zu besitzen, ausreichend, sofern dieses neue Besitzmittlungsverhältnis auch tatsächlich - durch die Kenntlichmachung auf dem Streifband ersichtlich - begründet wird[274].

---

272 vgl. Heißel/Kienle, a. a. O., WM 1993, 1909 (1909)

273 vgl. Than/Hannöver in v. Rosen/Seifert, a. a. O., 279 (283); vgl. Staudinger-Wiegand, a. a. O., § 929 Rn 48

274 vgl. MüKo-Quack, a. a. O., § 929 Rn 133; vgl. Staudinger-Wiegand, a. a. O., § 929 Rn 49

Der Umstand, dass „nur" ein Besitzmittler, d.h. ein depotführendes Kreditinstitut, bei der Übereignung beteiligt ist, führt nicht zu der Annahme, dass eine Übereignung nach §§ 929, 931 BGB stattfindet. So ist § 931 BGB dadurch gekennzeichnet, dass der Veräußerer seinen Herausgabeanspruch gegen den Besitzmittler an den Erwerber abtritt und gerade kein neues Besitzmittlungsverhältnis zwischen dem Besitzmittler und dem Erwerber begründet wird[275].

Die durch die gesonderte, gegenständliche Verwahrung der jeweiligen Aktienurkunden im Streifbanddepot zum Ausdruck kommende Besonderheit der Sonderverwahrung ist auch bei der Übertragung von in diesem Depot befindlichen Namensaktien maßgebend.

Der Eigentumsübergang der Namensaktie findet insoweit entsprechend den bereits beschriebenen Übertragungswegen statt. Demgemäß ist grundsätzlich die Möglichkeit der Übertragung durch Indossament gegeben, wobei zu berücksichtigen ist, dass die sonderverwahrten Namensaktien in den seltensten Fällen blankoindossiert sind, infolge dessen neben der Übergabe noch eine Indossierung zugunsten des Indossatars vonnöten ist.

Im Rahmen der Übergabe der sonderverwahrten Namensaktie gilt es auch hier zu beachten, dass das depotführende Kreditinstitut den unmittelbaren Besitz an den Aktienurkunden inne hat, weshalb hinsichtlich der Übergabe die Ausführungen hinsichtlich der Übergabe von sonderverwahrten Inhaberaktien inhaltsgleich übernommen werden kann. Die Beantwortung der Frage, ob für die Einräumung des (mittelbaren) Besitzes zugunsten des Erwerbers „lediglich" eine „Umplatzierung" der vertragsgegenständlichen Aktienurkunden in den Bestand des Erwerbers mit entsprechender Kennzeichnung oder aber eine Versendung an das weitere depotführende Kreditinstitut erforderlich wird, hängt folglich davon ab, ob auf Veräußerer- und Erwerberseite unterschiedliche depotführende Kreditinstitut eingeschaltet werden.

Die Notwendigkeit der Indossierung führt dazu, dass aufgrund des fehlenden unmittelbaren Besitzes der Indossant nur vertreten durch das depotführende Kreditinstitut handeln kann, d.h. dieses ermächtigen bzw. bevollmächtigen muss, ein entsprechendes Indossament vorzunehmen.

Dies allein bringt es jedoch nicht mit sich, dass in der Praxis die Übertragung der sonderverwahrten Namensaktien im Wege der Abtretung der Mitgliedschaft gemäß §§ 413, 398 ff BGB erfolgt, obwohl aus Verkehrsschutzgründen die wertpapierrechtliche Übertragung der Indossierung, gegebenenfalls auch im Wege der Blankoindossierung, wesentlich günstiger ist[276].

Die Bevorzugung des Abtretungsrechtes ist vor allem aus der Sicht der (Aktien-)Registerumschreibung verständlich. Zwar ist durch Indossament und Übergabe, wertpapierrechtlich gesehen, der vollständige Rechtsübergang bewirkt, doch ist dies nicht ausreichend, um den Erwerber auch gegenüber der Ge-

---

[275] vgl. Staudinger-Wiegand, a. a. O., § 929 Rn 49

[276] vgl. Than/Hannöver in v. Rosen/Seifert, a. a. O., 279 (283); vgl. Kümpel, a. a. O., WM 1983 Sonderbeilage 8 S. 11

sellschaft zu legitimieren, da es hierfür der Umschreibung im Aktienregister bedarf.

Die Registrierung des Rechtsübergangs erschöpft sich dabei nicht nur in der Eintragung des Erwerbers, sondern bedingt zugleich die Löschung des bisherigen Eigentümers des Mitgliedschaftsrechtes, da die Eintragung im Aktienregister nach übereinstimmender Meinung unabhängig vom Wertpapiereigentum eine geschützte Rechtsposition begründet, in die die registerführende Gesellschaft nicht ohne weiteres eingreifen darf, wie die (Löschungs-)Vorschrift des § 67 Abs. 5 S. 2 AktG zeigt, wonach die Gesellschaft selbst einen nachweisbar zu Unrecht Eingetragenen gegen dessen Widerspruch nicht löschen kann.

Dementsprechend ist es notwendig, dass der Gesellschaft neben dem Rechtserwerb auch der Verkauf durch den zu löschenden Aktionär verlässlich nachgewiesen wird, um das für die Registerumschreibung erforderliche Einverständnis zur Löschung zu unterstellen. Einen solchen Nachweis vermag selbst eine blankoindossierte Aktienurkunde nicht zu bewirken, da sie nur den Erwerber legitimiert, nicht aber die Person des zu löschenden Veräußerers benennt.

Anders gestaltet sich diese Nachweismöglichkeit im Wege der Übertragung der Namensaktie durch Abtretung, da im Rahmen der vorzulegenden Abtretungserklärung und des erforderlichen Umschreibungsantrags neben dem Erwerber auch der von der Registerumschreibung betroffene Veräußerer benannt wird, was als ausreichendes Indiz für den der Gesellschaft nachzuweisenden Rechtsübergang gemäß § 67 Abs. 3 AktG angesehen wird[277].

Eine weitergehende Rationalisierung und damit Vereinfachung dieses Übertragungsweges findet dadurch statt, dass sowohl die Abtretungserklärung als auch der Umschreibungsantrag blanko ausgestellt und unter Einschaltung des depotführenden Kreditinstituts als Einkaufs- und Verkaufskommissionärs im eigenen Namen abgegeben wird. Vom depotführenden Kreditinstitut des Erwerbers wird dann die Namensaktie mit der Abtretungserklärung und gegebenenfalls anderen Umschreibungsdokumenten an die Gesellschaft geschickt, damit diese die Umtragung im Aktienregister vornehmen kann und die Aktienurkunde anschließend zurückschickt[278].

Auch wenn diese Form der Verwahrung von kleineren Gesellschaften wegen ihrer hohen Sicherheit noch heute praktiziert wird, stellt es sich doch als vergleichsweise aufwendig und kostenintensiv dar, wenn man berücksichtigt, dass damit die Trennung des Kundenbesitzes von den eigenen Beständen der Bank und Drittbeständen einhergeht[279].

---

[277] vgl. Kümpel, a. a. O., WM 1983, Sonderbeilage 8 S. 12

[278] vgl. Kümpel, a. a. O., WM 1983, Sonderbeilage 8 S. 12; vgl. Than/Hannöver in v. Rosen/Seifert, a. a. O., 279 (283)

[279] vgl. Assmann/Schütze, a. a. O., § 13 Rn 32; vgl. Than/Hannöver in v. Rosen/Seifert, a. a. O., 279 (283)

2.3.1.2 Sonstige Verfügungen über sonderverwahrte Wertpapiere

Die Vereinbarung einer Sonderverwahrung durch das depotführende Kreditinstitut führt zu keiner Beschränkung der Verfügungsmöglichkeit des Wertpapierinhabers, da keine eigentumsverändernde Wirkung eintritt und sämtliche Wertpapiere, insbesondere auch vollindossierte Namensaktien, sonderverwahrfähig sind. Es finden daher für die Verpfändung und die Belastung mit einem Nießbrauch die jeweiligen für die Übertragung maßgebenden Vorschriften Anwendung. Demzufolge macht es keinen prinzipiellen Unterschied, ob die jeweiligen Wertpapiere von einem depotführenden Kreditinstitut sonderverwahrt werden oder aber der Aktionär selbst seine Aktien verwahrt, weshalb die Ausführungen im Hinblick auf die sonstigen Verfügungsmöglichkeiten für die Inhaberaktie und die Namensaktie im Rahmen der Sonderverwahrung gleichfalls zum Tragen kommen. Zu beachten ist hierbei jedoch, dass infolge der Sonderverwahrung das depotführende Kreditinstitut stets den unmittelbaren Besitz an der Aktienurkunde inne hat, ohne dass dies Auswirkungen auf die Möglichkeiten der Bestellung des Nießbrauchs oder des Pfandrechts bzw. dessen gutgläubigen Erwerb hätte.

2.3.2 Sammelverwahrung

Im heutigen Wirtschaftsleben hat sich aufgrund der Nachteile der Sonderverwahrung die deutlich günstigere Sammelverwahrung, die im Depotgesetz von 1939 erstmals gesetzlich geregelt worden ist und nunmehr in den §§ 5 – 9a DepotG beschrieben wird, durchgesetzt. Der Gesetzgeber hat der Dominanz der Sammelverwahrung in der Praxis im Rahmen des 2. Finanzmarktförderungsgesetzes von 1994 Rechnung getragen, in dem die Sammelverwahrung zum Regelfall gemacht worden ist, wohingegen die Sonderverwahrung nur auf Verlangen des Kunden oder in den Fällen in Betracht kommt, in welchen die Wertpapiersammelbank die Wertpapiere nach § 2 S. 1 DepotG nicht zur Sammelverwahrung zugelassen hat[280].

Man unterscheidet insoweit grundsätzlich zwischen zwei Arten von Sammelverwahrung, nämlich der Haussammel- und der Girosammelverwahrung. Der Unterschied liegt darin, dass bei der Haussammelverwahrung der Verwahrer selbst die gleichartigen Wertpapiere verschiedener Kunden in einem Sammelbestand verwahrt, wohingegen die – in der Bankpraxis häufigste - Girosammelverwahrung vorliegt, wenn der Verwahrer die gleichartigen Wertpapiere einer Wertpapiersammelbank zur Sammelverwahrung anvertraut[281]. Gemäß § 1 Abs. 3 DepotG sind Wertpapiersammelbanken Kreditinstitute, die von der nach Landesrecht zuständigen Stelle ihres Sitzlandes als Wertpapiersammelbank an-

---

[280] vgl. Baumbach/Hopt, a. a. O., § 5 DepotG Rn 1; § 2 Rn 1; vgl. Wiesner in MüHdB, a. a. O., § 14 Rn 5; vgl. Schimansky, a. a. O., § 72 Rn 73; vgl. Assmann/Schütze, a. a. O., § 13 Rn 32; vgl. Schlegelberger, a. a. O., Anh. § 406 Rn 235; vgl. Heinsius/Horn/Than, a. a. O., § 5 Rn 14; vgl. Peters, a. a. O., S. 21; vgl. Koller, a. a. O., DB 1972, 1857 (1857)

[281] vgl. Schlegelberger, a. a. O., Anh. § 406 Rn 264 ff; vgl. Heinsius/Horn/Than, a. a. O., § 5 Rn 18 f; vgl. Koller, a. a. O., DB 1972, 1857 (1857)

erkannt sind, wobei es seit dem 01.01.1990 in Deutschland nur einen Zentralverwahrer gibt, welcher seit dem 01.01.2000 als Clearstream Banking AG firmiert. Mit der Einführung der Girosammelverwahrung ist der Grundstein für den sogenannten „Effektengiroverkehr" gelegt worden. Dabei müssen girosammelverwahrte Effekten (Kapitalmarktwertpapiere) zu ihrer Übertragung nicht mehr bewegt werden. Die Belieferung erfolgt vielmehr stückelos und zumindest faktisch durch Umbuchung beim Zentralverwahrer, bei dem die Urkunden (i.d.R. dauernd) lagern, so dass die Belieferung von Effektengeschäften wesentlich rationeller gestaltet wird[282], zumal der heutige Wertpapierhandel ohne den Effektengiroverkehr kaum vorstellbar wäre.

2.3.2.1 Sammeldepotfähigkeit

Bei der (Giro-)Sammelverwahrung, die gemäß § 1 Abs. 3 DepotG von einer Wertpapiersammelbank, d.h. von der Clearstream Banking AG durchgeführt wird, werden vertretbare Wertpapiere ein und derselben Art für mehrere Hinterleger in einem einheitlichen Bestand verwahrt. Dies hat zur Folge, dass der bisherige Eigentümer sein Alleineigentum an den eingelieferten Wertpapieren verliert und statt dessen Miteigentümer der zum Sammelbestand gehörenden Wertpapiere wird[283].

Das Gesetz fordert, dass die Wertpapiere, um sammeldepotfähig zu sein, „einer und derselben Art" sind. Damit ist die gleiche Rechtsqualität der zur Sammelverwahrung zugelassenen Wertpapiere, einschließlich von Sammelurkunden gemäß § 9a DepotG, angesprochen, da nur Wertpapiere, die das gleiche Recht verbriefen, auch von ein und derselben Art sind. Um diese Voraussetzung zu erfüllen, reicht es aus, dass die Aktien der gleichen Gattung angehören, d.h. beispielsweise nicht Stammaktien und Vorzugsaktien sammelverwahrt werden. An einer Artgleichheit fehlt es, wenn Aktien der gleichen Gattung unterschiedliche Ansprüche verbriefen, zum Beispiel bei Neuemissionen mit abweichenden Gewinnbeteiligungen[284].

Des weiteren müssen die Wertpapiere aber auch gemäß § 5 Abs. 1 S. 1 DepotG „vertretbar" sein, was dann der Fall ist, wenn sie untereinander austauschbar, d.h. fungibel sind. Diese Vertretbarkeit, die zugleich auch gemäß § 30 BörsG i.V.m. § 5 Abs. 1 BörsZulV Voraussetzung für die Börsenfähigkeit der Namensaktie ist, wird nach Maßgabe des § 91 BGB dergestalt definiert,

---

[282] vgl. MK-HGB-Eisnele, a. a. O., Depotgeschäft Rn 47 f; vgl. Staub-Canaris-BVR, a. a. O., 2088

[283] vgl. Schlegelberger, a. a. O., Anh. § 406 Rn 263; vgl. Wiesner MüHdB, a. a. O., § 14 Rn 6; vgl. Heinsius/Horn/Than, a. a. O., § 5 Rn 15 f; vgl. Claussen, a. a. O., Rn 281; vgl. MK-HGB-Einsele, a. a. O., Depotgeschäft Rn 39; vgl. Baumbach/Hopt, a. a. O., § 5 DepotG Rn 1; vgl. Schimansky, a. a. O., § 72 Rn 82; vgl. Peters, a. a. O., S. 22

[284] vgl. Heißel/Kienle, a. a. O., WM 1993, 1909 (1910); vgl. Schlegelberger, a. a. O., Anh. § 406 Rn 268; vgl. Heinsius/Horn/Than, a. a. O., § 5 Rn 27

dass die Wertpapiere im Verkehr nach Stückzahl oder Nennbetrag bestimmbar sein müssen[285].

Während die Voraussetzung der Vertretbarkeit für die Sammelverwahrungsfähigkeit von Inhaberaktien als Inhaberpapiere ohne weiteres erfüllt ist[286], gibt es bei der Namensaktie – wie bereits beschrieben - mehrere Übertragungsmöglichkeiten, so dass sich diesbezüglich die Frage nach ihrer Austauschbarkeit stellt.

Das Gesetz sieht als Regelfall die Indossierung der Namensaktie gemäß § 68 Abs. 1 AktG vor. Die Rechte aus der Namensaktie gehen also im Wege des Indossaments (und der begleitenden Übergabe) auf einen namentlich genannten neuen Berechtigten über, so dass die Einbeziehung solchermaßen indossierter Namensaktien in die Sammelverwahrung voraussetzen würde, dass das Indossament die Gesamtheit der Miteigentümer des Sammelbestands, welche die Namensaktie bilden, als neue Berechtigte nennt, was praktisch jedoch ausscheidet[287].

Eine Namensaktie kann – wie bereits geschildert – indes auch blanko indossiert werden, wodurch das Erfordernis eines erneuten Indossaments gemäß Art. 14 Abs. 2 Nr. 3 WG i.V.m. § 68 Abs. 1 S. 2 AktG und der namentlichen Nennung des Erwerbers entfällt und die Übertragung durch die formlose Übereignung der Namensaktie möglich ist. Da in diesem Falle die Nennung des Indossatars nicht erfolgt, ist es möglich, dass Indossatar eines Blankoindossaments eine Mehrheit von Indossataren, d.h. die Gesamtheit der Miteigentümer des Sammelbestands, ist, und sich als Konsequenz hieraus die Beziehungen der einzelnen Indossatare untereinander nach den Vorschriften über Mitbesitz und Eigentum richten. Solche blankoindossierte Namensaktie sind daher nach allgemeiner Meinung auch sammelverwahr- und börsenfähig.

Gleiches gilt im Übrigen auch bezüglich blankozedierter Namensaktien, da im Zuge der Blankozession jeder beliebige Dritte die Namensaktie erwerben kann und sie folglich auch „vertretbar" im Sinne des § 5 Abs. 1 S. 1 DepotG ist. Es darf hierbei trotz „Vertretbarkeit" gemäß § 5 Abs. 1 S. 1 DepotG nicht vergessen werden, dass die blankozedierten Namensaktien jedoch im Hinblick auf ihre Verkehrsfähigkeit aufgrund des mangelnden Gutglaubensschutz beeinträchtigt sind[288].

Die Vinkulierung der Namensaktie gemäß § 68 Abs. 2 AktG hindert gleichfalls nach heute einhelliger Auffassung nicht deren Einbeziehung in die Sammelverwahrung, sofern sie mit einem Blankoindossament versehen ist, um

---

285 vgl. Heinsius/Horn/Than, a. a. O., § 5 Rn 25; vgl. Heißel/Kienle, a. a. O., WM 1993, 1909 (1909);

286 vgl. MK-Bayer, a. a. O., § 68 Rn 6; vgl. Schlegelberger, a. a. O., Anh. § 406 Rn 267

287 vgl. Heißel/Kienle, a. a. O., WM 1993, 1909 (1909 f); vgl. Than/Hannöver in v. Rosen/Seifert, a. a. O., 279 (286); vgl. MK-Bayer, a. a. O., § 68 Rn 6; vgl. Opitz, a. a. O., S. 146 (160)

288 vgl. MK-Bayer, a. a. O., § 68 Rn 12; vgl. Heißel/Kienle, a. a. O., WM 1993, 1909 (1910); vgl. Heinsius/Horn/Than, a. a. O., § 5 Rn 30

so die für die Sammelverwahrung notwendige Fungibilität zu gewährleisten[289]. Auch die für die Sammelverwahreignung notwendige Vertretbarkeit wird trotz Vinkulierung durch eine Absprache mit der Emittentin, dass durch die Praxis der Zustimmungserteilung die Verkehrsfähigkeit der vinkulierten Namensaktie nicht beeinträchtigt wird, sichergestellt. Die Vinkulierung betrifft insoweit nämlich nicht die Eignung der einzelnen Namensaktie, von einem beliebigen Depotinhaber als (Mit-)Eigentum erworben zu werden; sie verhindert vielmehr den Erwerb der Aktionärsstellung durch einen bestimmten Erwerber und zwar unabhängig von der einzelnen konkreten Namensaktie, die erworben werden soll. So kann also der Kauf einer Namensaktie durch einen Erwerber mit einer beliebigen blankoindossierten oder –zedierten vinkulierten Namensaktie beliefert werden, sofern die Gesellschaft ihre Zustimmung erteilt. Das Zustimmungserfordernis aus der Vinkulierung hat folglich „nur" Auswirkungen auf das dingliche Verfügungsgeschäft, welches, wenn es ohne Einwilligung der Gesellschaft vorgenommen worden ist, zunächst schwebend unwirksam ist, wohingegen die Vertretbarkeit der vinkulierten Namensaktie als solche nicht berührt wird. Dies ist selbst dann der Fall, wenn die die Zustimmung versagt wird, da die Aktie zur Belieferung anderer Geschäfte bzw. anderer Übertragungsvorgänge weiterhin herangezogen werden kann, auch wenn der Erwerber etwaige schuldrechtliche Ansprüche, etwas Schadensersatzansprüche, aus dem zugrunde liegenden wirksamen Verpflichtungsgeschäft geltend macht. Es sind daher keine durchschlagenden Gründe ersichtlich, (blankoindossierte) vinkulierte Namensaktien anders zu behandeln als nicht vinkulierte (blankoindossierte) Namensaktien[290].

Auch entsprechende Sammelurkunden sind kraft ausdrücklicher gesetzlicher Anordnung gemäß § 9a Abs. 1 S. 1 DepotG zwar nicht haus-, aber girosammelverwahrfähig.

2.3.2.2 Entstehung des Miteigentums am Sammelbestand

Die Besonderheit der Sammelverwahrung nach § 5 DepotG liegt nun darin, dass der Verzicht auf die Trennung der Wertpapiere nach Hinterlegern den Verwaltungsaufwand erheblich verringert, gleichzeitig aber dazu führt, dass nach § 6 Abs. 1 S. 1 DepotG der bisherige Eigentümer im Augenblick des Eingangs seiner Wertpapiere beim Sammelverwahrer das Alleineigentum an ihnen verliert und statt dessen das Miteigentum an den zum Sammelbestand der Wertpapiersammelbank gehörenden Wertpapieren derselben Art erwirbt, was nach allgemeiner Meinung auch dann gilt, wenn der Hinterleger eine andere Person ist. Es gilt insofern das Prinzip der Rechtserhaltung, wonach der bisherige Berechtigte durch die Einbringung seiner Aktie(n) in den Sammelbestand nicht

---

[289] vgl. MK-HGB-Einsele, a. a. O., Depotgeschäft Rn 42; vgl. Schimansky, a. a. O., § 72 Rn 78; vgl. Baumbach/Hopt, a. a. O., § 5 DepotG Rn 1; vgl. Kümpel, a. a. O., WM 1983 Sonderbeilage 8 S. 4

[290] vgl. Heißel/Kienle, a. a. O., WM 1993, 1909 (1910); vgl. MK-HGB-Einsele, a. a. O., Depotgeschäft Rn 42; vgl. Schimansky, a. a. O., § 72 Rn 79

stärker beeinträchtigt werden soll als nötig und daher sein Recht – wenn auch in veränderter Struktur – grundsätzlich nicht verliert[291]. Ist folglich das (Allein-) Eigentum des bisherigen Rechtsinhabers mit Rechten Dritter belastet, so erlöschen diese Rechte zwar an den eingelieferten Wertpapierurkunden, setzen sich aber an dem gemäß § 6 Abs. 1 DepotG entstandenen Miteigentum fort. Sofern die (einzelnen) Wertpapiere zu einem Gesamthandsvermögen gehört haben, entsteht nunmehr, aufgrund der Regelung des § 6 Abs. 1 DepotG, das Miteigentum am Sammelbestand in das Gesamthandsvermögen[292].

Dieses gemeinschaftliche Eigentum am Sammelbestand stellt dabei jedoch kein Gesamthandseigentum, sondern vielmehr Miteigentum nach Bruchteilen dar, für deren jeweilige Bestimmung gemäß § 6 Abs. 1 S. 2 DepotG der Wertpapiernennbetrag und bei Wertpapieren ohne Nennbetrag die Stückzahl maßgebend ist. Die Entstehung des Bruchteilsmiteigentum beruht insoweit weder auf einem Vertrag noch auf § 948 BGB, sondern folgt unmittelbar aus § 6 Abs. 1 S. 1 DepotG, der einen besonderen Fall der Entstehung von Miteigentum kraft Gesetz regelt[293].

Trotz der ausdrücklichen gesetzlichen Kennzeichnung der Gemeinschaft der Miteigentümer als Bruchteilsgemeinschaft sind aber die Vorschriften über das Miteigentum gemäß §§ 1008 ff BGB gleichwohl nicht anwendbar, da sie nicht auf die Depotgemeinschaft ausgerichtet sind und durch die Sondervorschriften der §§ 6 ff DepotG, welche die sich aus der Sammelverwahrung resultierende Rechtsstellung der Beteiligten regeln, verdrängt werden[294]. Die Vorschriften über die Bruchteilsgemeinschaft gemäß §§ 741 – 758 BGB hingegen sind insoweit anwendbar als sich aus dem Depotgesetz nicht etwas anderes ergibt. So ist beispielsweise die Vermutung des § 742 BGB, wonach die Miteigentümer im Zweifel gleiche Anteile haben, durch § 6 Abs. 1 S. 2 DepotG widerlegt. Auch die Anwendung der §§ 744-746 und 749 ff BGB wird durch die Sondervorschriften der §§ 6 ff DepotG ausgeschlossen, was insbesondere im Falle des § 749 BGB relevant wird. So ist die Regelung des § 749 BGB, welche es ermöglicht, die Aufhebung der Bruchteilsgemeinschaft zu verlangen, mit der Funktion der Sammelverwahrung als einer auf Dauer angelegten Einrichtung

---

[291] vgl. MK-HGB-Einsele, a. a. O., Depotgeschäft Rn 69; vgl. Heinsius/Horn/Than, a. a. O., § 6 Rn 15; vgl. Staub-Canaris-BVR, a. a. O., Rn 2106

[292] vgl. Baumbach/Hopt, a. a. O., § 6 DepotG Rn 1; vgl. Heinsius/Horn/Than, a. a. O., § 6 Rn 9

[293] vgl. Schlegelberger, a. a. O., Anh. § 406 Rn 281; vgl. Baumbach/Hopt, a. a. O., § 6 DepotG Rn 1; vgl. Heinsius/Horn/Than, a. a. O., § 6 Rn 2 f; vgl. Schimansky, a. a. O., § 72 Rn 83; vgl. Fabricius, a. a. O., in AcP 162 (1963), 457 (457 f); vgl. Staub-Canaris-BVR, a. a. O., Rn 2104 f

[294] vgl. Baumbach/Hopt, a. a. O., § 6 DepotG Rn 1; vgl. Staub-Canaris-BVR, a. a. O., Rn 2115; vgl. MK-HGB-Einsele, a. a. O., Depotgeschäft Rn 69; vgl. Kümpel, a. a. O., Rn 11.161

des bankmäßigen Depotsgeschäfts unvereinbar[295]. Demgegenüber ist § 747 BGB im Sammelverwahrverhältnis grundsätzlich anwendbar[296].

Im Hinblick auf den Verlust der bisherigen Position als (Allein-) Eigentümer und der Erwerb des Bruchteilsmiteigentum am Sammelbestand ist der Zeitpunkt des Eingangs der Wertpapiere beim Sammelverwahrer maßgebend. Für den so erfolgenden Miteigentumserwerb ist folglich der Moment entscheidend, in welchem der Sammelverwahrer die Möglichkeit hat, sich die Wertpapiere „einzuverleiben", so dass letztlich der Entstehungstatbestand vom Willen der Beteiligten weitgehend losgelöst und von verwahrungstechnischen Vorgängen abhängig gemacht wird, was sowohl dem Interesse des Kundenschutzes als auch der Vereinfachung der Depotverwaltung entspricht[297].

Eine Besonderheit hinsichtlich des Entstehung des Miteigentumsanteils wird insoweit durch § 5 Abs. 2 DepotG geregelt.

Gemäß § 5 Abs. 2 DepotG kann die Geschäftsbank – unter der Voraussetzung, dass sie bei der Wertpapiersammelbank eigene Bestände des betreffenden Wertpapiers hat (vgl. § 6 Abs. 2 S. 1 2. Alt. DepotG) – dem Hinterleger, anstatt die eingelieferte Wertpapierurkunde an den Sammelverwahrer weiterzugeben, einen entsprechenden Sammelbestandsanteil übertragen. Der Geschäftsbank wird insoweit also eine Ersetzungsbefugnis eingeräumt, infolge dessen sie, im Gegenzug zur Übertragung des entsprechenden Sammelbestandanteils, das Alleineigentum an dem eingelieferten Wertpapier erhält, wobei die Auffassungen hinsichtlich der Einzelheiten des Eigentumserwerbs der Geschäftsbank divergieren[298].

Ebenso wie hinsichtlich des Erwerbes des Alleineigentums der eingelieferten Wertpapiere durch die Geschäftsbank, herrscht auch im Hinblick auf die Notwendigkeit der Korrektur des § 5 Abs. 2 DepotG allgemeine Einhelligkeit[299].

Der Wortlaut des § 5 Abs. 2 DepotG besagt, dass der Sammelbestand „dem Hinterleger übertragen" wird, ohne zu berücksichtigen, dass Hinterleger und Eigentümer personenverschieden sein können. Die „Übertragung" im Sinne dieser Vorschrift stellt dabei zweifellos eine Form des rechtsgeschäftlichen Erwerbs dar, infolge dessen grundsätzlich der Vertragspartner, d.h. der Hinterleger, sofern dieser nicht als Stellvertreter für einen Dritten auftritt, Berechtigter

---

295 vgl. Assmann/Schütze, a. a. O., § 13 Rn 44

296 vgl. Staub-Canaris-BVR, a. a. O., Rn 2115; vgl. Heinsius/Horn/Than, a. a. O., § 6 Rn 17 ff; vgl. Baumbach/Hopt, a. a. O., § 6 DepotG Rn 2

297 vgl. Heinsius/Horn/Than, a. a. O., § 6 Rn 3 f; vgl. MK-HGB-Einsele, a. a. O., Depotgeschäft Rn 70

298 vgl. Staub-Canaris-BVR, a. a. O., Rn 2108; vgl. MK-HGB-Einsele, a. a. O., Depotgeschäft Rn 73;Teilweise wird vertreten, der Eigentumserwerb erfolge durch Aneignung; vgl. Heinsius/Horn/Than, a. a. O., § 5 Rn 60. Nach a. A. geht das Eigentum an dem eingelieferten Wertpapier ipso iure mit der Übertragung des Sammelbestandanteils auf die Geschäftsbank über; vgl. Staub-Canaris-BVR, a. a. O., Rn 2109; vgl. Schlegelberger, a. a. O., Anh. § 406 Rn 284

299 vgl. MK-HGB-Einsele, a. a. O., Depotgeschäft Rn 74; vgl. Staub-Canaris-BVR, a. a. O., Rn 2110

wird, was im Widerspruch zu der Regelung des § 6 Abs. 1 DepotG steht, da hiernach nicht der Hinterleger, sondern vielmehr der bisherige Eigentümer das Miteigentum am Sammelbestand erwirbt. Berücksichtigt man nun, dass die Übertragung nach § 5 Abs. 2 DepotG ersichtlich eine der Sammelverwahrung nach §§ 5 Abs. 1, 6 Abs. 1 DepotG funktionsgleiche Möglichkeit darstellen soll, muss man § 5 Abs. 2 DepotG dahingehend auslegen, dass, dem Regelungsgehalt von § 6 Abs. 1 DepotG entsprechend, auch in diesem Fall der Eigentümer der eingelieferten Wertpapiere Miteigentümer des Sammelbestands wird[300].

Begründet wird dieses zutreffende Ergebnis auf unterschiedliche Weise:

So wird in etwa die gewünschte Rechtsfolge im Wege der Lückenfüllung und der Rechtsfortbildung in Analogie zu § 6 Abs. 1 S. 1 DepotG angenommen[301]. Eine andere Auffassung begründet die Übertragung des Miteigentumsanteils auf den bisherigen Eigentümer mit der Rechtsfigur des Geschäfts für den, den es angeht. Dabei wird zugrunde gelegt, dass es dem Verwahrer grundsätzlich gleichgültig sein dürfte, wem er den Miteigentumsanteil überträgt, so dass der Verwahrer im Wege des Insichgeschäftes gemäß § 181 BGB, zu dessen Vornahme er nach § 5 Abs. 2 DepotG kraft Gesetz als ermächtigt anzusehen ist, die Eigentumsübertragung in diesem Sinne durchführt. Diese Begründung ist indes nicht ganz unproblematisch. So müsste der Hinterleger zumindest (verdeckter) Stellvertreter des bisherigen Rechtsinhabers sein und überdies müsste er den inneren Willen haben, für den Eigentümer zu handeln. Eine vergleichbare Problematik ergibt sich auch bei der Übergabe, die an den bisherigen Berechtigten erfolgen muss, die entweder über die Besitzdienerschaft des Hinterlegers nach § 855 BGB oder über ein zwischen dem Hinterleger und dem Rechtsinhaber vereinbartes Besitzmittlungsverhältnis gemäß § 868 BGB zu lösen ist[302].

Selbst wenn man diese Voraussetzungen im Einklang mit der wohl h.M als gegeben unterstellen kann, bietet diese Auffassung für den Fall, dass die Wertpapiere abhanden gekommen sind, keine überzeugende Lösung.

Überzeugender ist diesbezüglich die von EINSELE vertretene Auffassung, wonach § 5 Abs. 2 DepotG einen Fall des rechtsgeschäftlich vermittelten dinglichen Surrogationserwerbs darstellt, wonach die Parteien zwar rechtsgeschäftlich handeln, die Frage des Erwerbsberechtigten aber losgelöst vom Willen der Parteien betrachtet wird[303]. Allein diese Auslegung wird der Absicht des § 5 Abs. 2 DepotG gerecht, ohne dass es im Endeffekt, in Anbetracht der unumstrittenen Auslegung des § 5 Abs. 2 DepotG im Sinne des § 6 Abs. 1 DepotG, auf eine Entscheidung für die eine oder andere Auffassung ankommt.

---

[300] vgl Einsele, a. a. O., S. 27; vgl. Heinsius/Horn/Than, a. a. O., § 5 Rn 60; vgl. Staub-Canaris-BVR, a. a. O., Rn 2110

[301] vgl. Staub-Canaris-BVR, a. a. O., Rn 2110

[302] vgl. Heinsius/Horn/Than, a. a. O., § 5 Rn 60; vgl. MK-HGB-Einsele, a. a. O., Depotgeschäft Rn 74

[303] vgl. Einsele, a. a. O., S. 27 f

2.3.2.3 Rechtsposition der Beteiligten

Bevor die Fragen der Möglichkeiten der Übertragung des Miteigentums am Sammelbestand im Hinblick auf eine Unterscheidung zwischen Inhaber- und Namensaktie erörtert werden, soll vorab auf die Rechtsstellung der Beteiligten eingegangen werden.

Entscheidend ist zunächst, dass, wie bereits ausgeführt, der bisherige Eigentümer der zur Sammelverwahrung eingelieferten Wertpapiere sein Alleineigentum an diesen verliert und statt dessen das Miteigentum am Sammelbestand der Wertpapiersammelbank erwirbt. Wegen der eigentumsverändernden Wirkung der Sammelverwahrung hat das Depotgesetz daher vor dem Zweiten Finanzmarktförderungsgesetz gemäß § 5 Abs. 1 S. 1 DepotG a. F. vorausgesetzt, dass der Verwahrer die Sammelverwahrung nur einleiten darf, wenn er dazu vom Hinterleger, der nicht zwangsläufig mit dem Eigentümer oder Verfügungsberechtigten identisch sein muss, ermächtigt worden ist[304]. Im Zuge der Reform und der Umkehrung des Verhältnisses zwischen Sonder- und Sammelverwahrung als Regel-Ausnahmetatbestand bedarf es nunmehr grundsätzlich keiner Ermächtigung durch den Hinterleger, es sei denn, dass nach § 5 Abs. 1 S. 2 DepotG die Sammelverwahrung nicht durch die Wertpapiersammelbank erfolgen soll, was jedoch im Hinblick auf die zu erörternde Frage der Rechtspositionen der Beteiligten und der daran anschließenden Untersuchung der Übereignungsmöglichkeiten keine Auswirkungen hat.

Daneben ist für die Rechtspositionen der Beteiligten der Umstand prägend, dass die eingelieferten Wertpapierurkunden vom depotführenden Kreditinstitut nicht selbst, sondern von der in der Verwahrkette nachgeordneten Wertpapiersammelbank aufbewahrt wird, deren Kontoinhaber nur Kreditinstitute sein können, die der gesetzlichen Depotprüfung unterliegen oder sich einer Prüfung gleicher Art ihr gegenüber freiwillig unterworfen haben. Das depotführende Kreditinstitut ist dabei entgegen der Vermutungsregel des § 691 Abs. 1 S. 1 BGB grundsätzlich berechtigt, diese Wertpapiere bzw. Kundenwertpapiere allgemein unter eigenem Namen bei einem Dritten nach Maßgabe von § 3 Abs. 1 S. 1 DepotG verwahren zu lassen, wobei eine solche Verwahrung nach § 3 Abs. 1 DepotG nur dann zulässig ist, wenn derjenige dem die Wertpapiere vom Zwischenverwahrer anvertraut werden, selbst Verwahrer im Sinne des § 1 Abs. 2 DepotG ist[305]. Es handelt sich hierbei um den Fall der sogenannten „Drittverwahrung“, die keine eigenständige Verwahrungsart darstellt, gleichwohl aber in

---

[304] Der Verwahrer macht sich allerdings schadensersatzpflichtig, wenn er Wertpapiere zur Sammelverwahrung annimmt, obwohl er weiß, dass der Hinterleger weder Eigentümer ist noch die erforderliche Verfügungsmacht besitzt. Will der Verwahrer die Wertpapiere einem Dritten zur Sammelverwahrung anvertrauen, so ist im Verhältnis vom Zwischenverwahrer zum Drittverwahrer die Ermächtigung des Zwischenverwahrers als Hinterleger erforderlich. Dieser darf aber die Ermächtigung nach § 5 Abs. 1 DepotG nur erteilen, wenn ihm von seinem Hinterleger eine Ermächtigung zur Sammelverwahrung erteilt worden ist; vgl. Schlegelberger, a. a. O., Anh. § 406 Rn 270

[305] vgl. MK-HGB-Einsele, a. a. O., Depotgeschäft Rn 18; vgl. Assmann/Schütze, a. a. O., § 13 Rn 38; vgl. Einsele, a. a. O., S. 30

der heutigen Bankpraxis unersetzlich ist. So wird sie zum Beispiel erforderlich, wenn der Hinterleger die Wertpapiere einer Lokalbank übergeben hat, der nicht die geeigneten Tresoranlagen zur Verfügung stehen oder wenn die anvertrauten Wertpapiere an einem anderen Ort als dem, an dem der Verwahrer seinen Sitz hat, gehandelt werden[306]. Die so entstehende Verwahrkette charakterisiert sich folglich dadurch, dass die Wertpapiersammelbank unmittelbarer Besitzer im Sinne des § 854 BGB der bei ihr ruhenden Wertpapierurkunden ist, während das depotführenden Kreditinstitut als Zwischenverwahrer mittelbarer Besitzer der ersten Stufe ist (§ 868 BGB) und sein Depotkunde den durch sein depotführendes Kreditinstitut vermittelten mittelbaren Besitz zweiter Stufe am Sammelbestand inne hat (§§ 871, 868 BGB)[307]. Selbstverständlich ist auch die Einschaltung weiterer Kreditinstitute als Zwischenverwahrer möglich, wobei sich in einem solchen Fall die Verwahrkette entsprechend verlängert.

Es bestehen daher nur zwischen dem depotführenden Kreditinstitut und seinem Kunden einerseits und dem depotführenden Kreditinstitut und der Wertpapiersammelbank bzw. der weiteren in der Verwahrkette stehenden Kreditinstitute andererseits vertragliche Beziehungen in Form eines Depotvertrags[308], während eine direkte vertragliche Beziehung zwischen Depotkunde und Wertpapiersammelbank nicht besteht.

Das Rechtsverhältnis zwischen Depotkunde und Verwahrer bestimmt sich daher nach dem zugrunde liegenden Verwahrungs- bzw. Depotvertrag, wohingegen sich die Rechtsbeziehungen zwischen den Sammelbestandsanteilsinhabern untereinander auf den Tatbestand der dinglichen Eigentumsgemeinschaft beschränkt. In diesem Zusammenhang ist zu berücksichtigen, dass der Depotkunde nicht zwangsläufig auch Eigentümer der zur Sammelverwahrung eingereichten Wertpapiere sein muss, so dass bei Auseinanderfallen von Hinterleger und Eigentümer, was ohne weiteres vorkommen kann, der schuldrechtliche Anspruch des Hinterlegers und der dingliche Anspruch des Eigentümers selbständig nebeneinander stehen, weshalb es auch dementsprechend zu unterscheiden gilt. Entscheidend ist jedoch, dass nur der Vertragspartner des Verwahrers, d.h. der Hinterleger, und nicht etwa unbedingt der dinglich Berechtigte in erster Linie zur Verfügung des Sammelbestandsanteils berechtigt ist, was aus der Tatsache folgt, dass der Sammelbestand sich nicht im Besitz und in der Verwaltung der Miteigentümer (vgl. §§ 744-746 BGB), sondern im Besitz und in der Verwaltung des Sammelverwahrers befindet, dessen Pflichten und Befugnisse sich nicht aus der Miteigentumsgemeinschaft, sondern – wie soeben dargestellt – aus dem durch das Depotgesetz gestalteten Verwahrungsverhältnis ergeben[309].

---

306 vgl. Schlegelberger, a. a. O., Anh. § 406 Rn 264 ff; vgl. Heinsius/Horn/Than, a. a. O., § 5 Rn 18 f

307 vgl. Assmann/Schütze, a. a. O., § 13 Rn 39; vgl. Einsele, a. a. O., S. 30; vgl. Heinsius/Horn/Than, a. a. O., § 6 Rn 7

308 wie vor

309 vgl. Heinsius/Horn/Than, a. a. O., § 6 Rn 31

2.3.2.3.1 Rechtsstellung des Hinterlegers

Der Depotvertrag, der einen entgeltlichen Geschäftsbesorgungsvertrag mit Dienstleistungs- und Verwahrungselementen (§§ 675, 611, 688 BGB) darstellt, kommt durch das „Anvertrauen" der Wertpapiere im Sinne von § 1 Abs. 2 DepotG zum Zwecke der Verwahrung zustande. Unerheblich ist dabei für das Zustandekommen des Vertrages, ob der (Zwischen-)Verwahrer die eingelieferten Wertpapiere nach § 5 Abs. 1 DepotG der Wertpapiersammelbank zur Sammelverwahrung einreicht oder aber statt dessen von der Möglichkeit des § 5 Abs. 2 DepotG Gebrauch macht, welche es ihm ermöglicht, anstelle der eingelieferten Wertpapiere einen entsprechenden Sammelbestandsanteil zu übertragen. Soweit sich die Wertpapiere bereits in Verwahrung befinden, wie etwa im Falle von § 24 Abs. 1 DepotG, kommt das Verwahrungsverhältnis zum Depotkunden (Kommittenten) durch die Einräumung des Miteigentumsanteils am Sammelbestand zustande, infolge dessen das zugunsten des Depotkunden fortdauernde Verwahrungsverhältnis durch das depotführende Kreditinstitut (Kommissionär) als Zwischenverwahrer vermittelt wird[310]. Der Kommissionär hat dabei gemäß § 29 DepotG bezüglich der in seinem (unmittelbaren oder mittelbaren) Besitz befindlichen, in das Eigentum oder das Miteigentum des Kommittenten übergegangenen Wertpapiere, die Pflichten und Befugnisse eines Verwahrers.

Nach außen hin erkennbar wird dieses Verwahrungsverhältnis durch die Eintragung des Hinterlegers im Verwahrungsbuch gemäß § 14 Abs. 2, 1 DepotG. Diese Eintragung lässt dabei die Vermutung zu, dass der im Verwahrungsbuch Eingetragene auch der Hinterleger und damit Inhaber der schuldrechtlichen Ansprüche aus dem zugrunde liegenden Verwahrungsvertrag ist, was nicht zwangsläufig mit der dinglichen Berechtigung aufgrund der Miteigentümerstellung am Sammelbestand einhergehen muss, gobschon teilweise vertreten wird, dass sich aus der Eintragung auch die vermutete Eigentümerstellung gemäß § 1006 Abs. 1 BGB entnehmen ließe[311].

Den Inhalt des Verwahrungsvertrages betreffend gelten insoweit primär die zwingenden Vorschriften des DepotG, was insbesondere für Eigentum und Besitz der in die Verwahrung gegebenen Wertpapiere (§ 6 Abs. 1 DepotG), für Herausgabeansprüche des Hinterlegers (§ 7 DepotG), des Eigentümers oder sonst dinglich Berechtigten (§ 8 DepotG), für die Verwaltungsbefugnisse (§ 6 Abs. 2 DepotG) sowie die Geltendmachung von Pfand- und Zurückbehaltungsrechten (§§ 4, 9 DepotG) des Sammelverwahrers gilt. Die Vorschriften des BGB über den Verwahrungsvertrag sind auf das Vertragsverhältnis zwischen Hinterleger und (Zwischen-)Verwahrer nicht unmittelbar, sondern allenfalls subsidiär anwendbar, sofern nicht depotgesetzliche Vorschriften entgegenstehen, da bei der Sammelverwahrung nicht ein im Eigentum des Hinterlegers ver-

---

[310] vgl. Baumbach/Hopt, a. a. O., § 1 DepotG Rn 4; vgl. Heinsius/Horn/Than, a. a. O., § 5 Rn 62

[311] vgl. MK-HGB-Einsele, a. a. O., Depotgeschäft Rn 79; vgl. Heinsius/Horn/Than, a. a. O., § 7 Rn 1

bleibendes Wertpapier, sondern ein Miteigentumsanteil am Sammelbestand verwahrt wird. So findet beispielsweise die Regelung des § 700 BGB über die unregelmäßige Verwahrung keine Anwendung, da insoweit die Sonderregelung der §§ 13, 15 DepotG gilt. Im Übrigen sind die §§ 688 BGB (Vergütung), 690 BGB (Haftungsmaßstab bei unentgeltlicher Verwahrung), 692 BGB (Recht zur Änderung der Verwahrung), 693 (Pflicht des Hinterlegers zum Aufwendungsersatz), 695 BGB (jederzeitiges Rückforderungsrecht des Hinterlegers), 696 BGB (Rücknahmeverlangen des Verwahrers), 697 BGB (Rückgabeort) und 699 (Fälligkeit der Vergütung) subsidiär auch für die Sammelverwahrung anwendbar[312].

Im Hinblick darauf, dass mit Eingang der Wertpapiere zur Sammelverwahrung das Alleineigentum an diesen verloren geht, stellt sich die Frage nach dem Herausgabeanspruch.

Ein solcher Herausgabeanspruch beruht zunächst einmal auf Grundlage der wirksamen schuldrechtlichen Vereinbarung, d.h des Depotvertrages zwischen Hinterleger und (Zwischen-)Verwahrer. Im Einklang mit Sinn und Zweck der Sammelverwahrung stellt die Regelung des § 7 Abs. 1 2. HS DepotG klar, dass der Hinterleger keinen Anspruch auf Herausgabe der von ihm eingelieferten Wertpapiere hat, er vielmehr statt dessen gemäß § 7 Abs. 1 2. HS DepotG einen Anspruch auf Auslieferung von Wertpapieren aus dem Sammelbestand in Höhe des Nennbetrages bzw. bei Wertpapieren ohne Nennbetrag in Höhe des Stückzahl der für ihn in Verwahrung genommenen Wertpapiere hat. Dogmatisch handelt es sich bei § 7 Abs. 1 DepotG also um einen schuldrechtlichen Anspruch aus dem Depotvertrag, der an die Stelle der Aufhebung der Gemeinschaft gemäß § 749 ff BGB tritt und eine Abwandlung des Anspruchs auf Herausgabe der hinterlegten, sonderverwahrten Wertpapiere gemäß § 695 BGB darstellt. Dieser gegen den (Zwischen-)Verwahrer gerichtete Anspruch steht dem Hinterleger als solchem unabhängig von der Eigentumslage zu, da der Hinterleger Partei des Depotvertrages und damit Inhaber des aus diesem folgendem Auslieferungsanspruches ist[313].

Nach h.M. besteht der Auslieferungsanspruch gemäß § 7 Abs. 1 DepotG auch direkt gegen den Drittverwahrer[314].

Das Bestehen eines derartigen Direktanspruchs ist mit der analogen Anwendung der §§ 546 Abs. 2, 604 Abs. 4 BGB zu begründen, die auch im Rahmen der „normalen" Verwahrungsverträge Anwendung finden[315].

Hiergegen wird teilweise eingewandt, dass die Annahme eines solche Direktanspruchs in ihrem Schutzbemühen für den Hinterleger über den Rahmen

---

312 vgl. Heinsius/Horn/Than, a. a. O., § 5 Rn 63

313 vgl. MK-HGB-Einsele, a. a. O., Depotgeschäft Rn 79; vgl. Staub-Canaris-BVR, a. a. O., Rn 2119

314 vgl. Kümpel, a. a. O., Rn 9.107; vgl. Staub-Canaris-BVR, a. a. O., Rn 2119; vgl. Assmann/Schütze, a. a. O., § 13 Rn 40; vgl. Heinsius/Horn/Than, a. a. O., § 6 Rn 32; vgl. Opitz, a. a. O., §§ 6, 7, 8 Bem. 25

315 wie vor

der gesetzlichen Regelung (§§ 7 Abs. 1, 8 DepotG) hinausgehe[316]. ZÖLLNER begründet die Ablehnung des unmittelbaren Auslieferungsanspruches gegen den Drittverwahrer damit, dass ein derartiger unmittelbarer Anspruch zur Annahme der nicht unbedenklichen Rechtsfigur des mittelbaren Nebenbesitzes zwischen mittelbarem Besitzer erster Stufe und mittelbarem Besitzer zweiter Stufe führe, wobei er letztlich die Entscheidung offen lässt, ob ein solcher Nebenbesitz grundsätzlich anzuerkennen ist[317].

Dem widerspricht aber, dass das Gesetz in §§ 546 Abs. 2, 604 Abs. 4 BGB offensichtlich selbst den mittelbaren Nebenbesitz zwischen mittelbarem Besitz erster Stufe und mittelbarem Besitz zweiter Stufe kennt. Darüber hinaus wird die Problematik des Nebenbesitzes allgemein in anderem Zusammenhang diskutiert. Diese Problematik konzentriert sich auf die Frage, ob ein unmittelbarer Besitzer gleichzeitig zwei Personen den Besitz mitteln kann, die weder Mitbesitzer sind noch ihrerseits in einem Besitzmittlungsverhältnis, sondern unverbunden nebeneinander stehen. Die durch die gesetzliche Regelung des §§ 546 Abs. 2, 604 Abs. 4 BGB vorgesehene Möglichkeit des parallel bestehenden Herausgabeanspruchs des mittelbaren Besitzers erster und zweiter Stufe bedarf indes nicht der Entscheidung der Streitfrage hinsichtlich der generellen Zulässigkeit des mittelbaren Nebenbesitzes[318].

Gegen die Annahme des Bestehens eines Direktanspruches des Hinterlegers gegen den Drittverwahrer wird ferner das gleichfalls von ZÖLLNER vorgebrachte und auch von EINSELE vertretene Argument der hierarchischen Stufung des Depotgesetzes und der intendierten Rationalisierung vorgebracht[319]. Ein wesentlicher Vorteil des heutigen, tatsächlich gehandhabten Systems der Wertpapierverwahrung liege nämlich in dem hierarchischen Aufbau, bei dem die Wertpapiersammelbank nur mit relativ wenigen Kunden zu tun hat und zu tun haben will, was sich in Nr. 2 der AGB der Clearstream Banking AG widerspiegele, wonach Kunden der Clearstream Banking AG nur bestimmte Unternehmen, nämlich im Wesentlichen Kredit- und Finanzdienstleistungsinstitute sowie ausländische, der Clearstream Banking AG vergleichbare Verwahrer im Sinne von § 5 Abs. 4 DepotG, sein können. Die einzelnen Privatkunden werden hingegen nicht von der Clearstream Banking AG, sondern von den der Wertpapiersammelbank angeschlossenen Kreditinstituten als Zwischenverwahrer betreut[320].

Diese Meinung vermag indes nicht zu überzeugen. Das Depotgesetz sieht nämlich als solches keineswegs eine Rationalisierung bzw. eine hierarchische Stufung vor, sondern gewährt vielmehr unterschiedliche Möglichkeiten der Wertpapierverwahrung in Form der Sonder- bzw. Sammelverwahrung, wobei

---

[316] vgl. Heinsius/Horn/Than, a. a. O., § 7 Rn 4

[317] vgl. Zöllner, a. a. O., in FS Raiser 1974, 249 (264)

[318] vgl Einsele, a. a. O., S. 77

[319] vgl. Zöllner, a. a. O., in FS Raiser 1974, 249 (264), vgl. MK-HGB-Einsele, a. a. O., Depotgeschäft Rn 81

[320] vgl. MK-HGB-Einsele, a. a. O., Depotgeschäft Rn 81; vgl. Einsele, a. a. O., S. 78

letzterer eine besondere praktische Bedeutung zugemessen wird. Allein die Bezugnahme auf die praktische Ausgestaltung dergestalt, dass die Wertpapiersammelbank lediglich Kreditinstitute als Kunden vorsieht, rechtfertigt den Ausschluss eines Direktanspruchs des Hinterlegers nicht. Zudem ist es auch nicht nachvollziehbar, warum die Gewährung eines Direktanspruchs gegen den Drittverwahrer in ihrer Schutzbemühung über die gesetzliche Regelung hinausgehen solle. So ist nicht ersichtlich, warum § 7 Abs. 1 DepotG, der die Besonderheiten regelt, die sich aus der Sammelverwahrung und der Umwandlung des Alleineigentums in Miteigentum bei Einlieferung von Wertpapieren in die Sammelverwahrung ergeben, gleichzeitig zum Verlust des ansonsten bestehenden vertraglichen Herausgabeanspruchs gegenüber dem Drittverwahrer führen soll. Stattdessen wird durch § 7 Abs. 1 DepotG lediglich der Inhalt des vertraglichen Herausgabeanspruches gegen den Drittverwahrer in der Weise modifiziert, dass der Depotkunde nur Wertpapiere in Höhe des Nennbetrages bzw. der Stückzahl der in Verwahrung genommenen Wertpapiere herausverlangen könne[321], weshalb der h.M. zu folgen ist.

Unabhängig von der Frage der praktischen Durchführbarkeit eines im Einklang mit der h.M. stehenden Direktanspruchs gegen den Drittverwahrer, kommt diesem keine große praktische Bedeutung zu. So setzt ein solcher direkter Auslieferungsanspruch voraus, dass das depotführende Kreditinstitut als Zwischenverwahrer gegenüber seinem Depotkunden nicht mehr zum Besitz der von ihm zwischenverwahrten Wertpapiere befugt ist. §§ 546 Abs. 2, 604 Abs. 4 BGB gewähren den Rückforderunganspruch nämlich erst nach Beendigung des Vertragsverhältnisses. Solange das verwahrungsrechtliche Rechtsverhältnis zwischen Depotkunden und seinem (zwischenverwahrenden) depotführenden Kreditinstitut besteht, kann der Depotkunde gegen den Drittverwahrer keinen schuldrechtlichen Auslieferungsanspruch geltend machen. Bedeutsam könnte ein solcher direkter Herausgabeanspruch gegen den Drittverwahrer sein, wenn Gläubiger des zwischenverwahrenden depotführenden Kreditinstitut in dessen Depot beim Drittverwahrer vollstrecken, in das die vom Depotkunden hinterlegten Wertpapiere verbucht sind. Gegenstand solcher Vollstreckungsmaßnahmen können indes nur solche Rechte sein, die dem depotführenden Kreditinstitut selbst hinsichtlich des von ihm beim Drittverwahrer unterhaltenen Depots zustehen, was jedoch nur dann der Fall sein kann, wenn in diesem Depot Miteigentumsrechte des depotführenden Kreditinstitutes, d.h. eigene Wertpapiere, verbucht sind[322]. Folglich stellen Vollstreckungsmaßnahmen gegen das zwischenverwahrende depotführende Kreditinstitut keine Gefährdung der Rechtsstellung des Hinterlegers bzw. dessen schuldrechtlichen Auslieferungsanspruch dar.

Sobald der Depotkunde seine verwahrungsrechtliche Beziehung zum depotführenden Kreditinstitut gekündigt hat, indem er etwa von ihm die Rückgabe

---

[321] vgl. Staub-Canaris-BVR, a. a. O., Rn 2163; vgl. MK-HGB-Einsele, a. a. O., Depotgeschäft Rn 80

[322] vgl. Assmann/Schütze, a. a. O., § 13 Rn 41; vgl. Kümpel, a. a. O., Rn 9.110

der Wertpapiere verlangt hat, ist der Drittverwahrer nicht mehr berechtigt, die Einrede des Rechtes zum Besitz, resultierend aus der eigenen schuldrechtlichen Vertragsbeziehung zu dem depotführenden Kreditinstitut, geltend zu machen, da insoweit die Voraussetzungen der §§ 546 Abs. 2, 604 Abs. 4 BGB analog erfüllt sind. Sofern sich der Depotkunde mit Hilfe einer entsprechenden Bestätigung seines depotführenden Kreditinstitutes gegenüber dem Drittverwahrer als Berechtigter legitimiert, muss der Drittverwahrer die Wertpapiere unmittelbar an den Depotkunden des zwischenverwahrenden depotführenden Kreditinstitutes ausliefern, was jedoch nur dann der Fall ist, wenn das zwischenverwahrende depotführende Kreditinstitut an der eigenen Auslieferung der Wertpapiere infolge der gegen ihn gerichteten Vollstreckungsmaßnahmen gehindert ist, da nur dann der Depotkunde einen (neben)vertraglichen Anspruch auf Ausstellung eines solchen urkundlichen Legitimationsnachweises hat[323].

Mit der unmittelbaren Auslieferung an den Depotkunden leistet der Drittverwahrer zugleich mit befreiender Wirkung gegenüber dem zwischenverwahrenden depotführenden Kreditinstitut als seinem Vertragspartner des zugrunde liegenden Verwahrungsvertrages. Nach h.M. können die depotführenden Kreditinstitute und ihre Depotkunden unabhänigig voneinander die entsprechende Anzahl von Wertpapieren vom Drittverwahrer verlangen. Dieser ist zugleich Schuldner des verwahrungsrechtlichen Rückforderungsanspruchs des zwischenverwahrenden depotführenden Kreditinstitutes auf der einen und des (schuldrechtlichen und gegebenenfalls dinglichen) Direktanspruchs der Depotkunden des zwischenverwahrenden depotführenden Kreditinstitutes auf der anderen Seite, wobei der Drittverwahrer jedoch die von ihm geschuldete Rückgabe nur einmal zu bewirken braucht, da insoweit nämlich Gesamtgläubigerschaft im Sinne des § 428 S. 1 BGB vorliegt.

Im Hinblick auf die Besitzverhältnisse ist festzuhalten, dass jeder Hinterleger nach § 868 BGB den mittelbaren Besitz am Sammelbestand inne hat[324]. Für den Fall, dass der Hinterleger nicht zugleich auch Miteigentümer ist, wird letzterem der Besitz nach dem zwischen ihm und dem Hinterleger bestehenden Rechtsverhältnis, vermöge dessen dieser auf Zeit zum Besitz berechtigt ist, vermittelt.

Aufgrund seiner Besitzstellung stehen dem Hinterleger demzufolge die Ansprüche aus §§ 869, 862 BGB zu. Insbesondere ist er berechtigt, die Wiedereinräumung des Besitzes an den bisherigen unmittelbaren Besitzer, d.h. dem Sammelverwahrer, zu verlangen[325].

2.3.2.3.2 Rechtsstellung des dinglich Berechtigten

Während dem Hinterleger der schuldrechtliche Auslieferunganspruch des § 7 Abs. 1 DepotG gegenüber seinem Vertragspartner aus dem Depotvertrag

---

[323] vgl. Kümpel, a. a. O., Rn 9.111 f; vgl. Assmann/Schütze, a. a. O., § 13 Rn 41

[324] vgl. Heinsius/Horn/Than, a. a. O., § 6 Rn 33; Im Falle der Drittsammelverwahrung handelt es sich dabei um den sog. zweistufigen mittelbaren Besitz (§ 871 BGB).

[325] vgl. Heinsius/Horn/Than, a. a. O., § 6 Rn 33

zusteht, stellt § 8 DepotG klar, dass Ansprüche der dinglich am Sammelbestand Berechtigten (nur) in dem Umfang der §§ 6 Abs. 2 S. 1 und 7 DepotG bestehen. Problematisch ist aber die rechtsdogmatische Einordnung dieser Vorschrift. Die wohl h.M. sieht in § 8 DepotG einen Anspruch, der den des Miteigentümers auf Aufhebung der Bruchteilsgemeinschaft, die von den Miteigentümern des Sammelbestands gebildet wird, modifiziert bzw. ergänzt. Daneben wird § 8 aber auch als eine Modifikation des Eigentumsherausgabeanspruches des Miteigentümers am Sammelbestand gemäß § 985 BGB bzw. des dinglichen Herausgabeanspruchs des Miteigentümers gemäß §§ 1011, 432 BGB gesehen. Letztere Auffassung wird teilweise dahingehend modifiziert, dass § 8 DepotG lediglich als inhaltliche Umgestaltung der §§ 985, 1011 BGB mit Rücksicht auf die praktischen Bedürfnisse der Sammelverwahrung bezeichnet wird, wobei Grundlage für den dinglichen Herausgabeanspruch des Berechtigten § 985 BGB bleiben soll[326]. Entscheidend wird die Problematik der rechtsdogmatischen Einordnung des § 8 DepotG im Hinblick auf die Frage, ob es sich bei dieser Vorschrift um einen schuldrechtlichen Anspruch handelt, was dann der Fall ist, wenn man in § 8 DepotG einen modifizierten Aufhebungsanspruch gemäß § 749 BGB sieht, oder ob § 8 DepotG einen dinglichen Anspruch bzw. die inhaltliche Umgestaltung eines solchen dinglichen Herausgabeanspruchs handelt.

Fasste man § 8 DepotG als dinglichen bzw. als inhaltlich umgestalteten Anspruch gemäß §§ 985, 1011 BGB auf, hätte dies zur Folge, dass der Herausgabeanspruch des Miteigentümers gegen den Besitzer, d.h. den Verwahrer, gemäß § 985 BGB auf Einräumung des Mitbesitzes gerichtet wäre, da der unmittelbare Alleinbesitz an bestimmten Stücken am Sammelbestand nur über den Aufhebungsanspruch aus § 749 BGB erlangt werden kann, der durch § 8 i.V.m. §§ 7, 6 Abs. 2 DepotG modifiziert wird. Gegen Dritte, die der Miteigentumsgemeinschaft nicht angehören, hat der Miteigentümer hingegen gemäß § 1011 BGB einen Anspruch auf Herausgabe des Sammelbestands, welcher gemäß § 432 BGB an alle Miteigentümer gemeinschaftlich zu erfolgen hat[327]. Eine solche Rechtsfolge entspricht jedoch nicht dem Sinn und Zweck des § 8 DepotG. Auch wenn diese Vorschrift DepotG im Ergebnis zwar dem jeweiligen Miteigentümer einen Anspruch auf Auslieferung von Einzelurkunden einräumen will, ist ein Unterschied dahingehend erkennbar, dass nicht das ursprünglich eingelieferte Wertpapier herausgeben werden soll, sondern statt dessen, nach Wahl des Verwahrers, Einzelurkunden ausgeliefert werden sollen, die „lediglich" der vermögens- bzw. wertmäßigen Beteiligung des dinglich Berechtigten am Sammelbestand entsprechen, weshalb § 8 DepotG als schuldrechtlicher Auslieferungsanspruch einzuordnen ist[328]. Die Frage, ob diese Vorschrift auch zu einem Direktanspruch gegen den Drittverwahrer, d.h. der Wertpapiersammelbank, berechtigt, ist dabei im Sinne der obigen Ausführungen zur Rechtsstellung des Hinterlegers zu beantworten. Folgt man insoweit der h.M. bedeutet dies im

326 vgl. MK-HGB-Einsele, a. a. O., Depotgeschäft Rn 82
327 vgl. Heinsius/Horn/Than, a. a. O., § 6 Rn 32
328 vgl. MK-HGB-Einsele, a. a. O., Depotgeschäft Rn 83

Falle der Drittverwahrung, dass der dinglich Berechtigte seinen Anspruch gegen den Drittverwahrer als unmittelbaren Besitzer und gegen jeden Zwischenverwahrer als mittelbaren Besitzer richten kann, wobei sich letzterer nur auf Abtretung des Herausgabeanspruchs erstrecken kann.

2.3.2.4 Sondertatbestände des Eigentumserwerbs nach dem DepotG

Das Depotgesetz sieht in den §§ 18 ff hinsichtlich der Eigentumsübertragung zwei Sonderregelungen vor, bei denen es nicht auf eine Unterscheidung zwischen Inhaber- und Namensaktien, sondern vielmehr auf die Unterscheidung zwischen Sonder- und Sammelverwahrung ankommt.

Kernstück der §§ 18 ff DepotG ist der Effektenkundenschutz durch zwei von §§ 929 ff BGB abweichende, zusätzliche Eigentumserwerbstatbestände[329].

2.3.2.4.1 Eigentumserwerb gemäß § 18 Abs. 3 DepotG

Der erste Sondertatbestand ist in § 18 DepotG geregelt. Nach Maßgabe von Abs. 1 S. 1 dieses Paragraphen ist ein Kommissionär – regelmäßig ein Kreditinstitut –, der im Rahmen der Sonderverwahrung einen Auftrag zum Einkauf von Wertpapieren ausführt, gegenüber dem Kommittenten, d.h. seinem auftraggebenden (Privat- bzw. Depot-)Kunden, verpflichtet, diesem unverzüglich spätestens aber binnen einer Woche, ein Verzeichnis der gekauften Stücke zu übersenden. In diesem Stückeverzeichnis sind entsprechend Abs. 1 S. 2 die Wertpapiere nach Gattung, Nennbetrag, Nummern und sonstigen Bezeichnungsmerkmalen zu bezeichnen. Gemäß § 31 DepotG gilt diese Vorschrift auch für die Ausführung des Auftrages im Wege des Eigenhandels, der mittlerweile für Wertpapiergeschäfte der Kreditinstitute durch die sogenannten Festpreisgeschäfte ersetzt worden ist oder für die Auftragsdurchführung im Wege des – praktisch irrelevanten – Selbsteintritts. Gemäß § 18 Abs. 3 DepotG führt dabei die Absendung des Stückeverzeichnisses und nicht etwa dessen Zugang grundsätzlich zum Eigentumsübergang an den darin bezeichneten Wertpapieren, sofern nicht das Eigentum schon vorher auf andere Weise auf den Kommittenten übergegangen ist[330].

Es handelt sich bei dieser Regelung, in Anbetracht des fehlenden Erfordernisses einer rechtsgeschäftlichen Einigung zwischen den Parteien, um einen Eigentumsübergang kraft Gesetzes, wobei jedoch gerade im Hinblick auf die Rechtsfolgen der Absendung des Stückverzeichnisses, welches als Realakt zu charakterisieren ist, die analoge Anwendung der Vorschriften über Willenserklärungen geboten ist, da insoweit eine rechtsgeschäftsähnliche Handlung vorliegt. Dementsprechend ist eine Anfechtung wegen Inhalts- oder Erklärungsirrtum analog § 119 BGB möglich, etwa wenn das Kreditinstitut aufgrund eines

---

[329] vgl. Baumbach/Hopt, a. a. O., Überblick vor § 18 DepotG Rn 1

[330] vgl. Raiser, a. a. O., § 12 Rn 67; vgl. Baumbach/Hopt, a. a. O., § 18 DepotG Rn 1 f; vgl. KK-Lutter, a. a. O., § 68 Rn 16; vgl. MK-Bayer, a. a. O., § 68 Rn 33; vgl. Hüffer, a. a. O., § 68 Rn 3; vgl. Hefermehl/Bungeroth in Geßler/Hefermehl, a. a. O., § 68 Rn 40; vgl. MK-HGB-Einsele, a. a. O., Depotgeschäft Rn 93; vgl. Staub-HGB-Canaris, a. a. O., Anm. 865

Schreibfehlers falsche Stücke in das Verzeichnis aufgenommen hat oder dieses infolge einer Personenverwechslung an einen anderen als den Kunden gesendet hat. Auch die Vorschriften über die Stellvertretung gemäß §§ 164 ff BGB sind analog anzuwenden, weshalb ein Eigentumsübergang nach § 18 Abs. 3 DepotG dann nicht anzunehmen ist, wenn das Stückeverzeichnis von einer nicht dazu befugten Person abgesandt worden ist und hierbei die Regeln über die Scheinvollmacht diesen Mangel nicht heilen[331].

Als ungeschriebene Tatbestandsvoraussetzung des § 18 Abs. 3 DepotG ist das Fehlen besonderer Formvorschriften hinsichtlich eines rechtsgeschäftlichen Übertragungsaktes anzusehen. Diese Vorschrift findet folglich nur dann Anwendung, wenn für eine rechtsgeschäftliche Übertragung eine formlose Einigung und die Übergabe des Wertpapiers bzw. ein Übergabesurrogat genügt, infolge dessen der Anwendungsbereich bei Orderpapieren, d.h. bei Namensaktien grundsätzlich nicht eröffnet ist, sofern diese nicht blanko indossiert sind[332].

Eine Besonderheit lässt sich insoweit im Fall der Übertragungsmöglichkeit von vinkulierten Namensaktien annehmen, deren Übertragbarkeit von der Zustimmung der Gesellschaft abhängig ist.

Zwar stellt dieses Zustimmungserfordernis streng genommen keine besondere Formvorschrift im Sinne des ungeschriebenen Tatbestandsmerkmals des § 18 Abs. 3 DepotG dar, so dass, unter der Voraussetzung, dass die vinkulierte Namensaktie blankoindossiert wäre, ein gesetzlicher Erwerb möglich wäre. Doch entspricht dieses Ergebnis nicht dem Sinn und Zweck des § 18 Abs. 3 DepotG. Diese Vorschrift soll aus Gründen der Rechtssicherheit bei „einfach" zu übertragenden Wertpapieren den Zeitpunkt verbindlich regeln, an dem das Eigentum spätestens auf den Erwerber übergeht. Diese Regelung ist deshalb notwendig, da der Erwerbsvorgang regelmäßig nicht direkt zwischen Erwerber und Veräußerer zustande kommt, sondern vielmehr unter Beteiligung mindestens eines depotführenden Kreditinstitutes erfolgt. Im Umkehrschluss lässt sich somit feststellen, dass bei Übertragungsvorgängen, die weiterer Erfordernisse bedürfen, insbesondere von der Einhaltung einer bestimmten Form – wie etwa das Vollindossament – abhängig sind, diese Art des gesetzlichen Eigentumsübergangs nicht möglich ist. Gleiches müsste demzufolge auch dann gelten, wenn zwar nicht die Übertragung von einer bestimmten Form, so doch aber von der Zustimmung einer weiteren Partei, d.h. des Gesellschaft, abhängig ist. Das Erfordernis der Zustimmung ist dabei geeigneter, die „Einfachheit" der Übertragung und somit des Übertragungsvorgangs als solchen, zu erschweren bzw. zu verhindern, als dies bei der Notwendigkeit der Einhaltung einer bestimmten Formvorschrift der Fall wäre. Fehlt daher eine entsprechende Zustimmung der Gesellschaft, stellt sich auch nicht die durch § 18 Abs. 3 DepotG

---

331 vgl. Staub-HGB-Canaris, a. a. O., Anm. 867; vgl. MK-HGB-Einsele, a. a. O., Depotgeschäft Rn 93

332 vgl. Staub-HGB-Canaris, a. a. O., Anm. 868; vgl. Baumbach/Hopt, a. a. O., § 18 DepotG Rn 1

geregelte Frage, wann der Eigentumsübergang (spätestens) stattgefunden hat. Vielmehr wäre ein Eigentumsübergang ausgeschlossen.

Nach wie vor müsste die Gesellschaft in einem solchen Falle die Zustimmung erklären, so dass die Vinkulierungsklausel auch den Eigentumserwerb gemäß § 18 Abs. 3 DepotG erfasst[333].

Ergänzend ist hierzu anzumerken, dass selbst im Falle einer aus der Satzung zu entnehmenden Zustimmungspflicht der Gesellschaft die Zustimmung weiterhin auch erklärt werden muss, da die Satzungsregelung keine Außenwirkung zugunsten des Übertragungsvorgangs hat. Dementsprechend wäre aber - trotz statutarischer Regelung – bei einem Unterlassen bzw. einer zu Unrecht erfolgten Verweigerung der Zustimmung diese zwar rechtswidrig und würde gegebenenfalls Schadensersatzansprüche bzw. eine Klage auf Zustimmung auslösen, doch wäre damit zunächst der Verfügungsvorgang unterbrochen.

Da der Eigentumsübergang nach § 18 Abs. 3 DepotG aber nicht rechtsgeschäftlich veranlasst ist, sondern vielmehr auf einer gesetzlichen Anordnung beruht, ist die Möglichkeit eines gutgläubigen Erwerbs ausgeschlossen[334], weshalb stets vorab festzustellen ist, ob das Eigentum an den sonderverwahrten Wertpapieren nicht anderweitig, also etwa im Rahmen der rechtsgeschäftlichen Übertragungswege übergegangen ist. § 18 DepotG bestimmt daher nur den Zeitpunkt, zu dem der Kunde spätestens das Eigentum an den Wertpapieren erwirbt[335].

2.3.2.4.2 Eigentumserwerb gemäß § 24 Abs. 2 DepotG

Einen weiteren depotgesetzlichen Sondertatbestand des Eigentumsübergangs regelt § 24 DepotG im Zusammenhang mit zur Sammelverwahrung eingereichten Wertpapieren.

Gemäß § 24 Abs. 1 1. HS DepotG kann sich der Kommissionär von seiner Verpflichtung, dem Kommittenten Eigentum an bestimmten Stücken zu verschaffen, durch Übertragung von Miteigentumsanteilen an dem Sammelbestand einer Wertpapiersammelbank befreien[336]. Dieses Recht des Kreditinstitutes, sich von seiner Übereignungspflicht durch die Verschaffung eines Miteigentumsanteils zu befreien, ist dogmatisch als Ersetzungsbefugnis zu qualifizieren und stellt gemäß § 364 Abs. 1 BGB eine Leistung an Erfüllung Statt dar. Das Kreditinstitut ist also berechtigt, von dieser Möglichkeit Gebrauch zu machen, wohingegen der (Depot-) Kunde von sich aus – mangels einer besonderen Zusatzabrede – nicht die Übertragung eines Miteigentumsanteils verlangen kann. Die

---

[333] So im Ergebnis Heinsius/Horn/Than, a. a. O., § 18 Rn 38; vgl. MK-Bayer, a. a. O., § 68 Rn 55

[334] vgl. MK-Bayer, a. a. O., § 68 Rn 33; vgl. Heinsius/Horn/Than, a. a. O., § 18 Rn 37; vgl. MK-HGB-Einsele, a. a. O., Depotgeschäft Rn 93

[335] vgl. MK-HGB-Einsele, a. a. O., Depotgeschäft Rn 93; vgl. Staub-HGB-Canaris, a. a. O., Anm. 869

[336] Auch hier findet diese Vorschrift gemäß § 31 DepotG Anwendung auf die Ausführung des Auftrages im Wege des – praktisch irrelevanten – Selbsteintritts oder bei Eigenhandel bzw. Festpreisgeschäft; vgl. MK-HGB-Einsele, a. a. O., Depotgeschäft Rn 94

ausdrückliche und schriftliche Zustimmung des Kunden ist nach § 24 Abs. 1 2. HS. nur dann erforderlich, wenn der zu übertragende Miteigentumsanteil nicht zum Sammelbestand der Wertpapiersammelbank gehört[337].

Im Übrigen entspricht die Regelung des § 24 DepotG inhaltlich der des § 18 DepotG. So knüpft § 24 Abs. 2 DepotG - ähnlich wie in § 18 Abs. 3 DepotG - für die Übertragung des Sammeldepotanteils an einen Realakt, nämlich die Eintragung des Übertragungsvermerks im Verwahrungsbuch des Kommissionärs, an, wobei auch im Rahmen des § 24 Abs. 2 DepotG die Einschränkung gilt, dass ein derartiger (Mit-) Eigentumserwerb nach Maßgabe dieser Vorschrift nur dann stattfindet, sofern nicht vorher ein anderweitiger rechtsgeschäftlicher Eigentumserwerb (nach den Bestimmungen des bürgerlichen Rechts) stattgefunden hat[338].

In Anlehnung an die Ausführungen im Rahmen des § 18 Abs. 3 DepotG gilt es auch bei einem gesetzlichen Miteigentumserwerb des Sammelbestandsanteils gemäß § 24 Abs. 2 DepotG festzustellen, dass auch hierbei die Möglichkeit des Eigentumserwerbs von der Vinkulierungsklausel erfasst wird. Eine Besonderheit im Vergleich zu § 18 Abs. 3 DepotG ergibt sich aber insoweit, als die Sammelverwahrungsfähigkeit von vinkulierten Namensaktien voraussetzt, dass bei diesen - neben dem Vorhandensein eines Blankoindossaments, um das Tatbestandsmerkmal der Vertretbarkeit zu erfüllen - auch durch Absprache mit dem Emittenten sichergestellt sein muss, dass die Übertragbarkeit gewährleistet ist, d.h. der Erwerber im Regelfall mit der Zustimmung der Gesellschaft rechnen kann.

Nichts desto trotz bedarf es aber weiterhin, wie im Falle des § 18 Abs. 3 DepotG, der Zustimmung der Gesellschaft, damit der Übertragungsvorgang abgeschlossen ist.

Da es sich bei der Eintragung des Übertragungsvermerks im Verwahrungsbuch ebenfalls nicht um einen rechtsgeschäftlichen, sondern einen gesetzlichen Erwerb handelt, der an einen Realakt anknüpft, fehlt auch bei dieser Form des Eigentumsübergangs folgerichtig die Möglichkeit des gutgläubigen Erwerbs, wobei gleichwohl, wie in § 18 DepotG, die Vorschriften über Willenserklärung, insbesondere also die §§ 119 ff BGB und die §§ 164 ff BGB analog anwendbar sind[339]. § 24 Abs. 2 DepotG regelt folglich, wie auch § 18 Abs. 3 DepotG, den spätesten Zeitpunkt des (Mit-)Eigentumserwerbs des Kunden, weshalb es auch aus diesem Grund zu untersuchen gilt, ob nicht, insbesondere im Rahmen der Übertragung des (Mit-)Eigentumanteils am Sammelbestand, zeitlich vorher andere Erwerbsvorgänge möglich sind.

---

337 vgl. Staub-HGB-Canaris, a. a. O., Anm. 874

338 vgl. MK-HGB-Einsele, a. a. O., Depotgeschäft Rn 94

339 vgl. MK-Bayer, a. a. O., § 68 Rn 33; vgl. MK-HGB-Einsele, a. a. O., Depotgeschäft Rn 94; vgl. Heinsius/Horn/Than, a. a. O., § 24 Rn 26; vgl. Staub-Canaris-BVR, a. a. O., Rn 1993; vgl. Staub-HGB-Canaris, a. a. O., Anm. 876

2.3.2.5 Verfügung des Sammelbestandsanteils

2.3.2.5.1 Übertragung des Sammelbestandsanteils bei girosammelverwahrten Inhaberaktien und blankoindossierten Namensaktien

Wie bereits ausgeführt, ist zwar mit der Hingabe von Wertpapieren zur Sammelverwahrung der Verlust des Alleineigentums verbunden, doch erhält der jeweilige Eigentümer gleichzeitig Miteigentum am Sammelbestand nach Bruchteilen. Aufgrund dieser Rechtsstellung kann jeder Inhaber über seinen Miteigentumsanteil gemäß § 747 S. 1 BGB frei verfügen, d.h., dass er nicht nur seinen gesamten Miteigentumsanteil übertragen, sondern insbesondere auch belasten kann, ohne dass eine etwaige Verfügung vom Willen der anderen Anteilsinhaber abhängig wäre[340].

Die Frage der Übertragbarkeit von Miteigentumsanteilen wird nicht zuletzt auch im Zusammenhang mit dem Effektengiroverkehr relevant. Der Effektengiroverkehr beinhaltet den buchungsmäßigen stückelosen Verkehr von Wertpapieren durch Vermittlung einer Wertpapiersammelbank auf Grundlage der (Giro-) Sammelverwahrung, die eine rein buchungstechnisch vollziehbare Übertragung der Wertpapiere ermöglicht, weshalb sich auch im Falle des Eigentümerwechsels die kosten- und zeitaufwendige – und letztlich auch risikobehaftete – physische Lieferung der Aktienurkunden von einer Partei zur anderen, sowie die damit verbundenen Folgehandlungen, wie Wertpostein- und –ausgangskontrolle, Prüfung der Vollzähligkeit, Echtheit, Lieferbarkeit und Opposition (Verlustmeldung, vgl. § 23 Abs. 1 Börsenusancen), Verbringung in den Tresor und Bänderung, Führen der Stücknummern in einer separaten Kartei und Versand eines Stückenummernverzeichnisses an den Depotkunden erübrigen[341].

Nach einhelliger Auffassung sind im Rahmen von Verfügungen hinsichtlich der Miteigentumsanteile am Sammelbestand dieselben Vorschriften anwendbar, die auch für Verfügungen von im Alleineigentum stehende Wertpapiere gelten[342], weshalb in diesem Zusammenhang zu unterscheiden ist, ob Inhaberaktien, blankoindossierte oder blankozedierte Namensaktien sammelverwahrt werden.

So gelten in etwa die Vorschriften des Sachenrechts und im Rahmen der Übertragung der Miteigentumsanteile am Sammelbestand die §§ 929 ff BGB, sofern dieser aus Inhaberaktien besteht, die wegen ihrer rechtlichen Ausgestaltung als Inhaberpapiere ohnehin nach den sachenrechtlichen Grundsätzen durch Einigung und Übergabe bzw. Übergabesurrogat übertragen werden[343]. Besteht der Sammelbestand aus blankoindossierten Namensaktien, richtet sich ihre

---

[340] vgl. Heinsius/Horn/Than, a. a. O., § 6 Rn 34/35; vgl. Schimansky, a. a. O., § 72 Rn 107; vgl. Kümpel, a. a. O., WM 1980, 422 (424)

[341] vgl. MüKo-Schmidt, a. a. O., § 747 Rn 18; vgl. Heißel/Kienle, a. a. O., WM 1993, 1909 (1909); vgl. Kümpel, a. a. O., Rn 8.159 f/9.34

[342] vgl. Assmann/Schütze, a. a. O., § 13 Rn 67; vgl. Staub-Canaris-BVR, a. a. O., Rn 2125; vgl. MK-HGB-Einsele, a. a. O., Depotgeschäft Rn 95

[343] vgl. Wiesner in MüHdB, a. a. O., § 14 Rn 6; vgl. Baumbach/Hopt, a. a. O., § 5 DepotG Rn 3; vgl. Opitz, a. a. O., S. 146 (147); vgl. Ebenroth-HGB-Scherer, a. a. O., § 6 DepotG Rn VI 366

Übertragung nach den für Orderpapiere geltenden Vorschriften, obwohl sich die blankoindossierte Namensaktie in ihrer Verkehrsfähigkeit der Inhaberaktie stark angenähert hat. Neben dem Indossament und dem Begebungsvertrag, der auf die Übertragung der Rechte aus der Namensaktie gerichtet ist, muss der Indossant – wie bereits geschildert – die Namensaktie wirksam nach §§ 929 ff übereignen[344]. Eine blankoindossierte Namensaktie kann somit formlos durch Einigung und Übergabe übertragen werden, weshalb insoweit dieselben Übertragungsvorgänge wie bei der Inhaberaktie vorliegen und sich daher eine separate Erörterung erübrigt, was jedoch im Hinblick auf blankozedierte Namensaktie nicht der Fall ist, auf welche im Anschluss einzugehen ist.

In Anbetracht der Anwendung des Sachenrechts gilt es auch den sachenrechtlichen Bestimmtheitsgrundsatz zu beachten, der für die Wirksamkeit der Veräußerung eine ausreichende Individualisierung der zu übereignenden Sache fordert[345].

Dieser Bestimmtheitsgrundsatz ist nach einhelliger Auffassung bei der Übereignung (giro-)sammelverwahrter Wertpapiere gewahrt, obwohl bei diesen Miteigentumsanteile und nicht individuell bestimmte Sachen im Ganzen übereignet werden. Auch wenn auf die sammelverwahrfeindliche Wertpapier-Stücknummern, welche jeweils im Verwahrungsbuch einzutragen sind, nicht zurückgegriffen werden kann, da der Hinterleger bzw. der dinglich Berechtigte nach § 7 Abs. 1 S. 1 DepotG (gegebenenfalls i.V.m. § 8 DepotG) nur die Auslieferung der ihm gebührenden Menge an Wertpapieren verlangen kann und nicht etwa – wie im Rahmen der Sonderverwahrung - die eingereichten Wertpapiere selbst, wird dem Bestimmtheitsgrundsatz bei der Veräußerung von Sammelbestandsanteilen dadurch Rechnung getragen, dass der Nennbetrag der veräußerten Sammelbestandsanteile beziffert wird bzw. der ideelle Bruchteil an dem Wertpapiersammelbestand feststeht und auch die Wertpapiergattung bezeichnet ist. In diesem Fall ist ein depotmäßige Separierung der von der Verfügung erfassten Sammeldepotanteile selbst dann nicht erforderlich, wenn nur über einen Teil der insgesamt unterhaltenen Sammeldepotsanteile verfügt wird[346].

Bei der Eigentumsübertragung am Sammelbestand stehen dabei, sofern es nicht im Rahmen eines Anschaffungsgeschäftes im Verhältnis zwischen Kommissionär und Kommittent nach § 24 Abs. 2 DepotG vorgenommen wird, theoretisch sämtliche Übereignungsformen zur Verfügung, was, vor allem im Hinblick auf die vielfältigen „Stufungen" des Rechtsverhältnisses zwischen Depotkunde und Wertpapiersammelbank einerseits und der Vertragsbeziehung zwischen dem Depotkunden und seinem depotführenden Kreditinstitut andererseits, erheblichen Konstruktionsschwierigkeiten bereitet, zumal sich die Beteiligten

---

344 vgl. Heißel/Kienle, a. a. O., WM 1993, 1909 (1911); vgl. Than/Hannöver in v. Rosen/Seifert, a. a. O., 279 (287)

345 vgl. Kümpel, a. a. O., Rn 9.124; vgl. Assmann/Schütze, a. a. O., § 13 Rn 67

346 vgl. Assmann/Schütze, a. a. O., § 13 Rn 67; vgl. MK-HGB-Einsele, a. a. O., Depotgeschäft Rn 95; vgl. Kümpel, a. a. O., WM 1980, 422 (423)

über den rechtlichen Übertragungsweg oftmals keine klaren Vorstellungen machen[347].

2.3.2.5.1.1 Einigungserklärung

So werden etwa im Rahmen des auf die Girosammelverwahrung aufbauenden, praktisch relevanten Effektengiroverkehrs die für die dingliche Einigung zwischen dem veräußernden und dem erwerbenden Bankkunden erforderlichen Willenserklärungen regelmäßig nicht von diesem selbst abgegeben. Die dingliche Einigung erfolgt vielmehr mit Beteiligung des jeweiligen depotführenden Kreditinstituts, wobei der veräußernde Depotkunde hierbei seinem depotführenden Kreditinstitut lediglich einen Auftrag zur Übertragung von Sammelbestandsanteilen erteilt, welche eine Ermächtigung im Sinne des § 185 BGB darstellt. Diesbezüglich stellt sich die Frage hinsichtlich der Bedeutung und der Funktion, die der Wertpapiersammelbank im Rahmen der Beteiligung am Übereignungsvorgang zukommt. Dabei wird teilweise die Ansicht vertreten, dass die Wertpapiersammelbank durch entsprechende Weitergabe der Ermächtigung des Depotkunden als verfügungslegitimierter Nichteigentümer das Einigungsangebot abgibt, wobei allerdings Fragen, wie etwa die des Abgabezeitpunktes offen bleiben[348]. Die h.M. spricht sich jedoch gegen eine Beteiligung der Wertpapiersammelbank hinsichtlich der Abgabe des dinglichen Einigungsangebotes aus und sieht das mit der Veräußerung beauftragte depotführende Kreditinstitut als diejenige Stelle an, welche das Einigungsangebot mit Ermächtigung des veräußernden Depotkunden abgibt, wobei diese Ermächtigung auch dann gilt, wenn der Verkaufsauftrag im Wege des Selbsteintritts oder des Eigenschäfts des auf der Seite des veräußernden Depotkunden beteiligten depotführenden Kreditinstitut durchgeführt wird. Hierfür spricht, dass die Clearstream Banking AG nach Nr. 8 Abs. 1 AGB der Clearstream Banking AG an die (Umbuchungs-)Weisung ihrer Kunden gebunden, insoweit also nicht mit eigenen Befugnissen ausgestattet ist, und ihr daher richtigerweise nicht die Rolle eines durch den Veräußerer legitimierten Nichteigentümers bei Abgabe des Einigungsangebotes zukommt[349].

Anders stellt sich die Situation aber hinsichtlich der Annahmeerklärung dar: Unabhängig davon, ob man den maßgeblichen Zeitpunkt des Eigentumsübergangs in der Buchung in den Verwahrbüchern oder aber erst in der Absendung bzw. Aushändigung des Depottagesauszuges oder dem Ablauf des in dem Depottagesauszug vermerkten Buchungsdatum sieht, werden diese wesentlichen Maßnahmen durch die Wertpapiersammelbank ausgeführt, welche die Umbuchung aufgrund der freigegebenen Geschäfte der Lieferliste durch-

---

[347] vgl. Staub-HGB-Canaris, a. a. O., Anm. 885

[348] vgl. Büchner, a. a. O., S. 111 f; vgl. Einsele, a. a. O., S. 58

[349] vgl. Staub-HGB-Canaris, a. a. O., Anm. 885; vgl. MK-HGB-Einsele, a. a. O., Depotgeschäft, Rn 99; vgl. Kümpel, a. a. O., WM 1976, 942 (953 f); vgl. Heinsius/Horn/Than, a. a. O., § 6 Rn 84/86, Staub-Canaris-BVR, a. a. O., Rn 2018; vgl. Schimansky, a. a. O., § 72 Rn 108; vgl. Einsele, a. a. O., S. 58 f

führt. Die Buchung wird dabei mit dem Datum des Erfüllungstages von ihr vorgenommen und es werden Depottagesauszüge gedruckt. Darüber hinaus kontrolliert die Wertpapiersammelbank am Erfüllungstag, der usancengemäß am zweiten Börsentag nach dem Tag des Geschäftsabschlusses liegt, den Eingang des Gegenwerts, d.h. des seitens des kaufenden depotführenden Kreditinstitutes entrichteten Kaufpreises, und storniert gegebenenfalls die Depotgutschrift, sofern der Gegenwert nicht eingeht. Wird der Geschäftsabschluss ordnungsgemäß erfüllt, wird dem Käufer der Depottagesauszug entweder persönlich ausgehändigt oder zugesandt. Dieser Ablauf macht deutlich, dass weder das mit dem Erwerb beauftragte depotführende Kreditinstitut noch der kaufende Depotkunde faktisch in den Übereignungsvorgang eingeschaltet sind, während der Wertpapiersammelbank auf Erwerberseite eine relativ selbständige und eigenverantwortliche Position zukommt[350].

Dementsprechend erscheint es nicht angebracht, diese Beteiligung der Wertpapiersammelbank bei der Annahme des Einigungsangebotes als die eines Empfangsboten zu qualifizieren. Daneben würde sich bei der rechtlichen Einordnung der Wertpapiersammelbank als Empfangsbote auch noch ein weiteres Problem ergeben. Da das erwerbende depotführende Kreditinstitut faktisch erst mit Abschluss des (Wertpapier-)Übereignungsvorgangs hiervon in Kenntnis gesetzt wird, kann es auch in dem für einen eventuellen Rechtsscheinserwerb maßgeblichen Zeitpunkt des Abschlusses des Übertragungsgeschäfts typischerweise nicht bösgläubig sein, sofern man nicht in den relevanten Fällen dem erwerbenden depotführenden Kreditinstitut stets vorwerfen wollte, seine Nachforschungs- und Überprüfungsobliegenheiten, die ohne konkrete Verdachtsmomente nur ausnahmsweise den Erwerber zur Überprüfung verpflichten, verletzt zu haben. Die selbständige Stellung der Wertpapiersammelbank sowie die aufgezeigte Konsequenz, dass bei Annahme einer Funktion als Empfangsbote keine Stelle vorhanden wäre, die als unredlich angesehen werden könnte, führen dazu, dass im Einklang mit der h.M. die Wertpapiersammelbank bei der Annahme des Einigungsangebots als Stellvertreter auf Erwerberseite auftritt und das Einigungsangebot äußerlich erkennbar anhand der Umbuchung, d.h. durch entsprechende Belastung des Depotkontos des Veräußerers und entsprechender Gutschrift beim Erwerber, annimmt, wobei sie für den, den es angeht, handelt[351]. In diesem Zusammenhang wird von BÜCHNER vertreten, dass eine solche Annahme schon im Rahmen des Abschlusses des Depotvertrages zwischen der Wertpapiersammelbank und dem erwerbenden depotführenden Kreditinstitut für alle in Betracht kommenden Fälle im Voraus erklärt worden sein soll, was jedoch in Anbetracht der unendlichen Vielzahl von Angeboten über alle denkbaren Beträge als unhaltbar erscheint, weshalb richtigerweise davon auszugehen ist, dass es statt dessen aufgrund der Verkehrsgepflogenheiten gemäß § 151

---

[350] vgl. Einsele, a. a. O., S. 61 f

[351] vgl. Heinsius/Horn/Than, a. a. O., § 6 Rn 35; vgl. Schimansky, a. a. O., § 17 Rn 111; vgl. Einsele, a. a. O., S. 62 f; vgl. Staub-HGB-Canaris, a. a. O., Anm. 887; vgl. MK-HGB-Einsele, a. a. O., Depotgeschäft Rn 100

BGB keines Zugangs der Annahmeerklärung beim veräußernden depotführenden Kreditinstitut bedarf[352].

2.3.2.5.1.2 Übergabe bzw. Übergabesurrogat

Problematisch ist beim (Wertpapier-)Übertragungsvorgang aber auch das Merkmal der Übergabe.

Auszugehen ist dabei von einer Besitzkonstellation, bei der die Wertpapiersammelbank unmittelbare Besitzerin ist, die ihr angeschlossenen depotführende Kreditinstitute mittelbare Mitbesitzer erster Stufe und deren Depotkunden mittelbare Mitbesitzer zweiter Stufe im Sinne von § 871 BGB am Sammelbestand sind[353]. Wie bereits erwähnt, sind dabei bei der Übertragung des Miteigentumsanteils sämtliche sachenrechtliche Übertragungsvorgänge grundsätzlich möglich.

Die Übertragung eines Sammelbestandsanteils kann sich demnach grundsätzlich nach §§ 929, 930, 868, 688 BGB durch Einigung und Vereinbarung eines Besitzmittlungsverhältnisses vollziehen. Ein solcher Übertragungsweg könnte in etwa dann gegeben sein, wenn ein depotführendes Kreditinstitut ihm gehörende Sammelbestandsanteile an seine Kunden überträgt, da das veräußernde depotführende Kreditinstitut in einem solchen Falle regelmäßig seine Besitzposition am Sammelbestand bei Weiterübergabe auf den Depotkunden nicht (vollständig) aufgibt. Einem solchen Übertragungsweg steht insbesondere nicht entgegen, dass das depotführende Kreditinstitut „lediglich" den mittelbaren Besitz am Sammelbestandsanteil inne hat, da ein solcher des bisherigen (Mit-)Eigentümers nach allgemeiner Auffassung als ausreichend erachtet wird. Ferner ist auch die Mitwirkung oder Kenntnis des unmittelbaren Besitzers nicht Voraussetzung für die Wirksamkeit des Eigentumsübergangs. Eine Übertragung gemäß §§ 929, 930, 868 688 BGB kommt auch dann in Betracht, wenn der veräußernde Depotkunde als zwischenverwahrender Besitzmittler fungieren will, wie etwa bei einer Sicherungsübereignung an einen Gläubiger, infolge dessen er sein Besitzmittlungsverhältnis zum depotführenden Kreditinstitut nicht löst und nunmehr – als weiterer „Zwischenverwahrer" – der erwerbenden Person den Besitz vermittelt. Bedenken bezüglich dieses Übertragungsweges bestehen indes, wenn die veräußernde Partei nicht Eigentümerin des Sammelbestands ist, da in einem solchen Falle der gutgläubige Erwerb gemäß §§ 929, 930, 933 BGB, infolge des Fehlens einer wesentlichen Voraussetzung auf Seiten der veräußernden Partei, nämlich die Aufgabe jeglicher Besitzbeziehung zum Sammelbestand, ausgeschlossen ist[354].

---

[352] vgl. Büchner, a. a. O., S. 111; vgl. Staub-HGB-Canaris, a. a. O., Anm. 887

[353] Beim Vorhandensein weiterer (zwischengeschalteter) depotführender Kreditinstitute wäre die Besitzkonstellation entsprechend weiter auszubauen, wobei der Depotkunde stets die letzte Stufe des mittelbaren Mitbesitzes inne hat.

[354] vgl. MK-HGB-Einsele, a. a. O., Depotgeschäft Rn 102; vgl. Heinsius/Horn/Than, a. a. O., § 6 Rn 36; vgl. Palandt, a. a. O., § 930 Rn 2; vgl. OLG München WM 1955, 1719 (1719); vgl.

Diese doch wesentliche Einschränkung des Rechtsverkehrs zu Lasten des Erwerbers, führt dazu, dass – soweit wie möglich – andere rechtliche Übertragungswege herangezogen werden.

Aufgrund der vorstehenden Besitzkonstellation wird daher auch die Übertragung des Sammelbestandsmiteigentumsanteils durch Abtretung des gegen das depotführende Kreditinstitut gerichteten Herausgabeanspruchs bzw. Auslieferungsanspruchs gemäß §§ 929, 931 BGB i.V.m. §§ 7 Abs. 1, 8 DepotG herangezogen[355]. Da § 931 BGB aber voraussetzt, dass der Dritte, gegen den sich der Herausgabeanspruch richtet, auch nach Abtretung (un)mittelbarer Besitzer ist, kommt eine Eigentumsübertragung von vorne herein nur dann in Betracht, wenn das depotführende Kreditinstitut des Veräußerers auch das des Erwerbers ist[356]. Denkbar ist in diesem Zusammenhang auch die Abtretung des Direktanspruchs gegen die Wertpapiersammelbank, sofern man die Auffassung der h.M. teilt, die einen solchen Anspruch in analoger Anwendung der §§ 546 Abs. 2, 604 Abs. 4 BGB annimmt.

Entscheidend ist im Rahmen dieses Übertragungswegs jedoch, dass sich die Eigentumsübertragung durch bloßes Rechtsgeschäft zwischen Veräußerer und Erwerber, ohne grundsätzliche Notwendigkeit der Mitwirkung des depotführenden Kreditinstituts oder der Wertpapiersammelbank vollzieht. Allerdings sind beim Effektengiroverkehr die depotführenden Kreditinstitute, wie bereits beschrieben, regelmäßig eingeschaltet und auch die Funktion der Wertpapiersammelbank ist in tatsächlicher Hinsicht durch die Umbuchung prägend. Abgesehen von Wertpapierübertragungen zwischen Privatpersonen, die (zunächst) ohne Einschaltung der Kreditinstitute erfolgen, ist deshalb jedenfalls beim Effektengiroverkehr nicht der typische Fall einer Übereignung gemäß §§ 929, 931 BGB gegeben[357].

Dementsprechend geht die ganz h.M. davon aus, dass die Übertragung girosammelverwahrter Miteigentumsanteile bzw. Effekten nach dem gesetzlichen Grundtatbestand des § 929 S. 1 BGB erfolgt[358].

Die für einen wirksamen Eigentumsübergang nach § 929 S. 1 BGB erforderliche Übergabe erfolgt dabei durch die Umstellung des Besitzmittlungsverhältnisses zugunsten des Erwerbers in der Weise, dass die Wertpapiersammelbank auf Anweisung (durch Lieferlisten, Wertpapierüberträge) des Veräußerers dessen Depotkonto belastet und dem Depotkonto des erwerbenden Depotkunden den entsprechenden Sammelbestandsanteil gutschreibt. Durch diese Umbu-

---

RGZ 52, 273 (277); vgl. Kümpel, a. a. O., Rn 11.175; vgl. Assmann/Schütze, a. a. O., § 13 Rn 68

[355] vgl. Assmann/Schütze, a. a. O., § 13 Rn 68; vgl. Kümpel, a. a. O., Rn 9.130; vgl. Staub-HGB-Canaris, a. a. O., Anm. 888; insoweit ausdrücklich ablehnend Opitz, a. a. O., §§ 6-8 Anm. 29

[356] vgl. MH-HGB-Einsele, a. a. O., Depotgeschäft Rn 102

[357] vgl. Heinsius/Horn/Than, a. a. O., § 6 Rn 38; vgl. Schimansky, a. a. O., § 72 Rn 112; vgl. MK-HGB-Einsele, a. a. O., Depotgeschäft Rn 102; vgl. Einsele, a. a. O., S. 92

[358] vgl. Assmann/Schütze, a. a. O., § 13 Rn 69; vgl. Kümpel, a. a. O., Rn 9.128; vgl. MK-HGB-Einsele, a. a. O., Depotgeschäft Rn 103; vgl. Staub-HGB-Canaris, a. a. O., Anm. 888

chung manifestiert sich auch der Wille der Wertpapiersammelbank nunmehr nicht mehr dem veräußernden, sondern dem erwerbenden Depotkunden den Besitz am Sammelbestandsanteil zu mitteln, so dass die Wertpapiersammelbank folglich und somit weisungsgemäß das Besitzmittlungsverhältnis mit dem Veräußerer beendet und ein neues mit dem Erwerber begründet[359].

Die – ebenfalls im Rahmen der Übertragung nach §§ 929, 931 BGB i.V.m. §§ 7 Abs. 1, 8 DepotG erforderliche – eintretende Umstellung des Besitzmittlungsverhältnisses kann hierbei nicht nur als Übertragung des mittelbaren Besitzes nach § 870 BGB, sondern auch als Übergabe im Sinne des § 929 S. 1 BGB qualifiziert werden, die durch die Eintragung im Verwahrungsbuch auch nach außen hin erkennbar wird, da der für die Übergabe entscheidende auf Veräußererseite eintretende Verlust jeglicher Besitzposition, welcher mit der Besitzerlangung auf Erwerberseite korrespondiert, eintritt. Auch der weitere Ausbau von (mittelbaren) Besitzstufen, etwa durch die Einschaltung weiterer Kreditinstitute, ändert nichts am Vorliegen einer dergestalt dokumentierten Übergabe im Sinne des § 929 S. 1 BGB[360].

In diesem Zusammenhang wird teilweise für den Fall, dass der Erwerber am Sammelbestand derselben Wertpapierart bereits beteiligt ist, die Effektenübereignung nicht als eine Übereignung gemäß § 929 S. 1 BGB, sondern als solche gemäß § 929 S.2 BGB angesehen, wobei dies die einzige Konstellation einer Anwendbarkeit des § 929 S. 2 BGB wäre, da der Erwerber erst mit dem Zustandekommen der Einigung den (mittelbaren) Besitz erlangt[361].

Das Zugrundelegen der soeben dargestellten h.M. entspricht auch am ehesten dem tatsächlichen Geschehen bei der Effektenübertragung, bei der die Wertpapiersammelbank als unmittelbare Besitzerin durch die Umbuchung und dem darin zum Ausdruck kommenden Willen zur Änderung des Besitzmittlungsverhältnisses ein wesentlicher Anteil am Übertragungsakt zukommt[362].

2.3.2.5.1.3 Gutgläubiger Erwerb

Wie soeben dargestellt, sind bei Inhaberaktien und blankoindossierten Namensaktien im Rahmen der (Giro-)Sammelverwahrung die sachenrechtlichen Übertragungsvorschriften der §§ 929 ff BGB anwendbar, weshalb die Anwendbarkeit der Vorschriften über den gutgläubigen Erwerb nach §§ 932 ff BGB nahe liegt.

---

359 vgl. MK-HGB-Einsele, a. a. O., Depotgeschäft Rn 103; vgl. Staub-HGB-Canaris, a. a. O., Anm. 388; vgl. Heinsius/Horn/Than, a. a. O., § 6 Rn 35; vgl. Kümpel, a. a. O., Rn 11.174; vgl. MüKo-Schmidt, a. a. O., § 747 Rn 18

360 vgl. Heinsius/Horn/Than, a. a. O., § 6 Rn 35; vgl. BGH NJW 59, 1536; vgl. Koller, a. a. O., DB 72, 1857 (1859)

361 vgl. Heinsius/Horn/Than, a. a. O., § 6 Rn 35; BGH NJW 59, 1536; vgl. Palandt, a. a. O. § 929 Rn 3; a. A. vgl. BGB-RGRK-Johannsen, a. a. O., § 931 Anm. 4; vgl. Koller, a. a. O., DB 72, 1857 (1859); vgl. Fabricius, a. a. O., in AcP 162, 456 (479)

362 vgl. MK-HGB-Einsele, a. a. O., Depotgeschäft Rn 104

Unabhängig von der Frage der Anwendbarkeit dieser Vorschriften im Hinblick auf die einzelnen Übertragungsmöglichkeiten, stellt sich vorab die Frage nach der generellen Zulässigkeit dieser Vorschriften.

So ist im Rahmen der Sammelverwahrung zu berücksichtigen, dass der veräußernde Depotkunde als Eigentümer bzw. Scheineigentümer am Sammelbestand lediglich den Mitbesitz an diesem inne hat. Der bloße Mitbesitz - gleichgültig ob unmittelbar oder mittelbar – begründet nach allgemeiner Meinung indes keine ausreichende Rechtsscheinsgrundlage bzw. stellt keinen vollwertigen Rechtsscheinträger dar, weil er über die Größe des Anteils nichts aussagt und wegen dieser „Vieldeutigkeit" als Vertrauenstatbestand ungeeignet ist[363], so dass bei Übertragung nur des Mitbesitzes ein gutgläubiger Erwerb nicht möglich ist.

Ein solcher Ausschluss des gutgläubigen Erwerbs wäre nun aber bei Übertragungen von Sammelbestandsanteilen und insbesondere im Effektengiroverkehr kontraproduktiv. Es besteht im Zusammenhang mit der Sammelverwahrung ein unabweisbares Bedürfnis nach einem Gutglaubensschutz, weil sonst die Funktionsfähigkeit der Sammelverwahrung und, darauf aufbauend, des Effektengiroverkehrs in Frage gestellt ist. Ohne die Möglichkeit des gutgläubigen Erwerbes stünde außerdem der Erwerber eines Sammelbestandsanteils schlechter als wenn er effektive Stücke erworben hätte[364]. Es erscheint zudem gerade im Hinblick darauf, dass sich die Rechtsverhältnisse bei der Sammelverwahrung von Wertpapieren im Verwahrungsbuch nach außen erkennbar niederschlagen und die Führung des Verwahrungsbuchs gesetzlich vorgeschrieben ist (§§ 14, 24 Abs. 2 DepotG) sowie ihre Ordnungsmäßigkeit aufgrund der Depotprüfungsrichtlinien durch die amtliche Depotprüfung überwacht wird, gerechtfertigt, der Buchung im Verwahrungsbuch die dem Besitz zukommende Publizitätsfunktion beizumessen und somit die Übertragung des mittelbaren Mitbesitzes hier in Verbindung mit der Depotbuchung für einen gutgläubigen Erwerb im Einklang mit der herrschenden Meinung ausreichen zu lassen[365].

Etwaige Mängel bei der Führung des Verwahrungsbuchs lassen sich dabei im Rahmen des gutgläubigen Erwerbs ohne weiteres berücksichtigen, indem man die durch § 932 Abs. 2 BGB statuierte grobe Fahrlässigkeit auf die Führung des Verwahrungsbuches zu Lasten des Erwerbers ausweitet. So wird, wie

---

363 vgl. MüKo-Schmidt, a. a. O., § 747 Rn 18; vgl. Schimansky, a a. O., § 72 Rn 114; vgl. Assmann/Schütze, a. a. O., § 13 Rn 87 f ; vgl. Staub-HGB-Canaris, a. a. O., Anm. 892; vgl. Koller, a. a. O., DB 1972, 1857 (1860)

364 vgl. Schimansky, a. a. O., § 72 Rn 114; vgl. Staub-Canaris-BVR, a. a. O., Rn 2026; vgl. Staub-HGB-Canaris, a. a. O., Anm. 892; vgl. MK-HGB-Einsele, a. a. O., Depotgeschäft Rn 102

365 vgl. Koller, a. a. O., DB 1972, 1905 (1905 f); vgl. Heinsius/Horn/Than, a. a. O., § 6 Rn 40; vgl. MK-Bayer, a. a. O., § 68 Rn 23; vgl. Than/Hannöver in v. Rosen/Seifert, a. a. O., 279 (287); vgl. Staub-HGB-Canaris, a. a. O., Anm. 892 f; vgl. Fabricius, a. a. O., in AcP 163 (1963), 456 (482); vgl. Staub-Canaris-BVR, a. a. O., Anm. 2026 f; vgl. Schlegelberger, a. a. O., Anh. § 406 Rn 327; vgl. Schimansky, a. a. O., § 72 Rn 114; Ebenroth-HGB-Scherer, a. a. O., § 6 DepotG Rn VI 366

bereits beschrieben, die Wertpapiersammelbank beim Effektengiroverkehr als Vertreterin des Erwerbers bei der Einigung tätig, so dass sich dieser, nach Maßgabe des § 166 Abs. 1 BGB, eine entsprechende Fehlerhaftigkeit bei der Verwahrungsbuchführung zurechnen lassen muss. Aufgrund der Annahme, dass sowohl Veräußerer als auch Erwerber gleichermaßen in die Arbeit der Wertpapiersammelbank vertrauen und sie folglich auch in gleichem Maße schutzwürdig sind, erscheint es interessengerecht, im Zweifelsfall hinsichtlich des Führens des Verwahrungsbuches zu Lasten des Erwerbers zu entscheiden, und die bisherige Rechtslage aufrecht zu erhalten. Unerheblich ist hierbei, ob eine fehlerhafte Buchung vom wahren Berechtigten „veranlasst" oder ob ihre rechtzeitige Berichtigung von ihm pflichtwidrig unterlassen worden ist, da insoweit die Notwendigkeit des Verkehrsschutzes das Erfordernis der Zurechenbarkeit des Scheintatbestands zurücktreten lässt, was sich nicht zuletzt auch aus der § 935 Abs. 2 BGB zugrunde liegenden Wertung entnehmen lässt[366].

Im Ergebnis sind die §§ 929, 932 ff BGB folglich grundsätzlich anwendbar, wobei es hier zwischen den unterschiedlichen Möglichkeiten des gutgläubigen Erwerbes zu unterscheiden gilt.

Wenn man daher im Einklang mit der h.M. die Übertragung des Sammelbestandsanteils auf der Grundlage des § 929 S. 1 BGB annimmt, erfolgt der gutgläubige Erwerb durch Einigung und Übergabe bei gutem Glauben nach §§ 929 S. 1, 932 BGB, 366 HGB. Auch unter Zugrundelegung der Übertragung gemäß §§ 929, 930 BGB ist die Möglichkeit des gutgläubigen Erwerbes durch Einigung und Vereinbarung eines Besitzmittlungsverhältnisses bei entsprechender Gutgläubigkeit des Erwerbers nach §§ 929, 930, 933 BGB, 366 HGB möglich[367]. Es gilt jedoch im Rahmen einer möglichen Übertragung des Sammelbestandsanteils nach §§ 929, 931 BG zu differenzieren, da hierbei ein gutgläubiger Erwerb nur nach §§ 929, 931, 934 1. Alt. BGB, 366 HGB, nicht aber aufgrund §§ 929, 931, 934 2. Alt, 366 HGB, wegen des fehlenden unmittelbaren Besitzes auf Erwerberseite, möglich ist[368].

Festzuhalten ist aber, dass die Anwendung der Vorschriften über den gutgläubigen Erwerb gemäß §§ 932 ff BGB, 366 HGB in erster Linie für Inhaberaktien, d.h. Inhaberpapiere gelten, weshalb sich die grundsätzliche Frage stellt, ob ein gutgläubiger Erwerb von blankoindossierten Namensaktien möglich ist.

Sieht man jedoch in der Umbuchung des Miteigentumsanteils durch den Verwahrer und die dadurch erfolgte Kenntlichmachung des mittelbaren (Mit-) Besitzes des Veräußerers bzw. Erwerbers nach außen hin eine ausreichende Rechtsscheinsgrundlage für einen gutgläubigen Erwerb, so sollte diese Legitimationswirkung des mittelbaren (Mit-)Besitzes für einen gutgläubigen Erwerb nicht nur im Rahmen von §§ 932 ff BGB, 366 HGB, sondern auch aufgrund des

---

366 vgl. Staub-HGB-Canaris, a. a. O., Anm. 893

367 vgl. Heinsius/Horn/Than, a. a. O., § 6 Rn 40

368 vgl. MK-HGB-Einsele, a. a. O., Depotgeschäft Rn 102/106

Blankoindossaments für den erweiterten Schutz nach § 68 Abs. 1 S. 2 AktG i.V.m. Art. 16 Abs. 2 WG ausreichen[369].

Diskussionswürdig ist das Problem des gutgläubigen Erwerbs jedoch in dem Fall, in dem abhanden gekommene oder gestohlene blankoindossierte Namensaktien zur Sammelverwahrung eingereicht werden.

In einem solchen Falle verhindert § 935 Abs. 2 BGB einen gutgläubigen Erwerb, da es sich nicht um Inhaberpapiere handelt und somit ein gutgläubiger Erwerb nur nach Maßgabe des § 68 Abs. 1 S. 2 i.V.m. Art. 16 Abs. 1 WG möglich ist. Die Transportfunktion des Indossaments, welche besagt, dass das Indossament den Erwerber im Falle einer Übertragung der Namensaktie als Berechtigten ausweist, wirkt über § 68 Abs. 1 S. 2 AktG aber auch zugunsten des Aktionärs und ermöglicht folglich auch einen gutgläubigen Erwerb, sofern nach Art. 16 Abs. 1 S. 1 WG eine ununterbrochene Reihe von Indossamenten, deren letztes auch ein Blankoindossament ist, vorliegt[370].

Bezüglich der zu diskutierenden Probleme im Zusammenhang mit der Übertragung von Sammelbestandsanteilen ist noch aufgrund der Beteiligung der Wertpapiersammelbank und der depotführenden Kreditinstitute am Übertragungsvorgang auf die Frage einzugehen, ob ein Durchgangserwerb des begünstigten depotführenden Kreditinstituts, welches die Gutschrift von der Wertpapiersammelbank erhält, stattfindet oder ob der Miteigentumsanteil am Sammelbestand gegebenenfalls unmittelbar auf den Depotkunden übergeht, für den er erworben worden ist. Die Frage nach dem Durchgangserwerb stellt sich dabei auch bezüglich des mit der Veräußerung beauftragten depotführenden Kreditinstitut.

Es gilt zur Beantwortung dieser Frage die Regelung des Kommissionsrechtes heranzuziehen, da die jeweiligen depotführenden Kreditinstitute hinsichtlich ihrer Ausführungshandlungen in Erfüllung des zwischen ihnen und ihren Depotkunden gleichfalls zugrunde liegenden Kommissionsvertrages handeln, wonach sie – als Kommissionär – im eigenen Namen auf fremde Rechnung für ihre Depotkunden tätig sind.

Ist folglich das depotführende Kreditinstitut mit der Veräußerung von Sammelbestandsanteilen beauftragt, bleibt der Anteil am Sammelbestand solange im Eigentum des Kommittenten, d.h. des veräußernden Depotkunden, bis der Kommissionär aufgrund der im Rahmen des Verkaufsauftrags erteilten Ermächtigung gemäß § 185 Abs. 1 BGB darüber verfügt und so den Erwerber zum Eigentümer macht, ohne dass ein vorheriger Eigentumswechsel zugunsten des (Verkaufs-)Kommissionärs eintritt, was im Einklang zur h.M. im Kommissionsrecht steht[371]. Überdies besteht für ein Durchgangseigentum des (Ver-

---

[369] vgl. MK-Bayer, a. a. O., § 68 Rn 23; vgl. Than/Hannöver in v. Rosen/Seifert, a. a. O., 279 (287); vgl. Heißel/Kienle, a. a. O., WM 1993, 1909 (1911 f)

[370] vgl. Heißel/Kienle, a. a. O., WM 1993, 1909 (1911); vgl. KK-Lutter, a. a. O., § 68 Rn 10; vgl. Opitz, a. a. O., S. 682 ff

[371] vgl. Canaris, a. a. O., § 32 Rn 15 (S. 548)

kaufs-)Kommissionärs sowohl auf Seiten des beauftragten depotführenden Kreditinstituts als auch auf der des Depotkunden kein Interesse.

Anders stellt sich die rechtliche Situation indes im Rahmen der Einkaufskommission unter Berücksichtigung der allgemeinen Grundsätze des Kommissionsrechtes dar. Hier wäre in aller Regel zunächst der (Einkaufs-) Kommissionär, d.h. das mit dem Erwerb beauftragte depotführende Kreditinstitut, Eigentümer des Sammelbestandsanteils und übertrüge diesen dann anschließend durch ein weiteres Rechtsgeschäft auf den Kommittenten[372] [373], weil nämlich die Person des Empfängers zum wesentlichen Inhalt der Einigungserklärung im Rahmen des Übertragungsvorgangs gehört. Da aber der (Einkaufs-) Kommissionär in eigenem Namen handelt, ist für den Veräußerer kein anderer Erwerber als der Kommissionär ersichtlich, so dass ein Durchgangserwerb beim depotführenden Kreditinstitut eintreten würde[374]. Diese Konsequenz entspricht aber gerade nicht der Interessenlage der Beteiligten. Auf Seiten des Kommittenten besteht das Bedürfnis, das (Mit-)Eigentum am Sammelbestand so frühzeitig wie möglich zu erhalten, um sich vor eventuellen. Risiken, wie etwa einer möglichen Insolvenz des Kommissionärs, zu schützen und gegebenenfalls von seinem Aussonderungsrecht gemäß § 47 InsO und der Drittwiderspruchsklage (§ 771 ZPO) Gebrauch machen zu können[375]. Dem (Depot-)Kundeninteresse entspricht auch das Interesse des depotführenden Kreditinstituts, kein Durchgangseigentum zu erlangen, da dieses von Anfang an nicht für sich, sondern für den bereits zum Zeitpunkt der Depotbuchung feststehenden Depotkunden erwerben will. Darüber hinaus ist auch der Verkäuferbank bei der Abgabe der Übereignungsofferte die Person des Erwerbers grundsätzlich gleichgültig, so dass keine Bedenken hinsichtlich der Annahme bestehen, dass kein Durchgangseigentum auf Seiten des Kommissionärs entsteht, sondern vielmehr der Depotkunde im Wege des Geschäfts für den, den es angeht, unmittelbar das (Mit-)Eigentum am Sammelbestand bereits zum Zeitpunkt erwirbt, in dem sein depotführendes Kreditinstitut eine entsprechende Gutschrift der Wertpapiersammelbank erhält und es folglich keiner zusätzlichen Handlung des erwerbenden depotführenden Kreditinstitut mehr bedarf, um seinen Erwerbswillen für den Depotkunden nach außen in Erscheinung treten zu lassen. Hierbei ist auch das mit dem Einkauf beauftragte depotführende Kreditinstitut, das mit dem Kunden ein Kommissionsvertrag abschließt, hinsichtlich seiner Forderung gegen den Depotkunden

---

[372] vgl. MK-HGB-Einsele, a. a. O., Depotgeschäft Rn 98; vgl. Canaris, a. a. O., § 32 Rn 26 (S. 551)

[373] Der Eigentumsübergang von Kommissionär auf den Kommittenten vollzieht sich in den üblichen Formen der §§ 929 ff BGB, namentlich durch Einigung und Übergabe, durch antizipiertes Besitzkonstitut (§§ 929, 930 BGB) oder durch Insichgeschäft gemäß § 181 BGB.

[374] vgl. Staub-HGB-Canaris, a. a. O., Anm. 891; vgl. MK-HGB-Einsele, a. a. O., Depotgeschäft Rn 98

[375] vgl. Canaris, a. a. O., § 32 Rn 27 (S. 551)

über das gesetzliche Pfandrecht gemäß § 397 HGB bzw. das in Ziff. 14 Abs. 1 der AGB-Banken vertraglich vereinbarte Pfandrecht ausreichend geschützt[376].

2.3.2.5.2 Übertragung des Sammelbestandsanteils bei haussammelverwahrten Inhaberaktien und blankoindossierten Namensaktien

Innerhalb der Sammelverwahrung unterscheidet man, wie bereits erwähnt, zwischen der Girosammelverwahrung und der in der Praxis selten vorkommenden Haussammelverwahrung. Diese liegt vor, wenn ein Kreditinstitut die Wertpapiere seiner Kunden in seinen eigenen Tresor in Sammelverwahrung nimmt oder sie einer anderen Bank im Rahmen der Drittverwahrung anvertraut, ohne dass die Bank selbst oder der Drittverwahrer eine Wertpapiersammelbank im Sinne des § 1 Abs. 3 DepotG ist[377]. Im Hinblick auf die Übertragungsmöglichkeiten ergeben sich hinsichtlich der anzuwendenden Vorschriften grundsätzlich keine Unterschiede, wobei bei der Haussammelverwahrung diesbezüglich stets zu beachten ist, dass keine Wertpapiersammelbank (kein Zentralverwahrer) beteiligt ist, bei der sämtliche Wertpapiere verwahrt werden und die die entsprechenden Umbuchungen vornimmt, die Ausdruck der jeweils entsprechenden – unter Mitwirkung der Wertpapiersammelbank – vermittelten Willenserklärungen der Parteien sind.

Ebenso wie bei der Girosammelverwahrung findet auch bei der Haussammelverwahrung der Grundsatz, wonach Verfügungen, insbesondere die Übertragung, über die Miteigentumsanteile sich nach den Vorschriften für Verfügungen von im Alleineigentum stehenden Wertpapieren richten, Anwendung. Dementsprechend sind also auch bei der Haussammelverwahrung die §§ 929 ff BGB anwendbar.

Die Unterschiede zur Übertragung von girosammelverwahrten Wertpapieren ergeben sich im Hinblick auf die Art und Weise der Vermittlung der Willenserklärung der Depotkunden bzw. der Parteien und vor allem im Hinblick auf die Übergabe des Sammelbestandsanteils.

Die erforderliche Einigung über den Eigentumsübergang kommt dabei entweder direkt zwischen dem bisherigen Anteilsinhaber und dem Erwerber zustande oder aber unter Mitwirkung des depotführenden Kreditinstituts. Gibt der Hinterleger dem Verwahrer, d.h. seinem depotführenden Kreditinstitut, den Auftrag, bestimmte Sammelbestandsanteile auf einen Dritten zu übertragen, so liegt in diesem Auftrag zugleich die dingliche Einigungsofferte nach Maßgabe des § 929 S. 1 BGB. Soll der zu übertragende Sammelbestandsanteil bei einem anderen depotführenden Kreditinstitut verwahrt werden, gibt das depotführende Kreditinstitut des Veräußerers die Einigungsofferte an das depotführende Kreditinstitut des Erwerbers weiter, das regelmäßig als ermächtigt anzusehen ist, zugunsten seines Depotkunden als dessen Stellvertreter gemäß § 164 BGB die

---

[376] vgl. Assmann/Schütze, a. a. O., § 13 Rn 86; vgl. Staub-HGB-Canaris, a. a. O., Anm. 891; vgl. MK-HGB-Einsele, a. a. O., Depotgeschäft Rn 98;vgl. Staub-Canaris-BVR, a. a. O., Rn 1979

[377] vgl. Peters, a. a. O., S. 21

Annahme zu erklären. Sofern es jedoch an einer entsprechenden Vertretungsbefugnis des depotführenden Kreditinstitut fehlen sollte, dieses insoweit unter Zugrundelegung der allgemeinen Vorschriften als vollmachtloser Vertreter handelt, kann sich der Eigentumsübergang mit Erteilung der Genehmigung durch den Begünstigten vollziehen (§§ 164, 177 BGB)[378].

Nach außen erkennbar wird die Annahme der Einigungsofferte durch Buchungen des Verwahrers bzw. der Verwahrer, d.h. die Belastung des Depotkontos des bisherigen Hinterlegers, Gutschrift des Depotkontos des Erwerbers, wobei der Erwerber eine entsprechende Gutschriftsanzeige erhält. Die vorbehaltlose Entgegennahme einer solchen Gutschriftsanzeige führt dabei in den Fällen der fehlenden Berechtigung des depotführenden Kreditinstituts des Erwerbers zur Genehmigung der Einigungsofferte gemäß § 177 Abs. 1 BGB[379].

Hinsichtlich der für den Übereignungstatbestand notwendigen Übergabe des Sammelbestandsanteils gilt es danach zu unterscheiden, ob das depotführende Kreditinstitut des Erwerbers mit der des Veräußerers identisch ist. Sofern dies der Fall ist, erfolgt die Übergabe in der Weise, dass der Veräußerer das depotführende Kreditinstitut anweist, den zu übertragenden Sammelbestandsanteil künftig für den Erwerber zu besitzen, woraufhin eine entsprechende Umbuchung im Depotbuch erfolgt, infolge dessen – weisungsgemäß – das bisherige Besitzmittlungsverhältnis zum Veräußerer endet und ein neues mit dem Erwerber begründet wird. Es handelt sich insoweit, wie auch bei der Übergabe von girosammelverwahrten Wertpapieren, nicht um eine Übertragung des mittelbaren Besitzes nach § 870 BGB, sondern um eine Übergabe im Sinne des § 929 S. 1 BGB, die durch die Umbuchung im Depotkonto nach außen hinreichend erkennbar wird[380].

Nach Maßgabe der Erläuterungen zur Übergabe girosammelverwahrter Wertpapiere ist auch eine Übertragung nach Maßgabe der §§ 929, 930, 868, 688 BGB sowie §§ 929, 931, 870 BGB, 7, 8 DepotG denkbar, weshalb in diesem Kontext auf die entsprechenden Ausführungen verwiesen werden soll.

Sofern die depotführenden Kreditinstitute von Veräußerer und Erwerber nicht identisch sind und sie auch keinen gemeinsamen Drittverwahrer haben, an den die Willenserklärungen weitergeleitet werden, erfolgt die Übergabe mit einer physischen Lieferung. Gemäß § 7 Abs. 1 DepotG werden die dem Veräußerer der Höhe des Nennbetrages nach oder bei Wertpapieren ohne Nennbetrag in Höhe der Stückzahl zustehenden Wertpapiere an das depotführende Kreditinstitut des Erwerbers oder an diesen selbst, falls er kein depotführendes Kreditinstitut mit der Verwahrung betraut hat bzw. selbst die Wertpapiere in Empfang nehmen will, ausgeliefert.

Hierdurch dokumentiert sich auch die Nachteilhaftigkeit der Haussammelverwahrung, die zwar für das Depotgeschäft Erleichterungen gewährt, für das Liefergeschäft von Bank zu Bank jedoch keinesfalls vorteilhaft ist, da inso-

---

[378] vgl. Heinsius/Horn/Than, a. a. O., § 6 Rn 35; vgl. Schimansky, a. a. O., § 72 Rn 108

[379] vgl. Heinsius/Horn/Than, a. a. O., § 6 Rn 35

[380] wie vor

weit die effektive Lieferung ebenso notwendig bleibt, wie dies bei der Sonderverwahrung der Fall ist[381].

Aufgrund der Anwendung der sachenrechtlichen Vorschriften ergeben sich auch bezüglich der Möglichkeit des gutgläubigen Erwerbs keine Unterschiede, so dass auch hierbei auf die diesbezüglich Ausführungen zur Girosammelverwahrung verwiesen werden kann.

2.3.2.5.3 Sonstige Verfügungsmöglichkeiten bei sammelverwahrten Inhaberaktien und blankoindossierten Namensaktien

Wie bereits im Zusammenhang mit der Übertragung von Miteigentumsanteilen am Sammelbestand (siehe 2.3.2.5.1) festgestellt, sind grundsätzlich dieselben Vorschriften anwendbar, die auch für die Verfügungen der im Alleineigentum stehenden Wertpapiere gelten. Dieser Grundsatz ist auch für die Belastung der sich in Sammelverwahrung befindlichen Wertpapiere zu beachten, wobei es grundsätzlich keinen Unterschied macht, ob die Wertpapiere giro- oder haussammelverwahrt werden.

Im Rahmen der Belastungsmöglichkeiten des Sammelbestands, d.h. der Bestellung eines Pfandrechts oder aber eines Nießbrauches, sind indes die Besonderheiten der Sammelverwahrung zu berücksichtigen. Diese sind zum einen in der eigentumsverändernden Wirkung der Sammelverwahrung zu sehen und zum anderen in der Tatsache, dass nur vertretbare Wertpapiere sammelverwahrfähig sind, weshalb Orderpapiere und somit (vinkulierte) Namensaktien nur dann in Sammelverwahrung genommen werden, wenn sie blankoindossiert sind. Letzteres führt dazu, dass blankoindossierte (vinkulierte) Namensaktien wie Inhaberaktien übertragen und entsprechend – durch Pfandrecht oder Nießbrauch – belastet werden können.

Die Gleichstellung von blankoindossierten Orderpapieren mit Inhaberpapieren im Rahmen der Sammelverwahrung hat hinsichtlich der Verpfändung zur Folge, dass die Verpfändungsmöglichkeit des § 1292 BGB praktisch keine Bedeutung hat.

Aufgrund der komplizierten Besitzlage und der weitgehenden Verlagerung der Eigentumsübertragung auf Buchungsvorgänge wird die Erklärung für den Verpfändungsvorgang erschwert, wobei danach unterschieden werden kann, ob einem Dritten oder aber dem (Zwischen-)Verwahrer ein Pfandrecht eingeräumt wird.

Im ersten Fall werden im Wesentlichen zwei – sich nicht ausschließende – Möglichkeiten der Verpfändung des Miteigentumsanteils am Sammelbestand aufgeführt.

Überwiegend wird dabei die Ansicht vertreten, dass der Sammelbestand nach § 1205 Abs. 1 S. 1 BGB durch Umstellung des Besitzmittlungsverhältnisses verpfändet wird, da insoweit vom selben Übergabebegriff wie im Rahmen der §§ 929 ff BGB ausgegangen werden kann. Auch der Umstand, dass hier nur Mitbesitz und nicht Alleineigentum übertragen wird, steht der Anwendung des

---

[381] vgl. Peters, a. a. O., S. 21

§ 1205 Abs. 1 S. 1 BGB nicht entgegen, da es sich hierbei lediglich um die folgerichtige Auswirkung der Tatsache handelt, dass nicht Allein-, sondern Miteigentum verpfändet wird[382].

Einer weiteren Ansicht zufolge ist auch eine Verpfändung des Sammelbestands gemäß § 1205 Abs. 2 BGB durch Abtretung des Herausgabeanspruches in Verbindung mit einer Verpfändungsanzeige möglich. Die Verpfändungsanzeige kann dabei konkludent in der Übersendung des sogenannten „Verpfändungsübertrages" gesehen werden, mit dem der Verwahrer zu einer entsprechenden Buchung angewiesen wird. In der täglichen Handhabung der Wertpapiersammelbank erfolgt dieser (Verpfändungs-)Vorgang durch Verwendung des sogenannten „grünen Wertpapierschecks", der keinen Scheck im Sinne des ScheckG darstellt, sondern vielmehr einen „Überweisungsauftrag" entspricht und somit gleichfalls als konkludente Verpfändungsanzeige angesehen werden kann[383].

Von der Möglichkeit der Verpfändung des Sammelbestandsanteils nach § 1205 Abs. 1 S. 1 BGB bzw. § 1205 Abs. 2 BGB wird der Anwendungsbereich des § 1206 BGB nicht berührt, da es bei dieser Regelung nur um die Verpfändung durch Begründung von Mitbesitz zwischen Verpfänder und Pfandgläubiger und nicht etwa – wie hier – um die Übertragung des bereits bestehenden Mitbesitzes vom Verpfänder auf den Pfandgläubiger geht. Nach § 1206 genügt somit bei der Bestellung eines Pfandrechts an Stelle der Übergabe auch die Einräumung des Mitbesitzes, wenn sich die sammelverwahrten Wertpapiere im Besitz eines Dritten – des Verwahrers – befinden und vereinbart ist, dass dieser die Wertpapiere nur an den Verpfänder und den Pfandgläubiger gemeinsam herausgeben darf[384].

Soll dem Verwahrer das Pfandrecht am Sammelbestand bestellt werden, ist eine Übergabe nach Maßgabe der §§ 1204, 1205 Abs. 1 S. 2 BGB nicht erforderlich, da der Verwahrer bereits im Besitz der sammelverwahrten Wertpapiere ist. Es bedarf hierbei lediglich der Einigung über die Entstehung des Pfandrechts. Beim Zwischenverwahrer genügt mittelbarer Besitz, wenn er nicht vom Verpfänder vermittelt wird[385]. Regelmäßig ist jedoch die Einigung über das Entstehen des Pfandrechts bereits in den Pfandklauseln der AGB der Kreditinstitute enthalten (vgl. Ziff. 14 Abs. 1 AGB-Banken), wobei die AGB-Klauseln

---

[382] vgl. Staub-HGB-Canaris, a. a. O., Anm. 896; vgl. MK-HGB-Einsele, a. a. O., Depotgeschäft Rn 116; vgl. Staub-Canaris-BVR, a. a. O., Rn 2033

[383] vgl. OLG Karlsruhe WM 1999, 2451 (2455); vgl. Staub-Canaris-BVR, a. a. O., Rn 2034; vgl. Heinsius/Horn/Than, a. a. O., § 6 Rn 95 f; Staudinger-Wiegand, a. a. O., Anh. §1296 Rn 4; vgl. MK-HGB-Einsele, a. a. O., Depotgeschäft Rn 116; vgl. Staub-HGB-Canaris, a. a. O., Anm. 896

[384] vgl. Staub-HGB-Canaris, a. a. O., Anm. 896; vgl. Heinsius/Horn/Than, a. a. O., § 6 Rn 46; vgl. MüKo-Damrau, a. a. O., § 1258 Rn 9; vgl. Staudinger-Wiegand, a. a. O., § 1258 Rn 4

[385] Betreibt der Verpfänder selbst ein Verwahrungsgeschäft sind die Kundenschutzbestimmungen der §§ 9, 4, 12 und 30 DepotG zu beachten.

der als (Zwischen-)Verwahrer fungierenden depotführenden Kreditinstitute auch grundsätzlich die Sammelbestandsanteile umfassen[386].

Hinsichtlich der Möglichkeit des gutgläubigen Erwerbs des Pfandrechts ist festzuhalten, dass die Funktionsfähigkeit der Sammelverwahrung und insbesondere des auf der Girosammelverwahrung beruhenden Effektengiroverkehrs einen solchen Gutglaubensschutz erfordert. Aus diesem Grunde beanspruchen auch die im Rahmen der Möglichkeit des gutgläubigen Eigentumserwerbs an Sammelbestandsanteilen gemachten Ausführungen, nach denen der (Um-)Buchungsvorgang als maßgebliches Rechtsscheinselement anzusehen ist, auch hierbei Beachtung, infolge dessen ein gutgläubiger Erwerb des Pfandrechts nach §§ 1207, 932, 934 BGB möglich ist[387].

Die Besonderheiten der Sammelverwahrung spiegeln sich letztlich auch im Hinblick auf die Anwendbarkeit des § 1258 Abs. 2 BGB wider. Entgegen der dort enthaltenen Regelung kann der Pfandgläubiger (gegebenenfalls gemeinsam mit dem Eigentümer) bei Verpfändung eines Sammelbestandsanteils gerade nicht die Aufhebung der Bruchteilsgemeinschaft verlangen. Sein Anspruch wird vielmehr durch die Regelung der §§ 7, 8 DepotG ersetzt, wonach der jeweilige (Mit-)Eigentümer anstelle eines Anspruches auf Aufhebung der Gemeinschaft gegen die anderen Miteigentümer einen Anspruch auf Auslieferung von Wertpapieren entsprechend seiner Anteile hat[388].

An einem Sammelbestandsanteil kann neben einem Pfandrecht auch ein Nießbrauch bestellt werden. Dabei ist neben der Einigung zwischen dem Besteller, d.h. dem Depotkunden, und dem Nießbraucher auch die Einräumung des dem Besteller als Miteigentümer am Sammelbestandsanteil zustehenden mittelbaren Besitzes erforderlich. Dieser mittelbare Besitz kann durch Abtretung des Herausgabeanspruchs gegenüber dem depotführenden Kreditinstitut (§§ 1069, 1032, 870 BGB) verschafft werden, ohne dass hierbei das zwischenverwahrende depotführende Kreditinstitut als mittelbarer Besitzer oder aber der Verwahrer – in der Regel die Wertpapiersammelbank – als unmittelbare Besitzer mitwirken müsste; auch ist die Anzeige einer derartigen Belastung nicht vonnöten. Der Besitz kann jedoch, wie dies meist der Fall ist, dem Nießbraucher in der Weise verschafft werden, dass der Besteller dem Nießbraucher den mittelbaren Besitz im Einklang mit § 1081 Abs. 2 BGB einräumt. Dieser wird durch Vermerk auf dem Depotkonto oder dergestalt verwirklicht, dass auf Anweisung des Bestellers zwischen dem depotführenden Kreditinstitut und dem Nießbraucher ein

---

386 vgl. Heinsius/Horn/Than, a. a. O., § 6 Rn 42 f

387 vgl. Staub-Canaris-BVR, a. a. O., Rn 2035; vgl. Staub-HGB-Canaris, a. a. O., Anm. 897; a. A. MK-HGB-Einsele, a. a. O., Depotgeschäft Rn 117

388 vgl. MüKo-Damrau, a. a. O., § 1258 Rn 9; vgl. MK-HGB-Einsele, a. a. O., Depotgeschäft Rn 118; vgl. Heinsius/Horn/Than, a. a. O., § 6 Rn 44 wobei streitig ist, ob sich das Pfandrecht an den ausgelieferten Wertpapieren fortsetzt oder aber dieses erneut bestellt werden muss.

neues Besitzmittlungsverhältnis anstelle des bisherigen durch Umbuchung begründet wird[389].

Hinsichtlich der Möglichkeit des gutgläubigen Erwerbs gilt insoweit das bereits im Zusammenhang mit der Verpfändung des Sammelbestandsanteil Ausgeführte, so dass auch ein gutgläubiger Erwerb des Nießbrauchs möglich ist.

2.3.2.5.4 Rechtslage bei blankozedierten Namensaktien

Die soeben beschriebenen Verfügungsmöglichkeiten gelten daher, wie anfangs dargestellt, sowohl für Inhaberaktien als auch für blankoindossierte Namensaktien, da bei letzteren, trotz unterschiedlicher wertpapierrechtlicher Natur, aufgrund des Blankoindossaments gleichfalls die sachenrechtlichen Vorschriften Anwendung finden.

Bedenken bestehen diesbezüglich jedoch im Hinblick auf die ebenfalls der (Giro-)Sammelverwahrung und folglich dem Effektengiroverkehr zugänglichen blankozedierten Namensaktien[390], da auch für diese gilt, dass bei der Übertragung/Verfügung der Miteigentumsanteile dieselben Vorschriften anwendbar sind, die auch für Verfügungen von im Alleineigentum stehenden Wertpapieren gelten.

Unabhängig vom Umstand, dass derartige Sammelbestände aus blankozedierten Namensaktien in der Praxis der Clearstream Banking AG nicht vorkommen, ergäbe sich im Rahmen der einzelnen Verfügungsmöglichkeiten über derartige Sammelbestände, insbesondere bei der Übertragung derselben, in der Praxis folgende Situation:

Die dingliche Einigung über den Rechtsübergang betreffend ergäbe sich kein nennenswerter Unterschied zu der Übertragung von Inhaberpapieren oder blankoindossierten Namensaktien. Wie hierbei aufgezeigt, ist das auf Veräußererseite eingeschaltete depotführende Kreditinstitut aufgrund des Auftrags des Depotkunden nach § 185 BGB ermächtigt, eine entsprechende Willenserklärung abzugeben, wohingegen das auf Veräußererseite eingeschaltete depotführende Kreditinstitut bzw. die Wertpapiersammelbank im Rahmen des Effektengiroverkehrs als Stellvertreter diese Willenserklärung annimmt und die dementsprechende Umbuchung vornimmt und damit den Rechtsübergang abschließt.

Die Umbuchung im Verwahrungsbuch würde hierbei aber nicht die Übergabe im Sinne der §§ 929 ff BGB ersetzen, sondern ergäbe sich vielmehr aus der Konsequenz, dass dem Erwerber nach § 952 BGB nach Abtretung der Mitgliedschaft auch das Eigentum an der Urkunde zustünde. Die Umbuchung ist demzufolge für den Rechtsübergang als solchen – im Gegensatz zur Übertragung von Inhaberaktien oder blankoindossierten Namensaktien – nicht erforderlich.

---

389 vgl. Staudinger-Frank, a. a. O., § 1069 Rn 22; Ist der Nießbrauchbesteller unmittelbarer Depotkunde des Verwahrers und will er seinen dort verwahrten Sammelbestandsanteil belasten, so muss er sich der dazu bestimmten Formulare (Effektenschecks) bedienen.

390 vgl. Heißel/Kienle, a. a. O., WM 1993, 1909 (1911)

Problematisch ist in Anlehnung an diese Rechtslage die Möglichkeit des gutgläubigen Erwerbs einer solchen blankozedierten Namensaktie. Unter Zugrundelegung der anwendbaren Vorschriften des §§ 398 ff BGB kann ein solcher gutgläubiger Erwerb nicht stattfinden, infolge dessen die blankozedierte Namensaktie in ihrer Umlauffähigkeit wesentlich beeinträchtigt wäre. Gleichwohl müsste auch bei der blankozedierten Namensaktie die Funktionsfähigkeit der Girosammelverwahrung und damit des Effektengiroverkehrs diese Möglichkeit erfordern, ohne dass hierbei der Umbuchung – wie bei der blankoindossierten Namensaktie oder der Inhaberaktie – die dem Besitz anhaftende Publizitätswirkung und damit Rechtsscheinsfunktion zukommen kann. Der wesentliche Unterschied ist nämlich, dass bei blankoindossierten Namensaktien und Inhaberaktien die Umbuchung faktisch das notwendige Tatbestandsmerkmal der Übergabe im Sinne der §§ 929 ff BGB ersetzt, was insoweit auch im Rahmen eines gutgläubigen Erwerbs berücksichtigt werden muss, wohingegen dies bei der Übertragung blankozedierter Namensaktie nicht der Fall ist. Der Umbuchung kann folglich dann keine Rechtsscheinswirkung zukommen, da sie nur Ausdruck einer gesetzlichen Rechtsfolge, nämlich der nach § 952 BGB, ist.

Ein gutgläubiger Erwerb von blankozedierten Namensaktie ist daher auszuschließen. Aufgrund des Umstandes, dass sich keine blankozedierten Namensaktien in Girosammelverwahrung befinden, handelt es sich bei den vorstehenden Ausführungen insoweit um rein theoretische Überlegungen, die jedoch dann zum Tragen kämen, wenn solche blankozedierte Namenaktien erstmalig einbezogen würden, da dann die Funktionsfähigkeit der Girosammelverwahrung zwangsläufig in Frage gestellt werden müßte bzw. die Wertpapiersammelbank vor erhebliche Schwierigkeiten stünde. Eine vergleichbare Problematik würde auch bei den sonstigen Verfügungsmöglichkeiten, insbesondere den Möglichkeiten des gutgläubigen Erwerbs einer Belastung, im Hinblick auf das Tatbestandsmerkmal der Übergabe bei blankozedierten Namensaktien bzw. bei der die Übergabe ersetzenden Umbuchung entstehen.

Trotz identischer praktischer Abläufe im Rahmen der Übertragung blankozedierten Namensaktien würden demzufolge die Vorschriften der Eigentumsübertragung von beweglichen Sachen (§§ 929 ff BGB) bzw. die sachenrechtlichen Grundsätze allgemein keine Anwendung finden[391].

Teilweise wird hierbei vertreten, dass ein solcher Ausschluss dem Wesen der Sammelverwahrung nicht gerecht wird. Stellte man nämlich auf die Konstruktion des § 24 Abs. 2 DepotG ab, der einen automatischen Übergang kraft Gesetzes mit Eintragung des Übertragungsvermerks im Verwahrungsbuch des Kommissionärs vorsieht, spiele es für eine wirksame Übertragung keine Rolle, ob Gegenstand dieses Vorgangs ein sammelverwahrtes Papier oder aber eine blankozedierte Forderung sei. Da im Rahmen des Übergangs des Miteigentumsanteils eine Übertragung des unmittelbaren Besitzes ohnehin nicht stattfinde, beruhe der Übergang des Sammelbestandsanteils letztendlich auf einer zuordnungsändernden Willenserklärung und der entsprechenden Umbuchung im

[391] vgl. Heißel/Kienle, a. a. O., WM 1993, 1909 (1911)

Verwahrungsbuch, weshalb man in der auf die Übertragung gerichtete (konkludente) Erklärung eine Abtretung nach § 398 BGB sehen könne. Im Ergebnis führe diese Annahme dazu, dass bei der Sammelverwahrung die Übertragungsformen gemäß §§ 398 ff und §§ 929 ff BGB einander ersetzen könnten, insoweit also auch eine Übertragung eines Sammelbestands aus blankozedierten Namensaktien Gegenstand der sachenrechtlichen Übertragung sein könne. Ergänzend ist hierzu festzustellen, dass durch eine derartige Annahme die beim Effektengiroverkehr wegen des bei der zessionsmäßigen Übertragung fehlenden Gutglaubensschutzes vorhandene Benachteiligung von blankozedierten Namensaktien gegenüber Inhaberaktien oder blankoindossierten Namensaktien beseitigt würde[392].

Diese Ansicht widerspricht jedoch nicht nur dem oben aufgeführten Grundsatz, wonach die Verfügungsmöglichkeiten hinsichtlich des Miteigentumsanteils am Sammelbestand sich nach den Vorschriften für Verfügungen des im Alleineigentums stehenden Wertpapiers richten und sie ist zudem nicht mit den rechtlichen Grundlagen des Zivilrechts vereinbar.

So unterscheidet das deutsche Zivilrecht bewusst zwischen der Übertragung beweglicher Sachen und der Übertragung von Forderungen, wie auch bereits im Rahmen der Notwendigkeit bestimmter Voraussetzungen für eine solche Übertragung (bzw. Verpfändung) ersichtlich wird. Noch deutlicher werden diese Unterschiede im Hinblick auf die gesetzlich verankerte Möglichkeit des gutgläubigen Erwerbs, die bei Forderungen vergleichsweise gering ist. Ließe man nun zu, dass sich jedwede Übertragung auf eine „zuordnungsändernde Willenserklärung" reduziere, wäre die dem Zivilrecht zugrunde liegende Unterscheidung der Übertragung von Forderungen und von beweglichen Sachen überflüssig. Eine derartige „Gleichstellung" würde insbesondere dazu führen, dass dem Tatbestandsmerkmal der Übergabe kaum noch Bedeutung zukäme, da eine solche im Rahmen der Übertragung von Forderungen nicht notwendig ist, was zudem erhebliche Folgen hinsichtlich der Möglichkeiten des gutgläubigen Erwerbs hätte. Daher ist nicht nachvollziehbar, warum ein vorhandener Unterschied hinsichtlich der rechtlichen Gestaltung der Verfügungsmöglichkeiten zwischen blankozedierten Namensaktien und blankoindossierten Namensaktien sowie Inhaberaktien beseitigt werden soll. Auch der Verweis auf die Regelung des § 24 Abs. 2 DepotG vermag darüber nicht hinweg zu helfen, da diese Regelung eindeutig vorsieht, dass der dort enthaltene gesetzliche Eigentumsübergang erst dann erfolgt, sofern dieser nicht vorher anderweitig nach den Vorschriften des Bürgerlichen Gesetzbuches erfolgt ist. Dementsprechend gilt es vorrangig festzustellen, ob nicht im Falle von blankozedierten Namensaktien

---

392 vgl. Zöllner, a. a. O., in FS Raiser 1974, 249 (259 f); vgl. Fabricius, a. a. O., in AcP 162 (1963), 456 (475); vgl. Heißel/Kienle, a. a. O., WM 1993, 1909 (1911), welche aber im Folgenden diesem Gesichtspunkt keine große Bedeutung beimessen, da in der Praxis streifbandverwahrte Namensaktien ebenfalls nicht durch Indossament, sondern durch Zession übertragen werden, so dass ein Effektengiroverkehr auf zessionsrechtlicher Basis die Stellung des Depotkunden gegenüber dem derzeitigen Zustand nicht verschlechtern würde.

vorher bereits eine Verfügung, insbesondere eine Übertragung auf der Grundlage des Zessionsrechtes gemäß §§ 398 ff BGB stattgefunden hat. Letztendlich besteht auch für die Anwendung der sachenrechtlichen Grundsätze bei blankozedierten Namensaktien kein Bedürfnis, da solche zwar theoretisch der Sammelverwahrung zugänglich sind, in der Praxis aber nicht vorkommen.

Im Rahmen der Verfügungsmöglichkeiten bei zur Sammelverwahrung eingereichten blankozedierten Namensaktien gelten insoweit folglich die §§ 398 ff BGB, sofern die Namensaktie übertragen werden soll, sowie die im BGB vorgesehenen weiteren Bestimmungen, wenn hierin eine Regelung über die Verfügungsmöglichkeit hinsichtlich der bestehenden Forderung getroffen wird, wie dies beispielsweise bei den §§ 1273 ff BGB der Fall ist.

Wie sich aus den voranstehenden Ausführungen bezüglich der Verfügungsmöglichkeiten (giro-)sammelverwahrter Wertpapiere zusammenfassend entnehmen lässt, erfolgt die Übertragung von Miteigentumsanteilen im Effektengiroverkehr nicht mehr in konsequenter Anwendung der zivilrechtlichen Vorschriften. Diese dienen vielmehr unter Berücksichtigung besonderer „Anpassungen“ dazu, die tatsächlich stattfindenden Verfügungen, insbesondere Übertragungsvorgänge, mehr oder weniger nachvollziehbar zu begründen, was im Hinblick auf das Tatbestandsmerkmal der Übergabe besonders hervortritt. Faktisch erfolgt die Verfügung über das Miteigentum am Sammelbestand nämlich durch das Vorhandensein einer entsprechenden (Einigungs-)Erklärung und der im Anschluss hieran folgenden Umbuchung durch die Wertpapiersammelbank.

Berücksichtigt man ferner nun, dass es sich hier überdies nur um mittelbaren Mitbesitz und damit um eine stark „entindividualisierte“ Besitzform handelt und dass dementsprechend auch für den gutgläubigen Erwerb letztlich nicht die Besitzverhältnisse, sondern die Buchungsunterlagen maßgeblich sind, wird deutlich, wie weit sich die tatsächliche Handhabung der Wertpapierübertragung im Effektengiroverkehr von den Grundprinzipien des Sachenrechts und auch von denen des Wertpapierrechts, bei dem die Verkörperung des Rechts und die Innehabung der Urkunde die entscheidende Grundlage bilden, entfernt hat[393]. Vor diesem Hintergrund erweist sich auch die – theoretische – Einbeziehung von blankozedierten Namensaktien in die (Giro-)Sammelverwahrung und damit in den Effektengiroverkehr als äußerst problematisch, da bei diesen, trotz praktischen Erfordernisses, die Möglichkeit des gutgläubigen Erwerbs infolge der ausschließlichen Anwendung zessionsrechtlicher Vorschriften rechtlich nicht möglich ist.

In Anbetracht der „stückelosen“ Übertragung von Effekten und der regelmäßigen „stückelosen“ Verwahrung von Wertpapieren, erscheint es daher konsequent, die Funktion bzw. den Zweck des Wertpapiers und die damit einhergehenden Unterscheidung zwischen Inhaber- und Namensaktie in Frage zu stellen.

---

[393] vgl. Staub-HGB-Canaris, a. a. O., Anm. 889

3. Legitimitätsfrage

3.1 Allgemein

Der vielleicht wesentlichste Unterschied zwischen der Inhaberaktie und der Namensaktie besteht in der Legitimation gegenüber der Gesellschaft.

Während gemäß § 1006 Abs. 1 BGB bei der Inhaberaktie der Besitz der Urkunde sowohl gegenüber der Aktiengesellschaft als auch gegenüber Dritten die widerlegbare Vermutung begründet, dass der Besitzer auch Inhaber des materiellen Mitgliedschaftsrechts ist, der Besitzer somit als Gläubiger legitimiert ist (Legitimationswirkung) und der Schuldner daher an den solchermaßen Legitimierten regelmäßig schuldbefreiend leisten kann (Liberationswirkung)[394], ist bei der Namensaktie nicht der Besitz der Aktienurkunde, sondern vielmehr die Eintragung im Aktienregister entscheidend.

Ohne Eintragung im Aktienregister ist der Inhaber der Namensaktie der Aktiengesellschaft nicht Aktionär. Sofern er also seine Mitgliedschaftsrechte ausüben will, muss er sich im Aktienregister eintragen lassen. Erst ab diesem Vorgang kann er Rechte geltend machen und hat Pflichten zu erfüllen. Selbst die Vorlage der Namensaktie könnte also etwa nicht zum Zutritt zur Hauptversammlung berechtigen, da es ausschließlich auf die Eintragung ankommt[395].

Wie bereits dargestellt, vollziehen sich sämtliche materiellen Veränderungen der Rechtslage (Übertragung, Belastung) außerhalb des Aktienregisters, ohne dass die fehlende oder fehlerhafte Eintragung gemäß § 67 Abs. 2 AktG zur Unwirksamkeit der materiellen Veränderung führt, noch etwaige Übertragungsmängel heilt. Insbesondere begründet die Eintragung im Aktienregister – im Gegensatz zum Grundbuch beispielsweise – keinerlei Gutglaubensschutz des Erwerbers oder eines Dritten[396].

3.2 Wirkung und Umfang der Eintragung im Aktienregister

Die Wirkung der Eintragung im Aktienregister erschöpft sich folglich in dem mitgliedschaftlichen Rechtsverhältnis des Aktionärs zu der Gesellschaft und erstreckt sich in etwa nicht auch auf das Rechtsverhältnis des eingetragenen Aktionärs gegenüber Dritten, weshalb auch die in diesem Zusammenhang häufig gebrauchte Formulierung, wonach die Eintragung „jeder rechtsbegründenden Wirkung" entbehre, nicht ganz zutreffend ist[397]. So begründet die ordnungsgemäße Eintragung bzw. die ordnungsgemäße Anmeldung des Rechtsübergangs zwar nicht die Mitgliedschaft des Eingetragenen, wohl aber berechtigt sie den Eingetragenen gegenüber der Gesellschaft zur Ausübung der mit-

---

[394] vgl. BGH NJW 1994, 939 (940); vgl. Balser/Bokelmann/Piorreck, a. a. O., Rn 75; vgl. MK-Heider, a. a. O., § 10 Rn 26

[395] vgl. Noack, a. a. O., in FS Bezzenberger 2000, 291 (298); vgl. OLG Celle WM 1984, 494 (496); anders noch RGZ 86, 154 (160)

[396] vgl. MK-Bayer, a. a. O., § 67 Rn 36; vgl. Wiesner in MüHdB, a. a. O., § 14 Rn 44; vgl. KK-Lutter, a. a. O., § 67 Rn 16; vgl. v. Godin/Wilhelmi, a. a. O., § 67 Anm. 3

[397] vgl. KK-Lutter, a. a. O., § 67 Rn 16; vgl. MK-Bayer, a. a. O., § 67 Rn 37; vgl. v. Godin/Wilhelmi, a. a. O., § 67 Anm. 3; vgl. RGZ 79, 162 (163); 86, 160 (161)

gliedschaftlichen Rechte und Pflichten, wohingegen sich das Rechtsverhältnis zwischen dem fälschlich als Aktionär Eingetragenen und dem wirklichen Aktionär nach den allgemeinen Regeln des BGB, insbesondere einer zwischen ihnen getroffenen Abrede oder den §§ 675 ff BGB bzw. §§ 812 ff BGB bestimmt[398].

Nur der im Aktienregister eingetragene Aktionär ist demnach gegenüber der Gesellschaft zur Wahrnehmung der entsprechenden Aktionärsrechte legitimiert[399]. Dies gilt selbst dann, wenn der Eingetragene nicht Inhaber der Mitgliedschaft ist und dies der Aktiengesellschaft auch positiv bekannt sein sollte. Der Umstand, dass selbst die Kenntnis von etwaigen Mängeln der materiellen Berechtigung nicht den durch die Eintragung im Aktienregister entstanden Rechtsschein zu entkräften vermag, führt dazu, dass die Aktionärsstellung des Eingetragenen nach h.M. unwiderlegbar vermutet wird. Der Wortlaut des § 67 Abs. 2 AktG, wonach der Eingetragene als Aktionär „gilt", legt indes die Annahme nahe, diese Regelung als gesetzliche Fiktion und nicht etwa als unwiderlegbare Vermutung zu qualifizieren. Man wird wohl aber im Regelfall davon ausgehen dürfen, dass die Eintragung der materiellen Rechtslage entspricht, d.h. der als Aktionär Eingetragene auch tatsächlich materiell Berechtigter ist, so dass gerade nicht ein nicht vorliegender Tatbestand fingiert wird[400].

Diese unwiderlegbare Legitimations- und Vermutungswirkung auf Grundlage der ordnungsgemäßen Eintragung bzw. der ordnungsgemäßen Anmeldung des Rechtsübergangs hat zur Folge, dass eine derartige Eintragung im Aktienregister dem materiellen Nichtberechtigten die mitgliedschaftlichen Rechte zu Lasten des wirklich Berechtigten zuweist, gegebenenfalls dem Eingetragenen aber auch die mitgliedschaftlichen Pflichten auferlegt[401]. Grundsätzlich ist daher nur der eingetragene Namensaktionär zur Ausübung seiner mitgliedschaftlichen Vermögensrechte - insbesondere des Rechts auf Dividendenbezug und auf Beteiligung am Liquidationserlös – und seiner mitgliedschaftlichen Herrschafts- und Kontrollrechte – insbesondere des Rechts auf Teilnahme an der Hauptversammlung, des Antrags- und Stimmrechts, des Auskunftsrechts, des Anfechtungsrechts – befugt. Umgekehrt kann nur der eingetragene Namensaktionär, unabhängig von der materiellen Rechtslage, auf Erfüllung seiner mitgliedschaftlichen Pflichten in Anspruch genommen werden,

---

[398] vgl. KK-Lutter, a. a. O., § 67 Rn 16/22; vgl. Hefermehl/Bungeroth in Geßler/Hefermehl, a. a. O., § 67 Rn 26; vgl. Leuering, a. a. O., ZIP 1999, 1745 (1747 f); vgl. Wiesner in MüHdB, a. a. O., § 14 Rn 45 f; vgl. MK-Bayer, a. a. O., § 67 Rn 38

[399] vgl. KK-Lutter, a. a. O., § 67 Rn 17; vgl. Diekmann, a. a. O., BB 1999, 1985 (1987)

[400] vgl. MK-Bayer, a. a. O., § 67 Rn 39; vgl. Wiesner in MüHdB, a. a. O., § 14 Rn 44; vgl. Großkomm-Barz (Voraufl.), a. a. O., § 67 Anm. 15; vgl. Leuering, a. a. O., ZIP 1999, 1745 (1748); vgl. v. Godin/Wilhelmi, a. a. O., § 67 Anm. 6; vgl Hefermehl/Bungeroth in Geßler/Hefermehl, a. a. O., § 67 Rn 43/23vgl. OLG Zweibrücken WM 1997, 622 (623); vgl. OLG Celle AG 1984, 266 (268); vgl. Hüffer, a. a. O., § 67 Rn 13; vgl. KK-Lutter, a. a. O., § 67 Rn 19; vgl. Spindler, a. a. O., ZGR 2000, 420 (423)

[401] vgl. KK-Lutter, a. a. O., § 67 Rn 18; vgl. Wiesner in MüHdB, a. a. O., § 14 Rn 44; vgl. MK-Bayer, a. a. O., § 67 Rn 40

insbesondere zur Leistung noch offener Einlagen (§ 63 Abs. 1 AktG) und dazugehöriger Nebenforderungen (§ 63 Abs. 2 und 3 AktG) oder zur Erbringung satzungsmäßiger Nebenverpflichtungen (§ 55 AktG). Auch die Ausschlussmöglichkeit des § 64 AktG gilt nur für den eingetragenen Namensaktionär, genauso wie eine eventuelle Haftung nur eingetragene Vormänner des Ausgeschlossenen betrifft (§ 65 AktG)[402].

In diesem Zusammenhang ist jedoch auch auf einige Besonderheiten einzugehen.

Bezüglich der Dividendenauszahlung ist anzumerken, das diese, wie soeben festgestellt, dem als Aktionär Eingetragenen zusteht. Etwas anderes gilt aber, wenn Dividenden- bzw. Gewinnanteilsscheine oder Coupons ausgegeben werden, wozu die Gesellschaft verpflichtet ist, wenn nicht die Satzung einen solchen Verbriefungsanspruch ausschließt. In einem solchen Falle steht dem Inhaber des verkörperten Dividendenscheins und nicht etwa dem im Aktienregister Eingetragen der Anspruch auf Zahlung der Dividende zu, da Dividendenscheine nämlich nach allgemeiner Übung auf den Inhaber lauten und daher Inhaberpapiere darstellen, auch wenn sie auf Namensaktien ausgegeben werden. Gleiches gilt auch für Bezugsrechte, sofern diese zum Beispiel durch einen Coupon verbrieft werden. Fehlte es an einer derartigen Verbriefung stünde dem am Abend des Tages vor dem Beginn der Bezugsfrist im Aktienregister Eingetragenen ein solches Bezugsrecht zu[403].

Selbstverständlich ist der im Aktienregister eingetragene Aktionär auch zur Geltendmachung der sogenannten Minderheitenrechte nach §§ 142 Abs. 2 S. 2 AktG (Bestellung von Sonderprüfern), 147 Abs. 1 S. 2 AktG (Geltendmachung von Ersatzansprüchen), 258 Abs. 2 S. 4 AktG (Bestellung von Sonderprüfern wegen unzulässiger Unterbewertung), 265 Abs. 3 S. 2 (Bestellung der Abwickler nach Auflösung der Gesellschaft) sowie 318 Abs. 3 S. 3 AktG (Bestellung und Abberufung des Abschlussprüfers) berechtigt, ohne dass es hierfür erforderlich ist, dass er im gesamten Zeitraum der gesetzlichen Karenzfrist von drei Monaten im Aktienregister eingetragen war. Dieses Ergebnis folgt a maiore ad minus aus § 70 AktG: Wenn wenn sogar Zeiten in Anrechnung gebracht werden können, in denen der spätere Aktionär zunächst nur „wirtschaftlicher Eigentümer“ der Aktien gewesen ist, dann muss erst Recht jeder Rechtsinhaber zur Geltendmachung von Minderheitenrechten befugt sein, sofern er nur im Zeitpunkt der Rechtsausübung im Aktienregister eingetragen ist und die Mindestbesitzzeit auf sonstigem Wege nachweisen kann[404].

Die Vermutungs- bzw. Legitimationswirkung des § 67 Abs. 2 AktG beschränkt sich aber ausschließlich auf die mitgliedschaftlichen Rechte und

---

402 vgl. MK-Bayer, a. a. O., § 67 Rn 43; vgl. KK-Lutter, a. a. O., § 67 Rn 25

403 vgl. Diekmann, a. a O., BB 1999, 1985 (1987); vgl. MK-Bayer, a. a. O., § 67 Rn 45; vgl. Leuernig, a. a. O., ZIP 1999, 1745 (1749); vgl. KK-Lutter, a. a. O., § 67 Rn 33

404 vgl. MK-Bayer, a. a. O., § 67 Rn 46; vgl. Leuering, a. a. O., ZIP 1999, 1745 (1749); vgl. Großkomm-Barz (Voraufl.), a. a. O., § 70 Anm. 4

Pflichten, nicht jedoch auf die schuldrechtlich begründeten Rechte und Pflichten zwischen der Aktiengesellschaft und dem Aktionär[405].

Eine Ausnahme hiervon ist jedoch hinsichtlich des mittelbaren Bezugsrechts gemäß § 186 Abs. 5 AktG zu machen. § 186 Abs. 5 AktG begründet zwar kein Mitgliedschaftsrecht, sondern beruht auf einen Vertrag zugunsten Dritter, welcher zwischen der Gesellschaft und der Emissionsbank zugunsten der bezugsberechtigten Aktionäre geschlossen wird und somit rechtsgeschäftlich begründet ist[406]. In der Praxis hat diese Regelung nun aber dazu geführt, dass durch das rechtsgeschäftlich begründete Bezugsrecht das Gesetzliche gemäß § 186 Abs. 1 AktG abgelöst wird und daher dem mitgliedschaftlichen Bezugsrecht gleichzustellen ist, wobei nach zutreffender Ansicht die Voraussetzungen des § 186 Abs. 5 AktG nur dann erfüllt werden, wenn für alle Aktionäre entsprechend ihrem Bezugsrecht gemäß § 186 Abs. 1 ein Anspruch auf den Erwerb der im Rahmen der Kapitalerhöhung ausgegebenen neuen Aktion begründet wird. In diesem Fall richtet sich die Bezugsberechtigung – trotz der fehlenden mitgliedschaftlichen Begründung – danach, wer im Aktienregister als Aktionär eingetragen ist. Die Verwaltung der Gesellschaft würde nämlich rechtsmissbräuchlich handeln und die Privilegierung des § 186 Abs. 5 AktG auf Spiel setzen, wenn sie den gesetzlichen Zweck von § 67 Abs. 2 AktG im Vertrag mit der Emissionsbank und die gesetzliche Wirkung des Vertrages zugunsten Dritter unterlaufen und die Bank etwa verpflichten würde, nur dem wirklichen Aktionär, nicht aber dem im Aktienregister eingetragenen die neuen Aktien anzubieten[407].

Der eingetragene Nichtberechtigte ist durch die Rechtsscheins- bzw. Legitimationswirkung des § 67 Abs. 2 AktG als wahrer Aktionär anzusehen, tatsächlich aber verfügt er über ein fremdes Recht. Daher drängt sich die Überlegung auf, dass dem eingetragenen Nichtberechtigten an sich nicht mehr Rechte zustehen können als dem materiell Berechtigten, sofern dieser im Aktienregister eingetragen wäre; ein Problem, welches vor allem im Zusammenhang mit der Ausübung des Stimmrechts diskutiert wird. Unterläge nämlich der materiell Berechtigte beispielsweise einer Stimmrechtsbeschränkung, müsste die Aktiengesellschaft diese Beschränkung auch dem eingetragenen Nichtberechtigten entgegenhalten können[408].

Eine solche Auffassung hätte jedoch zur Folge, dass die Aktiengesellschaft konsequenterweise verpflichtet wäre, die Eintragung im Aktienregister auf ihre materielle Richtigkeit zu überprüfen, um mögliche Ausübungsbe-

---

[405] vgl. KK-Lutter, a. a. O., § 67 Rn 21; vgl. MK-Bayer, a. a. O. § 67 Rn 47; vgl. OLG Celle WM 1997, 622 (623)

[406] vgl. BGHZ 114, 203 (208); 118, 83 (96); vgl. Hüffer, a. a. O., § 186 Rn 47; vgl. MK-Bayer, a. a. O., § 67 Rn 47

[407] vgl. KK-Lutter, a. a. O., § 186 Rn 102; vgl. Großkomm-Wiedemann, a. a. O., § 186 Rn 15; vgl. OLG Düsseldorf AG 1984, 188 (190); vgl. Hüffer, a. a. O., § 186 Rn 44/47; vgl. KK-Lutter, a. a. O., § 67 Rn 21; vgl. MK-Bayer, a. a. O., § 67 Rn 47

[408] vgl. KK-Lutter, a. a. O., § 67 Rn 35

schränkungen des Stimmrechts in Bezug auf die Person des materiell Berechtigten feststellen zu können. Dieses würde aber im Widerspruch zu der unwiderlegbaren Vermutungswirkung des § 67 Abs. 2 AktG stehen, weshalb auch hierbei der Eintragungswirkung im Aktienregister der Vorrang vor dem gegebenenfalls materiell zutreffenden Sachverhalt einzuräumen ist[409]. Im Ergebnis richtet sich also auch der Umfang der Rechte und Pflichten des im Aktienregister eingetragenen Nichtberechtigten nach der konkreten Ausgestaltung im Aktienregister, so dass etwaige Unrichtigkeiten im dafür vorgesehenen Verfahren zu berichtigen sind. Entscheidend ist folglich für eine Stimmrechtsausübung, ob eine Stimmrechtsbeschränkung im Aktienregister eingetragen ist oder nicht und zwar gleichgültig, ob hiervon der eingetragene Nichtberechtigte oder aber der materiell Berechtigte betroffen ist.

Eine Abweichung von der Regel, dass der durch die Eintragung begründete Rechtsschein nur zugunsten des Eingetragenen gilt, findet sich indes aber bei der Gesamtrechtsnachfolge.

Der durch die Eintragung des Erblassers begründete Rechtsschein gilt hierbei ohne weiteres auch für den Erben, ohne dass es einer Umschreibung im Aktienregister bedarf[410]. Vor der eigenen Eintragung kann er nur als Erbe des Eingetragenen (§§ 1922, 1967 BGB) mit den entsprechenden Möglichkeiten zur Beschränkung seiner Erbenhaftung, nicht aber selbst als Aktionär in Anspruch genommen werden[411]. Dies ändert sich indes mit der Eintragung des Erben auf der Grundlage des Erbscheins. Die Eintragung im Aktienregister ist insoweit ein selbständiger Verpflichtungsgrund, der unabhängig von den allgemeinen Regeln des materiellen Rechts zu verstehen ist, mit der Folge, dass der Erbe sich ab diesem Zeitpunkt nicht mehr auf seine beschränkte Erbenhaftung nach §§ 1975 ff, 2059 ff BGB berufen kann, auch wenn er im Anschluss sein Erbe beispielsweise ausschlägt[412]. Das gleiche gilt für den Vor- und Nacherben. Sofern sich also der Vorerbe im Aktienregister hat eintragen lassen, haftet er unabhängig davon, ob inzwischen der Nacherbfall eingetreten ist, ebenso wie er damit irreversibel in die Haftungskette aus § 65 AktG eingetreten ist[413].

Auch in den weiteren Fällen der Gesamtrechtsnachfolge, wie zum Beispiel bei Verschmelzung oder Anwachsen nach § 142 HGB, bedarf es keiner

---

[409] wie vor

[410] vgl. Wiesner in MüHdB, a. a. O., § 14 Rn 47; vgl. Baumbach/Hueck, a. a. O., § 67 Rn 10; vgl. Hefermehl/Bungeroth in Geßler/Hefermehl, a. a. O., § 67 Rn 55; kritisch MK-Bayer, a. a. O., § 67 Rn 61 ff

[411] vgl. KK-Lutter, a. a. O., § 67 Rn 27; vgl. v. Godin/Wilhelmi, a. a. O., § 67 Anm. 17; vgl. Hefermehl/Bungeroth in Geßler/Hefermehl, a. a. O., § 67 Rn 56/57

[412] vgl. Wiesner in MüHdB, a. a. O., § 14 Rn 47; vgl. Hüffer, a. a. O., §67 Rn 11; vgl. KK-Lutter, a. a. O., § 67 Rn 26; a. A. vgl. Hefermehl/Bungeroth in Geßler/Hefermehl, a. a. O., § 67 Rn 57; vgl. Großkomm-Barz (Voraufl.), a. a. O., § 67 Anm. 16

[413] vgl. KK-Lutter, a. a. O., § 67 Rn 26; vgl. Baumbach/Hueck, a. a. O., § 67 Rn 4; vgl. Hefermehl/Bungeroth in Geßler/Hefermehl, a. a. O., § 67 Rn 59

Umschreibung des Aktienregisters, damit der durch die Eintragung begründete Rechtsschein unmittelbar für und gegen den Gesamtrechtsnachfolger wirkt[414].

3.3. Schranken

Die auf dem veranlassten Rechtsschein beruhende Inanspruchnahme des eingetragenen Nichtberechtigten ist indes nicht schrankenlos gewährleistet. Im Einklang mit den allgemeinen Regeln des Zivilrechts können dem Eingetragenen nur dann Nachteile aus der Eintragung im Aktienregister erwachsen, wenn er diesen Rechtsschein in zurechenbarer Art und Weise veranlasst hat. Ausgenommen hiervon sind entsprechend dem System des Rechtsschutzes des BGB Handlungen von nicht voll Geschäftsfähigen. Auch in den Fällen reiner Fälschungstatbestände sowie regelmäßig in den Fällen, in denen ein falsus procurator mitwirkt, fehlt es an der Zurechenbarkeit des entstandenen Rechtsscheins zu Lasten des Eingetragenen. Generell ist die Zurechenbarkeit indes in den Fällen gegeben, in denen Grundgeschäft, Erfüllungsgeschäft und/oder Anmeldung sowie Bevollmächtigung zudem aus sonstigen Gründen – etwa durch Anfechtung – nichtig sind, da sich andernfalls Probleme aus dem Rechtsverhältnis zwischen Veräußerer und Erwerber der Aktie auf die Berechtigung erstrecken könnten, was gerade durch die Regelung des § 67 Abs. 2 AktG verhindert werden soll[415].

Eine Inanspruchnahme des eingetragenen Nichtberechtigten durch die Gesellschaft ist aber nur dann möglich, wenn dies nicht rechtsmissbräuchlich erfolgt. Erfasst von einer solchen rechtsmissbräuchlichen Inanspruchnahme sind solche Fälle, in denen sich die Gesellschaft auf eine Eintragung beruft, die unter Kenntnis und Mitwirkung ihres Vorstands nur zum Schein zustande kam oder aber wenn die Gesellschaft die Eintragung des ordnungsgemäß angemeldeten Übergangs auf den neuen Aktionär unterlassen und damit den Fortbestand der Eintragung des bisherigen Aktionärs bewusst bewirkt hat[416].

4. Anonymität

Ein weiterer im Zusammenhang mit der Legitimitätsfrage stehender Unterschied zwischen Inhaberaktie und Namensaktie ist die Frage der Anonymität.

Während der Inhaberaktionär im Regelfall unbekannt bleibt, ist der Gesellschaft bei der Ausgabe von Namensaktien aufgrund der Eintragung in das Aktienregister die Person des Namensaktionärs und damit der ihr gegenüber legitimierten Person bekannt, obwohl damit nicht gleichzeitig auch die Inhaber-

---

414 vgl. Wiesner in MüHdB, a. a. O., § 14 Rn 47

415 vgl. KK-Lutter, a. a. O., § 67 Rn 28; vgl. RGZ 92, 315 (318); 123, 279 (285); vgl. Baumbach/Hueck, a, a, O., § 67 Rn 10; vgl. Großkomm-Barz (Voraufl.), a. a. O., § 67 Anm. 5; vgl. Hefermehl/Bungeroth in Geßler/Hefermehl, a. a. O., § 67 Rn 45; vgl. Richter, a. a. O., S. 52; vgl. Wiesner in MüHdB, a. a. O., § 14 Rn 46

416 vgl. KK-Lutter, a. a. O., § 67 Rn 29; vgl. Großkomm-Barz (Voraufl.), a. a. O., § 67 Anm. 14; teilweise a. A. vgl. Hefermehl/Bungeroth in Geßler/Hefermehl, a. a. O., § 67 Rn 51/59, vgl. Wiedemann, a. a. O., S. 136; vgl. Knobbe-Keuk, a. a. O., ZIP 1983, 274 (275)

schaft des Mitgliedschaftsrechtes bzw. die Eigentümerstellung des Eingetragenen zum Ausdruck kommt.

Aber auch im Falle der Ausgabe von Namensaktien kann eine gewisse Anonymität gegenüber der Gesellschaft erreicht werden. Neben der Möglichkeit, seine Namensaktien nicht im Aktienregister eintragen zu lassen, mit der Folge, dass eine Geltendmachung von Rechten nicht möglich ist, können Inhaber von Namensaktien selbstverständlich Dritte als sogenannter „street name", worauf noch einzugehen sein wird, eintragen lassen. Diese gelten dann gegenüber der Gesellschaft als Namensaktionär, ohne dass der tatsächlich materiell Berechtigte bekannt wird.

Die namentliche Nennung im Aktienregister hat dabei insbesondere auf Fragen im Zusammenhang mit der Hauptversammlungsvorbereitung und –durchführung sowie bei Fragen der Stimmrechtsausübung, worauf gleichfalls noch einzugehen sein wird, Auswirkungen.

IV. Gründe für die Namensaktie

Wie soeben dargestellt, gibt es erhebliche Unterschiede zwischen der Namensaktie und der Inhaberaktie, die die unternehmerische Entscheidung für die eine oder die andere Aktienart beeinflussen. Auch wenn der Gesellschaft grundsätzlich gemäß § 10 Abs. 1 AktG ein Wahlrecht zwischen diesen beiden Aktienarten eingeräumt wird, gibt es Tatbestände, bei denen diese Wahlfreiheit eingeschränkt und die Gesellschaft verpflichtet ist, auf den Namen lautenden Aktien auszugeben.

1. Herkömmliche Gründe für die Ausgabe von Namensaktien

1.1 Teileinzahlung gemäß § 10 Abs. 2 AktG

Zwingend nach § 10 Abs. 2 S. 1 AktG ist die Ausgabe von Namensaktien vorgeschrieben, wenn die Anteile vor der vollständigen Leistung des Nennbetrages oder des höheren Ausgabebetrages ausgegeben werden, wodurch sichergestellt werden soll, dass der Aktiengesellschaft aufgrund der Eintragung im Aktienregister stets bekannt ist, an wen sie sich wegen der ausstehenden Einlage halten kann. Demzufolge dient diese Vorschrift in erster Linie der Sicherung der Kapitalaufbringung[417].

Ihren praktischen Anwendungsbereich hat diese Regelung nach wie vor insbesondere bei den Versicherungsgesellschaften, weil dort auf eine Volleinzahlung verzichtet werden kann, da das entsprechende (Grund-)Kapital für das operative Geschäft nicht benötigt wird, wohingegen für die Risikovorsorge die jeweiligen Ansprüche gegen die Namensaktionäre auf die Resteinlage als ausreichend erachtet werden, insoweit also das (Grund-)Kapital vornehmlich die Bedeutung eines Reservefonds hat[418].

Sofern der Aktionär seine Einlage nicht vollständig erbringt, ist dies nach Maßgabe des § 10 Abs. 2 S. 2 AktG in der Namensaktie zu vermerken. Dabei ist nicht etwa der Betrag der noch ausstehenden Leistung, sondern vielmehr der der bisher geleisteten Teilleistung anzugeben, damit bei einer eventuellen Veräußerung der Aktie der Erwerber sehen kann, dass auf die Aktie noch Einlagen zu erbringen sind[419].

Ein Verstoß gegen diese Angabepflicht hat indes keinerlei Auswirkung auf die Wirksamkeit der wertpapiermäßigen Verbriefung. Eine derartige (fehlerhafte) Verbriefung führt vielmehr dazu, dass für einen gutgläubigen Erwerber der Rechtsschein begründet wird, es sei die auf die Aktie zu leistende Einlage bereits vollständig erbracht worden, so dass der gutgläubige Erwerber die Resteinlage nicht mehr an die Gesellschaft zu zahlen braucht[420].

---

417 vgl. Eckhardt in Geßler/Hefermehl, a. a. O., § 10 Rn 17; vgl. MK-Heider, a. a. O., § 10 Rn 50; vgl. Hüffer, a. a. O., § 10 Rn 6;

418 Zöllner, a. a. O., AG 1985, 19 (19)

419 vgl. Eckhardt in Geßler/Hefermehl, a. a. O., § 10 Rn 18

420 vgl. Eckhardt in Geßler/Hefermehl, a. a. O., § 10 Rn 18; vgl. MK-Heider, a. a. O., § 10 Rn 54; vgl. KK-Kraft, a. a. O., § 10 Rn 27; vgl. Hüffer, a. a. O., § 10 Rn 7; vgl. RGZ 144, 138 (145); Eine derartige fehlerhafte Aktienausgabe führt zur Schadensersatzpflicht der Vor-

Der so entstehende Ausschluss der Zahlungspflicht des gutgläubigen Erwerbers widerspricht auch nicht dem Grundsatz der realen Kapitalaufbringung, da insoweit der Veräußerer in vollem Umfange nach § 65 AktG für die Einlage verpflichtet ist und nicht etwa „nur" subsidiär für die Einlage haftet. Dies gilt umso mehr als in jedem Falle vor dem (ersten) gutgläubigen Erwerb mindestens ein Inhaber der Aktie - nämlich zumindest der Übernehmer bei der Gründung oder der Zeichner bei der Kapitalerhöhung – vorhanden sein muss, der hinsichtlich der Einlagepflicht nicht gutgläubig war, so dass der Aktiengesellschaft immer einen voll haftenden Einlageschuldner zur Verfügung steht. Aus diesem Grund ist es bei fehlender oder unrichtiger Angabe von Teilleistungen auf nicht voll eingezahlten Namensaktien sachgerecht, den gutgläubigen Erwerber in der Weise zu schützen, dass er eine Aktie erwirbt, mit der keine restliche Einlagepflicht mehr verbunden ist[421].

Eine vergleichbare Situation liegt vor, wenn vorschriftswidrig bei nicht voll eingezahlter Einlage Inhaberaktien statt Namensaktien ausgegeben werden. Auch hier führt die Verletzung des § 10 Abs. 2 S. 1 AktG nach ganz h.M. nicht zur Unwirksamkeit des verbrieften Mitgliedschaftsrechts[422], mit der Folge, dass im Zuge eines eventuellen gutgläubigen Erwerbes der entsprechende gutgläubige Erwerber, keiner Einlageverpflichtung gegenüber der Gesellschaft nachzukommen braucht. Der (gutgläubige) Erwerber ist insoweit genauso schützenswert wie derjenige, auf dessen Namensaktie ein fehlerhafter Betrag angegeben ist. Dem Interesse der Gesellschaft auf Sicherung des Kapitals wird man hingegen dadurch gerecht, dass man den Veräußerer bzw. den Übernehmer zur Begleichung der Einlagevepflichtung heranzieht.

Im Hinblick auf die Anwendung des § 10 Abs. 2 AktG ergeben sich indes weitere Probleme:

1.1.1 Verhältnis zu § 23 Abs. 3 Nr. 5 AktG

Bestimmt die Satzung gemäß § 23 Abs. 3 Nr. 5 AktG, dass Aktien nur auf den Inhaber lauten dürfen, so stellt sich die Frage, ob vor der vollen Leistung des Ausgabebetrages gemäß § 10 Abs. 2 AktG dennoch Namensaktien ausgegeben werden dürfen bzw. ob insoweit die Ausgabe von (Namens-)Aktien ausgeschlossen ist.

---

stands- und Aufsichtsratsmitglieder nach §§ 93 Abs. 3 Nr. 4, 116 AktG. Darüber hinaus handeln sie nach § 405 Abs. 1 Nr. 1 AktG auch ordnungswidrig und können mit einer Geldbuße belegt werden (§ 405 Abs. 4 AktG).

421 vgl. KK-Lutter, a. a. O., § 54 Rn 7; vgl. Großkomm-Barz (Voraufl.), a. a. O., § 54 Anm. 20; vgl. v. Godin/Wilhelmi, a. a. O., § 54 Anm. 5; vgl. Hefermehl/Bungeroth in Geßler/Hefermehl, a. a. O., § 54 Rn 15; vgl. Wiesner in MüHdB, a. a. O., § 16 Rn 4

422 Ganz h.M. vgl. Eckhardt in Geßler/Hefermehl, a. a. O., § 10 Rn 18; vgl. MK-Heider, a. a. O., § 10 Rn 54; vgl. Hüffer, a. a. O., § 10 Rn 7; vgl. RGZ 144, 138 (145), wobei sich auch in diesem Falle eine Schadensersatzpflicht (§§ 93 Abs. 3 Nr. 4, 116 AktG) der Vorstands- und Aufsichtsratsmitglieder, sowie eine Ordnungswidrigkeit gemäß § 405 Abs. 1 AktG ergibt. Der Schaden der Gesellschaft besteht darin, dass der gutgläubige Erwerber der Inhaberaktie nicht der Gesellschaft für die noch ausstehende Einlage haftet.

Nach dem früher geltenden Recht (§§ 10 Abs. 2, 24 Abs. 1 S. 2, 23 Abs. 3) war dies unproblematisch, da die Ausgabe von Namensaktien entweder in der Satzung vorgesehen war oder bei Fehlen einer statutarischen Regelung Namensaktien gemäß §§ 24 Abs. 1 S. 2, 10 Abs. 2 a. F. ausgegeben werden mussten[423].

Im Rahmen der aktuellen Gesetzeslage wird dennoch teilweise die Auffassung vertreten, dass eine Satzungsbestimmung mit dem Inhalt der Ausgabe von Inhaberaktien nicht das gesetzliche Recht des Aktionärs auf Verbriefung seiner Mitgliedschaft vor vollständiger Einlageleistung verkürzen könne, da eine § 24 Abs. 1 S. 2 a. F. gleichlautende Regelung zwar fehle, der Gesetzgeber dennoch an der zwingenden Regelung des § 10 Abs. 2 AktG festgehalten habe. Demnach sei die Ausgabe von Namensaktien vor Volleinzahlung trotz entgegenstehender Satzungsbestimmung zulässig, wobei der Satzungsregelung dadurch Rechnung zu tragen sei, dass nach Volleinzahlung ein Umtausch der Namensaktien in Inhaberaktien zu erfolgen habe[424].

So zutreffend diese Ansicht unter Zugrundelegung der früheren Gesetzeslage gewesen sein mag, umso weniger vermag die Argumentation zu überzeugen, dass mit der Beibehaltung des § 10 Abs. 2 AktG auch die Möglichkeit der Satzungsdurchbrechung, d.h., dass anstelle von Inhaber- Namensaktien ausgegeben werden können, eröffnet bleiben muss.

Zwar schränkt § 10 Abs. 2 AktG das Bestimmungsrecht der Gesellschaft zur Sicherung der Kapitalaufbringung ein, doch dient diese Vorschrift - in Abweichung von § 23 Abs. 3 Nr. 5 AktG - nicht dazu, eine Grundlage für eine solche Satzungsdurchbrechung zu begründen. Für eine derartige Annahme besteht zudem kein praktischen Bedürfnis, da für den Fall, dass eine Gesellschaft – trotz einer Satzungsbestimmung, die die Ausgabe von Inhaberaktien vorsieht – die Mitgliedschaft noch vor der Volleinzahlung verbriefen will, ihr die Möglichkeit der Ausgabe von Zwischenscheinen offen steht, so dass die Ausgabe von Namensaktien als unzulässig anzusehen ist[425].

1.1.2 Anwendbarkeit des § 10 Abs. 2 AktG bei Bar- und Sacheinlagen

Schließlich ist hinsichtlich des Geltungsbereiches des § 10 Abs. 2 AktG umstritten, ob diese Vorschrift nur für solche Aktienausgaben gilt, bei denen Bareinlagen zu leisten sind, oder ob diese Regelung auch bei vereinbarten Sacheinlagen Beachtung finden soll.

So wird, ungeachtet der obigen Unterscheidung, in diesem Zusammenhang vertreten, dass sich § 10 Abs. 2 AktG ausschließlich auf den Fall der Bareinlage bezieht. Begründet wird dies mit dem Wortlaut der Vorschrift, der die „Leistung des Nennbetrages" (§ 10 Abs. 2 S. 1 AktG) oder die Angabe des „Betrages der Teilleistung" (§ 10 Abs. 2 S. 2 AktG) verlangt. Bei der Vereinba-

---

[423] vgl. KK-Kraft, a. a. O., § 10 Rn 21
[424] vgl. KK-Kraft, a. a. O., § 10 Rn 21/23; vgl. MK-Heider, a. a. O., § 10 Rn 50
[425] vgl. MK-Heider, a. a. O., § 10 Rn 50; vgl. Großkomm-Brändel, a. a. O., § 10 Rn 13

rung von Sacheinlagen sei hingegen in Anlehnung an § 36a Abs. 2 S. 1 AktG die Ausgabe von Namensaktien erst nach der vollständigen Erbringung der Sachleistung möglich[426].

Demgegenüber wird teilweise der Anwendungsbereich sowohl auf Bar- als auch auf Sacheinlagen erstreckt, da durch die Eintragung im Aktienregister ausreichend sichergestellt sei, wer gegenüber der Aktiengesellschaft noch zur Leistung seiner Einlage verpflichtet bleibt[427].

Vor dem Hintergrund des Zwecks des § 10 Abs. 2 AktG, der die Kapitalerbringung sicherstellen soll, dürfte jedoch für die Klärung der Frage der Anwendbarkeit des § 10 Abs. 2 AktG bei Sacheinlagen die Bewertung des § 36a Abs. 2 AktG entscheidend sein. Im Kern geht es also um die Frage, ob die Sacheinlagen stets vor der Anmeldung zu leisten sind.

Die Formulierung des § 36a Abs. 2 AktG ist dabei aufgrund ihrer Unklarheit wenig dienlich, um eine sachgerechte Lösung dieses Problems zu erreichen.

So scheint durch § 36a Abs. 2 S. 1 AktG, wonach Sacheinlagen vollständig zu leisten sind, zunächst etwas Selbstverständliches geregelt zu werden, weil Teilleistungen bei Sacheinlagen – etwa bei der Erbringung eines Grundstückes – im Regelfall ohnehin nicht in Betracht kommen werden und die Verpflichtung zur vollständigen Leistung sich bereits aus dem Sacheinlageversprechen des Gründers und dem Grundsatz der effektiven Kapitalaufbringung ergibt. Unter Heranziehung des § 37 Abs. 1 S. 1 1. HS. AktG wird zudem deutlich, dass die vollständige Leistung der Sacheinlage schon vor der Anmeldung der Gesellschaft zur Eintragung in das Handelsregister (bzw. vor der Anmeldung der Kapitalerhöhung in das Handelsregister, da nach § 188 Abs. 2 AktG 36a AktG sinngemäß gilt) angeordnet werden muss[428], was scheinbar der Regelung des § 36a Abs. 2 S. 2 AktG widerspricht, wonach die fünfjährige (Maximal-) Frist erst ab Eintragung der Gesellschaft im Handelsregister beginnt[429].

Eine eindeutige Auslegung des § 36a Abs. 2 AktG ist dabei jedoch für die Frage maßgebend, ob § 10 Abs. 2 AktG sich auch auf Sacheinlagen bezieht.

Gelangt man nämlich aufgrund der Auslegung des § 36a Abs. 2 AktG zu dem Schluss, dass Sacheinlagen stets vor der Anmeldung zu leisten sind, wie ausdrücklich in § 36a Abs. 2 S.1 i.V.m. § 37 Abs. 1 S. 1 1. HS AktG festgelegt wird, so gilt im Hinblick auf § 41 Abs. 4 S. 1 AktG, wonach Aktien vor Eintragung der Gesellschaft (bzw. der Kapitalerhöhung) nicht ausgegeben werden dürfen, § 10 Abs. 2 AktG nur für Aktienausgaben gegen Barleistung. Sofern man es jedoch unter Heranziehung des § 36a Abs. 2 S. 2 AktG als ausreichend erachtet, dass die (Sach-) Leistung innerhalb von fünf Jahren erbracht wird, gilt § 10 Abs. 2 AktG auch für Aktienausgaben gegen Sacheinlagen.

---

[426] vgl. KK-Kraft, a. a. O., § 10 Rn 24/26; vgl. Großkomm-Brändel, a. a. O., § 10 Rn 16
[427] vgl. Eckhardt in Geßler/Hefermehl, a. a. O., § 10 Rn 17
[428] Wie dies auch durch § 7 Abs. 3 GmbHG für die GmbH vorgeschrieben ist.
[429] vgl. Eckhardt in Geßler/Hefermehl, a. a. O., § 36a Rn 11; vgl. MK-Pentz, a. a. O., § 36a Rn 9

Hinsichtlich der Auslegung des § 36a Abs. 2 AktG werden dabei im Wesentlichen zwei Auffassungen vertreten.

Eine Auffassung vertritt die Meinung, dass nach § 36a Abs. 2 S. 1 AktG bei Sacheinlagen der dingliche Vollzug der Übertragung vor der Anmeldung der Gesellschaft zur Eintragung im Handelsregister (bzw. der Eintragung der Kapitalerhöhung) bewirkt werden muss, wobei es bei der Übertragung von Grundstücken – wegen des zeitraubenden Eintragungsverfahrens beim Grundbuchamt – genügen soll, wenn die erforderlichen Erklärungen des Gründers und gegebenenfalls auch der Gesellschaft wirksam abgegeben und beim Grundbuchamt eingereicht sind oder eine Vormerkung zugunsten der Gesellschaft im Grundbuch eingetragen ist[430]. § 36a Abs. 2 S. 2 AktG erfasst hiernach nur solche Sacheinlagen, bei denen auf die Gesellschaft als Sacheinlage ein gegen einen Dritten gerichteter schuldrechtlicher Anspruch übertragen wird, der nur dann als tauglich angesehen werden kann, wenn die Leistung des Dritten innerhalb der 5-Jahres-Frist zu erfüllen ist[431]. Die Vertreter dieser Auffassung berufen sich insoweit nicht nur auf den Wortlaut und Systematik des § 36a Abs. 2 AktG, sondern auch auf die Regelung des § 36 Abs. 2 S. 2 AktG über die Bestellung von Sicherheiten. Wollte man nämlich in Anbetracht des Umstandes, dass der Gesetzgeber in § 36 Abs. 2 S. 2 AktG nur von „Geldeinlagen" spricht, nicht ein Redaktionsversehen unterstellen, so stützt die hieraus abzuleitende Ansicht des Gesetzgebers, dass bei Sacheinlagen ein vergleichbares Sicherungsbedürfnis nicht bestehe, da die Sacheinlage eben stets vor Eintragung der Gesellschaft bzw. vor Wirksamkeit der Kapitalerhöhung (§ 189 AktG) vollständig zu erbringen ist, die Auffassung, dass § 36a Abs. 2 S. 2 AktG nur den seltenen Fall der Erbringung eines Lieferungsanspruches gegen einen Dritten als Sacheinlage erfasst[432].

Nach der zweiten Auffassung bestimmt nach Maßgabe des Wortlautes des § 36a Abs. 2 S. 2 AktG der Gegenstand der Sacheinlage das Verhältnis von § 36a Abs. 2 S. 1 und S. 2 AktG.

Folglich wird in den Fällen, in denen sich ein Gründer im Rahmen seiner (Sacheinlage-)Verpflichtung zur dinglichen Übertragung eines Gegenstandes auf die Gesellschaft verpflichtet hat, ausschließlich § 36a Abs. 2 S. 2 AktG herangezogen, mit der Folge, dass der Gründer eine durch ein dingliches Übertragungsgeschäft zu bewirkende Sacheinlageverpflichtung innerhalb der 5-Jahres-Frist, beginnend ab der Eintragung der Gesellschaft (bzw. der Kapitalerhöhung) zu erfüllen hat. Zum Zeitpunkt der Anmeldung muss demnach „nur" die Übertragungspflicht begründet sein. In allen Fällen, in denen die Sacheinlage, wie etwa die Sacheinlage durch Gebrauchs- und Nutzungsüberlassung, nicht auf einer dinglichen Übertragung von Vermögensgegenständen beruht, muss der

---

430 vgl. MK-Pentz, a. a. O., § 36a Rn 11; vgl. KK-Kraft, a. a. O., § 36a Rn 11 ff; vgl. Mayer, a. a. O., ZHR 154 (1990), 535 (544)

431 vgl. Lutter, a. a. O., AG 1994, 429 (432); vgl. Mayer, a. a. O., ZHR 154 (1990), 535 (538 ff)

432 vgl. Lutter, a. a. O., AG 1994, 429 (433); vgl. MK-Pentz, a. a. O., § 36a Rn 11

Gesellschaft bereits vor der Anmeldung die tatsächliche Gebrauchs- oder Nutzungsmöglichkeit eingeräumt sein. Legt man diese Ansicht zugrunde, würde zwar § 36a Abs. 2 S. 1 AktG rechtstechnisch den Grundsatz und § 36a Abs. 2 S. 2 AktG die Ausnahmeregelung darstellen, im praktischen Ergebnis wäre indes § 36a Abs. 2 S. 2 AktG die Regel, da Sacheinlagen regelmäßig durch dingliche Übertragung in die Gesellschaft eingebracht werden, wohingegen die Fälle der Gebrauchs- und Nutzungsüberlassung eher Randerscheinungen darstellen[433].

Trotz der zutreffend festgestellten systematischen Schwächen, ist der zweiten Auffassung, insbesondere aufgrund der Entwicklungsgeschichte dieser Vorschrift, die die Intention des Gesetzgebers zum Ausdruck bringt, zu folgen.

So hat es bis zur Einführung des § 36a Abs. 2 im Jahre 1979 keine gesetzliche Bestimmung gegeben, die geregelt hat, wann eine Sacheinlage zu erbringen ist, obwohl bereits im Rahmen der Aktienrechtsreform von 1965 vorgeschlagen worden ist, zu prüfen, ob für Sacheinlagen eine Vorschrift vorgesehen werden sollte, nach der Sacheinlageverpflichtungen innerhalb einer bestimmten Frist nach Eintragung der Gesellschaft zu erfüllen seien[434].

Der Gesetzgeber hat von einer derartigen Regelung jedoch abgesehen, weil ihm keine Fälle bekannt gewesen sind, die Anlass zu einer solchen Vorschrift hätten geben können und überdies unklar gewesen ist, welche Rechtsfolgen ein eventueller Verstoß gegen eine solche Regelung haben sollte[435]. Dementsprechend ist es bei der Handhabung geblieben, dass die Leistung der Sacheinlage vor der Anmeldung zulässig, aber gesetzlich nicht vorgesehen gewesen ist[436]. Nach Auffassung des Gesetzgebers hat die Regelung des § 10 Abs. 2 S. 1 AktG, wonach vor Erbringung der vollständigen Einlage nur Namensaktien ausgegeben werden dürfen, ausreichende Veranlassung zur Erbringung der Sacheinlage gegeben.

Die derzeitige Fassung basiert jedoch nicht auf einer vom deutschen Gesetzgeber erkannten Notwendigkeit, sondern resultiert auf Bestrebungen der Europäischen Gemeinschaft, die Gesellschaftsrechte der Mitgliedsstaaten zu harmonisieren.

Zunächst ist dabei von der Kommission vorgeschlagen worden, dass „Gegen Nicht-Bareinlagen ausgegebene Aktien (...) voll eingezahlt sein" müssten, da man der Auffassung gewesen ist, dass die Volleinzahlungspflicht eines der einfachsten Mittel sei, dafür zu sorgen, dass die zu erbringende Sacheinlage auch tatsächlich geleistet werde[437]. Diese Bestimmung ist indes nicht beibehalten worden. Statt dessen hat die endgültigen Fassung der Richtlinie folgenden

---

[433] vgl. MK-Pentz, a. a. O., § 36a Rn 12; vgl. Krebs/Wagner, a. a. O., AG 1998, 467 (468 ff); vgl. Hoffmann-Becking, a. a. O., ZIP 1995, 1 f

[434] vgl. MK-Pentz, a. a. O., § 36a Rn 14

[435] vgl. Eckhardt in Geßler/Hefermehl, a. a. O., § 36a Rn 3; vgl. MK-Pentz, a. a. O., § 36a Rn 14

[436] vgl. Baumbach/Hueck, a. a. O., § 36 Rn 5; vgl. Großkomm-Barz (Voraufl.), a. a. O., § 36 Anm. 16 zur entsprechenden Rechtslage vor 1965 (3. Aufl. 1973); vgl. Schlegelberger/Quassowski, a. a. O., § 28 Rn 5; vgl. MK-Pentz, a. a. O., § 36a Rn 14

[437] vgl. MK-Pentz, a. a. O., § 36a Rn 14

Wortlaut gehabt: „Jedoch müssen Einlagen, die nicht Bareinlagen sind, für Aktien, die im Zeitpunkt der Gründung der Gesellschaft (...) ausgegeben werden, innerhalb von fünf Jahren nach diesem Zeitpunkt vollständig geleistet werden[438]."

Untere Berücksichtigung dieser Entwicklung und des Wortlauts der Vorschrift der Richtlinie ist nicht ersichtlich, warum der deutsche Gesetzgeber im Rahmen der Umsetzung dieser Richtlinie über die Anforderungen derselben hinausgehen wollte, zumal in der amtlichen Begründung nochmals auf die ursprüngliche Fassung eingegangen und ihre Unzweckmäßigkeit festgestellt worden ist. Aus diesem Grunde sei für die Übertragung eines Vermögensgegenstands eine Frist von fünf Jahren eingeräumt worden, was zur Folge hat, dass als Sacheinlage im Sinne des deutschen Rechts auch weiterhin die Begründung eines schuldrechtlichen Anspruches ausreiche. Dementsprechend enthalte § 36a Abs. 2 S. 1 AktG die grundlegende Regelung für Sacheinlagen, die in etwa auch die miet- oder pachtweise Überlassung von Grundstücken umfasse, wohingegen § 36a Abs. 2 S. 2 AktG auf die Einschränkung in Bezug auf die Erfüllung schuldrechtlicher Ansprüche abstellt, womit sichergestellt werde, dass das dingliche Erfüllungsgeschäft aus einer bei einer Gründung eingebrachten schuldrechtlichen Verpflichtung nicht auf unabsehbare Zeit hinausgeschoben wird, während der das Risiko der Kapitalaufbringung bestehen bleibt[439].

Im Ergebnis stellt somit die Begründung eines gegen den Gründer gerichteten Anspruchs auf Übertragung eines Vermögengegenstands selbst die Bewirkung der Sacheinlageverpflichtung im Sinne des § 36a Abs. 2 S. 1 AktG dar, wobei die Frist des S. 2 für die Erfüllung dieses Anspruches maßgeblich ist. § 36a Abs. 2 S. 2 AktG ist daher streng im Sinne eines dinglichen Rechtsgeschäftes auszulegen, so dass § 36a Abs. 2 S. 1 AktG folglich nur die Fälle erfasst, in denen, wie etwa bei der Einlage in Form der Gebrauchsgewährung, eine dingliche Bewirkung nicht möglich bzw. beabsichtigt ist, was dazu führt, dass derartige Sacheinlagen vor der Anmeldung vollständig geleistet werden müssen[440].

Im Hinblick auf die Beurteilung der Ausgangsfrage, ob die Ausgabe von Namensaktien auch bei vereinbarten Sacheinlagen zu beachten ist, führen die soeben getroffenen Überlegungen bzw. die Auslegung des § 36a Abs. 2 AktG zu dem Ergebnis, dass in den Fällen, in denen die Leistung innerhalb einer Frist von fünf Jahren ausreicht, sofern die Sacheinlageverpflichtung durch einen

---

[438] vgl. Mayer, a. a. O., ZHR 154 (1990), 535 (540)

[439] vgl. MK-Pentz, a. a. O., § 36a Rn 15; vgl. Großkomm-Röhricht, a. a. O., § 36a Rn 7

[440] vgl. Großkomm-Röhricht, a. a. O., § 36a Rn 7/13 f; vgl. MK-Pentz, a. a. O., § 36a Rn 16; Auch wenn zutreffend ist, dass § 36 Abs. 2 S. 2 AktG die Auffassung zugrunde liegt, dass auch im Aktienrecht die Sacheinlage vor der Anmeldung der Gesellschaft vollständig geleistet werden müssten und dass aus diesem Grund dort eine Sicherung für die Einpersonen-Sachgründung vorgesehen worden ist, steht § 36 Abs. 2 S. 2 AktG dieser Auslegung nicht entgegen. Es ergibt sich hieraus lediglich das Vorliegen einer ausfüllungsbedürftigen Regelung im Zusammenhang mit der Sicherungsbestimmung des § 36 Abs. 2 S. 2 AktG, aber keine Begründung für eine inhaltliche Nebestimmung des § 36a Abs. 2 AktG.

dinglichen Übertragungsakt zu bewirken ist, § 10 Abs. 2 AktG auch für die Aktienausgaben gegen Sacheinlagen gilt[441]. Dementsprechend sind Namensaktien auch dann auszugeben, wenn eine durch ein dingliches Übertragungsgeschäft zu bewirkende Sacheinlageverpflichtung, deren Erfüllung noch nicht erfolgt ist, eingegangen wurde.

1.2 Ausgabe von (vinkulierten) Namensaktien gemäß § 55 AktG

Nach § 55 Abs. 1 S. 1 AktG besteht eine weitere gesetzliche Anordnung zur Ausgabe von Namensaktien in vinkulierter Form, wenn von den Aktionären statutarisch neben der Einlage auf das Grundkapital wiederkehrende, nicht in Geld bestehende Leistungen zu erbringen sind.

Hintergrund dieser Regelung ist die Konzession des Gesetzgebers an die Wirtschaftsentwicklung der Rübenzuckerindustrie im 19. Jahrhundert. Aufgrund der besonderen Lage zu Zusammenschlüssen genötigt, entstanden in der zweiten Hälfte des 19. Jahrhunderts Aktiengesellschaften, deren Gesellschafter – Zuckerbauern – sich zur Einlage auf das (Grund-)Kapital, darüber hinaus aber durch schuldrechtliche Verträge zur Belieferung der Gesellschaft mit Zuckerrüben verpflichteten[442].

Der Gesetzgeber hat der Entwicklung dieser (Nebenleistungs-) Aktiengesellschaften durch § 212 HGB des im Jahre 1900 in Kraft getretenen HGB 1897 und den im Anschluss hieran erfolgten Regelungen Rechnung getragen, insbesondere durch § 50 AktG 1937, welcher bis auf Abs. 1 S. 2, der im Rahmen der Aktienrechtsreform von 1965 eingeführt wurde, wörtlich mit der aktuellen Vorschrift übereinstimmt.

Außerhalb der Zuckerrübenindustrie hat diese Art der (Nebenleistungs-) Aktiengesellschaft, insbesondere in gleichartigen industriellen und landwirtschaftlichen Bereichen, wie etwa Molkereien, Brennereien etc., jedoch keine praktische Bedeutung, zumal auch die Ausbreitung in der Zuckerrübenindustrie selbst minimal ist, infolge dessen der Anwendungsbereich dieser Vorschrift als gering einzuschätzen ist.

Die der Gesellschaft durch § 55 Abs. 1 S. 1 AktG bei entsprechender Satzungsbestimmung eingeräumte Möglichkeit, von ihren Aktionären Nebenleistungen verlangen zu können, besteht nur, wenn die Mitgliedschaften, die in Namensaktien (oder in Zwischenscheinen) verkörpert sind, bei ihrer Veräußerung in jedem Fall der Zustimmung der Aktiengesellschaft bedürfen, d.h. es sich folglich im Regelfall um vinkulierte Namensaktien handelt[443].

Die in § 55 Abs. 1 AktG festgehaltene Nebenleistungspflicht tritt dabei nicht anstelle der Einlagepflicht nach § 54 Abs. 1 AktG, sondern ergänzt diese

---

[441] vgl. MK-Heider, a. a. O., § 10 Rn 49. Sofern die Auffassung vertreten wird, dass Sacheinlagen stets vor der Anmeldung zu leisten sind, gilt § 10 Abs. 2 AktG im Hinblick auf § 41 Abs. 4 AktG nur für Aktienausgaben gegen Barleistung.

[442] vgl. KK-Lutter, a. a. O., § 55 Rn 2

[443] vgl. KK-Lutter, a. a. O., § 55 Rn 16; vgl. Hefermehl/Bungeroth in Geßler/Hefermehl, a. a. O., § 55 Rn 4

vielmehr. Dementsprechend sind Leistungen aus einer Nebenleistungspflicht nicht auf das Grundkapital zu beziehen, sondern mehren das Gesellschaftsvermögen als solches, weshalb auf sie weder die Grundsätze über die reale Kapitalaufbringung noch über die Kapitalerhaltung Anwendung finden. Genauso wie die Einlagepflicht des § 54 Abs. 1 AktG regelt § 55 Abs. 1 AktG eine interne Beitragspflicht der Aktionäre, unterscheidet sich aber dadurch, dass es sich bei § 55 Abs. 1 AktG um eine fakultative Nebenleistungspflicht handelt, infolge dessen die Gesellschaft nicht gezwungen ist, die Nebenleistungspflicht allen Aktionären aufzuerlegen, wohingegen es sich bei der Einlagepflicht des § 54 Abs. 1 AktG um eine unentziehbare und für die Aufbringung des Grundkapitals unentbehrliche Hauptpflicht der Aktionäre handelt[444].

Voraussetzung für die Begründung der Nebenleistungspflicht ist neben einer entsprechenden statutarischen Festsetzung und der Ausgabe von vinkulierten Namensaktien auch noch die Regelung der Frage des Entgelts nach § 55 Abs. 1 S. 2 AktG[445]. Nach Maßgabe von § 10 Abs. 1 S. 3 AktG sind dabei die Nebenleistungspflichten und der Umfang der Leistungen in den Aktien anzugeben, wobei jedoch nicht erforderlich ist, dass die Aktien eine bis in alle Einzelheiten gehende Regelung enthalten[446].

Fehlt es an der nach § 55 Abs. 1 S. 1 und S. 2 AktG erforderlichen Regelung in der Satzung, kann keine mitgliedschaftsrechtliche Nebenleistungspflicht entstehen, was auch dann gilt, wenn die Aktien der Gesellschaft nicht in vinkulierter Form ausgegeben werden. Nichts desto trotz berührt ein derartiger Mangel nicht die Wirksamkeit der Gesellschaftsgründung sowie der einzelnen Mitgliedschaften[447].

Auch tritt weder eine Nichtigkeit der Aktie noch die Unwirksamkeit der Nebenleistungspflicht ein, wenn die nach § 55 Abs. 1 S. 3 AktG erforderlichen Angaben fehlen[448], so dass der erste Nehmer, d.h. Gründer oder Zeichner der Aktie, trotz fehlender Angabe in der Urkunde, zur Nebenleistungspflicht verpflichtet wird. Jedoch ist im Falle der Weiterveräußerung im Hinblick auf den gegebenenfalls vorliegenden gutgläubigen Erwerber, der die wahre Rechtslage – in Anlehnung an § 932 Abs. 2 BGB – ohne grobe Fahrlässigkeit nicht kennt, sein Vertrauen auf die Einhaltung zwingender gesetzlicher Vorschriften zu

---

444 vgl. MK-Bungeroth, a. a. O., § 55 Rn 2; vgl. Hefermehl/Bungeroth in Geßler/Hefermehl, a. a. O., § 55 Rn 1; vgl. KK-Lutter, a. a. O., § 55 Rn 4 f; vgl. Wiesner in MüHdB, a. a. O., § 16 Rn 38

445 vgl. Hefermehl/Bungeroth in Geßler/Hefermehl, a. a. O., § 55 Rn 4 ff; vgl. MK-Bungeroth, a. a. O., § 55 Rn 4 ff

446 vgl. MK-Bungeroth, a. a. O., § 55 Rn 9; vgl. Hefermehl/Bungeroth in Geßler/Hefermehl, a. a. O., § 55 Rn 9

447 vgl. RGZ 79, 332 (335); 83, 216 (218); vgl. MK-Bungeroth, a. a. O., § 55 Rn 9/11; vgl. Hefermehl/Bungeroth in Geßler/Hefermehl, a. a. O., § 55 Rn 9, vgl. Wiesner in MüHdB, a. a. O., § 16 Rn 38; vgl. KK-Lutter, a. a. O., § 55 Rn 20

448 vgl. MK-Bungeroth, a. a. O., § 55 Rn 12; vgl. Wiesner in MüHdB, a. a. O., § 16 Rn 38; vgl. RGZ 82, 72 (73)

schützen, infolge dessen die Verpflichtung nicht oder nicht in vollem Umfang auf den gutgläubigen Erwerber übergeht[449].

Gegenstand der Nebenleistungspflicht im Sinne des § 55 Abs. 1 S. 1 AktG können ferner nur wiederkehrende Leistungen sein, welche jede Form der Handlung oder Unterlassen umfassen. Die zu erbringende (wiederkehrende) Leistung[450] braucht keinen Vermögenswert zu haben, ausreichend ist vielmehr jedes schutzwürdige Interesse der Aktiengesellschaft an einer solchen Leistung. Beschränkt wird die wirksame Begründung einer solchen Nebenleistungspflicht durch §§ 134, 138 BGB, aus dem Gleichbehandlungsgebot sowie der gesellschaftsrechtlichen Treuepflicht[451]. Nebenleistungspflichten, die in der Ausübung des Stimmrechts auf eine bestimmte Art und Weise gerichtet sind, sind nach § 136 Abs. 2 AktG unzulässig.

Entscheidend ist bei dieser (wiederkehrenden) Leistungspflicht, dass diese nur dann zulässig ist, wenn sie nicht in Geld besteht. Dieser Umstand bedeutet nicht, dass die Leistung keinen geldwerten Vorteil umfassen dürfte, statt dessen sollen vielmehr alle Verpflichtungen ausgeschlossen werden, die mit einer Zahlungspflicht – in unmittelbar oder mittelbar Form – verbunden sind oder deren Inhalt dahin geht, dass bei Eintritt bestimmter Ereignisse Zahlungen zu leisten sind, wodurch das persönliche Engagement des der Gesellschaft bekannten (Namens-)Aktionärs zum Tragen kommt. Unzulässig sind daher zum Beispiel Pflichten zur Übernahme von Garantien oder Bürgschaften, wie auch Leistungen, die an Geldzahlungen gekoppelt sind oder notwendig zu Zahlungspflichten führen müssen, insbesondere also Abnahmepflichten oder die Pflicht, sich der entgeltlichen Vermittlung der Gesellschaft beim Abschluss von Geschäften zu bedienen, die entgeltliche Benutzung von Mietwohnungen der Gesellschaft, etc.[452]. Dieser persönliche, nicht finanzielle Beitrag des Aktionärs steht demnach im Mittelpunkt des Gesellschaftsinteresses, weshalb auch ein eventueller Übergang des Mitgliedschaftsrechts von der Zustimmung der Gesellschaft abhängig gemacht wird, da diese sicherstellen will, dass dieser persönliche Beitrag auch vom potentiellen Erwerber erbracht werden kann.

1.3 Entsendungsrecht nach § 101 Abs. 2 S. 2 AktG

Ein weiterer gesetzlich geregelter Sonderfall, bei dem die Notwendigkeit der Ausgabe von Namensaktien (in vinkulierter Form) vorgesehen ist, liegt gemäß § 101 Abs. 2 S. 2 AktG in den Fällen vor, in denen den Aktionären die Möglichkeit eines Entsendungsrechts zum Aufsichtsrat eingeräumt wird, d.h. sie eine Person (entweder sich selbst oder einen Dritten) benennen können, die in den Aufsichtsrat der Gesellschaft berufen wird. Nach Maßgabe des § 101

[449] vgl. KK-Lutter, a. a. O., § 55 Rn 24; vgl. MK-Bungeroth, a. a. O., § 55 Rn 43

[450] Die Einbringung eines Grundstückes stellt daher keine solche Nebenleistungspflicht i.S.d. § 55 AktG dar, sondern kann nur Inhalt einer Sacheinlage sein.

[451] vgl. MK-Bungeroth, a. a. O., § 55 Rn 15

[452] vgl. Hefermehl/Bungeroth in Geßler/Hefermehl, a. a. O., § 55 Rn 13; vgl. MK-Bungeroth, a. a. O., § 55 Rn 15; vgl. KK-Kraft, a. a. O., § 55 Rn 8

Abs. 2 AktG kann die Satzung ein solches Aktionärsentsendungsrecht zum Aufsichtsrat einräumen, in dem sie den Entsendungsberechtigten der Person nach (sogenanntes persönliches oder aktionärsgebundene Entsendungsrecht) oder den Aktien nach (sogenanntes Inhaberentsendungsrecht oder aktiengebundenes Entsendungsrecht) bestimmt bezeichnet. Dabei kann die Satzung besondere Voraussetzungen für die Person des zu entsendenden Aufsichtsratsmitglieds festlegen, wohingegen eine Übertragung des Bestimmungsrechtes auf den Aufsichtsrat oder den Vorstand durch die Satzung nicht zulässig ist. Dieses Entsendungsrecht stellt dabei ein – entweder aus der aktienrechtlichen Regelung oder aus § 35 BGB zu entnehmendes - Sonderrecht des bestimmt Bezeichneten oder der Aktionäre dar, welches neben den „regulären" Mitgliedschaftsrechten besteht und nicht ohne die entsprechende Zustimmung des oder der Berechtigten entzogen werden kann. Dem Entsendungsrecht steht dabei nach h.M. grundsätzlich keine Entsendungspflicht gegenüber, sofern nicht die Satzung etwas anderes regelt[453].

Entscheidend für die Ausübung dieses Bestimmungsrechts ist die Aktionärseigenschaft des Berechtigten.

Sofern eine bestimmte Person bezeichnet ist (vgl. § 101 Abs. 2 S. 1 1. Alt. AktG), steht dieser das Recht nur höchstpersönlich zu, so dass eine Übertragung des Rechts nicht möglich ist[454]. Die Innehabung dieser Rechtsstellung dokumentiert sich durch den Besitz einer Aktie, infolge dessen das Entsendungsrecht erlischt, wenn der Berechtigte seine Aktie veräußert[455]. Dabei ist es nicht erforderlich, dass es sich bei den Aktien des persönlich bezeichneten Berechtigten um Namensaktien handelt (§ 101 Abs. 2 S. 3 AktG).

Von diesem persönlichen Entsendungsrecht ist das sogenannte Inhaberentsendungsrecht (§ 101 Abs. 2 S. 1 2. Alt. AktG) zu unterscheiden.

Hierbei kann das Entsendungsrecht gemäß § 101 Abs. 2 S. 2 AktG nur für statutarisch nach Gattung, Serie und Nummer genau bestimmte Aktien eingeräumt werden, die auf den Namen lauten und deren Übertragung an die Zustimmung der Gesellschaft gebunden ist, wodurch die Gesellschaft das Eindringen unerwünschter Aktionäre in den Aufsichtsrat verhindern kann[456].

Das Entsendungsrecht steht daher dem Inhaber der jeweiligen Aktien zu und geht folglich mit der Aktie, an deren Innehabung es geknüpft ist, auf den Erwerber über. Sofern die Aktie, die das Entsendungsrecht gewährt, mehreren Berechtigten zusteht, ist nach § 69 Abs. 1 AktG dieses Entsendungsrecht gegenüber der Gesellschaft durch einen gemeinschaftlichen Vertreter auszuüben.

---

[453] vgl. Geßler in Geßler/Hefermehl, a. a. O., § 101 Rn 60 f/91; vgl. Hüffer, a. a. O., § 101 Rn 8; vgl. KK-Mertens, a. a. O., § 101 Rn 40

[454] vgl. Geßler in Geßler/Hefermehl, a. a. O., § 101 Rn 64; vgl. Hüffer, a. a. O., § 101 Rn 8; vgl. KK-Mertens, a. a. O., § 101 Rn 41 f. Zur Frage des Übergangs auf den Erben vgl. Geßler in Geßler/Hefermehl, a. a. O., § 101 Rn 65

[455] vgl. Großkomm-Meyer-Landrut (Vorauf1.), a. a. O., § 101 Anm. 10; Zur Frage des Wiederauflebens der Rechtsstellung bei Rückerwerb vgl. Geßler in Geßler/Hefermehl, a. a. O., § 101 Rn 67

[456] vgl. Geßler in Geßler/Hefermehl, a. a. O., § 101 Rn 70

Gleiches gilt in analoger Anwendung des § 69 Abs. 1 AktG, wenn das Entsendungsrecht an den Besitz mehrerer Aktien geknüpft ist und diese verschiedenen Inhabern zustehen. Es ändert sich somit nur die Person des Entsendungsberechtigten, wobei das Recht als solches erst mit seiner Aufhebung oder mit der Einziehung der betreffenden Aktien – etwa nach einer erfolgten Umwandlung in Inhaberaktien - erlischt[457].

Der Anwendungsbereich dieser Vorschrift ist indes nicht sehr groß und beschränkt sich insbesondere auf Unternehmen mit geschlossenem Aktionärskreis sowie oftmals auf Familienunternehmen.

1.4 Ausgabe von Namensaktien aufgrund des Unternehmensgegenstands

Aufgrund gewerberechtlicher Erfordernisse sind bei bestimmten Gesellschaften aufgrund ihres Unternehmensgegenstands vinkulierte Namensaktien auszugeben.

Dies betrifft insbesondere Steuerberatungsgesellschaften (§§ 50 Abs. 5 S. 1 und 2 StBerG), Wirtschaftsprüfungs- und Buchprüfungsgesellschaften (§§ 28 Abs. 5 S. 1 und 2, 130 Abs. 2 WPO), Kapitalanlagegesellschaften (§ 1 Abs. 4 KAGG) sowie Rechtsanwaltsgesellschaften[458].

Da es sich bei diesen Vorschriften jedoch nicht um Bestimmungen handelt, die auf gesellschaftsrechtlichen Besonderheiten beruhen, führen Verstöße gegen sie nicht zur Unwirksamkeit der Aktienurkunden, sondern haben lediglich gewerberechtliche Konsequenzen[459].

Eine Besonderheit im Hinblick auf die Notwendigkeit der Ausgabe von vinkulierten Namensaktien wegen eines bestimmten Unternehmensgegenstands ergibt sich bezüglich der Deutschen Lufthansa AG.

So musste die Gesellschaft im Rahmen ihrer Privatisierung nach dem „Luftverkehrsnachweissicherungsgesetzes" von 1997 von Inhaberaktien auf vinkulierte Namensaktien umstellen, um internationalen Luftverkehrsabkommen und der geforderten „Nationalitätsanforderung" einer EU-Verordnung, wonach sich Luftfahrtunternehmen jederzeit unmittelbar oder über Mehrheitsbeteiligungen im Eigentum und unter Kontrolle eines EU-Mitgliedsstaates oder seiner Staatsangehörigen befinden müssen, gerecht zu werden[460].

1.5 Take-Over-Schutz/Überfremdungsschutz

Neben diesen herkömmlichen Fällen, in denen eine Gesellschaft auf der Basis einer gesetzlichen Anordnung verpflichtet ist, Namensaktien (gegebenen-

---

457 vgl. Geßler in Geßler/Hefermehl, a. a. O., § 101 Rn 69 ff

458 Zur Rechtsanwalts-AG vgl. Henssler, a. a. O., NJW 1999, 241 (246 f)

459 vgl. MK-Heider, a. a. O., § 10 Rn 21; vgl. Wiesner in MüHdB, a .a. O., § 13 Rn 2; vgl. Großkomm-Brändel, a. a. O., § 10 Rn 18

460 vgl. v. Franckenstein, a. a. O., NJW 1998, 286 (286 f); vgl. Noack, a. a. O., in FS Bezzenberger 2000, 291 (293)

falls in vinkulierter Form) auszugeben, gibt es auch „außerrechtliche" Gründe, die seit jeher für die Ausgabe von Namensaktien sprechen.

In diesem Zusammenhang ist der sogenannte „Take-Over-Schutz" bzw. der sogenannte „Überfremdungsschutz" zu nennen, der unter anderem auch im Rahmen der vorerwähnten Umstellung von Inhaberaktien auf (vinkulierte) Namensaktien bei der Deutschen Lufthansa AG maßgebend war.

Die Ausgabe von Namensaktien und die damit einhergehende Eintragung des jeweiligen Inhabers im Aktienregister erlauben der Gesellschaft nämlich eine gewisse Kontrolle der Aktionärszusammensetzung[461]. Dementsprechend wird der Gesellschaft jede Veränderung des Aktionärsbestandes bekannt, wobei insbesondere bemerkbar wird, ob Aktienpakete im großen Umfang erworben werden, die eine bestimmte Einflussnahme auf die Geschäftsführung im Wege der Hauptversammlung bewirken können oder ob gar eine feindliche Übernahme droht. Diese Transparenz bei den Besitzverhältnissen erhöht auch die Einsatzmöglichkeiten von Sekundärmarktinstrumenten, wie zum Beispiel Umplatzierungen, Aktienrückkäufe oder Kapitalerhöhung[462].

Noch effizienter ist der sogenannte „Take-Over-Schutz" bzw. der sogenannte „Überfremdungsschutz" gewährleistet, wenn die Namensaktien in vinkulierter Form ausgegeben werden, da dann die Gesellschaft, vertreten durch den Vorstand, im Rahmen ihrer rechtlichen Möglichkeiten eine mögliche Einflussnahme durch Verweigerung der Zustimmung zum Mitgliedschaftswechsel sogar aktiv verhindern kann[463].

2. Neue Gründe für die Ausgabe von Namensaktien

Die soeben aufgeführten Gründe, die seit jeher für die Ausgabe von Namensaktien sprechen, haben indes nicht zu der wachsenden Popularität der Namensaktie geführt, welche seit 1998/99 bei den deutschen Aktiengesellschaft verstärkt bemerkbar ist.

Voraussetzung für die neue Attraktivität der Namensaktie, insbesondere bei börsennotierten Publikumsgesellschaften, sind zum einen die Neuerungen im Zusammenhang mit dem KonTraG, zum anderen aber auch der technische Fortschritt.

Während früher Aktien auf Verlangen des Aktionärs stets zu verbriefen gewesen sind und die im Streifbanddepot verwahrten Namensaktien nur in einem umständlichen Verfahren an der Börse gehandelt werden konnten, ist dieses gesetzliche Erfordernis im Zuge der Einführung des § 10 Abs. 5 AktG mit Geltung des KonTraG seit dem 01.06.1998 entfallen. Als Folge hiervon werden heute jedenfalls die von den großen Publikumsgesellschaften ausgegebenen

---

461 vgl. Noack, a. a. O., in FS Bezzenberger 2000, 291 (293)

462 vgl. Kölling, a. a. O., NZG 2000, 631 (635)

463 vgl. Lutter/Grundewald, a. a. O., AG 1989, 109 (110); vgl. Kossmann, a. a. O., BB 1985, 1364 (1365); vgl. Lutter/Schneider, a. a. O., ZGR 1975, 182 (185); Zur Problematik der Verweigerung der Zustimmung u.a. MK-Bayer, a. a. O., § 68 Rn 63 ff; a. A. Hopt, a. a. O., in WM Festausgabe für Theodor Heinsius vom 25.09.1991, 22 (27)

Namensaktien – auch in vinkulierter Form – überwiegend nur noch in einer blankoindossierten Globalurkunde verkörpert und in die Girosammelverwahrung einbezogen, wobei alle Zu- und Abgänge zentral und unter Zuhilfenahme modernster EDV-Techniken in kurzen Zeiträumen abgewickelt werden[464].

Diese beiden Ursachen haben also dazu geführt, dass immer mehr (börsennotierte) Aktiengesellschaften es als praktikabel angesehen haben, ihre bisherigen Inhaberaktien auf Namensaktien umzustellen, wobei der Gesetzgeber dieser Entwicklung mit der grundlegenden Änderung der §§ 67, 68 AktG durch Art. 1 des „Gesetzes zur Namensaktie und zur Erleichterung der Stimmrechtsausübung – Namensaktiengesetz (NaStraG)" vom 18.01.2001 Rechnung getragen hat[465].

Die wesentlichen Gründe für das zunehmende Interesse der Aktiengesellschaften an einer Umstellung, auf die im Folgenden einzugehen sein wird, beziehen sich neben der vorhandenen Informationstechnologie im Wesentlichen auf Entwicklungen kapitalmarktlicher Natur.

2.1 Girosammelverwahrung

Trotz gewisser Umständlichkeiten konnten schon bisher Namensaktien unter der Voraussetzung, dass sie blankoindossiert oder blankozediert und mit einem Blankoumschreibungsantrag versehen waren, an der Börse gehandelt werden.

Erst die Einbeziehung der Namensaktie, auch in vinkulierter Form, in die Girosammelverwahrung im Jahre 1997 und der damit einhergehende Verzicht auf die physische Belieferung bei Transaktionen ermöglichte jedoch eine praktikable und einfache Handhabung der Namensaktie im Massenverkehr, da Übertragungen nunmehr – wie schon beschrieben – als Umbuchungsvorgänge im Sammelbestand der Wertpapiersammelbank, der Clearstream Banking AG, erfolgten[466].

2.2 Informationstechnologie

Die informationstechnologische Weiterentwicklung in den letzten Jahren, d.h. die Computarisierung aller Vorgänge rund um den Aktienhandel und Aktienverwahrung, sei es mit Inhaber-, sei es mit Namensaktien, hat vor allem bei letzterer Aktienart zu wesentlichen Veränderungen geführt.

Die Umschreibung der Namensaktien bei Aktienübertragungen hat insbesondere bei börsennotierten Gesellschaften ein Hindernis für einen geordneten und schnellen Handel dargestellt, da die Abwicklungen solcher Transaktionen - ungeachtet der Praxis der Blankoindossierung - erfahrungsgemäß bis zu zwei Monate gedauert haben[467].

---

[464] vgl. MK-Pentz, a. a. O., § 67 Rn 4

[465] vgl. MK-Pentz, a. a. O., § 67 Rn 2

[466] vgl. Noack, a. a. O., in FS Bezzenberger 2000, 291 (295)

[467] vgl. Happ, a. a. O., in FS Bezzenberger 2000, 111 (113); vgl. Heißel/Kienle, a. a. O., WM 1993 S. 1909 ff

Erst im Zusammenhang mit der elektronischen Datenverarbeitung, d.h. mit der zunehmenden Technologisierung dieses Bereiches, ist es möglich geworden, den Handel mit Namensaktien dem mit Inhaberaktien anzugleichen. Entscheidend ist dabei die Entwicklung des von der Vorgängerin der heutigen Clearstream Banking AG, der ehemaligen Deutschen Börse Clearing AG, für die Deutsche Lufthansa AG im Rahmen ihrer Privatisierung – wegen des großen Aktionärskreises mit beachtlichen Handelsumsätzen und aufgrund der durch das Luftverkehrsnachweissicherungsgesetz obligatorisch auszugebenden Namensaktien in vinkulierter Form - geschaffenen Anwendungssystems CASCADE (Central Application for Settlement, Clearing and Depository Expansion) sowie der im März 1997 eingeführten erweiterten Version CASCADE RS (Registered Shares) gewesen, welches täglich die Übertragungsvorgänge erfasst, die von dem börslichen Handelssystemen gemeldet werden. Diese tägliche Erfassung sowie die Übermittlung der Informationen über eine Schnittstelle an die Aktienregister, bei dem es sich längst nicht mehr um ein in Papierform gehaltenes Buch, Register oder Karteiformat, sondern um voll-elektronisch geführte Datenbanken handelt, ermöglichen eine Aktualisierung der notwendigen Eintragungen innerhalb kürzester Zeit, die die effiziente und zeitnahe Verwaltung sämtlicher Eintragungen gewährleistet[468].

Anhand dieses zentralen Abwicklungs- und Verwahrungssystems ist auch eine elektronische Abgleichung von Handelsumsätzen in Deutschland sowie den USA möglich. Da zwischenzeitig auch eine Sammeldepotverbindung zwischen der US-amerikanischen Depositary Trust Company (DTC) und der Cleastream Banking AG eingerichtet ist, ist die transatlantische Übertragung von Wertpapieren durch einfache Buchungsvorgänge – statt der bisherigen physischen Lieferung[469] - möglich. Das Gemeinschaftsunternehmen Special Purpose Vehicle (SPV) ist zudem in der Lage, durch Zusammenarbeit mit einem US-Register und durch den Datenabgleich zwischen der DTC und der Clearstream Banking AG ein tagesaktuelles transatlantisches Aktienregister anzubieten[470].

2.3 Investor Relation

Die höhere Akzeptanz der Namensaktie in den letzten Jahren beruht indes nicht nur auf technischem Fortschritt bzw. der Elektronisierung der Abwicklung des Handels und der Aufbewahrung von Wertpapieren, wodurch die Namensaktie ebenso leicht übertragbar ist wie die Inhaberaktie, so dass auch der frühere Einwand, dass Namensaktien weniger fungibel als Inhaberaktien seien, nicht mehr zutreffend ist.

---

[468] vgl. Noack, a. a. O., DB 1306 (1306 f); vgl. Happ, a. a. O., in FS Bezzenberger 2000, 111 (113); vgl. Kölling, a. a. O., NZG 2000, 631 (635 f); vgl. Noack, a. a. O., ZGR 1998, 592 (603 ff)

[469] vgl. Meyer-Spangenberg, WM 1996, 1117 (1118 f/1122)

[470] vgl. Kölling, a. a. O., NZG 2000, 631 (635 f); vgl. Noack, a. a. O., in FS Bezzenberger 2000, 291 (295 f); ders., a. a. O., DB 1999, 1306 (1306)

Ein weiterer wesentlicher Beweggrund für die höhere Akzeptanz der Namensaktie ist in dem verschärften nationalen und internationalen Wettbewerb um finanzstarke Investoren zu sehen, welcher der Kommunikation zwischen Gesellschaft und den (potentiellen) Investoren einen immer höheren Stellenwert beimisst, da Anleger überwiegend nur dann geneigt sind ihr Geld in ein Unternehmen zu investieren und dort zu belassen, wenn sie regelmäßig und umfassend informiert werden und so die Chancen und Risiken ihres Engagements richtig abschätzen können[471].

Diese direkte Kontaktpflege zum Aktionär, d.h. die Investor-Relations-Arbeit, ist im Bereich der Inhaberaktie nur in begrenztem Umfang möglich, da die Investoren der Gesellschaft zumeist nicht namentlich bekannt sind, was bei der Namensaktie wegen der Notwendigkeit der Führung eines Aktienregisters nicht der Fall ist. Bei ihr ist der Gesellschaft gemäß § 67 Abs. 1 AktG nicht nur der Name, sondern auch das Geburtsdatum und die Adresse bekannt. Die Gesellschaft ist daher – ohne den Umweg über die einzelnen Banken gehen zu müssen – in der Lage, sich über die aktuelle Struktur der Verteilung der Anteile zu informieren, was es ihr unter anderem erlaubt, den Ankauf von Streubesitz frühzeitig erkennen zu können und eventuell entsprechende Gegenmaßnahmen gegen feindliche Übernahmeversuche anderer Konkurrenzunternehmen zu ergreifen (Take-Over-Schutz)[472].

Entsprechend der immer größer werdenden Bedeutung der Investor-Relation ist diese Bestandteil einer modernen Geschäftsführung geworden, deren Aufgabe und Ziel es ist, den Wert der Investitionen der Aktionäre langfristig und nachhaltig zu erhöhen.

Die Möglichkeiten einer guten Investor-Relations-Arbeit ist jedoch nicht nur auf die Kontaktpflege zu bereits vorhandenen Aktionären beschränkt. Sie erlaubt es, auch im Rahmen der Kommunikationspolitik einer Gesellschaft, potentielle Anleger von der Leistungsfähigkeit der Unternehmens zu überzeugen, indem sie die aktuelle wirtschaftliche Lage als auch die künftige Strategie des Unternehmens darstellt, was durchaus positive Auswirkungen auf den Aktienkurs haben kann. Neben der Kommunikationspolitik gehören auch die aktienbezogene Produkt-, Preis- und Vertriebspolitik zur Investor-Relations-Arbeit, sowie die Möglichkeit, den Aktionär auch als potentiellen Kunden anzusprechen und somit der Gesellschaft neue Absatzmöglichkeiten zu bieten[473].

2.4 Global Share

Der wohl wichtigste Grund für die Umstellung auf Namensaktien ist, im Zuge der kapitalmarktrechtlichen Globalisierung und der zunehmenden Wichtigkeit des US-amerikanischen Kapitalmarktes für deutsche Gesellschaften, dass

---

[471] vgl. v. Rosen/Gebauer in v. Rosen/Seifert, a. a. O., 127 (128); vgl. Kölling, a. a. O., NZG 2000, 631 (634); vgl. Noack, a. a. O., in FS Bezzenberger 2000, 291 (294)

[472] wie vor

[473] vgl. v. Rosen/Gebauer in v. Rosen/Seifert, a. a. O., 127 (129); vgl. Noack, a. a. O., DB 2001, 27 (28)

die Gesellschaften nur dann zum Handel bei den meisten US-amerikanischen Wertpapiermärkten, insbesondere des New York Stock Exchange, zugelassen werden (sogenanntes „Direct Listing"), wenn ihre Aktien nicht auf den Inhaber, sondern als „registered shares" auf den Namen des jeweiligen Aktionärs lauten[474] [475]. Neben der Ausgabe von „registered shares" ist grundsätzlich aber auch die Ausgabe von sogenannten „American Depositary Receipts" möglich, welche auf den Namen lautende Anteilsersatzscheine darstellen und bis vor kurzem noch von den deutschen Gesellschaften, die an der New Yorker Börse notiert waren, wie Hoechst, SAP und früher Daimler ausgegeben worden sind. Bei den „American Depositary Receipts" handelt es sich um übertragbare Wertpapiere, die als Namenszertifikate von einem depotführenden Kreditinstitut auf der Grundlage eines Depotvertrags begeben werden und Stamm- oder Vorzugsaktien eines ausländischen Unternehmens repräsentieren. Die Ausgabe dieser „American Depositary Receipts" hat jedoch den entscheidenden Nachteil gehabt, dass mit ihnen nur eine mittelbare Eigentümerstellung erreichbar gewesen ist, was auf dem Kapitalmarkt zu einem Sicherheitsabschlag geführt hat[476].

Es ist daher für deutsche Aktiengesellschaften naheliegend, auf Namensaktien umzustellen, da gerade die Präsenz auf dem wichtigsten Kapitalmarkt der Welt durch eine einheitlich handelbare Aktie (sogenannte „Global share") wegen dessen Größe und Liquidität besonders interessant ist[477].

2.5 Akquisitionswährung/Gewinnung internationaler Investoren

Ein weiterer Aspekt für die Ausgabe von Namensaktien, der im Zusammenhang mit der zunehmenden Internationalisierung der Kapitalmärkte steht, ist der stetig wachsende Übernahmekampf von Unternehmen bzw. der wachsende internationale Konkurrenzdruck.

Sowohl im Rahmen von Akquisitionen als auch bei der marktspezifischen Ausrichtung strategischer Allianzen, wie sie zum Beispiel auf dem Telekommunikationssektor vorkommen, ist die Möglichkeit der Begebung eigener Aktien immer entscheidender. Gerade im Hinblick auf die Zunahme von global ausgerichteten Übernahmen, internationaler Überkreuzbeteiligungen und der Verbreitung der Namensaktie im anglo-amerikanischen Bereich ist ein international anerkannter und einheitlicher Aktientyp in Form der Namensaktie als eine Art Tauschmittel von großem Vorteil. Dies ist vor allem bei Akquisitionen bemerkbar, bei denen die Verkäufer oftmals stärker daran interessiert sind, nicht in Geld, sondern vielmehr in Aktien der übernehmenden Gesellschaft ausbezahlt

---

474 vgl. Kölling, a. a. O., NZG 2000, 631 (635); vgl. Noack, a. a. O., in FS Bezzenberger 2000, 291 (294); vgl. Nirk/Reuter/Bächle, a. a. O., I Rn 438

475 Gleichwohl sind gesellschaftsrechtlich durch den Uniform Commerce Code auch Inhaberaktien zugelassen.

476 vgl. Wunderlin/Zahn in v. Rosen/Seifert, a. a. O., 387 (391); vgl. Kölling, a. a. O., NZG 2000, 631 (635); vgl. Meyer-Sparenberg, a. a. O., WM 1996, 1117 (1117); vgl. Böckenhoff/Ross, a. a. O., WM 1993, 1781 (1783)

477 vgl. Kölling, a. a. O., NZG 2000, 631 (635); vgl. Meyer-Sparenberg, a. a. O., WM 1996, 1117 (1117)

zu werden, weshalb das Vorhandensein einer einheitlichen Aktienart gleichsam als internationale Akquisitionswährung notwendig erscheint[478].

Darüber hinaus ist die Begebung von Namensaktien gerade für die Gewinnung internationaler Investoren im Zusammenhang mit der Investor-Relations-Arbeit eines Unternehmens äußerst attraktiv[479], da auf diesem Wege eine weitergehende Kapitalzuführung für die Unternehmen auch außerhalb des deutschen Kapitalmarktes gelingen kann, was aufgrund der heutigen Konkurrenzsituation besonders wichtig ist.

2.6 Pre-IPO

Doch nicht nur für große Publikums- und Börsengesellschaften bietet die Namensaktie Vorteile. Insbesondere auch junge Gesellschaften mit innovativem Unternehmensgegenstand, die, trotz der Erfahrungen mit zum Teil schlecht vorbereiteten Börsengängen, einen solchen beabsichtigen, können sich die Vorzüge der Namensaktie zu eigen machen, die gerade darin bestehen, dass die Aktionäre namentlich bekannt sind.

Wie die Erfahrung der letzten Jahre zeigt, sind die Gesellschaften oftmals bereits im Stadium der Vorbereitung des Börsengang, d.h. im Stadium des Pre-IPO, dazu übergegangen, Aktien bzw. Aktienoptionen an Mitarbeiter, Geschäftspartner und weiteren Interessenten auszugeben. Die Ausgabe von Namensaktien, vor allem in vinkulierter Form, wäre in diesem Zusammenhang geeignet, den Aktionärskreis überschaubar zu halten und somit eine gewisse Kontrollmöglichkeit zu gewährleisten, die besonders in der Vorbereitungsphase eines Börsenganges und in der ersten Phase nach einem solchen Börsengang wichtig ist, um etwaigen Spekulationsrisiken entgegenwirken zu können und der Gesellschaft eine größere Stabilität zu ermöglichen[480]. Die Ausgabe von Inhaberaktien würde diesem Ziel nicht gerecht werden, da die Gesellschaft nicht in der Lage wäre, Veräußerungen der ausgegebenen Inhaberaktien nachzuvollziehen und gegebenenfalls – durch die Vinkulierung – verhindern zu können.

Wären beispielsweise im Rahmen einen Börsenganges zum ehemaligen „Neuen Markt“ Inhaberaktien ausgegeben worden, hätte dies durchaus auch eine entsprechende Zulassung in diesem Börsensegment gefährden können. Die dortige Notierung hat nämlich vorausgesetzt, dass mindestens 90% der Altaktionäre eine Erklärung unterschreiben, die sie verpflichtet, innerhalb eines Zeitraumes von sechs Monaten ihre Mitgliedschaftsrechte nicht zu veräußern (sogenannte Lock-up-Frist)[481], um so den spekulativen Kräften am Markt (etwas) entgegenzuwirken. Hätte sich nun die Gesellschaft entschlossen, Inhaberaktien

---

[478] vgl. Noack, a. a. O., in FS Bezzenberger 2000, 291 (294); vgl. Kölling, a. a. O., NZG 2000, 631 (635); vgl. MK-Bayer, a. a. O., § 67 Rn 2

[479] vgl. Kölling, a. a. O., NZG 2000, 631 (635)

[480] vgl. MK-Bayer, a. a. O., § 67 Rn 2; vgl. Noack, a. a. O., in FS Bezzenberger 2000, 291 (296)

[481] vgl. Regelwerk Neuer Markt, Abschnitt 2, Zulassungsbedingungen 2,2 (1) S. 5

auszugeben, wäre die Einhaltung dieser Voraussetzung beinahe unmöglich, was hingegen bei der Ausgabe von (vinkulierten) Namensaktien nicht der Fall ist.

Die Entwicklung an der Deutschen Börse, einhergehend mit der Schließung des „Neuen Marktes", führt dabei nicht dazu, dass sich dieses Problem erübrigt.

Im Gegensatz zum „Neuen Markt" stellt der „TecDax" im eigentlichen Sinne keinen eigenständigen (Börsen-)Markt dar, sondern ist lediglich eine Marke der Deutschen Börse AG, die in ihr die 30 größten Technologiewerte der Deutschen Börse zusammenfasst und dem der sogenannte „Prime Standard" übergeordnet ist, der die 30 größten Standardwerte bzw. die ehemaligen DAX-Werte beinhaltet. Dementsprechend findet auch das Regelwerk des „Prime Standard" für die Zulassung unter Berücksichtigung etwaiger Besonderheiten für den Technologiebereich Anwendung. Dieses sieht nun nicht mehr verpflichtend die Abgabe einer Erklärung vor, die ein Veräußerungsverbot für einen Zeitraum von sechs Monaten beinhaltet, sondern überlässt dies den Gesellschaften, die jedoch im Rahmen ihres Börsenprospektes auf eine eventuelle „Lock-up-Frist" aufmerksam machen müssen. Es sind folglich die Gesellschaften, die - um ihrem Interesse nach Stabilität gerecht zu werden – Wege finden müssen, um entsprechende Kontrollmöglichkeiten zu schaffen. Es liegt hierbei – aufgrund der momentan Zurückhaltung der Gesellschaften bei Börsengängen und den damit verbundenen fehlenden Erfahrungswerten – nahe, dass sich die Gesellschaften die (vinkulierte) Namensaktie zu nutze machen werden.

V. Besondere Rechtsfragen bei der Namensaktie

1. Umstellung

Das Aktiengesetz erlaubt in § 10 Abs. 1 grundsätzlich den Gesellschaften die Wahl zwischen Inhaber- und Namensaktien.

Wie sich, nicht zuletzt auch aus den Erfahrungen der letzten Jahre, gezeigt hat, ist damit keine endgültige Festlegung für die eine oder die andere Aktienart getroffen. So haben zahlreiche – zum Teil sehr namenhafte – Gesellschaften vor dem Hintergrund einer zunehmenden Öffnung deutscher Gesellschaften gegenüber den internationalen Aktien- und Börsenmärkten sowie der somit vorhandenen Möglichkeiten einer engeren Bindung zwischen der Gesellschaft und den ihr namentlich bekannten Aktionären die Aktienart in den meisten Fällen von Inhaber- auf Namensaktien umgestellt[482].

Dementsprechend ist zu fragen, welche rechtlichen Möglichkeiten das AktG bietet, um diesem eventuellen gesellschaftlichen Interesse zum Wechsel von einer in die andere Aktienart gerecht zu werden.

1.1 Zweistufige Umstellung nach § 24 AktG

§ 24 AktG sieht dabei ein zweistufiges Umwandlungs- bzw. Umstellungsverfahren vor, wonach „auf Verlangen eines Aktionärs seine Inhaberaktie in eine Namensaktie oder seine Namensaktie in eine Inhaberaktie" umgewandelt wird[483].

Voraussetzung für die in § 24 AktG beschriebene Möglichkeit ist jedoch, dass die Satzung ein derartiges Umwandlungsrecht einräumt. Nicht erforderlich ist in diesem Zusammenhang, dass diese Regelung – trotz systematischer Einordnung des § 24 AktG bei den Gründungsvorschriften – in der ursprünglichen Satzung enthalten ist. Eine entsprechende Satzungsregelung kann statt dessen auch nachträglich im Wege der Satzungsänderung aufgenommen werden, so dass sie auch im Zweifel für die bereits ausgegebenen Aktien gilt. Bestimmungen, durch die einem Aktionär nach § 24 AktG ein Umwandlungsrecht eingeräumt wird, können durch Satzungsänderungen nach § 179 ff AktG wieder beseitigt werden, ohne dass besondere Voraussetzungen an den satzungsändernden Beschluss vonnöten wären. So bedarf ein solcher satzungsändernder Beschluss insbesondere nicht der Zustimmungspflicht der Aktionäre, da das Umtauschrecht kein Sonderrecht darstellt. Mit Wirksamkeit der Satzungänderung erlischt folglich der individuelle Anspruch des Aktionärs auf Umwandlung seiner Aktien[484].

---

482 vgl. Huep, a. a. O., WM 2000, 1623 (1623)

483 vgl. KK-Kraft, a. a. O., § 24 Rn 10; Eine Änderung der Aktiengattung (§ 11 AktG) oder des Nennbetrages sind nach § 24 AktG indes nicht möglich. Hierfür bedürfte es vielmehr einer entsprechenden Satzungsänderung.

484 vgl. MK-Pentz, § 24 Rn 3/10; vgl. Huep, a. a. O., WM 2000, 1623 (1623); vgl. KK-Kraft, a. a. O., § 24 Rn 6; vgl. Eckhardt in Geßler/Hefermehl, a. a. O., § 24 Rn 4; vgl. Hüffer, a. a. O., § 24 Rn 2

Da das Gesetz bereits die Umwandlungsmöglichkeit in das Belieben der Gesellschaft stellt, kann der Anspruch auf Umwandlung, der ausschließlich dem Aktionär und nicht etwa dem Pfandgläubiger oder Nießbraucher zusteht, in der Satzung – unter Beachtung des Gleichheitsgrundsatzes gemäß § 53a AktG - auch von bestimmten Voraussetzungen abhängig gemacht werden. So kann etwa bestimmt werden, dass nur eine bestimmte Aktienart umgetauscht werden kann, dass der Vorstand der Umwandlung zustimmt oder dass sonstige Anforderungen zu erfüllen sind[485].

Sind diese Voraussetzungen erfüllt, erreicht der jeweilige Aktionär sein Umwandlungsbegehren, indem er die Umwandlung seiner Aktien gegenüber der Gesellschaft, vertreten durch den Vorstand, verlangt, wobei ein solches Begehren eine empfangsbedürftige Willenserklärung darstellt, die, abgesehen von einer anderweitigen statutarischen Regelung, formfrei möglich ist[486].

Neben dem Vorliegen eines entsprechenden Umwandlungsverlangens von Seiten des Aktionärs muss dieser noch die ihm gehörende Aktienurkunde vorlegen, woraufhin der Vorstand unverzüglich die Umwandlung durch Abänderung des Urkundentextes oder Aktienneuausgabe vorzunehmen hat. Dabei ist im Rahmen der Umwandlung von Inhaber- auf Namensaktien der Inhaber in das Aktienregister einzutragen, wohingegen die Eintragung im selbigen bei der Umwandlung von Namens- in Inhaberaktien zu löschen ist[487]. Die Mitwirkung des Vorstands bei der Umwandlung ist dabei unerlässlich. So kann nach h.M. die Satzung dem Aktionär nicht die Befugnis einräumen, die Umwandlung seiner Aktien selbst vorzunehmen, da eine derartige Regelung, auch wenn sie wertpapierrechtlich durch eine statutarische Ermächtigung oder Bevollmächtigung des jeweiligen Aktionärs erfolgen könnte, dem Wortlaut des § 24 AktG, der von einem Handeln der Gesellschaft ausgeht, entgegensteht und demgemäß wegen Verstoßes gegen § 23 Abs. 5 AktG nichtig wäre[488].

Die durch § 24 AktG geschaffene Möglichkeit fakultativer Formenwahl durch den Aktionär entspricht jedoch regelmäßig nicht der Interessenlage der Gesellschaften[489].

So könnte zwar eine Gesellschaft, der an einer Umstellung von der einen in die andere Aktienart gelegen ist, eine entsprechende Satzungsregelung einführen, doch wäre es im Anschluss hieran den Aktionären überlassen, ob sie von der geschaffenen Umwandlungsmöglichkeit auch tatsächlich Gebrauch machen. Somit wären die Einflussmöglichkeiten des Vorstandes als „bestimmen-

---

485 vgl. MK-Pentz, a. a. O., § 24 Rn 6; vgl. KK-Kraft, a. a. O., § 24 Rn 7

486 vgl. KK-Kraft, a. a. O., § 24 Rn 8; vgl. Eckhardt in Geßler/Hefermehl, a. a. O., § 24 Rn 6

487 vgl. MK-Pentz, a. a. O., § 24 Rn 8; vgl. KK-Kraft, a. a. O., § 24 Rn 9; vgl. Eckhardt in Geßler/Hefermehl, a. a. O., § 24 Rn 7; Hinsichtlich der strittigen Frage, wer die Kosten der Umwandlung zu tragen hat, vgl. Eckhardt in Geßler/Hefermehl, a. a. O., § 24 Rn 8, der die Auffassung vertritt, dass die Gesellschaft stets die Kosten trägt; vgl. MK-Pentz, a. a. O., § 24 Rn 9 und KK-Kraft, a. a. O., § 24 Rn 11, die vertreten, dass der Aktionär die Kosten trägt.

488 vgl. KK-Kraft, a. a. O., § 24 Rn 11; vgl. MK-Pentz, a. a. O., § 24 Rn 7; vgl. Großkomm-Röhricht, a. a. O., Rn 2

489 vgl. Huep, a a. O., WM 2000, 1623 (1623)

des" bzw. „lenkendes" Organ lediglich darauf beschränkt, für die nach seiner Ansicht vorzugswürdigere Aktienart zu werben, was jedoch nicht gewährleistet, dass auch alle Aktionäre sich auf dieses Ansinnen einlassen. Im Ergebnis könnte die Gewährung einer solchen Umwandlungsmöglichkeit gemäß § 24 AktG dazu führen, dass die Gesellschaft sowohl Inhaberaktien als auch Namensaktien ausgäbe, was vielfach schon wegen des Verwaltungsaufwandes, der sich aufgrund der unterschiedlichen Rechtslagen, beispielsweise für die Hauptversammlungsvorbereitung und –durchführung ergibt, nicht erwünscht ist[490].

1.2 Einstufige Umstellung (durch Satzungsänderung)

In den meisten Umwandlungsfällen der Hauptversammlungssaison 1999, insbesondere bei der DaimlerChrysler AG, Siemens AG, Deutsche Telekom AG, Mannesmann AG sowie der Deutschen Bank AG, haben sich die Gesellschaften jedoch nicht für die Vorgehensweise nach § 24 AktG entschieden[491]. Statt dessen sind die Gesellschaften ganz selbstverständlich davon ausgegangen, dass mit einer Satzungsänderung, gegebenenfalls in Verbindung mit einem Aktientausch oder der Kraftloserklärung nach § 73 AktG, der Übergang von Inhaber- auf Namensaktien vollzogen wird, weshalb in den erfolgten Satzungsänderungen gemäß § 23 Abs. 3 Nr. 5 AktG direkt erklärt worden ist, dass die „Aktien auf den Namen lauten"[492].

Im Gegensatz zu § 24 AktG, in welchem den Aktionären eine (Umwandlungs-) Option eingeräumt wird, ist das durch die Aktiengesellschaften praktizierte (Umwandlungs-)Verfahren, nach dem die Umwandlung von selbst eintritt, nicht im AktG geregelt.

Weitgehende Einigkeit besteht in diesem Zusammehang dahingehend, dass ein solches Umwandlungsverfahren im Wege der Satzungsänderung allgemein für möglich gehalten wird, also durchaus Dispositionsmöglichkeiten der Gesellschaften hinsichtlich der Art des individualrechtlich erworbenen Mitgliedschaftsrechts bestehen.

Die Dispositionsmöglichkeit der Gesellschaft ist insbesondere dann eröffnet, wenn sie vor der Ausgabe der verbrieften Mitgliedschaftsrechte die in der Satzung festgelegte Aktienart ändern will. So besteht zwar grundsätzlich ein Verbriefungsanspruch der Aktionäre, doch erstreckt sich dieser nicht auf die Frage, ob Namensaktien oder Inhaberaktien von der Gesellschaft auszugeben sind.

Eine solche Möglichkeit der Umwandlung ist aber auch dann gegeben, wenn sich die Gesellschaft vor Ausgabe der Aktien durch Satzungsbestimmung eine entsprechende Verfügungsmöglichkeit vorbehalten hat. In diesem Fall erwirbt der Aktionär ein Mitgliedschaftsrecht, das von vorneherein mit diesem

---

490 vgl. Noack, a. a. O., in FS Bezzenberger 2000, 291 (299)

491 Die den Aktionären zugehenden Anfragen, ob sie oder ihr depotführendes Kreditinstitut in das Aktienregister eingetragen werden wollen, sind dabei keine Aufforderungen, die Durchführung des Umstellungsverfahrens nach § 24 AktG zu verlangen.

492 vgl. Noack, a. a.. O., ZIP 1999, 1993 (1995)

Vorbehalt belastet ist, so dass die Umwandlung seine Rechtsstellung nicht in unzulässiger Weise belastet[493].

Maßgebend ist im Rahmen des allgemein für möglich gehaltenen Umwandlungsverfahrens jedoch der zwingende Charakter des § 23 Abs. 3 Nr. 5 AktG, so dass jede Änderung der Aktienart, sei es von Inhaberaktie auf Namensaktie oder umgekehrt, einer Satzungsänderung bedarf. In der Regel ist daher für einen solchen satzungsändernden Hauptversammlungsbeschluss gemäß § 133 Abs. 1 AktG die einfache Mehrheit der abgegebenen Stimmen sowie gemäß § 179 Abs. 2 S. 1 AktG eine Mehrheit, die mindestens drei Viertel des bei der Beschlussfassung vertretenen Grundkapitals umfasst, notwendig. Zu berücksichtigen ist jedoch, dass die Satzung, generell oder für besondere Beschlüsse, im Rahmen der Dispositionsfreiheit nach § 179 Abs. 2 S. 2 AktG eine höhere oder niedrigere Kapitalmehrheit vorsehen kann.

Bedenken bestehen jedoch im Hinblick auf die Notwendigkeit weiterer Erfordernisse, insbesondere der Zustimmung des durch die Umwandlung betroffenen Aktionärs, weshalb den unterschiedlichen Überlegungen und Ausgangssituationen Rechnung zu tragen ist.

1.2.1 Notwendigkeit eines Sonderbeschlusses

Hat die Gesellschaft in etwa sowohl Inhaber- als auch Namensaktien ausgegeben und sollen künftig nur noch Namensaktien das Mitgliedschaftsrecht verbriefen, stellt sich die Frage, ob die betroffenen Inhaberaktionäre einen Sonderbeschluss nach § 179 Abs. 3 S. 2 AktG zu fassen haben und somit das Erfordernis einer qualifizierten Mehrheit, die aus Inhaber- und Namensaktionären zusammen gebildet wird, alleine nicht genügen würde[494].

Voraussetzung für einen derartigen Sonderbeschluss ist nach § 179 Abs. 3 S. 1 AktG der Wille der Gesellschaft, „das bisherige Verhältnis mehrerer Gattungen von Aktien zum Nachteil einer Gattung" zu ändern[495]. Die Frage der eventuell vorliegenden „Nachteilhaftigkeit“ einer Umstellung von Inhaber- auf Namensaktien stellt sich somit aber erst dann, wenn es sich bei Inhaber- und Namensaktien um unterschiedliche Aktiengattungen handeln würde.

§ 11 AktG macht insoweit deutlich, dass die Aktie Träger der Mitgliedschaftsrechte ist, welche inhaltlich unterschiedlich ausgestaltet werden und somit unterschiedliche Rechte gewähren dürfen, was sowohl bei der Gründung der Aktiengesellschaft als auch bei jeder späteren Schaffung von Aktien und bei Veränderungen von Aktienrechten gilt. Nach Maßgabe von § 11 S. 2 AktG bilden Aktien mit gleichen Rechten eine Gattung. § 11 AktG befasst sich daher ausschließlich mit den an das Mitgliedschaftsrecht gebundenen Rechten und

[493] vgl. v. Godin/Wilhelmi, a. a. O., § 24 Anm. 4; vgl. KK-Kraft, a. a. O., § 24 Rn 20
[494] vgl. Noack, a. a. O., in FS Bezzenberger 2000, 291 (300)
[495] Für die Aufhebung des Vorzugs von stimmrechtslosen Vorzugsaktien enthält § 141 Abs. 3 AktG eine inhaltsgleiche Regelung.

nicht mit Rechten, die individualisierbar nur an die Person des Aktionärs gebunden sind[496].

Eine Gattungsverschiedenheit liegt infolge dessen vor, wenn, im Einklang mit der h.M., welche den Wortlaut des § 11 S. 2 AktG als zu eng auffasst, die Ausgestaltung der Mitgliedschaft gegenüber der Gesellschaft unter Berücksichtigung der Rechten- und Pflichtenlage insgesamt in einer unterschiedlichen Rechtsstellung besteht[497], was einerseits bei der Stammaktie, die ein volles Stimm- und Dividendenrecht gewährt, und andererseits bei der Vorzugsaktie, welche nach § 140 Abs. 1 AktG kein Stimmrecht, jedoch gemäß § 139 Abs. 1 AktG einen Vorrang bei der Verteilung des Gewinns beinhaltet, der Fall ist.

Allgemein ergeben sich aus der Mitgliedschaft an der Aktiengesellschaft für alle Aktionäre eine Reihe von Rechten, die entweder bereits im Gesetz vorgesehen sind oder in den Grenzen des § 23 Abs. 5 AktG und allgemeiner aktienrechtlicher Grundsätze durch die Satzung eingeräumt werden[498].

Man teilt Mitgliedschaftsrechte üblicherweise in Vermögens- und Verwaltungsrechte ein. Zu den Vermögensrechten zählen das Dividendenrecht (§ 58 Abs. 4 AktG), das Recht auf Liquidationserlös (§ 271 Abs. 1 AktG) und das Bezugsrecht (§ 186 Abs. 1 S. 1 AktG); Verwaltungsrechte sind in erster Linie das Stimmrecht (§ 12 Abs. 1 AktG), das Recht auf Teilnahme an der Hauptversammlung einschließlich des Rederechts (§ 118 Abs. 1 AktG), das Auskunftsrecht (§ 131 AktG), das Anfechtungsrecht (§ 245 Nr. 1-3 AktG) sowie eine Reihe von Minderheitenrechten (vgl. z.B §§ 122 Abs. 1 S. 1 und Abs. 3, 147 Abs. 1 S. 1 AktG)[499].

Diese Unterscheidung zwischen Vermögens- und Verwaltungsrechten bestimmt sich dabei allein nach dem Inhalt der Rechte und nicht etwa nach deren Bedeutung für den Aktionär und deren Umfang. Eine Verschiedenheit der Gattung wird insbesondere auch nicht durch einen unterschiedlichen Nennbetrag begründet, da dadurch lediglich der Umfang des Anteils bestimmt wird, nicht jedoch sein qualitativer Gehalt. Auch die - nur bei nichtbörsennotierten Gesellschaften mögliche - Festsetzung eines Höchstbetrags des Stimmrechts (§ 134 Abs. 1 S. 2 AktG) ist nicht geeignet, einen Gattungsunterschied herbeizuführen, da sie in der Person des Aktionärs und der Anzahl der Aktien, die er hält, begründet ist und nicht danach unterscheidet, ob der Aktionär Namensaktien oder Inhaberaktien besitzt[500] [501].

---

496 vgl. KK-Kraft, a. a. O., § 11 Rn 2

497 vgl. Noack, a. a. O., in FS Bezzenberger 2000, 291 (301); vgl. KK-Kraft, a. a. O., § 11 Rn 19/26

498 vgl. KK-Kraft, a. a. O., § 11 Rn 11

499 vgl. Schmidt, a. a. O., § 19 III 3c (S. 557 f)

500 vgl. Noack, a. a. O., in FS Bezzenberger 2000, 291 (301); vgl. KK-Kraft, a. a. O., § 11 Rn 6

501 Nach ihrer Bedeutung für den Aktionär lassen sich die Mitgliedschaftsrechte zusätzlich noch in zwei Gruppen, den Haupt- und den Hilfsrechten, einteilen. Zu den Hauptrechten zählen das Dividendenrecht, das Recht auf Liquidationserlös, das Stimmrecht und das Bezugsrecht. Alle anderen Rechte sind im Vergleich dazu Hilfsrechte, die der Durchsetzung der

Vergleicht man nun die Rechtsstellung von Inhaber- und Namensaktionären gegenüber der Gesellschaft im Hinblick auf diese Vermögens- und Verwaltungsrechte, stellt man fest, dass per se mit der Wahl der einen oder der anderen Aktienform keine inhaltlich unterschiedliche Ausgestaltung bzw. Rechtsstellung einhergeht. Den Inhaberaktionären stehen grundsätzlich dieselben Rechte und Pflichten zu wie den Namensaktionären und umgekehrt. Die insoweit vorhandenen Unterschiede beschränken sich lediglich im „Zugang" zur Ausübung dieser Rechte dergestalt, dass bei Inhaberaktien der Besitz der Aktienurkunde zur Ausübung genügt, wohingegen bei der Namensaktie die Eintragung im Aktienregister erforderlich ist[502].

Inhaber- und Namensaktien können demnach nicht als unterschiedlichen Gattungen angehörig angesehen werden[503], infolge dessen auch nicht die Zustimmung der betroffenen Aktionäre im Wege eines Sonderbeschlusses der betroffenen Aktionäre erforderlich ist.

Verfehlt wäre es ferner, die unterschiedliche Ausgestaltung von Namens- und Inhaberaktie im Hinblick auf ihre Übertragungsmöglichkeit als Gattungsmerkmal zu betrachten, da die Frage der Übertragungsmöglichkeiten bzw. seine rechtstechnische Durchführung kein „Recht" im Sinne des § 11 S. 2 AktG darstellt.

Für dieses Ergebnis spricht auch ein Vergleich von § 23 Abs. 3 Nr. 4 AktG und § 23 Abs. 3 Nr. 5 AktG. Nach § 23 Abs. 3 Nr. 4 AktG sind in der Satzung die Gattung der Aktien und die Zahl der Aktien anzugeben, soweit mehrere Gattungen bestehen, während nach Nr. 5 dieses Absatzes anzugeben ist, ob die Aktien auf den Inhaber oder auf den Namen ausgestellt werden. Diese Angabe nach Nr. 5 wäre indessen überflüssig, wenn der Gesetzgeber davon ausgehen würde, dass es sich bei den Inhaber- und Namensaktien um verschiedene Gattungen handelt, da die erforderlichen Angaben in diesem Fall schon in Nr. 4 enthalten gewesen wären[504].

1.2.2 Zustimmungspflicht aufgrund eines bestehenden Sonderrechts

Eine Zustimmung jedes einzelnen Aktionärs wäre erforderlich, wenn die Verbriefung von Aktien in Form von Inhaber- oder Namensaktien ein Sonderrecht begründen würde, was zum Teil mit Hinweis auf den in § 35 BGB enthaltenen Rechtsgedanken bejaht wird.

Hinsichtlich der Bewertung der Frage, ob durch die Aktie – gleichgültig, ob in Form der Inhaber- oder der Namensaktie - ein Sonderrecht des entspre-

---

Hauptrechte dienen. Der Umfang der Hauptrechte richtet sich dabei nach der Nennwertsumme der dem einzelnen Aktionär gehörenden Aktien (§§ 60 Abs. 1, 271 Abs. 2, 134 Abs. 1 S. 1, 186 Abs. 1 S. 1 AktG). Hilfsrechte hingegen – mit Ausnahme der Minderheitenrechte – stehen grundsätzlich jedem Aktionär in gleicher Weise ohne Rücksicht auf die Höhe seinen Aktienbesitzes zu; vgl. KK-Kraft, a. a. O., § 11 Rn 12

502 vgl. KK-Kraft, a. a. O., § 11 Rn 12

503 vgl. GroßKomm-Röhricht, a. a. O., § 24 Rn 11

504 vgl. GroßKomm-Röhricht, a. a. O., § 24 Rn 11; vgl. Noack, a. a. O., in FS Bezzenberger 2000, 291 (302)

chenden Rechtsträgers (Aktionärs) zum Tragen kommt, ist zunächst festzuhalten, dass es sich bei dem Sonderrecht im Sinne des § 35 BGB um eine bevorzugte körperschaftliche Stellung einer Person oder Gruppe aufgrund der Mitgliedschaft handelt, welche notwendigerweise eine satzungsmäßige Grundlage haben muss und gegen Entziehung durch Mehrheitsentscheidung gesichert sein soll. Rechte hingegen, die nicht auf einen zur Mitgliedschaft hinzutretenden besonderen Umstand gegründet, sondern Ausfluss des allgemeinen Mitgliedschaftsrecht (zum Beispiel das Recht, geheime Abstimmung verlangen zu können) sind, stellen keine Sonderrechte dar[505].

Sind die Sonderrechte mit der Aktie als Mitgliedschaftsrecht verbunden, so bilden die entsprechenden Aktien eine Gattung im Sinne des § 11 S. 2 AktG, so dass ihre Veränderung dann eines Sonderbeschlusses der Gruppe der betreffenden Aktionäre gemäß § 179 Abs. 3 AktG bedarf.

Räumt die Satzung einzelnen Aktionären Sonderrechte ein, die nicht vom Fortbestand ihrer Mitgliedschaft abhängen - etwa ein Recht, Einrichtungen der Gesellschaft auf Lebenszeit zu benutzen -, hängt die Möglichkeit ihrer Einschränkung oder Entziehung von der konkreten Ausgestaltung in der Satzung ab. Enthält die Satzung keine Bestimmung, ist davon auszugehen, dass derartige Rechte ohne Zustimmung des Begünstigten nicht verringert oder entzogen werden können, da es sich nicht um Mitgliedschaftsrechte, sondern um „Gläubigerrechte“ handelt[506].

Die Aktie - sowohl in der Ausgestaltung als Inhaber- als auch als Namensaktie - ist jedoch „lediglich" die Ausdrucksform der mitgliedschaftlichen Beteiligung des Aktionärs an der Gesellschaft, ohne dass grundsätzlich einer weitergehende Rechtsstellung in Form eines Sonderrechts damit verbunden wäre. Die Satzungsbestimmung nach § 23 Abs. 3 Nr. 5 AktG bezieht sich regelmäßig auf alle Aktien der betreffenden Art und soll nicht eine (wie auch immer geartete) Sonderstellung des Mitglieds schaffen, zumal das Aktienrecht grundsätzlich keine Sonderrechte im Sinne des § 35 BGB kennt bzw. etwaige Sonderrechte ausdrücklich gesetzlich, wie etwa im Fall der § 101 Abs. 2 AktG, §§ 139 - 141, 179 Abs. 3 AktG, oder statutarisch, wie etwa im Falle der satzungsmäßig verankerten Nutzungsrechte, geregelt sind, so dass bei einer entsprechenden Änderung stets eine Zustimmung des betroffenen Aktionärs notwendig ist[507].

Eine Besonderheit ergibt sich insoweit aus der Regelung des Entsendungsrechtes zum Aufsichtsrat nach § 101 Abs. 2 AktG, welches nach Sinn und Zweck ein kraft Gesetz unentziehbares Sonderrecht darstellt, ohne dass, wie durch § 101 Abs. 2 S. 3 AktG deutlich wird, die Aktien des Entsendungsbe-

---

505 vgl. BGH MDR 70, 913; vgl. Erman, a. a. O., § 35 Rn 2 f; vgl. Schmidt, a. a. O., § 19 III 3 a (S. 557); vgl. KK-Lutter, a. a. O., Vorb. § 53a Rn 14; vgl. Wiedemann, GesR, § 7 I 1 a; vgl. RGZ 104, 253 (255); 170, 358 (368); vgl. KK-Kraft, a. a. O., § 11 Rn 13; vgl. Baumbach/Hueck, a. a. O., Rn 5 vor § 54; vgl. Großkomm-Brändel, a. a. O., § 1 Rn 82

506 vgl. KK-Kraft, a. a. O., § 11 Rn 15

507 vgl. MK-Pentz, a. a. O., § 24 Rn 12; vgl. Noack, a. a. O., in FS Bezzenberger 2000, 291 (302)

rechtigten als besondere Gattung gelten. Zweck dieser Regelung, welcher nur aus der besonderen Bedeutung und Entwicklung des § 101 Abs. 2 AktG, insbesondere im Hinblick auf die personale Komponente des Rechtes verständlich ist, welche nicht losgelöst von der Person des Entsendungsberechtigten gesehen werden kann, ist das Bestreben des Gesetzgebers, den Entzug dieses Entsendungsrecht nicht von den sonst für Gattungsänderungen mögliche Mehrheitbeschlüsse, sondern von der Zustimmung des jeweils betroffenen Aktionärs abhängig zu machen[508].

Im Zusammenhang mit der Frage der Anwendbarkeit des § 35 BGB bzw. des Rechtsgedankens dieser Vorschrift wird vertreten, dass infolge der Aushändigung der Aktienurkunde der jeweilige Aktionär eine wertpapierrechtliche Stellung einnehme, die zwar kein mitgliedschaftliches Sonderrecht im Sinne des § 35 BGB darstelle, indes aber dem Aktionär eine individuelle Rechtsposition eingeräume, welche den (Aktionärs-) Gläubigerrechten ähnele[509] und zur Anwendbarkeit des Rechtsgedankens des § 35 BGB führe, so dass eine Umwandlung ohne Zustimmung des Aktionärs nicht möglich sei bzw. sich die erlangte individuelle Rechtsposition der einseitigen Verfügungsmöglichkeit der Gesellschaft im Wege der Satzungsänderung entziehe[510].

Ausgangspunkt des sich nach dieser Auffassung aus der wertpapierrechtlichen Verbriefung ergebenden Individualrechts ist die Feststellung, dass die Aktie als Mitgliedschaftsrecht bereits mit der Eintragung der Aktiengesellschaft (bzw. der Kapitalerhöhung) im Handelsregister entstehe, während die nach § 23 Abs. 3 Nr. 5 AktG erforderliche Satzungsbestimmung festlege, in welcher Art von Aktien die Mitgliedschaftsrechte verbrieft werden. Die Aktie als Wertpapier bedürfe jedoch zu ihrer Entstehung der Verbindung von Recht und Papier, welche wiederum nach h.L. die Ausstellung der Urkunde und den Abschluss eines Begebungsvertrages zwischen Aktiengesellschaft und dem Aktionär erfordert[511].

Folgerichtig wird weiter dargelegt, dass die Aktie als Wertpapier nicht durch die Satzung geschaffen werden könne[512], was sich auch dadurch zeige, dass Aktien, die entgegen der statutarischen Regelung als Inhaber- oder Na-

---

508 vgl. KK-Kraft, a. a. O., § 11 Rn 16; vgl. Geßler in Geßler/Hefermehl, a. a. O., § 101 Rn 88

509 Beispiel eines Individualrechts (Aktionärsgläubigerrechts) ist der Dividendenzahlungsanspruch nach dem Gewinnverwendungsbeschluss der Hauptversammlung; vgl. BGHZ 124, 111 (123)

510 vgl. KK-Kraft, a. a. O., § 11 Rn 18; ders, a. a. O., § 24 Rn 18; vgl. MK-Pentz, a. a. O., § 24 Rn 12; vgl. Noack, a. a. O., in FS Bezzenberger 2000, 291 (305)

511 vgl. KK-Kraft, a. a. O., § 24 Rn 15; vgl. Noack, a. a. O., in FS Bezzenberger 2000, 291 (305); vgl. KK-Lutter, a. a. O., § 67 Rn 3 und Anh. § 68 Rn 9; vgl. Zöllner, a. a. O., S. 174 f

512 Es macht daher keinen Unterschied, ob für die Entstehung der Aktie als Wertpapier – wie soeben im Einklang mit der überwiegenden Ansicht beschrieben – ein Begebungsvertrag erforderlich ist oder aber der Ansicht von ZÖLLNER zu folgen ist, dass die Aktie als Wertpapier bereits entstehe, wenn eine Urkunde einem Aktionär durch die Gesellschaft zugeteilt ist und sich der Eigentumserwerb an der Urkunde entsprechend § 952 BGB vollzieht; vgl. KK-Kraft, a. a. O., § 24 Rn 15

mensaktie ausgegeben werden, keineswegs nichtig sind. So sei stets zu berücksichtigen, dass das Mitgliedschaftsrecht, welches die Aktie (deklaratorisch) verbrieft, von der Art der Aktienurkunde unabhängig ist, dass die Verbriefung in jeder der beiden Arten wertpapierrechtlich und aktienrechtlich zulässig sei und dass der Aktionärs- und Verkehrsschutz es erforderlich mache, den nicht aus der Urkunde ersichtlichen Verstoß gegen die Satzung nicht zu beachten. Schließlich zeige auch die Regelung des § 10 Abs. 2 AktG, der trotz anders lautender statutarischer Regelung unter bestimmten Voraussetzungen nur Namensaktien zulässt, dass die Frage der wertpapierrechtlichen Wirksamkeit der Aktie nicht von ihrer Übereinstimmung mit der in der Satzung bestimmten Aktienart abhängen könne[513].

Hieraus wird aber der Schluss gezogen, dass die Regelung in der Satzung, wenn die Art der ausgestellten Aktien von ihr abweicht, die Rechtswirksamkeit des Papiers nicht berührt und infolge dessen auch eine Satzungsänderung nicht zu einer Umwandlung der ausgegebenen Aktien führe, die, wie § 24 AktG zeige, eine Änderung der Urkunde voraussetze[514].

Nach dieser Auffassung erstreckt sich die Wirkung einer entsprechenden Satzungsänderung „lediglich" darauf, dass die entsprechenden Aktionäre verpflichtet werden, durch Vorlage ihrer Aktien zur Umwandlung der geänderten Satzung zu entsprechen. Es handelt sich also um die Auferlegung einer den jeweiligen Aktionär betreffenden Pflicht, um die Begründung einer bei Zeichnung oder Erwerb der Aktie nicht eingegangenen „Nebenpflicht", deren Erfüllung die wertpapierrechtliche Position des Aktionärs, die er durch Begebung der Urkunde erhalten hat, verändert und die das zuvor beschriebene Individualrecht darstellt, welches nicht durch Mehrheitsbeschluss umgewandelt werden kann[515].

Obwohl die soeben dargestellte Auffassung zutreffende Argumente anführt, kann ihr nicht gefolgt werden, da der wertpapierrechtlichen Stellung eine zu große Bedeutung beigemessen wird[516].

Eine Satzungsbestimmung nach § 23 Abs. 3 Nr. 5 AktG schafft für Aktionäre der Gesellschaft selbst keine einem Sonderrecht im Sinne von § 35 BGB vergleichbare Rechtsposition. Für eine solche Bestimmung ist vielmehr kennzeichnend, dass sie sich auf alle Aktien der betreffenden Art bezieht und keine Sonderstellung des Mitglieds schaffen soll, was gerade bestimmend für ein Sonderrecht wäre. Aus diesem Grund bestehen keine Bedenken, eine Änderung der Bestimmung über die Aktienart der Disposition der Mehrheit zu unterstellen[517].

Im Hinblick auf die durch Aushändigung der Aktie erlangte individuelle Rechtsposition, die den (Aktionärs-)Gläubigerrechten ähnelt, sei angemerkt,

---

513 vgl. KK-Lutter, a. a. O., § 24 Rn 16

514 vgl. KK-Kraft, a. a. O., § 24 Rn 17/§ 11 Rn 17; vgl. Noack, a. a. O., in FS Bezzenberger 2000, 291 (305 f)

515 vgl. KK-Kraft, a. a. O.,§ 24 Rn 18; vgl. KK-Lutter, a. a. O., Anh. § 68 Rn 9

516 vgl. Hüffer, a. a. O., § 24 Rn 7; vgl. Noack, a. a. O., in FS Bezzenberger 2000, 291 (306)

517 vgl. MK-Pentz, a. a. O., § 24 Rn 12

dass in der Tat Vermögensrechte, die sich aus der (verbrieften) Mitgliedschaft ergeben, unstreitig Gläubigerrechte werden können, was insbesondere beim Dividendenrecht durch den Verteilungsbeschluss der Hauptversammlung[518] und dem Recht auf den Liquidationserlös mit dem Zeitpunkt, in dem sich gemäß § 271 Abs. 1 AktG ein nach Liquidation verbleibendes Vermögen herausstellt, der Fall ist.

Sofern sich diese (Mitgliedschafts-)Rechte zu Gläubigerrechten umgewandelt haben, hat der Aktionär die gleiche Stellung wie jeder andere Gläubiger der Gesellschaft, so dass seine Rechtsstellung, unabhängig von der Frage der Mitgliedschaft und der Art der Verbriefung, von diesem Moment an von den Gesellschaftsorganen nicht mehr beeinträchtigt werden kann[519].

Die Umwandlung - unabhängig, ob nun durch satzungsändernde Mehrheitsentscheidung oder durch Einstimmigkeit - von Inhaber- auf Namensaktien lässt die Gläubigerstellung jedoch, gleichgültig ob bereits entstanden oder nicht, unberührt. Es macht daher auch keinen Unterschied, ob dem Aktionär, dem das Gläubigerrecht zusteht, sein Mitgliedschaftsrecht in einer Namensaktie oder einer Inhaberaktie verbrieft worden ist bzw. überhaupt eine Verkörperung des Mitgliedschaftsrechts stattgefunden hat, was jedoch im Zusammenhang mit der dargestellte Auffassung unerheblich ist, da diese auf einer wertpapierrechtlich erlangten Rechtsposition beruht, die zwangsläufig die Aushändigung von Aktienurkunden voraussetzt. Überdies ist das Entstehen von Gläubigerrechten in diesem Zusammenhang vom Eintritt gewisser Bedingungen, z. B. der Liquidation der Gesellschaft, der Handelsregistereintragung, etc., abhängig, jedoch keineswegs davon, ob der Aktionär sein Mitgliedschaftsrecht aus Namensaktien oder Inhaberaktien ableitet.

Wie bereits im Rahmen des Vergleiches zwischen Inhaber- und Namensaktie beschrieben, gehen die meisten Gesellschaften – in etwa im Zuge einer Börsennotierung – bis auf die Hinterlegung einer einzigen Globalurkunde, der demzufolge sämtliche Wertpapiereigenschaften wie die Inkassolegitimation, die Liberationswirkung und die skripturale Haftung zuzuschreiben sind, bei der Clearstream Banking AG als erster Nehmerin dazu über, den Verbriefungsanspruch im Einklang mit der gesetzlichen Maßgabe gänzlich auszuschließen.

Die Konsequenz dieser Rationalisierungsmaßnahme, die in der Ausgabe nur einer (Global-)Aktie liegt, ist, dass es immer seltener wird, dass Aktionäre eine Aktienurkunde, d.h. eine bewegliche Sache, in Händen halten, die von der Rechtsordnung zu umlauffähigen Rechten erklärt wird, wohingegen gerade diese Verkörperung des Mitgliedschaftsrechts Grundlage für die Anwendbarkeit der sachenrechtlichen Regeln ist[520].

Auch wenn jedoch diese sachenrechtlichen Grundsätze bei der Übertragung der Rechtsstellung nach wie vor Geltung beanspruchen, tritt verstärkt der Aspekt des sogenannten „dematerialisierten Wertrechts“ gegenüber dem des

[518] vgl. KK-Kraft, a. a. O., § 11 Rn 17
[519] vgl. KK-Kraft, a. a. O., § 11 Rn. 7
[520] vgl. Noack, a. a. O., in FS Bezzenberger 2000, 291 (306)

körperlich-gegenständlichen Wertpapiers in den Vordergrund, was sich nicht zuletzt in den beschriebenen (börslichen) Übertragungsvorgängen zeigt, die bei der girosammelverwahrten Globalurkunde als Umbuchungen hinsichtlich des Miteigentumsanteils ausgestaltet sind[521].

Selbst bei Festhalten an der klassisch-wertpapierrechtlichen Einstufung erscheint es nicht angebracht, die Mitgliedschaft und den Verbriefungsakt derart strikt voneinander zu trennen, dass aus letzterem ein unveränderliches „Individualrecht" entspringt. Die Grundlage der Beteiligung an einer Aktiengesellschaft ist und bleibt die Ausgestaltung der Mitgliedschaft durch Gesetz und Satzung, wonach sich auch die deklaratorische urkundliche Form zu richten hat. Konstruktiv ließe sich diesem Aspekt dadurch gerecht werden, dass man annimmt, der Begebungsvertrag beinhalte - in ergänzender Vertragsauslegung - eine dynamische Klausel, wonach sich die Wertpapiereigenschaft nach der jeweiligen statutarisch vorgesehenen Aktienart orientiert. Damit wäre sowohl dem Einwand Genüge getan, die Satzung könne die Aktie als Wertpapier nicht direkt schaffen[522], als auch die körperschaftliche Prärogative gewahrt. Die Diskrepanz zwischen der Satzungsbestimmung und (Aktien-)Urkunde führt indes nicht zur Nichtigkeit, sondern lediglich zur Unrichtigkeit derselben, da die rechtserhebliche Aussage der Urkunde nicht mehr mit der maßgeblichen Satzungsbestimmung übereinstimmt[523].

Ein etwaiger Umwandlungsbeschluss ist daher auch in Anbetracht der wertpapierrechtlichen Position des Aktionärs nicht der Verfügungsmöglichkeit der satzungsändernden Mehrheit entzogen.

Nach dem Vorstehenden ist für die Umwandlung der Inhaber- in Namensaktien weder ein Sonderbeschluss nach § 179 Abs. 3 AktG noch die gesonderte Zustimmung der betroffenen Aktionäre für die Umwandlung von Inhaber- in Namensaktien erforderlich. Die Aktiengesellschaften können im Ergebnis somit ihr Umwandlungsbegehren im Wege eines satzungsändernden Hauptversammlungsbeschlusses mit den entsprechenden gesetzlichen oder statutarisch festgelegten Mehrheitserfordernissen vollziehen.

Fraglich ist in diesem Zusammenhang abschließend, ob es möglich ist, die vorhandenen Inhaberaktien nur zum Teil in Namensaktien umzuwandeln.

Bedenken gegen eine solche Vorgehensweise können sich aus dem Gleichbehandlungsgebot nach § 53a AktG ergeben, der eine willkürliche, sachlich nicht gerechtfertigte unterschiedliche Behandlung der Aktionäre verbietet. Die Mitgliedschaft des Aktionärs soll vor Eingriffen der Gesellschaftsorgane geschützt werden, die den einen Teil der Aktionäre hinter den anderen Teil zurücksetzen, ohne dass dies durch schutzwürdige Interessen der Aktiengesellschaft gedeckt wäre[524]. Mit der Namensaktien sind verschiedene Vorteile verbunden, so in etwa deren erleichterter Handel an ausländischen Börsen. Würde

---

[521] vgl. Einsele, a. a. O., S. 201 ff , 584; Peters, a. a. O., WM 1976, 890 (890 f)
[522] vgl. OLG Hamburg, AG 1970, 230 (230)
[523] vgl. Noack, a. a. O., in FS Bezzenberger 2000, 291 (307)
[524] vgl. BGHZ 33, 175 (186); 70, 117 (121)

dieser Vorteil nur einem Teil der Aktionäre, einem anderen aber nicht gewährt werden, so käme es grundsätzlich zu einer Ungleichbehandlung im Sinne des § 53a AktG. Kann die Aktiengesellschaft keine plausible Begründung für diese Ungleichbehandlung liefern, muss von einer Verletzung des Gleichbehandlungsgrundsatzes ausgegangen werden, weshalb ein eventueller Umwandlungsbeschluss gleichermaßen für alle Aktien oder wenigstens alle Aktien einer Gattung gelten muss und nicht nur einen Teil der Aktionäre der Umwandlung unterwerfen darf, da ein solches Vorgehen andernfalls zu seiner Wirksamkeit der Zustimmung der betroffenen Aktionäre bedarf[525].

Die Durchführung der Umwandlung infolge einer solchen Satzungsänderung entspricht dabei derjenigen in § 24 AktG, weshalb die Aktien mit dem Antrag auf Umwandlung bei der Gesellschaft, vertreten durch den Vorstand, einzureichen und von ihr unverzüglich gegen neue Aktienurkunden einzutauschen sind, wobei die Gesellschaft die entstehenden Kosten trägt.

Vor dem Hintergrund, dass im Zuge der Satzungsänderung die ausgegebenen Aktienurkunden unrichtig geworden sind, kann die Gesellschaft, sofern der Aktionär seiner Verpflichtung zur Umwandlung nicht nachkommt, die Aktienurkunden im Verfahren nach § 73 AktG für kraftlos erklären[526].

2. Aktienregister

Das ehemalige Aktienbuch ist das notwendige rechtliche Vehikel der Kundbarmachung der Inhaberschaft bzw. von Änderungen in der Inhaberschaft, welches untrennbar mit der Namensaktie verbunden ist. Historisch gesehen ist das ehemalige Aktienbuch, in dem die Rechtsverhältnisse notiert worden sind, in seiner ursprünglichen Form als „cartulario“ älter als die Aktienurkunde, die das Rechtsverhältnis verbrieft. Unter Berücksichtigung der aktuellen Entwicklung, dergestalt, dass der bei weitem überwiegende Teil des Aktienhandels, bedingt durch die technische Entwicklung vor allem im Effektengiroverkehr, durch die schlichte Umbuchung der Übertragungsvorgänge gekennzeichnet ist, ohne dass eine (existente) Aktienurkunde physisch übergeben wird, lässt sich feststellen, dass insoweit eine „Rückentwicklung“ stattfindet, in welcher nun nicht mehr die Aktienurkunde, d.h. die Namensaktie, im Zentrum steht, sondern vielmehr das ehemalige Aktienbuch[527].

Der Ausschluss des Verbriefungsanspruches der Aktionäre durch das KonTraG und der bereits beschriebene informationstechnologische Fortschritt hat dazu geführt, dass immer mehr Gesellschaften auf Namensaktien umgestellt haben. Der Gesetzgeber hat dieser Entwicklung durch das NaStraG Rechnung getragen, in dem unter anderem die zentrale Vorschrift für das ehemalige Aktienbuch, § 67 AktG, grundlegend geändert worden ist[528].

---

525 vgl. Großkomm-Röhricht, a. a. O., § 24 Rn 11; vgl. Wiesner in MüHdB, a. a. O., § 13 Rn 6
526 vgl. MK-Pentz, a. a. O., § 24 Rn 13; vgl. Eckhardt in Geßler/Hefermehl, a. a. O., § 24 Rn 3; vgl. Noack, a. a. O., in FS Bezzenberger 2000, 291 (307)
527 vgl. Happ, a. a. O., in FS Bezzenberger 2000, 111 (115)
528 vgl. MK-Bayer, a. a. O., § 67 Rn 2

2.1 Rechtsnatur und Form

Die Umbenennung des ehemaligen Aktienbuches in Aktienregister ist zwar die offensichtlichste Modifikation, doch hat sie keinerlei rechtliche Bedeutung. Neben dem Anklang an die „registered shares" im angloamerikanischen Bereich als gewolltem Nebeneffekt[529] ist diese Änderung vielmehr von dem Gedanken getragen, dieses Medium auch sprachlich an die moderne technologische Entwicklung anzupassen, da das frühere „Aktienbuch" heute in Wahrheit eine elektronisch geführte Datenbank ist.

Das Aktienregister gehört nicht zu den Handelsbüchern im Sinne des § 238 HGB und des § 91 AktG, weil hierin weder die Handelsgeschäfte der Aktiengesellschaft noch deren Vermögenslage ersichtlich wird. Wegen seines Legitimationszwecks gemäß § 67 Abs. 2 AktG muss das Aktienregister den in § 239 HGB genannten Anforderungen an die „sonst erforderlichen Aufzeichnungen" entsprechen, wobei aber auch die in § 239 Abs. 4 HGB genannten Gestaltungsmöglichkeiten bestehen. So kann das Aktienregister nach wie vor in Buch- oder Karteiform geführt werden, was bei Ein-Mann- oder Familien-AG zweckmäßig sein kann. Die Führung des Aktienregisters – vor allem bei großen Publikumsgesellschaften – erfolgt regelmäßig jedoch auf elektronischem Wege mittels Datenträger, was vom Gesetzgeber gemäß § 239 Abs. 4 S. 2 HGB ausdrücklich gestattet ist, soweit, wie § 239 Abs. 4 S.1 HGB klarstellt, auf diese Weise die Grundsätze der ordnungsmäßigen Buchführung eingehalten werden und die Daten jederzeit innerhalb angemessener Frist lesbar gemacht werden können[530].

Die ordnungsmäßige Buchführung, welche ein Teilstück der allgemeinen kaufmännischen Rechnungslegung darstellt, muss dabei so beschaffen sein, dass sie einem sachverständigen Dritten innerhalb angemessener Zeit einen Überblick über die Geschäftsvorfälle, d.h. im Hinblick auf das Aktienregister im Regelfall über die Übertragungsvorgänge, verschaffen kann. Dementsprechend verlangen die Grundsätze der ordnungsmäßigen Buchführung Ordnungsmäßigkeit und die damit verbundene Nachvollziehbarkeit und Zeitgerechtheit der Aufzeichnungen, sowie die weiterhin aus der Ordnungsmäßigkeit abzuleitenden Gebote der Vollständigkeit, Klarheit und Übersichtlichkeit, wie sich auch aus § 238 Abs. 1 S. 2 und 3 HGB ergibt, weshalb die Buchführung so zu organisieren ist, dass diese Anforderungen erfüllt sind. Insbesondere schreiben die Grundsätze der ordnungsgemäßen Buchführung nach § 239 Abs. 2 HGB vor, dass die Aufzeichnungen in geordneter Form erfolgen sollen, wobei

---

[529] vgl. Seibert, a. a. O., ZIP 2000, 937 (939 f); vgl. Weber, M., a. a. O., NZG 2001, 337 (338)

[530] vgl. Leuering, a. a. O., ZIP 1999, 1745 (1745); vgl. Happ, a. a. O., in FS Bezzenberger 2000, 111 (117); vgl. MK-Bayer, a. a. O., § 67 Rn 13; vgl. Bopp, a. a. O., S. 37; vgl. Diekmann, a. a. O., BB 1999 1985 (1985); vgl. Zätzsch/Gröning, a. a. O., NZG 2000, 393 (397); vgl. Nirk/Reuter/Bächle, a. a. O., I Rn 437/441

diese Ordnung entweder nach den Namen der Aktionäre oder aber nach den Nummern der Aktien vorgenommen werden kann[531].

Die Beweissicherungsfunktion der Aufzeichnungen, die durch § 239 Abs. 3 HGB zum Ausdruck kommt, verlangt zudem, ihren ursprünglichen Inhalt erkennbar werden zu lassen und Änderungen für Dritte nachvollziehbar vorzunehmen. Aufzeichnungen sind daher ausschließlich mit dokumentenechtem Schreibmaterial vorzunehmen, wobei Radierungen und Rasuren in Büchern ebenso unzulässig sind wie Überschreibungen im PC ohne Dokumentation der ursprünglichen Inhalte und vorgenommenen Änderungen[532]. Aus der Wertung des § 273 Abs. 2 AktG, der eine Aufbewahrungspflicht von Büchern und Schriften der Gesellschaft von zehn Jahren bei Abwicklung der Gesellschaft verlangt, ist zu entnehmen, dass auch Austragungen von Aktionären im (elektronischen) Aktienregister zehn Jahre lang aufzubewahren sind. Dies führt dazu, dass die Löschung von Aktionärsdaten, etwa nach erfolgten Rechtsübergang nicht im Sinne einer endgültigen Vernichtung dieser Daten zu verstehen ist, sondern vielmehr als Kenntlichmachung einer (Rechts-) Änderung[533].

2.2 Führung des Aktienregisters

Die Verpflichtung zur Führung des Aktienregisters der Gesellschaft entsteht nach h.M. zu dem Zeitpunkt, in dem an die Aktionäre Namensaktien (oder Zwischenscheine) ausgegeben werden bzw. hierüber eine Globalurkunde errichtet wird. Weiterhin erforderlich ist die Eintragung der Gesellschaft im Handelsregister, da nach Maßgabe von § 41 Abs. 4 S. 2 AktG vorher ausgegebene (Namens-)Aktien nichtig sind. Dementsprechend ist die Gesellschaft nach h.M. von dieser Verpflichtung befreit, sofern die Mitgliedschaft der (im Handelsregister eingetragenen) Gesellschaft unverkörpert bleibt, da mangels Verbriefung keine an der äußeren Form anknüpfende Prüfung des Aktienübergangs möglich ist[534]. Entsprechende (freiwillige) Aufzeichnungen über Aktionäre, die vor der wirksamen Ausgabe der Namensaktien bzw. der Errichtung einer Globalurkunde erstellt werden, haben somit auch nicht die Qualität eines Aktienregisters im Sinne von § 67 AktG[535]. Das Fehlen von verbrieften Namensaktien bzw. einer errichteten Globalurkunde hat auch zur Folge, dass die Rechtsinhaber der unverkörperten Mitgliedschaften keinen Anspruch auf Führung eines Aktienregisters gegen die Gesellschaft haben. Dies ändert sich jedoch mit der Ausgabe der Namensaktien bzw. der Errichtung einer Globalurkunde. Nach einhelliger Auf-

---

[531] vgl. MK-HGB-Ballwieser, a. a. O., § 238 Rn Rn 27; § 239 Rn 2/6; vgl. Schmidt, HR, § 15 III 1a (S. 424 f); vgl. Hübner, a. a. O., Rn 61; vgl. KK-Lutter, a. a. O., § 67 Rn 5; vgl. Nirk/Reuter/Bächle, a. a. O., I Rn 441

[532] vgl. MK-HGB-Ballwieser, a. a. O., § 239 Rn 8

[533] vgl. Kölling, a. a. O., NZG 2000, 631 (636); vgl. Diekmann, a. a. O., BB 1999, 1985 (1985); vgl. Noack, a. a. O., DB 2001, 27 (30)

[534] vgl. Hüffer, a. a. O., § 67 Rn 6; vgl. KK-Lutter, a. a. O., § 67 Rn 3/8/15; vgl. Wiesner in MüHdB, a. a. O., § 14 Rn 34/39; vgl. Hefermehl/Bungeroth in Geßler/Hefermehl, a. a. O., § 67 Rn 13; vgl. v. Godin/Wilhelmi, a. a. O., § 67 Anm. 2

[535] vgl. MK-Bayer, a. a. O., § 67 Rn 16

fassung kann in diesem Falle diese Verpflichtung auf der Grundlage einer Verletzung des allgemeinen Mitgliedschaftsrechtes auch von jedem Aktionär eingeklagt werden, und zwar auch dann, wenn seine eigene Mitgliedschaft unverkörpert bleibt oder aber mittels Inhaberaktien verbrieft wird[536].

Diese von der h.M. vertretene Auffassung ist indes nicht ganz unbestritten. Nach anderer Ansicht geht nämlich, sofern ein Aktienregister vor der Verbriefung der Aktienurkunden geführt wurde, von diesem die uneingeschränkte Legitimationswirkung aus, da sich der Eingetragene jedenfalls im Zeitpunkt der Eintragung als Aktionär ausweisen musste[537].

Losgelöst von der Fragestellung, welche Wirkung die vor der Ausgabe von Namensaktien gemachten Aufzeichnungen haben, ist vielmehr von Bedeutung, ob die Gesellschaft nicht unabhängig von der Begebung der Namensaktien zur Führung eines Aktienregisters verpflichtet ist.

Einer solchen Annahme steht insbesondere nicht der Wortlaut des § 67 Abs. 1 AktG entgegen, wonach „Namensaktien" im Aktienregister einzutragen sind, da zum einen die h.M. bei wortgetreuer Auslegung bereits Schwierigkeiten hätte, die Verpflichtung zur Führung des Aktienregisters im Falle der Errichtung einer Globalurkunde zu erklären, und zum anderen der Begriff der „Aktie" im Aktiengesetz in verschiedener Weise verwendet wird, in dem es an einigen Stellen die Urkunde und an anderen Stellen aber die Mitgliedschaft meint[538].

Besonders deutlich wird die Notwendigkeit der Vorverlagerung der Führungsverpflichtung auch vor Verbriefung der Aktienurkunde dadurch, dass von der h.M. die Führung des Aktienregisters neben der Ausgabe von Namensaktien alternativ auch von der Errichtung einer Globalurkunde abhängig gemacht wird. Es soll damit der heutigen Praxis Rechnung getragen werden, in der eine große Zahl von Gesellschaften – insbesondere große Publikumsgesellschaften – aus Zwecken der Rationalisierung nur noch eine solche (Global-)Urkunde errichten, die sämtliche Mitgliedschaftsrechte umfasst und diese der Wertpapiersammelbank, d.h. der Clearstream Banking AG, aushändigen, um somit die Einbeziehung in die Sammelverwahrung und infolge dessen in den Effektengiroverkehr zu gewährleisten. Hinzu kommt, dass nach ganz überwiegender Auffassung aufgrund des § 30 BörsG (§ 36 BörsG a.F.) von der Unverzichtbarkeit der Errichtung einer Globalurkunde ausgegangen wird, um den vermeintlichen börsenrechtlichen Anforderungen gerecht zu werden[539].

Nach Auffassung des Verfassers wird der Notwendigkeit des Verbriefungs- bzw. Verkörperungsvorgangs im Hinblick auf die Verpflichtung zur Führung des Aktienregisters eine Bedeutung beigemessen, die ihr aufgrund der heutigen Praxis jedoch nicht zusteht.

---

536 vgl. Hüffer, a. a. O., § 67 Rn 5; vgl. KK-Lutter, a. a. O., § 67 Rn 4; vgl. MK-Bayer, a. a. O., § 67 Rn 15

537 vgl. Großkomm-Barz (Voraufl.), a. a. O., § 67 Anm. 4

538 vgl. Hüffer, a. a. O., § 1 Rn 13; vgl. KK-Lutter, a. a. O., § 1 Rn 13

539 vgl. Noack/Zetschke, a. a. O., AG 2002, 651 (654)

Abgesehen von der Frage, ob für einen funktionsfähigen Aktienhandel die Errichtung einer Globalurkunde tatsächlich erforderlich ist, was mit Blick auf das in Frankreich seit 1981 praktizierte Wertrechtssystem im Aktienhandel, welches ohne eine solche Globalurkunde auskommt, durchaus verneint werden kann[540], ist zu bemerken, dass die h.M. insoweit noch von der traditionellen Ansicht des Aktienhandels ausgeht, wonach Aktienurkunden vorhanden sind, die von den Parteien auch in physischer Form übergeben werden. Unter Berücksichtigung des heutigen Aktienhandels lässt sich jedoch feststellen, dass - unabhängig von der Errichtung einer Globalurkunde - keine an der äußeren Form anknüpfende Prüfung des Aktien- und damit des Rechtsübergangs möglich und somit auch das von der h.M. zur Begründung der Aktienregisterführungspflicht herangezogene Argument nicht einschlägig ist.

Wie bereits im Zusammenhang mit den Übertragungsmöglichkeiten im Zuge der Depotverwahrung von Wertpapieren, insbesondere der Girosammelverwahrung, beschrieben, findet tatsächlich keine physische Übertragung der Aktienurkunde statt. Dementsprechend beschränkt sich die „äußere Form", aus welcher der Rechtsübergang im heutigen Aktienhandel erkennbar wird, vielmehr auf die Mitteilung der Wertpapiersammelbank über den Aktienübergang und den damit einhergehenden Umbuchungen im Verwahrungsbuch des depotführenden Kreditinstituts. Eine weitere Kenntlichmachung und damit auch Prüfungsfähigkeit des Rechtsübergangs findet indes nicht statt.

Besonders deutlich wird das Fehlen der an einer äußeren Form anknüpfenden Prüfungsmöglichkeit des Aktienübergangs auch im Hinblick auf die Regelung des § 67 AktG. Der Gesetzgeber hat durch das Namensaktiengesetz dem Umstand Rechnung getragen, dass der heutige Aktienhandel zu einem überwiegenden Teil nunmehr völlig unabhängig von verkörperten Aktienurkunden stattfindet, indem auf die Vorlagepflicht der Aktienurkunde gemäß § 68 Abs. 3 S. 2 AktG a.F. verzichtet wird und stattdessen die Umschreibung bzw. die Kenntlichmachung des Rechtsübergangs im Aktienregister aufgrund einer Mitteilung und eines Nachweises nach § 67 Abs. 3 AktG erfolgt. Die Vorlage der Aktienurkunde zum Zwecke der Umschreibung im Aktienregister ist somit nicht erforderlich, was ohnehin bei der Globalurkunde, die regelmäßig von der Clearstream Banking AG verwahrt wird, auch unmöglich ist.

Aus rechtstatsächlicher Sicht, insbesondere unter Berücksichtigung der girosammelverwahrten Aktien, ist die Verbriefung einer Aktienurkunde für die Führung des Aktienregisters somit unerheblich, da sie keinerlei Prüfungsmöglichkeit hinsichtlich des Rechtsübergangs ermöglicht. Demzufolge ist auch nicht ersichtlich, warum die Führung des Aktienregisters bei unverkörperten Mitgliedschaften nicht erforderlich sein sollte. Insbesondere ist fraglich, warum im Falle der Errichtung einer Globalurkunde die Aktienregisterführungspflicht begründet wird, obwohl es einerseits für den jeweiligen Inhaber keinen Unterschied macht, ob seine Mitgliedschaft in einer (Global-)Urkunde verbrieft wird, die er nicht in Händen halten kann oder überhaupt nicht verbrieft wird, und an-

540 wie vor

dererseits auch die Globalurkunde keine an die äußere Form anknüpfende Prüfungsmöglichkeit gewährleistet und folglich diesbezüglich mit der unverbrieften Mitgliedschaft identisch ist.

Im Ergebnis ist daher im Gegensatz zur h.M. die Aktienregisterführungspflicht bereits ab dem Zeitpunkt der Gründung der Gesellschaft, sofern diese die Ausgabe von Namensaktien statutarisch vorsieht, erforderlich.

Die Verpflichtung zur Führung eines Aktienregisters entsteht aber auch dann, wenn eine Gesellschaft ihre bis dahin in Inhaberaktien verbrieften Mitgliedschaftsrechte auf Namensaktien umstellt.

Sofern „lediglich" die Inhaberaktie physisch durch eine Namensaktie ausgetauscht wird, ergibt sich kein Widerspruch zur h.M., da insoweit stets eine „äußere Form" vorhandenen ist, an der die Überprüfung eines Rechtsübergangs stattfinden kann. Selbiges gilt, wenn gleichzeitig sämtliche Mitgliedschaftsrechte in einer Globalurkunde zusammengefasst werden. Es macht dabei insbesondere keinen Unterschied, ob das vormals in Form der Inhaberaktie verbriefte Mitgliedschaftsrecht als Einzelurkunde oder aber als Globalurkunde ausgegeben worden ist. In jedem Falle ist eine physische Urkundenform vorhanden, die nach der h.M. Voraussetzung für die Führungspflicht des Aktienregister ist. Nichts desto trotz wird hierbei die gesamte Problematik erkennbar. Unterstellt man nämlich, dass eine Gesellschaft, die statutarisch ihre Mitgliedschaftsrechte als Inhaberaktien festgelegt und hierfür eine Globalurkunde ausgegeben bzw. bei der Wertpapiersammelbank hinterlegt hat, nunmehr die Umstellung auf Namensaktien beabsichtigt, wird deutlich, dass sich diese Umstellung nach außen hin ausschließlich als Änderung des Satzungswortlauts darstellt, welcher statt „die Aktien lauten auf den Inhaber" nun auf „die Aktien lauten auf den Namen" lautet.

Unter Zugrundelegung der h.M. würde aber eine Führungsverpflichtung dann entfallen, wenn die Gesellschaft die Inhaberaktien einzieht und zudem von einem Verbriefungsanspruch gänzlich absieht, da dann kein „äußerer" Anknüpfungspunkt für die Überprüfung des Rechtsübergangs vorhanden wäre. Eine solche Situation, die aus heutiger Sicht selten vorkommen wird, wäre jedoch dann von Relevanz, wenn sich beispielsweise die Börsenzulassungsvoraussetzungen dahingehend ändern würden, dass statt einer physischen Globalurkunde nurmehr – ähnlich wie in Frankreich - eine „virtuelle" Globalurkunde bzw. ein „dematerialisierter Wertrecht" erforderlich wäre.

Im Hinblick auf die bestehende Möglichkeit der Umwandlung bzw. der Umstellung von Inhaber- auf Namensaktien bedeutet dies, dass die Führungspflicht bezüglich des Aktienregisters mit der Beschlussfassung über die Ausgabe von Namensaktien bzw. mit dem Beginn der tatsächlichen Umstellung entsteht.

Die „Vorverlagerung" der Aktienregisterführungspflicht ab dem Zeitpunkt der Gründung bzw. der Umstellung würde also eine konsequente Anpassung an die – insbesondere mit der Globalurkunde verbundene – Praxis darstellen und gleichzeitig etwaige Erklärungsschwierigkeiten im Hinblick auf den (faktischen) Unterschied zwischen der Errichtung einer Globalurkunde und einer unverkörperten Mitgliedschaft verhindern.

Für eine solche Verpflichtung zur Führung eines Aktienregisters ab dem Zeitpunkt der Gründung auch bei (noch) nicht verbrieften Mitgliedschaftsrechten sprechen auch Gründe der Rechtssicherheit, da somit der Rechtserwerb besser nachvollzogen und überprüft werden kann. So muss sich die Gesellschaft ohnehin zu dem Zeitpunkt, an dem sie die bis dahin unverbrieften Mitgliedschaftsrechte in Namensaktien verbriefen will, Klarheit verschaffen, wer Inhaber der unverbrieft zirkulierenden Mitgliedschaften ist. Gleichzeitig wäre damit auch die Rechtsposition der Aktionäre gestärkt, die im Zuge dieser „Vorverlagerung" bereits ab der Gründung ein einklagbares Recht auf Führung des Aktienregisters hätten, welches nicht davon abhängig gemacht würde, ob (überhaupt) eine Namensaktie von der Gesellschaft ausgegeben wurde.

Schließlich bedeutet diese „Vorverlagerung" selbstverständlich auch die „Öffnung" des § 67 Abs. 2 AktG für ein denkbares (unverkörpertes) Wertrecht.

Auch wenn nicht im Aktiengesetz geregelt ist, welches Organ das Aktienregister zu führen hat, ist, nach heute unbestrittener Auffassung, diese Verpflichtung dem Vorstand aufzuerlegen, der auch sämtliche Geschäftsbücher der Gesellschaft führt. Der Vorstand ist dabei insbesondere berechtigt, die Führung des Aktienregisters auf Hilfspersonal oder aber externe Dritte zu übertragen. Insoweit gilt nämlich der allgemeine Grundsatz, dass der Vorstand grundsätzlich Aufgaben und Entscheidung außerhalb der originär unternehmerischen Entscheidungen, d.h. vor allem die laufenden Verwaltungsaufgaben des Tagesgeschehens, delegieren und damit auch Dritten zur Ausübung übertragen kann, was im Übrigen auch im Rahmen der Führung von Handelsbücher und „sonst erforderlichen Aufzeichnungen" im Sinne von §§ 238, 239 HGB gilt, wohingegen eine überholte (ältere) Auffassung lediglich die mechanische Führung für übertragbar erachtete. Entscheidend ist hierbei jedoch, dass der Vorstand seine Verantwortlichkeit für die Führung des Aktienregisters nicht delegieren kann. Hinsichtlich der von Dritten zu übernehmenden Aufgaben und Arbeiten, sowie diesen eingeräumten Kompetenzen und Pflichten, die eindeutig zu beschreiben sind, muss sich der Vorstand ein Weisungsrecht gemäß §§ 675, 665 BGB und ein umfassendes Kontrollrecht vorbehalten und seine jederzeitige Zugriffsmöglichkeit sicherstellen, um gegebenenfalls einzugreifen und Störungen zu beseitigen[541]. Dementsprechend bieten zahlreiche spezialisierte Dienstleistungsunternehmen die Führung eines elektronischen Aktienregisters an, wie zum Beispiel die Deutsche Börse Systems AG (eine Tochter der Deutschen Börse AG), die Registrar Services GmbH (eine Tochter der Deutschen Bank AG) oder die ADEUS Aktienregister-Service-GmbH (ein gemeinsames Tochterunternehmen

---

[541] vgl. Leuering, a. a. O., ZIP 1999, 1745 (1746); vgl. Wiesner in MüHdB, a. a. O., § 14 Rn 37; vgl. Hefermehl/Bungeroth in Geßler/Hefermehl, a. a. O., § 67 Rn 8; vgl. MK-Bayer, a. a. O., § 67 Rn 14; vgl. Huep, a. a. O. WM 2000, 1623 (1626)

der Dresdner Bank AG, Allianz AG, Münchner Rück AG und CSC Ploenzke)[542].

2.3 Eintragungen im Aktienregister

Die zentrale Bedeutung des Aktienregisters, die sich in der bereits im Rahmen der Legitimtätsfrage (III. 3) beschriebenen unwiderlegbaren Rechtswirkung des § 67 Abs. 2 AktG widerspiegelt, wonach der im Aktienregister Eingetragene gegenüber der Gesellschaft – ungeachtet der tatsächlichen materiellen Berechtigung – als Aktionär gilt, setzt eine ordnungsgemäße Eintragung bzw. eine ordnungsgemäße Anmeldung des Rechtsübergangs voraus. Das Erfordernis der „Ordnungsmäßigkeit" ist dabei ganz formal im Sinne eines registerähnlichen Verfahrens zu verstehen. Eine inhaltliche Unrichtigkeit kann daher ebenso wenig die Ordnungsgemäßheit der Eintragung beseitigen, wie dies bei einem Verstoß der Gesellschaft gegen ihre Sorgfaltspflichten im Rahmen der Prüfung nach § 67 Abs. 3 und 4 AktG und die Vornahme einer Eintragung ohne ausreichenden Nachweis des Rechtsübergangs der Fall wäre. Gleiches gilt im Übrigen auch bei etwaigen Willensmängeln bei der Anmeldung, materiellen Mängeln in der Bevollmächtigung des Anmelders oder ähnlichem[543].

Sofern also eine ordnungsgemäße Eintragung erfolgt ist, entfaltet diese – unter Berücksichtigung der Ausnahmen wegen fehlender Zurechenbarkeit - so lange Wirkung aus § 67 Abs. 2 bis sie wieder gelöscht oder durch eine spätere Eintragung beseitigt wird[544].

Im Hinblick auf die im Aktienregister vorzunehmenden Eintragungen gilt es dabei grundsätzlich zwischen der Ersteintragung (§ 67 Abs. 1 AktG) und den späteren Eintragungen, die durch den Übergang der Namensaktien auf einen anderen notwendig werden (§§ 67 Abs. 3, 68 Abs. 3 AktG), zu unterscheiden.

2.3.1 Ersteintragungen

Die Ersteintragung des Aktionärs sowohl bei Gründung der Gesellschaft als auch im Rahmen der Kapitalerhöhung erfolgt ohne dessen Antrag durch die Gesellschaft bzw. durch den Vorstand.

Dabei sind (nur) Namensaktien (und gegebenenfalls Zwischenscheine) einzutragen, obschon die Verbriefung der Mitgliedschaftsrechte in einer Globalurkunde erfolgt. Im Gegensatz zur h.M. sind aber auch, wie bereits erörtert, richtigerweise die (noch) unverkörperten Mitgliedschaftsrechte in das im Zuge der Gründung zu errichtende Aktienregister einzutragen, sofern die Ausgabe von Namensaktien statutarisch vorgesehen ist.

Der elementarste Inhalt der Eintragung in das Aktienregister ist nach § 67 Abs. 1 AktG die Bezeichnung des Inhabers der Namensaktie. Unter „Inhaber"

---

[542] vgl. Noack, a. a. O., ZIP 1999, 1993 (1995); ders. a. a. O., DB 1999, 1306 (1306); vgl. MK-Bayer, a. a. O., § 67 Rn 12; ; vgl. Nirk/Reuter/Bächle, a. a. O., I Rn 441.1

[543] vgl. Wiesner in MüHdB, a. a. O., § 14 Rn 46; vgl. KK-Lutter, a. a. O., § 67 Rn 22 f; vgl. Leuering, a. a. O., ZIP 1999, 1745 (1748)

[544] vgl. KK-Lutter, a. a. O., § 67 Rn 24

versteht das Gesetz dabei den dinglich Berechtigten bezüglich der Mitgliedschaft, weshalb gegebenenfalls neben dem Sicherungseigentümer auch der (Vollrechts-)Treuhänder einzutragen ist, da in diesem Fall der Treugeber das (Mit-)Eigentum an der Namenaktie auf den Treuhänder überträgt. Die Eintragung des Treuhänders ist selbst dann erforderlich, wenn dieser im Gegenzug zur (Mit-)Eigentumsübertragung dem Treugeber, d.h. dem eigentlichen wirtschaftlichen Eigentümer, eine Vollmacht zur eigenen Wahrnehmung aller Vermögens- und Verwaltungsrechte erteilt, da diese schuldrechtliche Nebenabrede zur dinglichen Übertragung der Namensaktie auf den Treuhänder nur intern zwischen den Parteien wirkt und nicht etwa auch Außenwirkung auf die Rechtsbeziehung zur Gesellschaft hat[545]. Bei dieser Aufspaltung der materiellen und formellen Rechtsstellung handelt es sich um eine, auch in Deutschland immer stärker Anklang findende Praxis, die ihre Ursprünge in den USA hat, wo der Handel mit Namensaktien bzw. „registered shares“ weitaus gebräuchlicher ist als mit Inhaberaktien. So wird die Steigerung der Umlauffähigkeit der Namensaktie dadurch erreicht, indem ein Treuhänder, der sogenannte „trustee“, welcher regelmäßig ein depotführendes Kreditinstitut ist, eingeschaltet und als sogenannter „nominee“ bzw. „street name“ im Aktienregister eingetragen wird, der die Aktien für den wirtschaftlichen Inhaber, dem sogenannten „beneficial owner“ hält. Im Falle der üblichen (Giro-)Sammelverwahrung gilt die Einlieferung der Namensaktie nach Nr. 46 (2) der AGB der Clearstream Banking AG als Bestätigung gegenüber der Wertpapiersammelbank (Clearstream Banking AG) dafür, dass der Berechtigte sein depotführendes Kreditinstitut, das als Kunde ein Konto bei der Clearstream Banking AG unterhält, ermächtigt hat, sich selbst oder aber die Clearstream Banking AG im Aktienregister der Gesellschaft als Aktionär eintragen zu lassen. Da somit regelmäßig nur der Treuhänder im Aktienregister als „nominee“ bzw. als „street name“ eingetragen wird, wird insbesondere die sonst bei der Übertragung der Namensaktie erforderliche Umschreibung im Aktienregister vermieden[546].

Sofern die Clearstream Banking AG im Aktienregister als „street name“ eingetragen wird, übt diese ihr Stimmrecht, das ihr aufgrund der Eintragung im Aktienregister zusteht, nach Maßgabe der Nr. 46 (4) ihrer AGB nicht selbst aus. Vielmehr stellt die Clearstream Banking AG den zwischenverwahrenden depotführenden Kreditinstituten deren Anforderungen entsprechend schriftliche Vollmachten zur Ausübung des Stimmrechts zur Verfügung, so dass die depotführenden Kreditinstitute nach Maßgabe der Abrede zwischen ihnen und ihren Depotkunden, gehalten sind, entweder das Stimmrecht selbst auszuüben oder aber wiederum den Depotkunden eine entsprechende Vollmacht auszustellen. Die Clearstream Banking AG leitet zudem die Erträge, die ihr aufgrund ihrer

---

545 vgl. KK-Lutter, a. a. O., § 67 Rn 9; vgl. Happ, a. a. O., in FS Bezzenberger 2000, 111 (119 f); vgl. MK-Bayer, a. a. O., § 67 Rn 20; vgl. Noack, a. a. O., DB 1999, 1306 (1306)

546 vgl. Meyer-Sparenberg, a. a. O., WM 1996, 1117 (1118) ; vgl. Noack, a. a. O., DB 1999, 1306 (1306); vgl. MK-HGB-Einsele, a. a. O., Depotgeschäft Rn 41; vgl. Heinsius/Horn/Than, a. a. O., § 5 Rn 30

Eintragung im Aktienregister zugehen, an ihre Kontoinhaber, d.h. die zwischenverwahrenden depotführenden Kreditinstitute weiter[547].

Problematisch im Hinblick auf § 67 Abs. 1 AktG ist die Eintragung eines Dritten als sogenannter „Legitimations-Aktionär". Die Legitimationsübertragung, die nach allgemeiner Meinung zulässig ist und die auch vom Gesetzgeber in §§ 128 Abs. 1 S. 1, Abs. 2 S. 2, 129 Abs. 3 S. 2 und 135 Abs.7 S. 1 AktG ausdrücklich anerkannt wird, unterscheidet sich von der treuhänderischen Übertragung dadurch, dass ein Rechtsübergang auf den nur mit einzelnen Befugnissen versehenen Legitimierten in Wahrheit nicht zustande kommt, während der Treuhänder die Aktie zu vollem Recht erhält und lediglich im Innenverhältnis schuldrechtlich gebunden wird. Der Legitimationsübertragung liegt vielmehr in der Regel eine Ermächtigung im Sinne von § 185 BGB zugrunde, nach Maßgabe der internen Absprache im eigenen Namen über fremde Rechte zu verfügen bzw. sie auszuüben. Es handelt sich folglich um einen Vorgang, bei dem in der äußeren Form einer Rechtsübertragung der Erwerber nicht die Stellung eines Aktionärs, sondern lediglich der Anschein dieser Rechtsstellung verschafft wird[548]. Da somit bei der Legitimationsübertragung die Aktionärsstellung gerade nicht auf den Legitimierten übergeht, dürfte in Anbetracht der fehlenden Inhaberschaft bezüglich der Namensaktie folgerichtig keine Eintragung ins Aktienregister erfolgen, was regelmäßig jedoch nicht der Fall ist und HEFERMEHL/BUNGEROTH zu der Feststellung veranlasst, dass eine dennoch erfolgte Eintragung nur aufgrund Täuschung der Gesellschaft herbeigeführt wird[549]. Die Eintragungspflicht des Inhabers der Namensaktie nach § 67 Abs. 1 AktG muss jedoch entgegen dieser Auffassung im Kontext der §§ 128 Abs. 1, 129 Abs. 3 und 137 Abs. 7 S. 1 AktG so verstanden werden, dass auch die Eintragung des Dritten als Legitimations-Aktionär gestattet ist, da auch in diesem Fall die Rechtswirkungen des § 67 Abs. 2 AktG eintreten und daher der Zweck des Aktienregisters – nämlich die Klarstellung, wer (ungeachtet der materiellen Rechtslage) gegenüber der Gesellschaft zur Ausübung der Aktionärsrechte berechtigt ist und Aktionärspflichten zu erfüllen hat – nicht in Frage gestellt ist. Dafür spricht auch, dass die Rechtswirkungen des § 67 Abs. 2 AktG nicht schon deshalb entfallen, weil im Aktienregister das Treuhandverhältnis, etwa im Falle der Legitimationsübertragung durch die Kenntlichmachung mit der Angabe „Fremdbesitz", offen gelegt wird, insoweit also deutlich wird, dass der einge-

---

547 vgl. MK-HGB-Einsele, a. a. O., Depotgeschäft Rn 41

548 vgl. Hefermehl/Bungeroth in Geßler/Hefermehl, a. a. O., § 68 Rn 46 ff; vgl. KK-Lutter, a. a. O., § 68 Rn 18 f; vgl. Happ, a. a. O., in FS Rowedder 1994, 119 (122); vgl. MK-Bayer, a. a. O., § 67 Rn 21

549 vgl. Hefermehl/Bungeroth in Geßler/Hefermehl, a. a. O., § 68 Rn 51; wobei verkannt wird, dass die Eintragung auch ohne Täuschung erwirkt werden kann, nämlich, indem zunächst die Namensaktie an den Dritten treuhänderisch übertragen und dieser Rechtsübergang eingetragen würde, anschließend die Aktie dann wieder an den Treugeber ohne Mitteilung an das Aktienregister rückübereignet würde.

tragene Aktionär, der gegenüber der Gesellschaft der Inhaber von Aktionärsrechten und –pflichten ist, eigentlich für einen Dritten tätig wird[550].

Soweit die Namensaktie mehreren Berechtigten zusteht, sind alle im Aktienregister einzutragen, ohne jedoch den Grund oder das Ausmaß ihrer Mitberechtigung anzugeben.

Im Zuge des NaStraG wurden in § 67 Abs. 1 AktG in Bezug auf die eintragungspflichtigen Angaben hinsichtlich der Inhaberschaft der Namensaktie einige Anpassungen vorgenommen. Einzutragen ist danach der Name des Aktionärs, wobei die Eintragung des Nachnamens als ausreichend erachtet wird, sowie die Adresse, die insoweit den Begriff des Wohnorts ersetzt. Als Adresse kann hierbei neben der postalischen Anschrift auch eine Büroadresse, ein Zustellungsbevollmächtigter und grundsätzlich auch eine E-Mail-Anschrift angegeben werden. Anstelle der weggefallenen Berufsbezeichnung ist nach aktueller Fassung des AktG das Geburtsdatum zu benennen, um somit natürliche Personen präzisierer identifizieren zu können[551]. In Ermangelung einer Sonderregelung ist für Aktionäre in der Rechtsform rechtsfähiger Gesellschaften (juristischen Personen, Personenhandelsgesellschaften und Partnerschaften) neben dem Sitz der Gesellschaft als deren Name die im Handels- bzw. Partnerschaftsregister eingetragene Firma bzw. der Name der Partnerschaft einzutragen. Für Aktionäre in der Rechtsform juristischer Personen ist es dabei nicht erforderlich, neben der Firma und der Anschrift noch die nach den einzelnen einschlägigen Vorschriften erforderlichen Angaben auf Geschäftsbriefen, insbesondere also die Mitglieder des Vorstands und den Vorsitzenden des Aufsichtsrates, anzugeben. Abgrenzungsprobleme bestehen dort, wo die Aktien im Gesamthandsvermögen einer Gesellschaft des bürgerlichen Rechts stehen. Ausreichend ist hier in jedem Fall die Angabe des Namens und der Adresse aller Gesellschafter. Führt die Gesellschaft aber in zulässiger Weise einen „Namen“ und sind die Gesellschafter unter einer gemeinsamen Anschrift erreichbar, ist die Eintragung des Namens der Gesellschaft des bürgerlichen Rechts als ausreichend anzusehen[552].

Unabhängig von diesen gesetzlich erforderlichen Angaben, stellt sich die Frage, in wieweit darüber hinaus weitere Informationen über den Inhaber der Namensaktie in das Aktienregister eingetragen werden dürfen. In diesem Zusammenhang wird vertreten, dass die Eintragung von solchen ergänzenden bzw. freiwilligen Informationen in Anbetracht der fehlenden Aussagekraft verweigert werden muss. Als (negative) Beispiele werden dabei die rechtliche Qualität der Aktionäre als Erben oder Vorerben, aber auch die Bevollmächtigung eines

---

[550] vgl. MK-Bayer, a. a. O., § 67 Rn 21; vgl. Happ, a. a. O., in FS Rowedder 1994, 111 (120); vgl. RGZ 40, 80 (83)

[551] vgl. MK-Bayer, a. a. O., § 67 Rn 24 f; vgl. Happ, a. a. O., in FS Bezzenberger 2000, 111 (120 f); Kölling, a. a. O., NZG 2000, 631 (635); vgl. Weber, M., a. a. O., NZG 2001, 337 (339)

[552] vgl. Happ, a. a. O., in FS Bezzenberger 2000, 111 (120); vgl. MK-Bayer, a. a. O., § 67 Rn 27

Dritten oder die Bezeichnung eines gemeinschaftlichen Vertreters erwähnt. Indes erscheint diese Auffassung nicht konsequent. Unabhängig von der Feststellung, dass das Gesetz an keiner Stelle die Eintragung solcher freiwilligen Angaben verbietet, ist zu bemerken, dass die Vertreter dieser Auffassung die dinglichen Belastungen der Namensaktie, d.h. den Nießbrauch und das Pfandrecht, zwar nicht als eintragungspflichtig, so doch als eintragungsfähig erachten und damit auch in die Rechtswirkung des § 67 Abs. 2 AktG einbeziehen. Begründet wird dies damit, dass aus Gründen der Rechtssicherheit und –klarheit die Eintragung solcher Angaben sowohl für die Gesellschaft als auch für den Nießbraucher bzw. den Pfandgläubiger vorteilhaft wären. Zudem würde dadurch auch der Streit über die Rechtmäßigkeit einer Dividendenzahlung verhindert und vermieden, dass die Gesellschaft das Risiko der unwirksamen Auszahlung tragen müsse[553].

Vorzugswürdiger ist daher die Auffassung, nach welcher die Eintragung von freiwilligen Angaben grundsätzlich für zulässig erachtet und zwischen solchen Angaben mit Rechtswirkung nach § 67 Abs. 2 AktG und solchen ohne Rechtswirkung unterschieden wird. So ist nämlich stets zu berücksichtigen, dass trotz Rechtswirkung des § 67 Abs. 2 AktG das Aktienregister kein öffentliches Register ist und es deshalb dem Privatrecht unterliegt, so dass das Gebot, zur Wahrung der Transparenz nicht geforderte Eintragungen möglichst zu unterlassen, nicht gilt, zumal das Einsichtsrecht des Aktionärs, auf welches noch einzugehen sein wird, begrenzt ist und daher Missbrauchsmöglichkeiten weitestgehend eingeschränkt sind. Darüber hinaus können die zusätzlichen Informationen, wie etwa im Falle der Angabe von Geschlecht, Staatsangehörigkeit oder Haltefrist der Aktien, durchaus für die Gesellschaft von Bedeutung sein. Einschränkungen gilt es jedoch, wie bereits erwähnt, hinsichtlich der Rechtswirkungen solcher freiwilligen Angaben zu machen. So unterfallen nur diejenigen Eintragungen der Rechtswirkung des § 67 Abs. 2 AktG, die im Interesse der Rechtssicherheit das Rechtsverhältnis zwischen der Gesellschaft, dem Aktionär und einem Drittberechtigten betreffen, wohingegen die sonstigen Eintragungen keine Rechtswirkung entfalten. Eine solche Rechtswirkung kommt daher in etwa bei der Eintragung eines Nießbrauchs, eines Pfandrechts im Falle der zusätzlichen Verpfändung des Dividendenanspruchs und darüber hinaus die Eintragung eines Testamentsvollstreckers sowie eines gemeinschaftlichen Vertreters im Sinne des § 69 Abs. 1 AktG in Betracht[554].

2.3.2 Sonstige Eintragungen im Falle der Übertragung der Namensaktie (§ 67 Abs. 3 AktG)

Im Rahmen des NaStraG ist die Rechtslage hinsichtlich der Eintragung im Falle der Übertragung von Namensaktien neu bzw. präziser geregelt worden.

---

[553] vgl. KK-Lutter, a. a. O., § 67 Rn 9 ff; vgl. Hüffer, a. a. O., § 67 Rn 5; vgl. MK-Bayer, a. a. O., § 67 Rn 30; vgl. Hefermehl/Bungeroth in Geßler/Hefermehl, a. a. O., § 67 Rn 12

[554] vgl. MK-Bayer, a. a. O., § 67 Rn 29ff/34; vgl. Noack, a. a. O., DB 1999, 1306 (1307); vgl. Happ, a. a. O., in FS Bezzenberger 2000, 111 (123 f)

Nach § 68 Abs. 3 AktG a.F. ist die Übertragung im ehemaligen Aktienbuch vermerkt worden, wenn der Rechtsübergang bei der Gesellschaft angemeldet und durch Vorlage der Aktie nachgewiesen worden ist, ohne dass jedoch – scheinbar entgegen dem Wortlaut des § 68 Abs. 3 AktG a.F. – die Beteiligten nach h.M. weder allgemein noch gegenüber der Gesellschaft zur Anmeldung verpflichtet waren, weshalb die Gesellschaft eine entsprechende Anmeldung des Rechtsübergangs nicht erzwingen konnte. Gleichzeitig ist es der Gesellschaft, vertreten durch den Vorstand, nicht möglich gewesen, eine Rechtsänderung ohne Anmeldung des Rechtsübergangs einzutragen, auch wenn sie in sonstiger Weise Kenntnis von einem solchen Rechtsübergang gehabt hat[555].

Die Bestimmung des § 68 Abs. 3 AktG a.F. ist im Zuge des NaStraG durch § 67 Abs. 3 AktG ersetzt worden. Nachdem die Gesellschaft ehemals den „Übergang“ des Mitgliedschaftsrechts vermerken musste, ist dieser Vorgang nunmehr begrifflich in zwei unterschiedliche Vorgänge aufgespalten worden, wonach zunächst die „Löschung“ des Eingetragenen und die „Neueintragung“ der Rechtsänderung, d.h. die Eintragung des neuen Aktionärs zu erfolgen hat.

Darüber hinaus erfolgt die Umschreibung des Aktienregisters nicht mehr aufgrund einer Anmeldung im Sinne von § 68 Abs. 3 AktG a.F., sondern vielmehr „auf Mitteilung“, womit den neuen technischen Möglichkeiten Rechnung getragen worden ist.

Nichts desto trotz ist auch im Rahmen der Neuregelung des § 67 Abs. 3 AktG das Nachweiserfordernis bezüglich des Rechtsübergangs erhalten geblieben, gleichwohl dies nun nicht mehr von der Vorlage der Aktienurkunde abhängig wird, so dass auch diesbezüglich die rechtlichen Rahmenbedingungen den praktischen Bedürfnissen des Aktienhandels angepasst worden sind, bei dem nur noch in seltenen Fällen eine physische Übergabe der Aktienurkunde erfolgt.

Von zentraler Bedeutung ist nach aktueller Gesetzeslage die Mitteilung der Rechtsänderung als zwingendes Erfordernis für die Löschung und die Neueintragung im Aktienregister.

Da im Zuge des NaStraG kein neues Erfordernis für die Dokumentation des Rechtsübergangs hinzukommen sollte, sondern stattdessen der Begriff der „Anmeldung“ im Sinne des § 68 Abs. 3 AktG a.F. der aktuellen Situation angepasst werden sollte, in der die Umschreibungen, d.h. die Austragung des Veräußerers und die Eintragung der Erwerbers, faktisch im Wege der automatischen Einspeisung der Daten der Wertpapiersammelbank in das elektronische Aktienregister erfolgen und somit die Mitteilung im Sinne des § 67 Abs. 3 AktG im Regelfall in der Datenübermittlung zu sehen ist[556], kann hinsichtlich der Beurteilung der Rechtslage auch auf die Auffassungen in Bezug auf die „Anmeldung“ zurückgegriffen werden.

Auch wenn hierbei nun die dogmatische Rechtsnatur der Mitteilung nach § 67 Abs. 3 AktG umstritten ist, herrscht Einigkeit dahingehend, dass jedenfalls

[555] vgl. KK-Lutter, a. a. O., § 68 Rn 53/55; vgl. RGZ 86, 154 (159)
[556] vgl. Seibert, a. a. O., ZIP 2000, 937 (940); vgl. Weber, M., a. a. O., NZG 2001, 337 (339)

alle Vorschriften über Willenserklärungen (zumindest analog) Anwendung finden, wobei Modifikationen diesbezüglich insbesondere im Hinblick auf etwaige Mängel zu beachten sind, bei denen es der Unterscheidung bedarf[557].

Entscheidend für die Wirksamkeit einer Mitteilung ist, dass diese dem Personenkreis der Mitteilungsbefugten, auf den noch einzugehen sein wird, zugerechnet werden kann. Dementsprechend entfaltet die mit Kenntnis aller Beteiligten nur zum Schein abgegebenen Mitteilung ebenso wie eine Mitteilung, die keinem Mitteilungsbefugten zugerechnet werden kann, etwa bei einer Mitteilung durch einen unbefugten Dritten, durch einen Geschäftsunfähigen oder durch einen nur beschränkt Geschäftsfähigen, keine Wirkung. Sofern ein Dritter bevollmächtigt worden ist, entfällt die Zurechnung ebenfalls nur im Falle der Fälschung der Vollmacht oder fehlender (voller) Geschäftsfähigkeit[558].

Anderweitige Nichtigkeits- oder Anfechtungsgründe berühren hingegen die Zurechenbarkeit und somit die Eintragung der Rechtsänderung nicht. In diesen Fällen können die Rechtsfolgen „nur" mit ex nunc-Wirkung geltend gemacht werden, da andernfalls etwa Probleme aus dem Rechtsverhältnis zwischen Veräußerer und Erwerber bzw. dem Vollmachtgeber und dem Bevollmächtigten auf Umwegen auf die mit der Eintragung im Aktienregister einhergehende (Legitimations-)Wirkung Einfluss hätte. Als Konsequenz hieraus ergibt sich folgerichtig, dass, soweit eine auf einem derartigen Mangel beruhende Eintragung im Aktienregister erfolgt ist, diese nur im dafür vorgesehenen Verfahren nach § 67 Abs. 5 AktG gelöscht werden kann[559].

Der Umstand, dass es sich (auch) bei der Eintragung des Rechtsübergangs um ein registerähnliches Verfahren handelt, führt darüber hinaus richtigerweise zu der Annahme, dass die Rücknahme der Mitteilung bis zum Zeitpunkt der erfolgten Eintragung in das Aktienregister zu gestatten ist, mithin eine etwaige bis dahin erfolgte Anfechtungserklärung bzw. die Angabe von Nichtigkeitsgründen als Rücknahme(erklärung) gewertet werden muss, infolge dessen das Eintragungsverfahren daraufhin zu unterbrechen ist[560].

Von etwaigen Mängeln im Hinblick auf die Mitteilung sind solche zu unterscheiden, die sich auf den Rechtsübergang zwischen Veräußerer und Erwerber beziehen, da letztere im Verhältnis zur Gesellschaft völlig unbeachtlich sind Weil sich aber solche Mängel des Rechtsübergangs regelmäßig in einen Mangel der Mitteilung fortsetzen, kommt in diesen Konstellationen nach allgemeiner Auffassung gleichfalls nur die Löschung der Eintragung im Verfahren nach § 67 Abs. 5 AktG in Betracht.

Entsprechend den Vorschriften für Willenserklärungen ist die Mitteilung nicht formgebunden, so dass auch eine konkludente Erklärung wirksam ist.

---

557 vgl. MK-Bayer, a. a. O., § 67 Rn 73

558 vgl. KK-Lutter, a. a. O., § 67 Rn 28; vgl. Hefermehl/Bungeroth in Geßler/Hefermehl, a. a. O., § 67 Rn 43 ff; vgl. MK-Bayer, a. a. O., § 67 Rn 74; vgl. RGZ 92, 315 (318); 123, 279 (285)

559 vgl. KK-Lutter, a. a. O., § 67 Rn 28; vgl. MK-Bayer, a. a. O., § 67 Rn 75

560 vgl. KK-Lutter, a. a. O., § 67 Rn 28; vgl. MK-Bayer, a. a. O., § 67 Rn 76

Nicht zulässig ist in diesem Zusammenhang eine statutarische Regelung, nach der die Mitteilung an eine bestimmte Form gebunden wäre[561]. Erforderlich ist jedoch in jedem Falle, dass die Mitteilung der Gesellschaft zugeht, so dass in diesem Zusammenhang die Regelungen des allgemeinen Zivilrechts, insbesondere § 130 BGB (analog), Anwendung finden.

Die Neuregelung des § 67 Abs. 3 AktG hat auch in Bezug auf die Frage, wer die Übertragung der Namensaktie bei der Gesellschaft „anzumelden" hat, zu einer Korrektur geführt. So waren auf der Grundlage des § 68 Abs. 3 AktG a.F. nach der h.M. sowohl Erwerber als auch der Veräußerer anmeldebefugt, wobei teilweise unter dem Gesichtspunkt des Schutzes vor Rechtsverlust gefordert worden ist, dass im Falle der Anmeldung durch den Erwerber die Zustimmung des Veräußerers zu verlangen sei. Aufgrund der Neuregelung, die ausdrücklich zwischen Löschung des Veräußerers und Neueintragung des Erwerbers unterscheidet, ist davon auszugehen, dass die Mitteilung durch den Veräußerer nur zu seiner Löschung im Aktienregister berechtigt, wohingegen die Neueintragung des Erwerbers zu unterbleiben hat, da die Löschung des Veräußerers nicht zwangsläufig mit einer Neueintragung verbunden ist, so dass in einem solchen Falle der Erwerber nur eingetragen werden darf, wenn dieser der Eintragung zustimmt. Anders stellt sich die Situation dar, wenn die Mitteilung vom Erwerber erfolgt, da dann der Veräußerer notwendigerweise gelöscht werden muss, bevor es zur Neueintragung des Erwerbers kommen kann. Da regelmäßig zudem eine Zustimmung der Veräußerers nicht vorliegen wird, ist in der Veräußerung der Namensaktie gleichzeitig implizit auch eine solche Zustimmung zur Eintragung der Rechtsänderung im Aktienregister zu sehen. Bedenken bestehen in diesem Zusammenhang jedoch in den Fällen, in denen ein Erwerber unzutreffend einen Rechtsübergang behauptet, wobei er dann regelmäßig den gleichfalls in § 67 Abs. 3 AktG geforderten Nachweis nicht erbringen können wird, so dass auch eine entsprechende Eintragung nicht erfolgen dürfte. Sollte dennoch eine Löschung des Veräußerers erfolgen, würde es an der erforderlichen Zurechnung fehlen, infolge dessen – wie bereits geschildert – die Rechtswirkung des § 67 Abs. 2 AktG nicht eintritt. Sind hingegen auf Veräußerer- oder Erwerberseite mehrere Personen beteiligt, muss die Mitteilung von allen Mitberechtigten erfolgen, sofern nicht ein gemeinsamer Vertreter nach § 69 Abs. 1 AktG bestellt oder eine wirksame Vollmacht erteilt wurde[562].

Der Gesetzgeber ist bei seinen Überlegungen jedoch davon ausgegangen, dass im Regelfall nicht die betroffenen Personen, d.h. der Veräußerer und der Erwerber, der Gesellschaft den Rechtsübergang mitteilen, sondern dass dies aufgrund der Depotverwahrung vielmehr durch eingeschaltete Dritte erfolgt. Wie sich aus § 67 Abs. 4 AktG entnehmen lässt, hat der Gesetzgeber dabei in erster Linie den „mitwirkenden Kreditinstituten", d.h. den depotführenden Kreditinstituten, diese Rolle zugedacht, die regelmäßig, wie bereits geschildert, als Kommissionäre tätig sind und daher neben ihrer Hauptverpflichtung, die in der

561 vgl. KK-Lutter, a. a. O., § 68 Rn 57
562 vgl. MK-Bayer, a. a. O., § 67 Rn 80 ff

Durchführung des Aktienerwerbs bzw. der Aktienveräußerung zu sehen ist, auch die Nebenpflicht, die entsprechende Veränderung im Aktienregister zu veranlassen, zu erfüllen haben. Dementsprechend sehen auch die AGB der Banken das Recht und die Pflicht zu entsprechenden Mitteilungen vor[563].

In Anbetracht der Tatsache, dass sie die meisten Namensaktien in der Girosammelverwahrung der Clearstream Banking AG befinden, erfolgt die Austragung des Veräußerers und die Eintragung der Erwerbers faktisch im Wege der automatischen Einspeisung der Daten der Wertpapiersammelbank in das elektronische Aktienregister. Die Datenübermittlung der Wertpapiersammelbank an die das Aktienregister führenden Servicegesellschaften ist daher als Mitteilung im Sinne des § 67 Abs. 3 AktG zu qualifizieren[564].

Sofern zwischen Erwerber und depotführendem Kreditinstitut vereinbart worden ist, dass das depotführende Kreditinstitut die Namensaktie treuhänderisch verwaltet und dabei auch als „street name" eingetragen werden soll, unterbleibt die Eintragung des Erwerbers (bzw. des Treugebers), da im Verhältnis zur Gesellschaft einzig der „street name" Inhaber der Namensaktie ist, so dass auch allein die Mitteilung über den Rechtserwerb durch das depotführende Kreditinstitut erfolgt, ohne dass das Treuhandverhältnis zwingend offen gelegt werden müsste[565].

Fehlt eine Mitteilung über einen Rechtsübergang – etwa weil die Parteien ihren depotführenden Kreditinstituten Weisungen erteilt haben, von einer entsprechenden Mitteilung abzusehen – erfolgt keine Eintragung der Rechtänderung im Aktienregister, auch wenn der zur Führung des Aktienregisters verpflichtete Vorstand Kenntnis von einem solchen Vorgang hat. Die Rechtswirkung des § 67 Abs. 2 AktG erstreckt sich dann nach wie vor auf die Person des (noch) eingetragenen Veräußerers, gleichwohl dieser nicht mehr materiell Berechtigter ist. Dementsprechend finden im Verhältnis zwischen Erwerber und Veräußerer in Bezug auf die sich aus der Eintragung im Aktienregister ergebenden Rechtsfolgen die Regelungen des allgemeinen Zivilrechts Anwendung, insbesondere die Vorschriften der Geschäftsführung ohne Auftrag und der ungerechtfertigte Bereicherung. Der Inhalt des Aktienregister steht folglich uneingeschränkt zur Disposition der am Rechtsübergang Beteiligten, zumal eine abweichende Satzungsregelung, die in etwa eine Mitteilungspflicht vorsieht, nach Maßgabe des § 23 Abs. 5 AktG unzulässig ist.

Erfolgt lediglich eine beschränkte Mitteilung in der Form, dass nur die Veräußerung der Namensaktie mitgeteilt wird, ergibt sich aus § 67 Abs. 3 AktG, dass nur die Löschung des Veräußerers zu erfolgen hat, wohingegen bis zu einer entsprechenden Mitteilung der neue Rechtsinhaber nicht einzutragen ist. Als Konsequenz einer solchen Konstellation wird im Aktienregister ein sogenannter „Leerposten" (sogenannter „freier Meldebestand") vermerkt[566]. Ein

---

[563] vgl. Seibert in v. Rosen/Seifert, a. a. O., 11 (18)
[564] vgl. Seibert, a. a. O., ZIP 2000, 937 (940); vgl. Seibert in v. Rosen/Seifert, a. a. O., 11 (18)
[565] vgl. MK-Bayer, a. a. O., § 67 Rn 85
[566] vgl. MK-Bayer, a. a. O., § 67 Rn 87; vgl. Noack, a. a. O., ZIP 1999, 1993 (1996)

solcher Fall kann dabei auch erhebliche Nachteile mit sich bringen, da die Rechtswirkung des § 67 Abs. 2 AktG gegenüber der Gesellschaft allein aus der Eintragung im Aktienregister resultiert, so dass der Erwerber seine Mitgliedschaftsrechte nicht mehr wahrnehmen kann. Des weiteren hat im Zuge einer solchen Praxis auch das Aktienregister für die Gesellschaft keinen Informationswert im Sinne einer guten Investor Relation, da die Eintragungen nicht die Wirklichkeit widerspiegeln. Dennoch ist davon abzusehen, gesetzgeberisch eine Verpflichtung zur Eintragung des Erwerbers einzuführen, da unabhängig von der Frage, ob eine solche Verpflichtung, vor allem in Anbetracht der Internationalisierung, überhaupt durchsetzbar ist, niemand verpflichtet werden kann, seine Rechtsinhaberschaft an einer juristischen Person des Privatrechts bekannt zu geben, auch wenn er dadurch an der Ausübung seiner Mitgliedschaft gehindert wird. Den Gesellschaften ist es jedoch in diesem Zusammenhang unbenommen, einer solchen Tendenz durch die Ausgabe von vinkulierten Namensaktien entgegenzuwirken.

Damit eine ordnungsgemäße Eintragung erfolgen kann, ist der Vorstand bzw. der von diesem mit Führung des Aktienregisters betraute Dritte verpflichtet, nach Zugang der Mitteilung ein Überprüfungsverfahren durchzuführen. Zu diesem Zweck ist gegenüber der Gesellschaft auch der in § 67 Abs. 3 AktG geforderte Nachweis zu führen, dass ein Rechtübergang stattgefunden hat. Dabei ist die – noch durch § 68 Abs. 3 S. 2 AktG a.F. – verlangte Vorlage der Aktienurkunde nicht mehr erforderlich, zumal sie auch nicht mehr der heutigen Praxis der elektronischen Umschreibung im Massenverfahren entspricht und im Falle der Errichtung einer Globalurkunde bzw. des Ausschlusses des Verbriefungsanspruches gemäß § 10 Abs. 5 AktG nicht erfüllbar ist. Der Nachweispflicht ist somit im Regelfall durch die Vorlage von Lieferbestätigungen bzw. der Umbuchungsbestätigung durch die Wertpapiersammelbank genüge getan, wobei selbstverständlich dieser Nachweis mit allen (anderen) Beweismitteln geführt werden kann.

Da die an der Rechtsänderung Beteiligten den Nachweis im Regelfall nicht gegenüber der Gesellschaft, d.h. dem Vorstand bzw. dem für die Aktienregisterführung verantwortlichen Dritten, direkt erbringen, sondern dieser Nachweis in der elektronischen Mitteilung zu sehen ist, ist der Vorstand bzw. der für das Aktienregister verantwortliche Dritte verpflichtet, Umschreibungsmitteilungen einer (automatisierten) Plausibilitätsprüfung zu unterziehen. Ungeachtet der Frage, inwieweit eine derartige Plausibilitätsprüfung der automatisierten Mitteilung technisch durchführbar sein soll, darf der Vorstand grundsätzlich auf die Richtigkeit einer automatisierten Mitteilung durch die depotführenden Kreditinstitute bzw. der Wertpapiersammelbank vertrauen. Fälschungen oder Verfälschungen sind nach den §§ 268, 269 und 270 StGB ausreichend strafbewehrt, so dass es weiterer Sanktionsvorschriften diesbezüglich auch nicht bedürfen sollte. Im Zweifelsfall ist der Vorstand zudem befugt, die Umschreibung anzuhalten und nachzufragen. Um darüber hinaus ein „Leerlaufen" dieser gesetzlichen Überprüfungspflicht zu verhindern, ist von der Gesellschaft, vertreten durch den Vorstand, die stichprobenartige Kontrolle sowohl des Systems als auch von einzelnen Transaktionen zu verlangen[567].

Der Vorstand ist zudem im Zusammehang mit den Umschreibungen im Aktienregister verpflichtet, die Änderungen grundsätzlich, unter Berücksichtigung einer bestimmten (geringen) Zeitdauer für die Überprüfung der Mitteilungen, unverzüglich nach Dateneingang vorzunehmen. Er kann sich hierbei nicht darauf berufen, aus datentechnischen oder personellen Gründen nicht in der Lage zu sein, eine Vielzahl von mitgeteilten Rechtsänderungen kurzfristig überprüfen und eintragen zu können, da derjenige, der den Verkehr mit Namensaktien eröffnet, auch gewährleisten muss, die erforderlichen technischen und personellen Voraussetzungen, im Zweifelsfall durch Einschaltung externer Dritter, zu schaffen. Diese Verpflichtung korrespondiert mit dem klagbaren Anspruch sowohl des Veräußerers als auch des Erwerbers, dass die Eintragung des mitgeteilten und nachgewiesenen Rechtsübergangs im Aktienregister unverzüglich vorgenommen wird. Kommt folglich der Vorstand dieser Verpflichtung zur entsprechenden unverzüglichen Eintragung im Aktienregister nicht nach, entweder weil er die Umschreibung ungebührlich verzögert oder gar zu Unrecht verweigert, ist darin eine Verletzung der Mitgliedschaftsrechte zu sehen, welche im Falle der verschuldeten Pflichtverletzung Schadensersatzansprüche des Aktionärs auslösen können. Strittig ist in diesem Zusammenhang, ob diese Schadensersatzpflicht die Gesellschaft oder die verantwortlichen Vorstandsmitglieder trifft. Nach zutreffender Ansicht kommt jedoch sowohl eine Haftung der Gesellschaft als auch eine Haftung der Vorstandsmitglieder in Betracht, da neben der deliktischen Eigenhaftung der pflichtwidrig haftenden Vorstandsmitglieder zusätzlich auch eine Haftung der Gesellschaft, der das pflichtwidrige Organhandeln zugerechnet wird, vorliegt[568].

In Anlehnung an die noch zu erörternde Problematik des Umschreibungsstopps im Zusammenhang mit der Anmeldung zur Hauptversammlung, ist es der Gesellschaft unmittelbar vor der Hauptversammlung zur Vermeidung technischer Schwierigkeiten zu gestatten, Löschungen und Neueintragungen für eine gewissen Zeitraum auszusetzen. Auch wenn in diesem Zusammenhang keine ausdrückliche Frist gesetzlich vorgesehen ist, ist unter Zugrundelegung der Gesetzesmaterialien sowie in Anlehnung an die vom Gesetzgeber gleichfalls neu geregelte Anmeldefrist des § 123 Abs. 4 AktG eine 7-Tage-Frist als maximale Unterbrechungsdauer anzuerkennen, wobei statutarisch eine besondere Regelung diesbezüglich erfolgen kann, ohne jedoch diese Frist verlängern zu können[569].

---

567 vgl. Seibert, a. a. O., ZIP 2000, 937 (939); vgl. MK-Bayer, a. a. O., § 67 Rn 90; vgl. Weber, M., a. a. O., NZG 2001, 337 (339)

568 vgl. MK-Bayer, a. a. O., § 67 Rn 91 f; vgl. Noack, a. a. O., ZIP 1999, 1993 (1997)

569 vgl. Seibert, a. a. O., ZIP 2000, 937 (940); vgl. Leuering, a. a. O., ZIP 1999, 1745 (1747); vgl. MK-Bayer, a. a. O., § 67 Rn 93

2.3.3 Mitwirkung der Kreditinstitute gemäß § 67 Abs. 4 AktG

Im neu ins Aktiengesetz aufgenommenen § 67 Abs. 4 wird die Mitwirkungspflicht der am Aktienhandel beteiligten Kreditinstitute, gegebenenfalls vermittelt durch Zentralorganisationen der Banken und der Wertpapiersammelbank, einschließlich der gemäß § 125 Abs. 5 AktG gleichgestellten Institute umfassend geregelt. Der Wortlaut des § 67 Abs. 4 AktG, der von der Übermittlung der „für die Führung des Aktienregisters erforderlichen Angaben" ausgeht, bezieht sich ausweislich der im Regierungsentwurf zum Ausdruck kommenden gesetzgeberischen Intention dabei nicht nur auf die in § 67 Abs. 1 AktG aufgeführten Angaben bei Erwerb und Veräußerung (einschließlich Schenkung und Universalsukzession), die bereits nach früheren Recht von den depotführenden Kreditinstituten aufgrund des mit ihren Depotkunden vereinbarten Kommissions- bzw. Depotvertrages mitgeteilt werden mussten. Die Regelung erstreckt die Mitteilungspflicht auch auf sonstige relevante Daten, wie etwa (sonstige) Namens- und Adressänderungen während der Inhaberschaft der Namensaktie oder die erstmalige Umstellung auf Namensaktien.

Da der Vorschrift des § 67 Abs. 4 AktG das Leitbild des vollständigen Aktienregisters zugrunde liegt, ist davon auszugehen, dass nicht nur eine Berechtigung zur Mitteilung, sondern vielmehr eine Verpflichtung der Kreditinstitute besteht. Diese Verpflichtung bezieht sich dabei nicht ausschließlich auf das Verhältnis zum Erwerber bzw. Veräußerer, sondern gilt auch im Verhältnis zur Gesellschaft, was aber nicht bedeutet, dass die Entscheidung über die Umschreibung der Disposition des Erwerbers (bzw. des Veräußerers) entzogen wäre. Stattdessen haben sich die beteiligten Kreditinstitute nach wie vor den Weisungen ihrer Depotkunden zu fügen, so dass in § 67 Abs. 4 AktG letztlich die Berechtigung zur Weitergabe aller zur Führung des Aktienregisters erforderlichen Angaben als Regelfall, d.h. bei fehlenden Widerspruch des Erwerbers, unterstellt wird, wodurch aber auch der vor der Normierung des § 67 Abs. 4 AktG vorhandenen Meinungsstreit, ob die Gesellschaft die Datenübermittlung von den beteiligten Kreditinstituten aus eigenem Recht verlangen kann, zugunsten der Gesellschaft entschieden wird[570].

2.3.4 Löschung der Eintragung gemäß § 67 Abs. 5 AktG

Hinsichtlich der Löschung bzw. der Berichtigung etwaiger Eintragungen im Aktienregister gilt § 67 Abs. 5 AktG, welcher im Rahmen des NaStraG ohne inhaltliche Änderung die Regelung des § 67 Abs. 3 AktG a.F. ersetzt.

Der Anwendungsbereich des § 67 Abs. 5 AktG ist dann eröffnet, wenn sich nachträglich herausstellt, dass die Eintragung als Aktionär nicht der materiellen Rechtslage im Zeitpunkt der Eintragung entsprochen hat, d.h. inhaltlich unrichtig gewesen ist. Dementsprechend sind auch die Fälle der Unrichtigkeit nach erfolgter Anfechtung wegen der ex tunc Wirkung derselben von § 67 Abs. 5 AktG erfasst. Nach § 67 Abs. 5 AktG ist aber auch diejenige Eintragung zu Unrecht erfolgt, die zwar der materiellen Rechtslage entspricht, aber nicht ord-

---

[570] vgl. Seibert, a. a. O., ZIP 2000, 937 (940); vgl. MK-Bayer, a. a. O., § 67 Rn 94 ff

nungsgemäß vom hierfür zuständigen Vorstand (bzw. einen hierzu beauftragten Dritten) oder ohne Vorliegen einer zurechenbaren Mitteilung gemäß § 67 Abs. 3 AktG vorgenommen worden ist[571].

Davon zu unterscheiden sind die Fälle der „einfachen Berichtigung". Es handelt sich hierbei um Sachverhalte, in denen die Fehlerhaftigkeit der Eintragung auf einfachen Schreibfehlern oder anderen offensichtlichen Unrichtigkeiten, wie zum Beispiel falscher Namensschreibweise, falscher Adresse, falscher Aktienkennziffern oder ähnlichen basiert. In solchen Fällen kann der Vorstand der Gesellschaft (bzw. nach seiner Weisung der beauftragte Dritte) eigenmächtig und formlos das Aktienregister richtigstellen, sofern die Berichtigung nicht zu einer Löschung des Eingetragenen führt, da insoweit die gleichen Maßstäbe gelten, wie sie auch im Rahmen der Urteilsberichtigungen gemäß § 19 ZPO angewendet werden[572].

Nicht in den Anwendungsbereich dieser Regelung, sondern unter Abs. 3 fallen jedoch Veränderungen der materiellen Rechtslage, die zeitlich nach dem Zeitpunkt der Eintragung erfolgten. Die Veränderung des Aktienregisters nach Abs. 3 darf grundsätzlich nur „auf Mitteilung" erfolgen. Der Vorstand darf dementsprechend nicht eigenmächtig ihm bekannt gewordene Veränderungen vornehmen. Lediglich Veränderungen der Mitgliedschaft selbst (Nennwertänderungen, Umwandlungen in eine andere Aktiengattung, insbesondere aber auch die Zusammenlegung - §§ 222 Abs. 4 S. 1 Nr. 2, 229 Abs. 3 AktG -, Einziehung - § 237 AktG –, Kraftloserklärung von Aktien - §§ 72, 73, 226 AktG -, die Kaduzierung nach § 64 AktG und die Rechtsübertragung im Rahmen einer Verwertung der kaduzierten Mitgliedschaft nach § 65 Abs. 1 AktG) berechtigen ausnahmsweise zu einem Handeln des Vorstands von Amts wegen[573].

Liegt demnach ein solcher Fall einer unrichtigen Eintragung im Sinne des § 67 Abs. 5 AktG vor, ist der Vorstand, wie sich aus dem Wortlaut „nach Ansicht der Gesellschaft" ergibt, verpflichtet das im Gesetz verankerte Löschungsverfahren zu initiieren[574]. Der Vorstand hat somit die Beteiligten über die beabsichtigte Löschung zu benachrichtigen. Bei dieser Benachrichtung handelt es sich insoweit um eine empfangsbedürftige Willenserklärung, die zwar formlos übermittelt werden kann, jedoch den Beteiligten zugehen muss, um Wirksamkeit zu erlangen. Ferner ist den Beteiligten eine angemessene Frist zur Geltendmachung einen Widerspruches zu setzen und ihnen somit ausreichend Zeit zu geben, um sich Gehör zu verschaffen. Beteiligt im Sinne dieser Vorschrift ist jeder, dessen Rechtsstellung durch die Löschung berührt wird, was hauptsächlich den Eingetragenen selbst und seinen unmittelbaren Vormann, der nach er-

---

[571] vgl. MK-Bayer, a. a. O., § 67 Rn 103 f; vgl. KK-Lutter, a. a. O., § 67 Rn 39; vgl. Hüffer, a. a. O., § 67 Rn 23

[572] vgl. MK-Bayer, a. a. O., § 67 Rn 101; vgl. KK-Lutter, a. a. O., § 67 Rn 48; vgl. v. Godin/Wilhelmi, a. a. O., § 67 Anm. 5; vgl. Wiesner in MüHdB, a. a. O., § 14 Rn 51

[573] vgl. MK-Bayer, a. a. O., § 67 Rn 72/103

[574] vgl. MK-Bayer, a. a. O., § 67 Rn 105; vgl. Hüffer, a. a. O., § 67 Rn 16; vgl. KK-Lutter, a. a. O., § 67 Rn 46; vgl. Großkomm-Barz (Voraufl.), a. a. O., § 67 Anm. 11

folgter Löschung wieder in die Rechtsstellung des Aktionärs gemäß § 67 Abs. 2 AktG einrückt, betrifft. Gegebenenfalls müssen aber auch alle mittelbaren Vormänner benachrichtigt werden, soweit sie eventuell haftbar gemacht werden können[575].

Ist die entsprechende Frist verstrichen, ohne dass ein Widerspruch erfolgt ist, ist der Vorstand berechtigt, die angezeigte Löschung vorzunehmen. Ein insoweit verspäteter Widerspruch ist diesbezüglich unbeachtlich. Der Wahrung der Widerspruchsfrist bedarf es aber dann nicht, wenn sämtliche Beteiligte zugestimmt haben[576]. Liegt jedoch ein Widerspruch vor, ist es dem Vorstand versagt, die Löschung vorzunehmen. In dieser Situation kann die Wirkung des Widerspruchs, der keiner Begründung bedarf, nur im Rahmen der gerichtlichen Klärung beseitigt werden, wobei neben dem Vorstand jeder Beteiligte im Sinne des § 67 Abs. 5 AktG klagebefugt ist[577].

Die Löschung beseitigt die Wirkung der Eintragung nach § 67 Abs. 2 AktG für die Zukunft (ex nunc), nicht dagegen für die Vergangenheit (ex tunc). Der – zuvor gelöschte – unmittelbare Vormann erlangt somit wieder anstelle des zu Unrecht Eingetragenen im Verhältnis zur Gesellschaft die Rechtsstellung des Aktionärs, mit allen Rechten und Pflichten. Etwaige – für die Vergangenheit – bereits abgewickelte Rechtsbeziehungen zwischen der Gesellschaft und dem zu Unrecht Eingetragenen bleiben sowohl im Hinblick auf die Ausübung mitgliedschaftlicher Verwaltungsrechte als auch im Hinblick auf mitgliedschaftliche Leistungen, die von der Gesellschaft an den zu Unrecht Eingetragenen (und umgekehrt) erbracht worden sind, unberührt[578].

2.3.5 Änderungen/Neuerungen gemäß § 67 Abs. 6 AktG

2.3.5.1 Auskunftsrechts gemäß § 67 Abs. 6 S. 1 AktG

Bedeutsam ist die Neuregelung des § 67 Abs. 6 AktG in Bezug auf das dem jeweiligen Aktionär gewährte Auskunftsrecht; sie ersetzt insoweit die ursprüngliche Regelung hinsichtlich des im Rahmen der Aktienrechtsreform 1965 eingeführten und kontrovers diskutierten Einsichtsrechts nach § 67 Abs. 5 AktG a.F..

Nach § 67 Abs. 5 AktG a.F. ist die Gesellschaft verpflichtet gewesen, jedem Aktionär auf Verlangen Einsicht in das ehemalige Aktienbuch zu gewähren. Entscheidend für die Berechtigung zur Geltendmachung dieses Einsichtsrechts ist somit allein die Aktionärseigenschaft gewesen, infolge dessen – unter Berücksichtigung des § 67 Abs. 2 AktG – nur demjenigen Inhaber von Namensaktien das Einsichtsrecht zugestanden hat, der auch im ehemaligen Aktienbuch eingetragen worden ist . Daneben konnten aber auch alle anderen Aktionäre, d.h. Inhaberaktionär, Inhaber von Zwischenscheinen, sowie solche Ak-

---

[575] vgl. MK-Bayer, a. a. O., § 67 Rn 106 ff
[576] vgl. MK-Bayer, a. a. O., § 67 Rn 111 f
[577] vgl. MK-Bayer, a. a. O., § 67 Rn 113 f
[578] vgl. Hüffer, a. a. O., § 67 Rn 26; vgl. KK-Lutter, a. a. O., § 67 Rn 45; vgl. MK-Bayer, a. a. O., § 67 Rn 117

tionäre, deren Mitgliedschaftsrecht nicht verbrieft gewesen ist, Einsicht begehren.

Inhaltlich ist dabei das Einsichtsrecht der Aktionäre nicht auf eigene Daten beschränkt gewesen, sondern hat sich auf das gesamte Aktienbuch erstreckt, ohne dass vom Aktionär ein schützenswerten Interesse dargetan werden musste, so dass es dem Einsichtsbegehrenden möglich gewesen ist, die Namen, den Beruf und den Umfang des Aktienbesitzes seiner Mitaktionäre zu recherchieren. Die vom Einsichtsrecht nach § 67 Abs. 5 AktG a.F. ausgeschlossenen, d.h. die nicht im Aktienbuch eingetragenen Namensaktionäre sowie sonstige Dritte, konnten jedoch nach Maßgabe des § 810 BGB Einsicht verlangen, wobei mit der überwiegenden Auffassung ein solches Einsichtsrecht aus § 810 BGB nur dann zu bejahen ist, wenn und soweit der Einsicht Begehrende ein rechtliches Interesse darlegt, wie zum Beispiel im Falle eines Pfandgläubigers. Das Einsichtsrecht ist hierbei jedoch auf den Umfang des rechtlichen Interesses beschränkt, so dass es sich in aller Regel nur auf die Einsichtnahme der Registerdaten einzelner Aktionäre bezieht[579].

Der Vorteil eines solchen umfassenden Einsichtsrechts kann darin gesehen werden, dass es den Aktionären ermöglicht worden ist, untereinander Verbindungen zu knüpfen, um so gegebenenfalls eine wirkungsvolle Opposition zu bilden. Projezierte man diese Möglichkeit auf die heutige Zeit, wäre eine solche Regelung gerade im Hinblick auf die zur Verfügung stehenden neuen elektronischen Kommunikationsmedien geeignet, eine Ad-hoc-Aktionärsvereinigung aufzubauen, um dem sogenannten „Streubesitz" gegenüber Großaktionären und Verwaltung besser Einfluss zu verschaffen[580].

Diese Transparenz hat indes nicht nur eine gewisse Aktionärskommunikation ermöglicht, sondern hat auch einige Befürchtungen mit sich gebracht, die unter anderem darin bestanden haben, dass in etwa gewerbliche Finanzdienstleister in der Lage gewesen wären, ein Bewegungsportefeuille ihrer potentielle Privatkunden zu erstellen. Eine besondere Befürchtung hat weiterhin im Hinblick auf mögliche Übernahme- bzw. Take-over-Versuche bestanden, bei denen der Bieter aufgrund der Informationen des Aktienbuchs die Möglichkeit hatte, die ihm somit bekannten (Mit-)Aktionäre direkt anzusprechen[581]. Indes ist dieser Rechtszustand, einschließlich der damit einhergehenden Befürchtungen, bis zur Entwicklung des elektronischen Aktienbuches grundsätzlich akzeptiert worden, was wohl daran gelegen hat, dass die Namensaktien, mit Ausnahme von Versicherungsgesellschaften, nicht sehr verbreitet und im Wesentlichen auf kleinere Gesellschaften beschränkt gewesen sind. Relevanter für diese grundsätzliche Akzeptanz wird jedoch die mit der Führung des Aktienbuchs in herkömmlicher Form einhergehende, in der Praxis sehr mühevolle, Ausübung des

---

[579] vgl. KK-Lutter, a. a. O., § 67 Rn 54; vgl. Leuering, a. a. O., ZIP 1999, 1745 (1749); vgl. Noack, a. a. O., ZIP 1999, 1993 (1998): vgl. Happ, a. a. O., in FS Bezzenberger 2000, 111 (127); vgl. Hüffer (Voraufl.), a. a. O., § 67 Rn 18

[580] vgl. Noack, a. a. O., DB 1999, 1306 (1307)

[581] vgl. Noack, a. a. O., ZIP 1999, 1993 (1997)

Einsichtsrechtes gewesen sein. Dies hat sich durch die Entwicklung des elektronischen Anwendungssystems CASCADE und der daraufhin bei den im DAX notierten großen Publikumsgesellschaften entstehenden Tendenz, von Inhaber- auf Namensaktien umzuwandeln, geändert. Erst daraufhin sind die datenschutzrechtlichen Bedenken, die unter der Begrifflichkeit „gläserner Aktionär" zusammengefasst worden sind, lauter geworden. Aufgrund der technischen Möglichkeiten hat man angenommen, dass nunmehr, im Gegensatz zu früher, als die Informationsgewinnung mit einem mühevollen Durchsuchen und Abschreiben von Aktienbüchern oder Karteien verbunden gewesen ist, das elektronische Aktienregister dies ohne weiteres – etwa durch eine Suchfunktion oder durch einfaches Überspielen kompletter Dateien – gewährleisten kann. Den datenschutzrechtlichen und den damit auch einhergehenden verfassungsrechtlichen Bedenken des als Ausfluss des allgemeinen Persönlichkeitsrechts zu verstehenden Rechtes auf informelle Selbstbestimmung hat der Gesetzgeber bei seiner Neuregelung bzw. Eingrenzung des Einsichtsrechts Rechnung getragen[582].

Der durch das NaStraG eingeführte § 67 Abs. 6 AktG stellt gegenüber der früheren Regelung eine offenkundige Beschränkung der Rechtsstellung des Aktionärs dar. Der markanteste Unterschied besteht darin, dass der Aktionär sich im Aktienregister nun nicht mehr über seine Mitaktionäre informieren kann, sondern nach § 67 Abs. 6 S. 1 AktG vielmehr nur ein Informationsrecht „über die zu seiner Person im Aktienregister eingetragenen Daten" hat. Diese Regelung erlaubt es folglich den Aktionären, sich jederzeit darüber Gewissheit verschaffen zu können, ob die ihn betreffenden Daten im Aktienregister richtig aufgeführt sind, wohingegen es die Aktionärskommunikation in Ermangelung sonstiger Informationen erheblich erschwert[583]. Mit der Einführung des § 67 Abs. 6 AktG geht auch ein terminologischer Wandel einher. Während nach früherem Recht die Aktionäre „Einsicht" verlangen konnten, besagt § 67 Abs. 6 S. 1 AktG n. F., dass die Aktionäre „Auskunft" über die ihre Person betreffenden Daten einholen können. Die Formulierung „Auskunft" lässt dabei offen, wie diese zu erfolgen hat. Der Aktionär kann daher neben der „klassischen" Einsicht vor Ort oder einer telefonischen Auskunft auch die – wie ausdrücklich in der Gesetzesbegründung aufgeführten – technischen Möglichkeiten des elektronischen Aktienregisters etwa im Wege eines elektronischen Zugriffs (sogenannter Online-Einsicht) auf seine Daten nutzen, wobei zur Identifikation des Einsichtsbegehrenden Kontrollnummern, Aktionärsnummer, Codewörter und ähnliches verwendet werden können, womit scheinbar auch die frühere Streitfrage, ob die „Einsicht" bzw. die „Auskunft" nur vor Ort erfolgen könne, entschieden sein dürfte, gleichwohl die Formulierung „Auskunft" dies nicht eindeutig beinhaltet. Die dem Aktionär zur Verfügung stehenden Möglichkeiten des „externen Zugriffs" bedeuten jedoch nicht, dass die Gesellschaft die dazu erforderlichen

---

[582] vgl. Happ, a. a. O., in FS Bezzenberger 2000, 111 (127); vgl. Leuering, a. a. O., ZIP 1999, 1745 (1749); vgl. Noack, a. a. O., ZIP 1999, 1993 (1998); vgl. Kölling, a. a. O., NZG 2000, 631 (636); vgl. Zätzsch/Gröning, a. a. O., NZG 2000, 393 (398)
[583] vgl. MK-Bayer, a. a. O., § 67 Rn 125

Vorkehrungen treffen muss, wenn sie bereit ist, ihren Aktionären auf andere zumutbare Art und Weise kurzfristig Auskunft zu erteilen, etwa durch die Übersendung eines Ausdrucks der Eintragung auf schriftliche oder elektronische Anforderung[584]. Umgekehrt beschränkt sich die Auskunftserteilung auch nicht auf einen eventuell möglichen elektronischen Zugriff, da die Auskunft für den Aktionär in zumutbarer Weise erfolgen muss, so dass bei einer fehlenden (elektronischen) Zugriffsmöglichkeit des Aktionärs die Gesellschaft grundsätzlich zur schriftlichen Auskunft verpflichtet ist[585].

Da nach dem Wortlaut des § 67 Abs. 6 S. 1 AktG nur noch Auskunft über die eigenen im Aktienregister eingetragenen Daten verlangt werden kann, ergibt sich, dass somit nur Inhaber von Namensaktien (bzw. gemäß § 67 Abs. 7 auch Inhaber von Zwischenscheinen) auskunftsberechtigt sind, wohingegen alle anderen Aktionäre, einschließlich der nicht im Aktienregister eingetragenen Namensaktionäre, ein solcher Anspruch verwehrt ist. Infolge dieser Einschränkung auch auf Seiten der Berechtigten wird die Anwendung des § 810 BGB von entscheidender Bedeutung sein, obwohl § 67 Abs. 6 AktG dieser Vorschrift als Sondervorschrift vorgeht, da nicht eingetragene Dritte, wie etwa Inhaberaktionäre, Namensaktionäre ohne Eintragung, Pfandgläubiger, Nießbraucher oder Testamentsvollstrecker, nur noch auf diesem Wege Auskunft über die von ihren Rechten betroffene Rechtsstellung verlangen können. Die besondere Bedeutung des § 810 BGB wird vor allem auch für diejenigen Namensaktionäre wichtig sein, für die treuhänderisch ein „street name“ eingetragen ist, um die Möglichkeit zu haben, das Aktienregister entsprechend zu kontrollieren, da die Bezeichnung „Aktionär“ sich lediglich – auch wegen der Rechtswirkung des § 67 Abs. 2 AktG – auf die formell legitimierte eingetragene Person bezieht[586].

Nach Maßgabe von § 67 Abs. 6 S. 2 AktG gilt indes das voran beschriebene für nicht-börsennotierte Gesellschaften nur bedingt. Der Gesetzgeber hat sich, nachdem der ursprüngliche Entwurf zum NaStraG vom 15.11.1999 keinerlei Ausnahmeregelung vorgesehen hat, dazu entschlossen, es den nicht-börsennotierten Gesellschaften, d.h. solchen Gesellschaften, deren Aktien nicht im Sinne von § 3 Abs. 2 AktG zu einem Markt, etwa dem amtlichen Handel, dem geregelten Markt oder auch dem TecDax sowie vergleichbaren ausländischen Börsen zugelassen sind, im Rahmen ihrer Satzungsautonomie zu ermöglichen, weitergehende Informationsrechte zu begründen, so dass diese die Rechtsstellung vor Einführung der Beschränkung wiederherstellen können. Eine solche Regelung ist insbesondere bei Familien-Aktiengesellschaften bzw. sonstigen kleinen personalistisch strukturierten Gesellschaften mit überschauba-

---

584 vgl. Seibert, a. a. O., ZIP 2000, 937 (941); vgl. MK-Bayer, a. a. O., § 67 Rn 130; vgl. Noack, a. a. O., ZIP 1999, 1993 (1998); vgl. Huep, a. a. O., WM 2000, 1623 (1629); vgl. Weber, M., a. a. O., NZG 2001, 337 (340)

585 vgl. Noack, a. a. O., ZIP 1999, 1993 (1999); vgl. Spindler, a. a. O., ZGR 2000, 420 (424 f); vgl. Zätzsch/Gröning, a. a. O., NZG 2000, 393 (398)

586 vgl. Noack, a. a. O., ZIP 1999, 1993 (1999); vgl. MK-Bayer, a. a. O., § 67 Rn 129; vgl. Hüffer, a. a. O., § 67 Rn 29

rem Aktionärskreis zu begrüßen, da die gesetzlichen Publizitätspflichten diese Gesellschaften benachteiligen. So gilt nämlich die kapitalmarktrechtliche Publizitätspflicht des § 21 Abs. 1 WpHG, wonach ein Stimmrechtsanteil von 5% mitteilungspflichtig ist, nur für börsennotierte Gesellschaften, während für nicht-börsliche Gesellschaften „lediglich" die Regelung des § 20 Abs. 1 AktG Anwendung findet, wonach die Mitteilungspflicht eine Beteiligung von über 25% bzw. gemäß § 20 Abs. 4 AktG eine Mehrheitsbeteiligung voraussetzt. Sofern der Aktionär eine Kapitalgesellschaft ist, hat er gemäß § 20 Abs. 3 AktG zusätzlich Mitteilung zu machen, sobald ihm ohne Hinzurechnung nach § 20 Abs. 2 AktG mehr als 25% der Aktien gehören. Umgekehrt besteht nach § 20 Abs. 5 AktG eine Mitteilungspflicht, sobald die Beteiligung nach § 20 Abs. 1, 3, 4 AktG nicht mehr besteht. Auffällig ist in diesem Zusammenhang, dass die Mitteilungspflicht des § 20 AktG zwischen Kapitalbeteiligung und Stimmrechtsanteil unterscheidet, indem die Fälle des § 20 Abs. 1 und 3 AktG allein von der Höhe der Kapitalbeteiligung und im Falle des § 20 Abs. 4 AktG von der Stimmenmehrheit abhängig gemacht werden, wohingegen die Publizitätspflicht des § 21 Abs. 1 WpHG allein auf den Stimmrechtsanteil abstellt.

Die Transparenzgesichtspunkte haben vor allem bei kleinen (personalistischen) Gesellschaften eine weitaus wichtigere Funktion als vermeintlich bei bei großen Publikumsgesellschaften, da es für den Unternehmensinhaber in vielen Fälle eine große Rolle spielt, über Veränderungen im Aktionärskreis auch unterhalb dieses hohen Schwellenwertes, regelmäßig informiert zu sein[587].

Die Neuregelung des Auskunftsrechts gemäß § 67 Abs. 6 AktG wird zwar den datenschutzrechtlichen Bedenken im Zuge der technischen Entwicklung, dem Interesse der Gesellschaft an einer gesetzgeberischen Regelung im Hinblick auf die Verwendungsmöglichkeiten der Registerdaten sowie der Anpassung an die modernen Kommunikationsmittel gerecht, doch wirft sie auch Fragen aus, die es zu erörtern gilt.

So erscheint fraglich, warum nach Maßgabe von § 67 Abs. 6 S. 2 AktG nur nicht-börsennotierte Gesellschaften statutarisch von der gesetzlichen Beschränkung zugunsten eines umfassenden Auskunftsrechts abweichen können, zumal der Grundsatz der Satzungsstrenge (§ 23 Abs. 5 AktG) auch für börsennotierte Gesellschaften gilt und auch solche Gesellschaften durchaus ein Interesse an einer aktiven Aktionärskommunikation haben können. Die Erschwerung der Aktionärskommunikation im Wege der Neuregelung des Auskunftsrechts ist überdies auch inkonsequent geregelt, da gemäß § 129 Abs. 4 S. 1 AktG allen Teilnehmern an der Hauptversammlung das Teilnahmeverzeichnis und gemäß § 129 Abs. 1 S. 2 AktG damit auch Namen, Wohnort und Aktienbeteiligung zugänglich zu machen ist, wobei darüber hinaus jedem Aktionär gemäß § 129 Abs. 4 S. 2 AktG auf Verlangen bis zu zwei Jahre nach der Hauptversammlung Einsicht in das Teilnahmeverzeichnis zu gewähren ist[588].

---

[587] vgl. Kölling, a. a. O., NZG 2000, 631 (636); vgl. Seibert, a. a. O., ZIP 2000, 937 (941); vgl. MK-Bayer, a. a. O., § 67 Rn 127

[588] vgl. Kölling, a. a. O., NZG 2000, 631 (636); vgl. Noack, a. a. O., DB 2001, 27 (27)

Besonders fragwürdig ist die Neuregelung des § 67 Abs. 6 AktG jedoch im Hinblick auf die damit einhergehende Normzweckänderung.

Neben seiner Legitimationswirkung sollte mit dem Einsichtsrecht das ehemaligen Aktienbuch auch der Unterrichtung des Aktionärs über seine Mitaktionäre dienen. Der Normzweck hat infolge dessen auch die Wahrnehmung und Ausübung der Aktionärsrechte, insbesondere der mitgliedschaftlichen Verwaltungsrechte der Aktionäre, wie die Teilnahme an der Hauptversammlung, das Auskunftsrecht und das Stimmrecht, durch die mit Hilfe der Einsichtnahme vom Aktionär gewonnenen Informationen und Kenntnisse umfasst[589].

Dementsprechend konnte das Einsichtsrecht aktienrechtlich als „verwaltungsrechtliches Hilfsrecht" qualifiziert werden, welches als solches zwar noch keine gesellschaftsrechtliche Wirkung gezeigt hat, doch mittelbar die Ausübung der Mitgliedschaftsrechte unterstützte[590].

Zum besseren Verständnis des Normzwecks des Einsichtsrechts ist dabei der zum Zeitpunkt des In-Kraft-Tretens des Aktiengesetzes – 1965 – bestehende Hintergrund der Vorschrift zu verdeutlichen. So ist das Einsichtsrecht vom Bestehen von Namensaktien abhängig gemacht worden, die im Jahre 1965 gegenüber Inhaberaktien nachrangig gewesen sind und lediglich – abgesehen von Versicherungsgesellschaften im Rahmen der Regelung des § 10 Abs. 2 AktG – nur bei kleinen (Familien-)Aktiengesellschaften mit stark personalistischen Einschlag Anklang gefunden haben. Im Zuge des Bedeutungswandels, den die Namensaktie vor allem Ende der 90er Jahre erfahren hat, stellt sich daher die Frage, ob der ursprüngliche Normzweck nach wie vor relevant ist, oder aber, ob aufgrund der zunehmenden Verbreitung der Namensaktie die mit der Modifikation des Einsichts- bzw. Auskunftsrechtes einhergehende Normzweckeinschränkung bzw. –änderung gerechtfertigt ist.

Die zunehmende Verbreitung der Namensaktien führt dazu, dass diese Aktienform – vergleichbar mit der Inhaberaktie – verstärkt als Kapitalanlage verstanden wird, was scheinbar zur Folge hat, dass der (Klein-)Aktionär als Kapitalanleger kein originär mitgliedschaftliches Interesse an „seiner" Gesellschaft mehr zu haben scheint, welches über die Kapitalvermehrung hinausgeht, infolge dessen auch ein umfassendes Auskunftsrecht obsolet sein soll.

Selbst das (bloße) Kapitalinteresse und das im Umkehrschluss unterstellte Desinteresse an den gesellschaftlichen Belangen rechtfertigt indes nicht die Einschränkung der aktienrechtlichen Befugnisse, über die Ausübung seiner Mitgliedschaftsrechte auf die Entwicklung der Gesellschaft einzuwirken, zu deren effektiven Wahrnehmung das untrennbar mit der Namensaktie verbundene Auskunftsrecht nach wie vor erforderlich ist, da es als „informelles" Hilfsrecht geeignet ist, die Grundlagen autonomer Entscheidungen zu schaffen.
Diese vor allem für die Kleinaktionäre relevante Entscheidungsfindungs- und damit verbundene –durchsetzungsmöglichkeit entspricht auch der allgemeinen aktienrechtlichen Entwicklung der Stellung der Minderheitsaktionäre, die da-

[589] vgl. Huep, a. a. O., WM 2000, 1623 (1627)
[590] vgl. Huep, a. a. O., WM 2000, 1623 (1627)

durch gekennzeichnet ist, dass ihre Position zunehmend gestärkt wird. So berücksichtigt das Aktiengesetz und die Rspr. des BGH – etwa im Rahmen der „Holzmann-Entscheidung" – die Stellung der Minderheitenaktionäre umfassend[591].

Die Einschränkung des Einsichtsrechtes im Rahmen der Neufassung des § 67 Abs. 6 AktG widerspricht nicht nur dieser allgemeinen aktienrechtlichen Entwicklung in Bezug auf die Minderheitenaktionäre, sondern auch dem mit dem NaStraG verfolgten Ziel der Steigerung bzw. Intensivierung der Kommunikationsmöglichkeiten zwischen Gesellschaft (Vorstand) und Aktionären, was in etwa auch durch die Regelung des §§ 67 Abs. 6 S. 3 und 4 AktG deutlich wird. Vor diesem Hintergrund erweist sich die Neuregelung des Auskunftsrechts nach Maßgabe von S. 1 als einseitig begünstigend. So werden zwar die Kommunikationsmöglichkeiten der Gesellschaft bzw. des Vorstands – die Kenntnis der Namen und Adressen aller Namensaktionäre haben – erweitert, wohingegen gleichzeitig durch die Beschränkung der Auskunft auf die eigenen Daten die Aktionärskommunikation erschwert und somit eine wirksamen „Aktionärsopposition", wie sie unter anderem auch in den USA möglich ist, verhindert wird, so dass insbesondere den Kleinaktionären jede wirkungsvolle Stimmrechtsausübung genommen wird. Selbst ein Aktionär mit einem größeren Aktienpaket und unternehmerischem Interesse kann demzufolge Kritik am Vorstand nur indirekt über die Medien und gegebenenfalls durch einen Gegenantrag nach § 126 Abs. 1 AktG äußern[592].

Dem im Zuge des NaStraG – zu Recht – Rechnung getragenen Kommunikationsbedürfnis des Vorstands gegenüber den Aktionären der Gesellschaft, welches letztlich aus der Erkenntnis der gestiegenen Bedeutung ihrer Rolle für die Unternehmenspolitik resultiert, entspricht auch im Gegenzug das Kommunikationsbedürfnis der Aktionäre untereinander.

Das Auskunftsrecht dient daher weiterhin der innergesellschaftlichen Transparenz, die gerade bei großen Publikumsgesellschaften aus der Sicht der Kleinaktionäre nicht immer gegeben ist. Eine effektive Kontrolle durch organisierte Opposition dient dabei mittel- und langfristig auch der Gesellschaft selbst und führt auch zu einer erhöhten Attraktivität bei ausländischen Investoren, die infolge dessen auch Einflussmöglichkeiten haben. Letztlich wäre hiermit ein Instrument vorhanden, welches zur Aufrechterhaltung einer wirksamen gegenseitigen Organkontrolle unter Einbeziehung der Hauptversammlung geeignet ist.

Zusammenfassend lässt sich folglich festhalten, dass trotz Verbreitung der Namensaktie und der damit einhergehenden Anonymisierung, d.h. der Verstärkung des Elementes der reinen Kapitalanlange, der Normzweck des heutigen Auskunftsrechts nach wie vor vorhanden und daher keineswegs obsolet geworden ist, so dass die mit der Neuregelung des Auskunftsrechts einhergehende Beschränkung der Erreichung dieses Normzwecks nicht gerecht wird.

---

[591] vgl. Huep, a. a. O., WM 2000, 1623 (1629)

[592] vgl. MK-Bayer, a. a. O., § 67 Rn 128

2.3.5.2 Verwendung der Registerdaten gemäß § 67 Abs. 6 S. 3 - 5 AktG

Im Zuge des NaStraG ist letztlich auch in § 67 Abs. 6 S. 3-5 AktG erstmals die Problematik der Verwendung der im Aktienregister eingetragenen Daten durch die Gesellschaft bzw. deren Zweckbindung geregelt worden, welche in mehreren Stellungnahmen zum Referentenentwurf gefordert worden ist. Gemäß § 67 Abs. 6 S. 3 AktG wird es der Gesellschaft gestattet, die Registerdaten für ihre Aufgaben im Verhältnis zu den Aktionären zu verwenden. Dementsprechend ist ein Rückgriff auf diese Daten für alle Verpflichtungen der Gesellschaft möglich, die sich aus dem mitgliedschaftlichen Rechtsverhältnis ergeben, wie etwa hinsichtlich der Einladung zur Hauptversammlung, aber auch hinsichtlich aller kapitalmarktrechtlichen Informationspflichten. Die Gesellschaft kann ferner die Registerdaten für Investor-Relations-Maßnahmen verwenden, um so aufgrund einer aktiven Informationspolitik einen höheren Identifikations- bzw. Bindungsgrad der Aktionäre zu der Gesellschaft zu erreichen. Weiterhin können die Daten des Aktienregisters genutzt werden um entsprechende statistische Analysen, wie beispielsweise Aktionärsdemographie, die Ermittlung des Anteils der ausländischen Investoren, etc., durchzuführen[593]. Kein Problem des § 67 Abs. 3 S. 3 AktG, sondern vielmehr des Gleichbehandlungsgebotes nach § 53a AktG stellt insoweit der Rückgriff auf im Aktienregister eingetragene Daten zum Zwecke der direkten Ansprache bestimmter Aktionäre im Rahmen vom Kapitalmaßnahmen dar. Eine vergleichbare Fragestellung ergibt sich im Zusammenhang mit einer drohenden feindlichen Übernahme, da hierbei aus dem Neutralitätsgebot des Vorstandes womöglich die Pflicht folgt, der Bietergesellschaft die Daten der Aktionäre der Zielgesellschaft zur Verfügung zu stellen[594].

Die Gesellschaft kann die Daten, wie § 67 Abs. 6 S. 4 AktG festlegt, aber auch zu Werbe- bzw. Marketingzwecken für eigene Produkte im Verhältnis zu den Aktionären einsetzen, sofern der Aktionär nicht widerspricht, da insoweit der Gesetzgeber davon ausgeht, dass ein Aktionär, der sich finanziell an einer Gesellschaft beteiligt hat, grundsätzlich nicht uninteressiert daran ist, was diese Gesellschaft herstellt bzw. leistet. Darüber hinaus soll auch das Anbieten von Finanzprodukten der Gesellschaften, etwa Anleihen und ähnliches zulässig sein. Unabhängig von einem möglichen Widerspruch ist die Weitergabe der Registerdaten an Adresshändler oder die Verwendung für Werbemaßnahmen durch Dritte, ungeachtet einer etwaigen Zulässigkeit durch das BDSG, jedoch im Hinblick auf § 67 Abs. 6 S. 3, 4 AktG unzulässig. Unzulässig ist ferner auch die unternehmensinterne Weitergabe der Registerdaten für Zwecke außerhalb der Investor Relation und des Marketings, wie etwa durch Weitergabe an die Personal- oder Rechtsabteilung, wobei insoweit ausschließlich eine Beurteilung nach § 28 Abs. 1 Nr. 2 BDSG in Betracht kommt[595].

Der mögliche Widerspruch der Aktionäre nach § 67 Abs. 6 S. 4 AktG und analog dazu auch der des – in zulässiger Weise – eingetragenen Dritten, wie

---

[593] vgl. Seibert, a. a. O., ZIP 2000, 937 (941)

[594] vgl. MK-Bayer, a. a. O., § 67 Rn 134; vgl. Noack, a. a. O., DB 2001, 27 (28)

[595] vgl. Noack, a. a. O., DB 2001, 27 (29f)

Pfandgläubiger, etc., welcher formlos erklärt werden kann und mit Zugang bei der Gesellschaft wirksam wird, bezieht sich ausschließlich auf die Verwendung der Registerdaten zum Zwecke der Werbung, nicht indes für die Verwendung im Rahmen des § 67 Abs. 6 S. 3 AktG. Über sein Widerspruchsrecht ist der Aktionär (und gegebenenfalls der eingetragene Dritte) nach § 67 Abs. 6 S. 5 AktG „in angemessener Weise" zu informieren, was nicht bedeutet, dass diese Information gesondert und unmittelbar nach Erwerb der Namensaktie zu erfolgen hat. Die entsprechende Belehrung kann auch zusammen mit der Übermittlung des nächsten Geschäfts- oder Zwischenberichts erfolgen. Nicht ausreichend ist in diesem Zusammenhang jedoch ein bloßer Hinweis auf der Website der Gesellschaft. Insoweit ist in Ermangelung einer anderweitigen Regelung der Maßstab des § 361a Abs. 1 BGB heranzuziehen, wonach ein Verbraucher eine „deutlich gestaltete Belehrung über sein Widerrufsrecht, die ihm entsprechend den Erfordernissen des eingesetzten Kommunikationsmittels seine Rechte deutlich macht", auf einen dauerhaften Datenträger zur Verfügung zu stellen[596].

Da die Führung des Aktienregisters als „sonstige Aufzeichnung" im Sinne von § 239 HGB erfordert, dass geänderte Daten – etwa infolge einer Rechtsänderung durch Veräußerung – 10 Jahre aufbewahrt werden müssen und folglich nicht vernichtet werden dürfen, stellt sich die Frage, wie die Gesellschaft mit diesen Daten zu verfahren hat bzw. ob sie diese Daten weiterhin nach Maßgabe der §§ 67 Abs. 6 S. 3, 4 AktG verwenden darf. Die Klärung dieser Frage resultiert aus der Rechtswirkung des § 67 Abs. 2 AktG, wonach nur der Eingetragene gegenüber der Gesellschaft als Aktionär gilt, so dass der Eingetragenen nach der „Löschung" im Umkehrschluss nicht mehr als Aktionär anzusehen ist, es folgerichtig auch keine Aufgaben im Sinne von § 67 Abs. 6 S. 3 AktG geben kann, die das Mitgliedschaftsverhältnis betreffen. Eine Verwendung der Registerdaten ist daher nach Löschung nicht mehr nach Maßgabe der aktiengesetzlichen, sondern nur nach den Vorschriften des BDSG zulässig, was erst recht für die Verwendung der Registerdaten zum Zwecke der Werbung gilt. Etwas anderes lässt sich insoweit auch nicht unter dem Gesichtspunkt der kapitalmarktrechtlichen Interesses an der Rückgewinnung als Aktionär herleiten[597].

3. Hauptversammlung

Ein weitere Besonderheit der Namensaktie gegenüber der Inhaberaktie ergibt sich im Rahmen der Vorbereitung und Durchführung der Hauptversammlung.

3.1 Einberufung der Hauptversammlung

Die Hauptversammlung wird nach Maßgabe der §§ 121 Abs. 2 S. 1 und Abs. 3 S. 1 AktG durch den Vorstand einberufen, der die Einberufung in den Gesellschaftsblättern bekannt zu machen hat. Statt der Bekanntmachung in den

---

[596] vgl. Seibert, a. a. O., ZIP 2000, 937 (941); vgl. Noack, a. a. O., DB 2001, 27 (29 f); vgl. MK-Bayer, a. a. O., § 67 Rn 138 f

[597] vgl. MK-Bayer, a. a. O., § 67 Rn 139

Gesellschaftsblättern kann die Einberufung gemäß § 121 Abs. 4 S. 1 AktG auch durch eingeschriebenen Brief erfolgen, sofern nicht die Satzung etwas anderes vorschreibt. Diese Einberufungsmöglichkeit ist jedoch nur dann eröffnet, wenn der Gesellschaft die Aktionäre namentlich bekannt sind. Bei der Ausgabe von Namensaktien kann sich die Gesellschaft dabei auf die Eintragung im Aktienregister berufen, wohingegen bei zusätzlicher oder ausschließlicher Ausgabe von Inhaberaktien die Gesellschaft letztlich auf ihre konkrete Personenkenntnis angewiesen ist, was auch bei Vorhandensein unverbriefter Mitgliedschaftsrechte der Fall ist.

3.2 Mitteilungspflicht

Neben der „öffentlichen Bekanntmachung" der Einberufung der Hauptversammlung besteht auch eine zusätzliche Mitteilungspflicht der Gesellschaft bzw. des Vorstands. Der teilweise geänderte § 125 AktG ist insoweit die zentrale Vorschrift. Danach hat der Vorstand neben der nochmaligen Einberufung der Hauptversammlung, „die Bekanntmachung der Tagesordnung und etwaiger Anträge und Wahlvorschläge von Aktionären einschließlich des Namens des Aktionärs, der Begründung und einer etwaigen Stellungnahme der Verwaltung mitzuteilen". Nach Maßgabe des § 125 Abs. 2 Nr. 3 AktG hat er diese Mitteilung an diejenigen Aktionäre „zu machen", die im Aktienregister der Gesellschaft eingetragen sind. Unerheblich ist insoweit die etwaige Kenntnis von der fehlenden materiellen Berechtigung des eingetragenen Namensaktionärs, so dass die Gesellschaft die Mitteilung nur an dem im Aktienregister Eingetragenen zuzuleiten hat, da andernfalls die unwiderlegbare Legitimations- und Vermutungswirkung unterlaufen und der Wert des Aktienregisters stark relativiert würde[598].

Unter Berücksichtigung der bisherigen Regelung wird deutlich, dass die Mitteilungen nach der neuen Rechtslage gemäß § 125 Abs. 2 AktG nun nicht mehr „zu übersenden", sondern dass diese vielmehr „zu machen" sind. Trotz der sprachlich nicht gelungenen Formulierung wird dennoch der Sinn und Zweck dieses terminologischen Wandels ersichtlich. Während auf der Grundlage des bisherigen Wortlautes die Unterrichtung der Aktionäre nur auf schriflichem Wege erfolgen konnte, erweist sich die aktuelle Formulierung als offener und flexibler, indem erkennbar wird, dass auch elektronische Übertragungsformen für diese Mitteilungen nicht ausgeschlossen sind, zumal ein elektronischen Mitteilungsservice als Alternative zur herkömmlichen schriftlichen Übersendung angeboten und von Depotkunden gewünscht wird[599]. In jedem Fall ist davon auszugehen, dass eine Mitteilungspflicht nach wie vor besteht, so dass eine Mitteilung beispielsweise auf der Homepage der Gesellschaft nicht ausreichend ist[600].

---

598 vgl. Noack, a. a. O., DB 1999, 1306 (1309)

599 vgl. NZG 2000, 443 (445); vgl. Noack, a. a. O., DB 1999, 1306 (1309); vgl. Habersack, a. a. O., ZHR 165 (2001), 172 (175); vgl. Zätzsch/Gröning, a. a. O., NZG 2000, 393 (397)

600 vgl. Spindler, a. a. O., ZGR 2000, 420 (429)

Der Begriff „mitteilen" bedeutet demnach, dass die Gesellschaft die organisatorischen Vorkehrungen treffen muss, um sicherzustellen, dass die Information den Aktionär unter normalen Umständen erreicht. Die Gesellschaft muss sich daher, sofern sie von den elektronischen Übertragungsformen Gebrauch machen will, vergewissern, dass der Aktionär über entsprechende Empfangsvorrichtungen verfügt. Die Aufgabe des Schriftformerfordernisses beinhaltet somit nicht die Aufgabe der Verpflichtung der Gesellschaft, alle Vorkehrungen zu treffen, damit der Aktionär von der Mitteilung Kenntnis erlangt. Dementsprechend kann der Aktionär, wenn er keine E-Mail-Adresse hat oder diese nicht freiwillig für den Empfang der Mitteilungen ausgegeben hat, nicht auf den elektronischen Übertragungsweg verwiesen werden[601]. Umgekehrt gilt das bereits im Rahmen der Ausführungen zur Einsicht im Aktienregister beschriebene entsprechend, so dass auch die Gesellschaft nicht verpflichtet ist, den elektronischen Übertragungsweg zu nutzen, wenn sie anderweitig, d.h. schriftlich, den Aktionären die Mitteilung(en) zur Kenntnis bringt.

In diesem Zusammenhang bestehen keine Bedenken, dass die Gesellschaft die Mitteilungspflicht von Gehilfen erledigen lässt. Sie kann zu diesem Zwecke daher eine eigene Aktionärs-Service-Gesellschaft einschalten bzw. diese Aufgaben weiterhin von den Kreditinstituten erledigen lassen, soweit diese hierzu bereit sind. Selbstverständlich kann aber auch ein externer Dritter bzw. ein unabhängiger Dienstleister mit der Mitteilungspflicht betraut werden, was in etwa dann sinnvoll wäre, wenn dieser Dienstleister zugleich mit der Führung des Aktienregisters betraut wäre. Diese Gesellschaften könnten umgekehrt auch von den Kreditinstituten mit der internen Weiterleitung der Mitteilung betraut werden, wenn das Kreditinstitut als Namensaktionär bzw. „street name" eingetragen wird[602].

Hervorzuheben ist jedoch eine weitere Änderung im Hinblick auf diese Vorschrift. Nach alter Rechtslage musste die Gesellschaft gemäß § 125 Abs. 2 Nr. 3 1. HS AktG a.F. den (Namens-)Aktionären die Mitteilung zu übersenden, sofern diese nicht in der letzten Hauptversammlung durch ein Kreditinstitut (§§ 1 Abs. 1, 2 Abs. 1 KWG) ihr Stimmrecht haben ausüben lassen. Daneben hat die Gesellschaft außerdem gemäß § 125 Abs. 1 AktG a.F. den Kreditinstituten die Mitteilung zuleiten müssen, so dass es im Zuge dieser Regelung zu Doppelunterrichtungen der Namensaktionäre gekommen ist. Daher sind die Gesellschaften in der Praxis dazu übergegangen, sämtliche ihnen bekannte Namensaktionäre zu unterrichten, um so den zusätzlichen Verwaltungsaufwand zu vermeiden, der in der gesonderten Ermittlung derjenigen Namensaktionäre besteht, die sich bei der letzten Hauptversammlung von Kreditinstituten haben vertreten lassen[603].

---

[601] vgl. Seibert, a. a. O., ZIP 2000, 937 (942); vgl. NZG 2000, 443 (446); vgl. Zätzsch/Gröning, a. a. O., NZG 2000, 393 (397)

[602] vgl. Seibert in v. Rosen/Seifert, a. a. O., 11 (28)

[603] vgl. NZG 2000, 443 (446); vgl. Siems, a. a. O., NZG 2000, 626 (630); vgl. Noack, a. a. O., DB 1999, 1306 (1309); vgl. Diekmann, a. a. O., DB 1999, 1985 (1988)

Die Neuregelung stellt dementsprechend eine Vereinfachung dar und führt auch zu einem Kostenersparnis. Ergänzend zu der Regelung des § 125 Abs. 2 Nr. 3 AktG ist auch § 128 Abs. 1 AktG zu würdigen. Hiernach ist ein Kreditinstitut, unter der Voraussetzung, dass es spätestens zwei Wochen vor dem Hauptversammlungstag (treuhänderisch) für einen Depotkunden im Aktienregister als Namensaktionär eingetragen wird, hinsichtlich der dann an das Kreditinstitut von der Gesellschaft zu machenden Mitteilung, weitergabepflichtig. Durch diese Regelung wird sichergestellt, dass der nicht eingetragene materiell Berechtigte, der sein depotführendes Kreditinstitut als „street name“ hat eintragen lassen, nicht von der Information abgeschnitten wird[604].

Eine inhaltlich identische Regelung ist auch in Bezug auf Aktionärsvereinigungen im Rahmen des § 128 Abs. 5 AktG getroffen worden, so dass auch diese weitergabepflichtig sind, sofern sie als Namensaktionäre – trotz fehlender materieller Berechtigung – im Aktienregister eingetragen sind. Bei diesen Aktionärsvereinigungen handelt es sich um auf Dauer angelegte Personenzusammenschlüsse, deren Hauptzweck darin besteht, Aktionärsrechte gegenüber Aktiengesellschaften wahrzunehmen. Obwohl das Vorliegen einer bestimmten Rechtsform nicht erforderlich ist, um die Aktionärsrechte in organisierter Form auszuüben, sind die Aktionärsvereinigungen regelmäßig in Vereinsform organisiert. Vereinigungen, die hauptsächlich andere Zwecke als den Schutz von Aktionärsinteressen verfolgen und daneben nur gelegentlich Aktionärsinteressen vertreten, stellen keine Aktionärsvereinigungen im Sinne des Aktiengesetzes dar[605].

Im Ergebnis erfolgt durch die Änderungen der §§ 125 Abs. 2 Nr. 3 und § 128 AktG eine Neuordnung der Mitteilungspflichten dahingehend, dass bei Namensaktien nunmehr grundsätzlich die Mitteilungspflicht der Gesellschaft obliegt, wohingegen bei Inhaberaktien nach wie vor die Kreditinstitute mitteilungspflichtig sind.

3.2.1 Analoge Anwendbarkeit der §§ 125 Abs. 2 Nr. 3, 128 Abs. 1, 5 S. 1 AktG bei „sonstigen Dritten“ bzw. „street names“

Keine Regelung bezüglich der Weiterleitung der Mitteilung findet sich indes für „sonstige gewerbliche Dienstleister“ oder „Private“, die als Nichtberechtigte bzw. als „street names“ im Aktienregister eingetragen sind, weshalb die Annahme naheliegend ist, dass diese grundsätzlich nicht zur Weiterleitung der Mitteilung der Gesellschaft verpflichtet sind. Die Weitergabe der Mitteilung der Gesellschaft, die gemäß § 125 Abs. 1 AktG nicht auf die Einberufung der Hauptversammlung beschränkt ist, sondern weitere Informationen, wie etwa die Bekanntmachung etwaiger Anträge oder der Hinweis auf die Möglichkeit einer etwaigen Stimmrechtsvertretung etc., umfasst, lässt sich daher nur – soweit vorhanden – aus der zugrunde liegenden schuldrechtlichen (Treuhand-)Abrede

[604] vgl. Seibert, a. a. O., ZIP 2000, 937 (942); vgl. Noack, a. a. O., in FS Lutter 2000, 1463 (1466)

[605] vgl. Hüffer, a. a. O., § 125 Rn 2; vgl. Eckhardt in Geßler/Hefermehl, a. a. O., § 125 Rn 33

zwischen dem eingetragenen Nichtberechtigten und dem materiell Berechtigten ableiten.

Die Nichtweitergabe der entsprechenden Mitteilung kann dabei insbesondere im Rahmen der Stimmrechtsausübung relevant werden. So ist es durchaus üblich, dass sich der nichteingetragene Berechtigte von seinem depotführenden Kreditinstitut eine Stimmrechtsvollmacht ausstellen lässt, um somit direkt und persönlich Einfluss auf die Hauptversammlung zu nehmen. Gerade diese fehlenden Möglichkeit der Stimmrechtsausübung des materiell Berechtigten im Falle der Nichtweitergabe der Mitteilung durch die in diesem Zusammenhang im Aktiengesetz nicht vorgesehenen „sonstigen Dritten" lässt den Schluss zu, dass insoweit – in Ermangelung einer etwaigen Stellungnahme oder Erwähnung der Problematik der Weitergabepflicht von „sonstigen Dritten" im Rahmen der Gesetzesbegründung, die nicht Kreditinstitute oder Aktionärsvereinigungen sind – eine planwidrige Regelungslücke besteht.

Denkbar wäre hierbei, die aufgrund der aktuellen Rechtslage vorhandene Regelungslücke im Wege einer analogen Anwendung der §§ 125 Abs. 2 Nr. 3, 128 Abs. 1, 5 S. 1 AktG zu schließen, so dass ein im Aktienregister eingetragener „sonstiger Dritter" bzw. „street name" verpflichtet ist, die Mitteilung auf Verlangen der materiell Berechtigten unverzüglich weiterzuleiten.

Eine analoge Anwendung dieser Vorschriften kommt aber nur dann in Betracht, wenn neben der planwidrigen Regelungslücke der ungeregelte Tatbestand dem geregelten so ähnlich ist, dass es die Gerechtigkeit gebietet, beide gleich zu behandeln[606].

Entscheidend ist somit nicht, ob im Wege der Analogie sämtliche Regelungslücken beseitigt werden, sondern vielmehr, ob aufgrund der Vergleichbarkeit der Ausgangssachverhalte eine analoge Anwendung von Vorschriften geboten ist, um vergleichbaren Sachverhalten auch einer vergleichbaren Rechtsfolge zuzuführen.

Vordergründig scheint dabei die Eintragung von „sonstigen Dritten" mit der Eintragung von Kreditinstituten bzw. Aktionärsvereinigungen vergleichbar zu sein, da insoweit stets ein Nichtberechtigter im Aktienregister eingetragen wird. Maßgebend für die Vergleichbarkeit dürfte indes die Frage sein, wie der Nichtberechtigte die formale Aktionärsstellung erlangt hat. Hierbei wird deutlich, dass es sowohl beim Kreditinstitut als auch bei der Aktionärsvereinigung in jedem Fall einer schuldrechtlichen Abrede zwischen diesem und dem jeweils materiell Berechtigten bedarf, die zu der Eintragung des materiell Nichtberechtigten führt. Dabei ist unerheblich, ob die Frage der Eintragung separat, beispielsweise im Rahmen eines Treuhandvertrages, geregelt wird oder aber als Teilaspekt einer umfänglicheren Regelung des Rechtsverhältnisses zwischen materiell Berechtigten und Nichtberechtigten, etwa im Falle der Eintragung des depotführenden Kreditinstituts, aufgrund des zugrunde liegenden Depotvertrags vorgenommen wird. Es liegt nämlich stets eine rechtsgeschäftliche Einigung der

[606] vgl. Larenz, a. a. O., S. 381 ff

Parteien vor, die sich – zumindest auch – auf die Eintragung des Nichtberechtigten bezieht.

Das Vorliegen eines rechtsgeschäftlichen Verhältnisses zwischen dem materiell Berechtigten und dem eingetragenen Nichtberechtigten als Grundlage für die Eintragung des „sonstigen Dritten" ist somit der entscheidende Anhaltspunkt für das Erfordernis der Vergleichbarkeit und damit einhergehend auch der Möglichkeit, die vorhandene Regelungslücke im Wege der Analogie zu schließen.

Dementsprechend ist die analoge Anwendung der §§ 125 Abs. 2 Nr. 3, 128 Abs. 1, 5 S. 1 AktG in den Fällen zu bejahen, in denen der eingetragene Nichtberechtigte aufgrund einer schuldrechtlichen Vereinbarung mit dem materiell Berechtigten die Eintragung als Aktionär erlangt hat. Dabei ist es unerheblich, ob es sich bei dem Nichtberechtigten in Anlehnung an die Formulierung des § 135 Abs. 9 Nr. 3 AktG um ein „geschäftsmäßig Handelnden" oder aber um einen Privaten handelt.

Ebenso wie in den Fällen des § 125 Abs. 2 Nr. 3 und § 128 Abs. 1, 5 S. 1 AktG, in denen das Gesetz die ohnehin aus dem zugrunde liegenden Vertragsverhältnis als (Neben-)Leistungspflicht resultierende Weitergabepflicht des eingetragenen Nichtberechtigten (nochmals) klarstellend regelt, erfolgt auch durch die analoge Anwendung der §§ 125 Abs. 2 Nr. 3, 128 Abs. 1, 5 S. 1 AktG in den Fällen der Eintragung „sonstiger Dritter" auf der Grundlage eines Vertragsverhältnisses gleichfalls eine solche gesetzliche Klarstellungsfunktion.

Es kann bei diesem Ergebnis keinen Unterschied machen, ob das zugrunde liegende Vertrags- bzw. Rechtsverhältnis, auf dem die Eintragung beruht, wirksam ist oder nicht. So wird auch nicht in den § 125 Abs. 2 Nr. 3 AktG und § 128 Abs. 1, 5 S. 1 AktG dahingehend unterschieden, ob die Erlangung der Aktionärsstellung aufgrund einer wirksamen Vereinbarung mit dem materiell Berechtigten erlangt worden ist. Vielmehr geht der Gesetzgeber davon aus, dass sowohl das Kreditinstitut als auch die Aktionärsvereinigung mit Billigung des materiell Berechtigten, d.h. aufgrund einer vermeintlich wirksamen Vereinbarung, die Eingetragung im Aktienregister erlangt hat. Dies scheint auch gerechtfertigt, da andernfalls ein Mangel im zugrunde liegenden Vertragsverhältnis zwischen dem materiell Berechtigten und dem (eingetragenen) Kreditinstitut bzw. der (eingetragenen) Aktionärsvereinigung direkt Auswirkung auf die bestehende Weitergabepflicht hätte.

Soweit also die Eintragung des „sonstigen Dritten" auf einem – etwa infolge einer Anfechtung – unwirksamen „zugrunde liegenden" (Treuhand-) Vertrag beruht, ist gleichfalls die analoge Anwendung der §§ 125 Abs. 2 Nr. 3, 128 Abs. 1, 5 S. 1 AktG geboten, gleichwohl sich dann die gesetzliche Weitergabepflicht nicht als (inhaltsgleicher) „Parallelanspruch" der vertraglichen (Neben-) Leistungspflicht darstellt, sondern den wegen des unwirksamen Vertragsverhältnisses entstehenden Herausgabeanspruch aus ungerechtfertigter Bereicherung ergänzt.

Weiterhin ist in diesem Zusammenhang anzumerken, dass eine analoge Anwendung der §§ 125 Abs. 2 Nr. 3, 128 Abs. 1, 5 S. 1 AktG in den soeben geschilderten Fällen auch im Hinblick auf eine mögliche Stimmrechtsausübung geboten ist.

Aus § 135 Abs. 9 i.V.m. Abs. 7 AktG ergibt sich nämlich die Notwendigkeit der Ermächtigung des im Aktienregister eingetragenen Nichtberechtigten durch den materiell Berechtigten, infolge dessen der eingetragene Nichtberechtigte das Stimmrecht entsprechend der Weisung des materiell Berechtigten ausüben muss. § 135 Abs. 7 i.V.m. Abs. 5 AktG macht dabei deutlich, dass im Falle des Fehlens einer Weisung das eingetragene (materiell nichtberechtigte) Kreditinstitut das Stimmrecht entsprechend den „eigenen, den Aktionären nach § 128 Abs. 2 mitgeteilten Vorschlägen“ ausüben darf, was gemäß § 135 Abs. 9 S. 1 AktG grundsätzlich auch für die dort in Nr. 1 – 3 bezeichneten Personen gilt.

Würde man aber von einer analogen Anwendung der §§ 125 Abs. 2 Nr. 3, 128 Abs. 1, 5 S. 1 AktG für die im Aktienregister eingetragenen „sonstigen Dritten“, die im Wesentlichen - bis auf Ausnahmefälle – mit den in § 135 Abs. 9 S. 1 Nr. 2 und 3 AktG bezeichneten Personen übereinstimmen, absehen, hätte dies im Hinblick auf die Einflussmöglichkeit der materiell Berechtigten bei der (konkreten) Stimmrechtsausübung negative Folgen. Besonders deutlich wird dies, wenn – wie im Regelfall anzunehmen sein wird – ein „geschäftsmäßig Handelnder“ oder ein „sonstiger (gewerblicher) Dritter“ die Aktionärsstellung als „street name“ im Aktienregister inne hat. Wie sich aus dem Umkehrschluss aus § 128 Abs. 2 und 5 S. 2 AktG ergibt, brauchen diese dem Aktionär keine eigenen Abstimmungsvorschläge zu unterbreiten, weshalb es umso wichtiger ist, dass der materiell Berechtigte Kenntnis von der Mitteilung hat, da er andernfalls bezüglich des Abstimmungsverhaltens keine Weisung erteilen kann und somit der eingetragene Nichtberechtigte stets nach eigenem Ermessen abstimmen kann.

Dessen ungeachtet ist aber anzunehmen, dass insbesondere „street names“ die in organisierter Form die Übernahme der formellen Aktionärsstellung anbieten, ähnlich wie Kreditinstitute oder Aktionärsvereinigungen (nach § 128 Abs. 2 und 5 S. 2 AktG) eigene Abstimmungsvorschläge mitteilen werden, so dass sie bereits aus diesem Grunde an einer Weiterleitung der Mitteilung interessiert sind.

Bedenken hinsichtlich der Analogiefähigkeit der durch den Gesetzgeber in §§ 125 Abs. 2 Nr. 3, 128 Abs. 1, 5 S. 1 AktG geregelten Tatbestände und etwaiger ungeregelter Tatbestände ergeben sich dann, wenn ein „sonstiger Dritte“ im Aktienregister als Namensaktionär eingetragen wird, ohne dass zwischen diesem und dem materiell Berechtigten irgendein wirksames bzw. unwirksames Vertragsverhältnis besteht. Dies ist insbesondere dann der Fall, wenn die Gesellschaft fälschlicherweise einen Dritten – etwa infolge einer Verwechslung – im Aktienregister eingetragen hat, so dass der materiell Berechtigte keine Kenntnis von der Eintragung hat.

Würde man nämlich aus der gesetzlichen Regelung den allgemeinen Rechtssatz entnehmen, dass derjenige, der als materiell Nichtberechtigter im Aktienregister eingetragen ist, stets zur Weitergabe der Mitteilung verpflichtet wäre, würde dies im Rahmen des voranbeschriebenen Sachverhaltes keinerlei Wirkung haben. Der eingetragene Nichtberechtigte, der selbstverständlich von seiner Nichtberechtigung weiß, hat nämlich im Regelfall – in Ermangelung eines (vermeintlichen) Vertragsverhältnisses – keine Kenntnis von der Person des materiell Berechtigten und kann somit diesem auch nicht die Mitteilung weiterleiten. Umgekehrt wird der materiell Berechtigte im Regelfall erst nach Einsichtnahme im Aktienregister nach Maßgabe des § 810 BGB die Gesellschaft über die fehlerhafte Eintragung benachrichtigen, infolge dessen diese zur Beschreitung des Löschungsverfahrens gemäß § 67 Abs. 5 AktG verpflichtet ist.

Maßgebend ist somit, ob sich der eingetragene nichtberechtigte Dritte und der materiell Berechtigte auf einer rechtsgeschäftlichen Ebene gegenüberstanden und somit die Eintragung im Aktienregister mit Billigung des materiell Berechtigten erfolgte. Demgegenüber kann nicht auf ein Bestehen einer aus dem BGB abzuleitenden gesetzlichen Weitergabepflicht – etwa aus ungerechtfertigter Bereicherung (§§ 812 ff BGB) oder den Regelungen der Geschäftsführung ohne Auftrag (§§ 675 ff BGB) - abgestellt werden. Zwar besteht eine solche gesetzliche „Herausgabepflicht“, die inhaltlich auf die Weitergabe der Mitteilung gerichtet ist, doch kann diese erst dann Wirkung entfalten, wenn die Parteien bekannt sind, d.h. insbesondere der eingetragene Nichtberechtigte weiß, wem er die Mitteilung weiterzuleiten hat, was a priori jedoch nicht der Fall ist. Das Bestehen eines gesetzlich Schuldverhältnisses kann damit nicht die Analogiefähigkeit bei diesen Sachverhalten begründen.

Folglich lässt sich die analoge Anwendung der §§ 125 Abs. 2 Nr. 3, 128 Abs. 1, 5 S. 1 AktG nicht auch auf die Fälle erstrecken, in denen ein „sonstiger Dritte“ im Aktienregister eingetragen wurde, ohne das zwischen ihm und dem materiell Berechtigten eine (vermeintliche) rechtsgeschäftliche Veranlassung für die Eintragung besteht.

Überdies besteht für diese Fälle der „schlichten“ Falscheintragung auch keine gesetzgeberische Regelungsnotwendigkeit. Unterstellte man nämlich, dass es eine gesetzliche Regelung gäbe, die den Eingetragenen in diesen Fällen zur Weitergabe verpflichtete, wäre dies für ihn, wie beschrieben, aufgrund der fehlenden Kenntnis des materiell Berechtigten nicht durchführbar, so dass eine entsprechende Bestimmung ihren Zweck offensichtlich verfehlen und sich als überflüssig erweisen würde.

Zusammenfassend ist festzuhalten, dass die analoge Anwendung der §§ 125 Abs. 2 Nr. 3, 128 Abs. 1, 5 S. 1 AktG nur dann geboten ist, wenn die Eintragung des „sonstigen Dritten“ auf der Grundlage eines (vermeintlich) bestehenden Vertragsverhältnisses zwischen ihm und dem materiell Berechtigten beruht.

3.2.2 Versendungsstopp gemäß § 125 Abs. 1 S. 1 AktG

Neben den bereits beschriebenen Änderungen im Zuge der Neuregelungen des § 125 Abs. 2 Nr. 3 AktG ergibt sich noch eine weitere – vor allem in der Praxis sehr wichtige – Neuerung, auf die noch einzugehen sein wird.

Eine Pflicht der Gesellschaft zur Versendung der Mitteilung an die Aktionäre besteht nämlich nur insofern, als diese spätestens zwei Wochen vor dem Tag der Hauptversammlung als Aktionäre im Aktienregister eingetragen sind. Es wird damit, nachdem im ursprünglich Referentenentwurf auf die 12-Tages-Frist des § 125 Abs. 1 S. 1 AktG verwiesen wurde, ein Versendungsstopp eingeführt, womit aufwendige „Nach-Mailing-Aktionen" mit den damit verbundenen Unsicherheiten wegen der Postlaufzeiten reduziert werden können, zumal zu berücksichtigen ist, dass die Mitteilungen an die Namensaktionäre wegen der zunehmenden Internationalisierung der Aktionärsstruktur (künftig) nicht allein in Deutschland versandt werden[607].

Dabei führt die Einführung dieses Versendungsstopps keineswegs dazu, dass die Aktionäre, die später im Aktienregister eingetragen werden, nicht an der Anmeldung zur Hauptversammlung und der Ausübung ihrer Rechte gehindert werden[608], sofern diese sich entsprechend legitimieren können.

3.3 Hinterlegungs- und Anmeldungserfordernis

Ein für die Gesellschaften wichtiger Aspekt ist die Organisation, d.h. die Vorbereitung und Durchführung, der Hauptversammlung. Der Gesetzgeber hat dem Rechnung getragen, indem den Gesellschaften im Rahmen der §§ 123 Abs. 2, 3 und 4 AktG die Möglichkeit eingeräumt wird, entsprechende Satzungsregelungen zu treffen.

Nimmt die Gesellschaft hiervon Abstand, richtet sich die Möglichkeit die Teilnahme an der Hauptversammlung bzw. die Ausübung des Stimmrechts zu regulieren, nach der Art der Aktien. In diesem Zusammenhang obliegt es grundsätzlich dem vermeintlich Berechtigten, sich gegenüber der Gesellschaft zu legitimieren, um von seinen Mitgliedschaftsrechten Gebrauch machen zu können.

Sofern die Gesellschaft keine Aktienurkunden verbrieft hat, d.h. das Mitgliedschaftsrecht unverkörpert bleibt, kann der Aktionär und somit die zur Teilnahme an der Hauptversammlung und zur Ausübung des Stimmrechts berechtigte Person nur der ursprüngliche Zeichner sein oder aber derjenige, der die Mitgliedschaft gemäß §§ 413, 398 BGB erworben hat. Ein Nachweis der ursprünglichen Zeichnerstellung gegenüber der Gesellschaft ist dabei nicht erforderlich, da die Gesellschaft die entsprechenden Unterlagen verfügbar halten muss. Hat der Aktionär aber das Mitgliedschaftsrecht durch Abtretung erworben, muss er diesen Erwerbsvorgang durch entsprechende Urkunden gemäß §§ 410, 413 BGB nachweisen, wobei die Gesellschaft im Rahmen ihrer Satzungsautonomie hinsichtlich der Nachweismöglichkeiten Erleichterungen vorsehen kann. Fehlt eine solche Bestimmung, verbleibt es bei der Regelung des § 410

---

[607] vgl. Weber, M., a. a. O., NZG 2001, 337 (341)
[608] vgl. Seibert, a. a. O., ZIP 2000, 937 (942)

BGB (analog) und zwar auch dann, wenn die Gesellschaft – ohne Grundlage in der Satzung – über die unverkörperten Mitgliedschaften eine Art Aktienregister führt[609].

Soweit die Gesellschaft ihre Mitgliedschaftsrechte in Inhaberaktien verbrieft, erfolgt die Legitimation des Aktionärs grundsätzlich durch Vorlage der Aktienurkunde. In Anbetracht der damit einhergehenden Risiken – wie etwa dem Verlust der Aktie und der wegen § 935 Abs. 2 BGB eröffneten Möglichkeit des gutgläubigen Erwerbs – und der umständlichen Handhabung ist, in Abweichung von den allgemeinen wertpapierrechtlichen Grundsätzen, nach der allgemeinen Verkehrsauffassung alternativ auch die Vorlage einer Hinterlegungsbescheinigung möglich. Die Hinterlegung hat dabei entsprechend der Regelung des § 123 Abs. 3 S. 2 AktG bei einem Notar oder aber der Wertpapiersammelbank zu erfolgen[610].

Hat die Satzung keinerlei Regelung bezüglich der Teilnahme- und/oder Abstimmungsvoraussetzungen getroffen und hat die Gesellschaft Namensaktien ausgegeben, bestimmt sich die entsprechende Berechtigung nach § 67 Abs. 2 AktG. Demnach ist der im Aktienregister Eingetragene, unabhängig von seiner materiellen Berechtigung, als Aktionär zu behandeln und infolge dessen auch teilnahme- und stimmberechtigt, ohne dass – wegen der unwiderlegbaren Vermutungs- und Legitimationswirkung – für die einzelne Rechtsausübung jeweils die Vorlage der Aktienurkunde verlangt werden kann. Die Eintragung im Aktienregister ersetzt somit die Vorlage der Aktienurkunde[611]. Selbiges gilt nach § 67 Abs. 7 AktG in den Fällen, in denen die Gesellschaft Zwischenscheine ausgegeben hat.

Das Fehlen entsprechender statutarischer Regelungen in Bezug auf die Teilnahme- und/oder Abstimmungsvoraussetzungen bringt jedoch einen erheblichen Nachteil mit sich, welcher darin besteht, dass sich die jeweils Berechtigten erst am Hauptversammlungstag legitimieren müssen, infolge dessen die Hauptversammlung mit einem nicht unerheblichen zusätzlichen Verwaltungsaufwand belastet wird. Demzufolge machen fast alle Gesellschaften von der Möglichkeit des § 123 Abs. 2 S. 1 AktG Gebrauch. Nach Maßgabe dieser Vorschrift kann die Gesellschaft zum Zwecke der Erleichterung der Vorbereitung und Durchführung der Hauptversammlung statutarisch die Teilnahme an der Hauptversammlung oder die Ausübung des Stimmrechts davon abhängig machen, dass die Aktien bis zu einem bestimmten Zeitpunkt vor der Versammlung hinterlegt werden oder aber dass sich die Aktionäre vor der Versammlung an-

---

609 vgl. KK-Zöllner (Voraufl.), a. a. O., § 123 Rn 13; vgl. Großkomm-Werner, a. a. O., § 123 Rn 29

610 vgl. KK-Zöllner (Voraufl.), a. a. O., § 123 Rn 10 f; vgl. Großkomm-Werner, a. a. O., § 123 Rn 26

611 vgl. KK-Zöllner (Voraufl.), a. a. O., § 123 Rn 8 f; vgl. Großkomm-Werner, a. a. O., § 123 Rn 27

melden[612]. Das Vorliegen eines statutarischen Hinterlegungserfordernisses schließt dabei ein (kumulatives) Anmeldeerfordernis zur Teilnahme an der Hauptversammlung und/oder der Ausübung des Stimmrechtes nicht aus.

Sofern jedoch in der Satzung gemäß § 123 Abs. 2 S. 1 AktG die Teilnahme an der Hauptversammlung oder die Ausübung des Stimmrechts von der fristgerechten Hinterlegung der Aktien abhängig gemacht wird, stellt sich im Falle der Ausgabe von Namensaktien die Frage nach dem Verhältnis zwischen der Satzungsregelung und § 67 Abs. 2 AktG, deren Beantwortung auch praxisrelevant ist. Unterstellte man nämlich, dass § 67 Abs. 2 AktG Vorrang vor einer Satzungsbestimmung hat, die die Hinterlegung der Aktienurkunden regelt, hätte dies zur Folge, dass im Falle der nicht rechtzeitigen Hinterlegung der Aktien der jeweilige Aktionär trotzdem an der Hauptversammlung teilnahme- und stimmberechtigt wäre, da insoweit die Eintragungswirkung ausschlaggebend ist und der Gesellschaft entgegengehalten werden könnte.

Dementsprechend ist die Beurteilung der Frage, ob einer entsprechenden Satzungsregelung Vorrang gegenüber § 67 Abs. 2 AktG einzuräumen ist, umstritten. Neben der Vertretern, die für den Vorrang der Eintragungswirkung des Aktienregisters vor der entsprechenden Satzungsregelung plädieren[613] und denen die der Satzungsregelung den Vorzug vor § 67 Abs. 2 AktG einräumen[614], wird auch eine dritte (vermittelnde) Ansicht vertreten, die lediglich die Hinterlegung bei blankoindossierten Namensaktien, insbesondere im Falle der Zulassung zum Börsenhandel fordert[615].

Die fristgerechte Hinterlegung der Aktien dient nach allgemeiner Meinung dazu, dass sich die Aktionäre rechtzeitig legitimieren und somit die ordnungsgemäße Vorbereitung und Durchführung der Hauptversammlung erleichtern. Würde man nun zusätzlich zur Eintragung im Aktienregister die Hinterlegung der (Namens-)Aktien verlangen, wäre die unwiderlegbare Legitimations- und Vermutungswirkung des Aktienregisters durchbrochen und sinnentleert. Die Besonderheit des Rechts der Namensaktie besteht gerade darin, dass sich – im Gegensatz zur Inhaberaktie, bei der sich die Berechtigung aus dem Besitz bzw. der Vorlage der Aktienurkunde ableitet – die Legitimation des Berechtigten aus der Eintragung im Aktienregister ergibt. Die zusätzliche Hinterlegung der Aktien erweist sich demzufolge als unzweckmäßig und nicht aussagekräftig. Dies gilt umso mehr, als üblicherweise nur noch Globalurkunden die Mitgliedschaftsrechte verbriefen, so dass eine Hinterlegung der Aktienurkunde sachlich nicht möglich ist, woraus folgen würde, dass der jeweilige (Namens-)Aktionär zu Legitimationszwecken lediglich eine (Hinterlegungs-) Bescheinigung der

---

[612] vgl. Eckhardt in Geßler/Hefermehl, a. a. O., § 123 Rn 51; vgl. Noack, a. a. O., DB 1999, 1306 (1309)

[613] vgl. KK-Lutter, a. a. O., § 67 Rn 32; vgl. Noack, a. a. O., DB 1999, 1306 (1309); vgl. Diekmann, a. a. O., BB 1999, 1985 (1989); vgl. Leuering, a. a. O., ZIP 1999, 1745 (1748)

[614] vgl. KK-Zöllner (Voraufl.), a. a. O., § 123 Rn 17; vgl. Großkomm-Werner, a. a. O., § 123 Rn 27

[615] vgl. Hüffer, a. a. O., § 123 Rn 7

Wertpapiersammelbank vorlegen könnte, die die Globalurkunden verwahrt. Da aber die Wertpapiersammelbank ohnehin im Hinblick auf die Aktienregisterführung mitteilungspflichtig ist, d.h. sämtliche (Rechts-)Änderungen an die Gesellschaft weiterleitet, damit diese das Aktienregister fortschreibt bzw. fortschreiben lässt, würde das zusätzliche Erfordernis der Vorlage einer solchen Hinterlegungsbescheinigung nur eine unnötige Wiederholung der der Gesellschaft ohnehin bekannten Tatsachen und somit einen zusätzlichen Verwaltungsaufwand darstellen.

Der darüber hinaus von den Vertretern der Auffassung des Vorrangs der Satzungsbestimmung vor § 67 Abs. 2 AktG angeführte Nebenzweck, dass nämlich mittelbar durch die Hinterlegung eine Aktualisierung des Aktienregisters herbeigeführt werden kann, ist insoweit auch nicht ausschlaggebend. So ist es, wie § 67 Abs. 3 AktG eindeutig regelt, allein Sache der Beteiligten, eingetragene Rechtsänderungen, insbesondere die Übertragung von Namensaktien, unter Mitwirkung der Kreditinstitute der Gesellschaft zur Fortschreibung des Aktienregisters mitzuteilen.

Demzufolge ist § 67 Abs. 2 Vorrang vor der entsprechenden Satzungsregelung zu geben, auch wenn dies zur Folge hat, dass gegebenenfalls bei nicht rechtzeitiger Hinterlegung der Namensaktie trotzdem ein Teilnahmerecht des Aktionärs besteht, welches jedoch durch die rechtzeitige Anmeldung und die damit einhergehende und noch zu erörternde (zulässige) Sperrung des Aktienregisters verhindert werden kann[616].

Die Eintragung im Aktienregister ist demnach ausreichend, um den Namensaktionär zu legitimieren. Die insoweit vertretene Ausnahmeregelung, wonach - anstelle einer generellen Hinterlegungspflicht – nur die Hinterlegung von blankoindossierte Aktien erforderlich ist, ist gleichfalls abzulehnen. So wird auch diese Ansicht den praktischen Gegebenheiten nicht gerecht, die daraus resultieren, dass insbesondere blankoindossierte Namensaktien zum Zwecke der Teilnahme am Effektengiroverkehr bei der Wertpapiersammelbank – überwiegend als Globalurkunde – (giro-) sammelverwahrt werden, so dass sich in diesem Zusammenhang keinerlei Unterschiede zu dem soeben Ausgeführten ergeben. Dem von den Vertretern dieser Auffassung vorgetragenen Bedürfnis, durch die Hinterlegung der im Besitz der jeweiligen Aktionäre befindlichen, blankoindossierten Namensaktien Kenntnis und damit Rechtssicherheit über die an der Hauptversammlung teilnahme- und stimmberechtigten Aktionäre erlangen zu wollen, lässt sich gleichermaßen durch eine zulässige – fristgerechte – Sperrung des Aktienregisters erreichen[617].

In diesem Zusammenhang gilt es anzumerken, dass die ebenfalls durch § 123 Abs. 2 S. 1 AktG eröffnete Satzungsregelung einer Anmeldung zur Hauptversammlung – im Gegensatz zum entsprechenden statutarischen Hinterlegungserfordernis – nicht gegen § 67 Abs. 2 AktG verstößt, da das Anmeldeer-

---

616 vgl. MK-Bayer, a. a. O., § 67 Rn 48 f
617 vgl. MK-Bayer, a. a. O., § 67 Rn 49

fordernis nicht der Legitimation der Aktionäre dient, sondern vielmehr die Gesellschaft über die Anzahl der teilnahmewilligen Aktionäre informieren soll[618].

Obwohl in § 123 Abs. 2 S. 1 AktG und in Ergänzung hierzu in § 123 Abs. 3 S. 1 und § 123 Abs. 4 AktG zwischen Hinterlegung und Anmeldung und nicht etwa zwischen Inhaber- und Namensaktien unterschieden wird, bezieht sich das Hinterlegungserfordernis in erster Linie auf die Inhaberaktie, während für die Namensaktie grundsätzlich nur das Anmeldeerfordernis gilt. So ist nämlich, wie soeben ausgeführt, eine Hinterlegung der Aktien bei einer Gesellschaft, die Namensaktien ausgegeben hat, im Regelfall entbehrlich, da die Eintragung im Aktienregister den Eingetragenen als Aktionär legitimieren. Umgekehrt wäre die statutarische Festlegung einer zusätzlichen Anmeldung zusätzlich zur Hinterlegung (bei Inhaberaktien) nur eine überflüssige Förmelei. Nichts desto trotz bleibt die Regelung des § 123 Abs. 2 S. 1 AktG (theoretisch) auf beide Aktienart anwendbar.

Dementsprechend hat der Gesetzgeber, um eine weitere Gleichstellung zwischen Inhaberaktie und Namensaktie zu erreichen, die ursprünglichen gesetzlichen Fristen, die bei der Hinterlegung gemäß § 123 Abs. 3 S. 1 AktG a.F. 10 Tage und bei dem Anmeldeerfordernis gemäß § 123 Abs. 4 AktG a.F. 2 Tage betrugen, auf jeweils 7 Tage vereinheitlicht.

Diese auf den ersten Blick begrüßenswerte Vereinheitlichung ist jedoch diskussionswürdig.

So stellt sich zunächst die Frage, ob – im Regelfall – am Hinterlegungserfordernis noch festgehalten werden muss. Berücksichtigt man nämlich, dass heutzutage der weitaus überwiegende Teil der Aktien, unabhängig, ob als Inhaber- oder als Namensaktien, von Kreditinstituten verwaltet werden und sich somit nicht im Besitz der jeweiligen Aktionäre befinden, erweist sich die Notwendigkeit eines solchen Hinterlegungserfordernisses als überflüssig. Dies gilt umso mehr als die meisten Gesellschaften ohnehin „nur" noch Globalurkunden ausstellen, die bei der Wertpapiersammelbank hinterlegt werden, um somit den Zugang zur (Giro-)Sammelverwahrung und zum Effektengiroverkehr zu erwirken. Eine Hinterlegung der Aktienurkunde ist hierbei sachlich nicht möglich, da es keine Einzelurkunde gibt, so dass der Gesellschaft nur eine Bescheinigung über den jeweiligen Miteigentumsanteil am Sammelbestand zu Legitimationszwecken vorgelegt werden kann.

Das Festhalten am Hinterlegungserfordernis ist daher nur in den (Ausnahme-)Fällen gerechtfertigt, in denen die Gesellschaften von der Errichtung einer Globalurkunde abgesehen haben und die jeweiligen Aktionäre ihre Aktienurkunden selbst besitzen, was wohl nur noch bei kleineren (Familien-)Gesellschaften der Fall sein dürfte.

Weitaus problematischer dürfte die aus der Hinterlegung bzw. der Anmeldung resultierende Konsequenz sein, dass infolge dieser Maßnahme(n) die Fungibilität der Aktie beeinträchtigt wird.

---

[618] vgl. MK-Bayer, a. a. O., § 67 Rn 50

Mit der Hinterlegung bzw. der Anmeldung tritt nämlich eine „Sperrung" der Aktien ein, was bei der Namensaktie besonders deutlich wird. So beinhaltet die Anmeldung zur Hauptversammlung gleichzeitig die Sperrung des Aktienregisters[619], infolge dessen sich die in § 123 Abs. 4 AktG aufgeführte 7-Tages-Frist als sogenannter „record date" erweist. Während dieser Frist werden somit, um technische Schwierigkeiten im Rahmen der Vorbereitung und Durchführung der Hauptversammlung zu vermeiden, die weiteren Umschreibungen im Aktienregister eingestellt. Findet folglich in der Zeit zwischen Anmeldung und Hauptversammlung ein Erwerbstatbestand statt, wird dieser nicht im Aktienregister dokumentiert, was zwar nicht die materielle Wirksamkeit der Übertragung berührt, doch wegen der Wirkung des § 67 Abs. 2 AktG dazu führt, dass der nunmehr materiell Berechtigte nicht mehr von seinem Mitgliedschaftsrechten, insbesondere des Stimmrechts, Gebrauch machen kann.

Die gleiche Wirkung tritt auch bei der Anmeldung des Inhaberaktionärs bzw. der Hinterlegung der entsprechenden Inhaberaktien ein, obwohl sich dessen Legitimation nicht aus einem Aktienregister ergibt. Etwaige Übertragungstatbestände wären gleichfalls nicht berührt, da die für die Übereignung des Inhaberpapiers notwendige Übergabe trotz Hinterlegung ohne weiteres durch Abtretung des Herausgabeanspruchs (§§ 929, 931 BGB) oder durch Begründung eines weiteren Besitzmittlungsverhältnisses mit dem bisherigen Eigentümer (§§ 929, 930 BGB) möglich ist.

Auch wenn die Festlegung eines solchen „record dates" im Ausland durchaus nicht ungewöhnlich ist, dürfte die in § 123 Abs. 4 AktG enthaltene 7-Tages-Frist dem modernen Kapitalmarkt nicht gerecht werden und vor allem auf ausländische institutionelle Investoren befremdlich wirken[620]. Nach wie vor ist aber das Vorhandensein eines Anmeldeerfordernisses zur effektiven Vorbereitung und Durchführung der Hauptversammlung erforderlich. Es stellt sich jedoch die Frage, ob die vom Gesetzgeber zugrunde gelegte 7-Tages-Frist angemessen ist. So ergibt sich aus den Grundsätzen der ordnungsmäßigen Buchführung, dass Eintragungen im Aktienregister zeitnah, d.h. mit größmöglicher Beschleunigung zu erfolgen haben. Gleichzeitig wird die durch die schnellstmögliche Eintragung der Rechtsänderung die zwangsläufig auftretende Diskrepanz zwischen materieller Berechtigung und der sich aus der Eintragung im Aktienregister ergebenden formellen Berechtigung zeitlich so gering wie möglich gehalten. Vergleicht man nun die aktuelle Rechtslage mit der vor dem Inkrafttreten des NaStraG vorliegenden, in der eine Anmeldefrist von zwei Tagen vorgesehen gewesen ist, stellt die durch § 123 Abs. 4 AktG normierte 7-Tages-Frist eine eindeutige Verschlechterung der rechtlichen Position des (potentiellen) Aktionars dar, der im Zeitraum zwischen Anmeldung und Hauptversamm-

---

[619] Exemplarisch sei hier die ehemalige Satzungsbestimmung der Deutschen Telekom AG (§ 19 Abs. 2) aufgeführt: „Übertragungen von Aktien werden nach der Anmeldung erst wieder nach Beendigung der Hauptversammlung in das Aktienbuch eingetragen."

[620] vgl. Seibert in v. Rosen/Seifert, a. a. O., 11 (19 f); vgl. Noack/Zetzsche, a. a. O., AG 2002, 651 (653)

lungstag das Mitgliedschaftsrecht erwirbt. Wenn aber schon nach alter Gesetzeslage eine Anmeldefrist von zwei Tagen zur Vorbereitung der Hauptversammlung als ausreichend erachtet worden ist, stellt sich insbesondere vor dem Hintergrund der modernen Kommunikationsmittel und modernen Datentechnik, dem das NaStraG ausweislich der allgemeinen Begründung im Regierungsentwurf Rechnung tragen will[621], die Frage, warum der Gesetzgeber die ursprüngliche Frist zu lasten des materiell Berechtigten ausweitet. Hält man demzufolge an der Notwendigkeit einer Anmeldung mit den daraus resultierenden Nachteilen fest, so gilt es, diese Anmeldefrist so gering wie möglich zu halten, um so den einschneidenden Charakter einer solchen Maßnahme für den (potentiellen) Erwerber zwischen Anmeldung und Hauptversammlungstag möglichst gering zu halten, ohne den gesellschaftlichen Interessen entgegenzuwirken.

Zusammenfassend lässt sich im Ergebnis festhalten, dass die vom Gesetzgeber beabsichtigte Gleichstellung von Inhaber- und Namensaktie im Rahmen der Vorbereitungsmaßnahmen zur Hauptversammlung nicht überzeugen können. Bereits die Notwendigkeit eines Hinterlegungserfordernisses ist in Anbetracht der im Regelfall erfolgenden (Giro-)Sammelverwahrung etwas fragwürdig und entspricht folglich auch nicht der praktischen Handhabung. Darüber hinaus ist es dem Gesetzgeber im Rahmen der Fristbestimmung nicht gelungen, den heutigen technischen Möglichkeiten angemessen Rechnung zu tragen. Sofern man – um auch den Ausnahmefällen gerecht zu werden, in denen die Aktionäre sich noch im unmittelbaren Besitz ihrer jeweiligen Aktienurkunden befinden – an einer Hinterlegung festhalten will, spricht kein Argument dagegen, an Stelle der 7-Tages-Frist die ursprüngliche 2-Tages-Frist wieder einzuführen, da gleichzeitig mit der Hinterlegung auch – wie in der aktuellen Gesetzeslage vorgesehen – die Anmeldung erfolgen kann.

3.4 Stimmrecht und Stimmrechtausübung

Die wichtigste Ausprägung der mitgliedschaftlichen Verwaltungsrechte stellt das Stimmrecht dar, mit dessen Hilfe es dem jeweiligen Berechtigten möglich ist, durch Stimmabgabe am Zustandekommen von Hauptversammlungsbeschlüssen mitzuwirken und somit Einfluss auf die Geschicke der Gesellschaft zu nehmen.

Obgleich die unterschiedliche Verbriefung des Mitgliedschaftsrechts in Form von Inhaber- oder Namensaktie grundsätzlich keine Unterschiede im Hinblick auf das Stimmrecht und dessen Ausübung rechtfertigen, ist es im Laufe der geschichtlichen Entwicklung des Aktienrechts zu einer unterschiedlichen Ausgestaltung in Bezug auf die Art der Verkörperung des Mitgliedschaftsrechtes gekommen. Mit dem NaStraG, dessen Schwerpunkt neben der Modernisierung des Rechtes der Namensaktie auch die Erleichterung der Stimmrechtsausübung ist, soll die unterschiedliche Ausgestaltung der rechtlichen Rahmenbedingungen von Inhaber- und Namensaktien, insbesondere auf diesem Gebiet, angeglichen werden, infolge dessen die Vorschriften der §§ 133 – 137 AktG

---

621 vgl. Seibert, a. a. O., ZIP 2000, 937 (938 f)

und insbesondere § 135 AktG im Rahmen der Stimmrechtsausübung grundsätzlich nicht zwischen Inhaber- und Namensaktionäre unterscheiden, sondern nur punktuell danach, ob im Falle der Ausgabe von Namensaktien der im Aktienregister Eingetragene auch materiell Berechtigter ist.

3.4.1 Allgemein

Das Bestehen eines Stimmrechtes ist dabei gemäß § 12 Abs. 1 S. 1 AktG generell an die Aktie bzw. das Mitgliedschaftsrecht gekoppelt. Insbesondere ist es nicht möglich, vom Mitgliedschaftsrecht losgelöste Stimmrechte zu schaffen bzw. das Stimmrecht unabhängig vom Mitgliedschaftsrecht zu übertragen. Dementsprechend stellt die bereits erwähnte Legitimationszession bzw. Legitimationsübertragung keine solche – unzulässige – Übertragungshandlung dar. Es handelt sich hierbei um eine Ermächtigung des Treugebers, die es dem Treuhänder ermöglicht, nach außen hin als Rechtsinhaber aufzutreten und als solcher die Mitgliedschaftsrechte, insbesondere das Stimmrecht, auszuüben. Folglich findet keine Abspaltung des Stimmrechts von der Aktie statt, sondern vielmehr eine (scheinbare) Vollrechtsübertragung zum Zwecke der Geltendmachung von Rechten.

Gemäß § 134 Abs. 2 S. 1 AktG ist dabei das Stimmrecht generell von der Erbringung der Einlage abhängig. Soweit die Einlage nicht vollständig erbracht wird und eine entsprechende statutarische Regelung dies vorsieht, besteht nach Maßgabe des § 134 Abs. 2 S. 2 AktG die Möglichkeit, auch auf Aktien, auf die nur die Mindesteinlage erbracht worden ist, ein Stimmrecht zu gewähren, welches sich nach der Höhe der – teilweise – geleisteten Einlage richtet und in § 134 Abs. 2 S. 2 AktG näher ausgeführt wird.

3.4.2 Stimmrechtsausübungsverbote

Das dergestalt mit der Erbringung der Einlage auf die Aktie entstehende Stimmrecht kann grundsätzlich nicht ausgeschlossen werden. Eine Ausnahme hierzu stellt nach § 139 Abs. 1 i.V.m. § 12 Abs. 1 S. 2 AktG die Ausgabe von Aktien dar, die mit einem nachzuzahlenden Vorzug bei der Verteilung des Gewinns ausgestattet sind (sogenannte „Vorzugsaktien ohne Stimmrecht"). Dieser Vorzug bedeutet, dass eine Ausschüttung an die Stammaktionäre erst erfolgen darf, wenn die Vorzugsaktionäre bedient sind (sogenannte „Vorabdividende"), ohne dass hiermit den Vorzugsaktionären – ebenso wie den Stammaktionären – ein Anspruch darauf gewährt würde, dass überhaupt eine Ausschüttung erfolgt. Regelmäßig wird dabei statutarisch die Höhe des Vorzugs in der Weise bestimmt, dass die Dividende der Vorzugsaktionäre einen bestimmten Prozentsatz des Nennbetrages bzw. bei nennwertlosen Stückaktien einen bestimmten Geldbetrag ausmacht. Ergänzend kann den Vorzugsaktionären auch eine Zusatzdividende, d.h. ein Zusatzbetrag zu der den Stammaktionären zu zahlenden Dividende, eingeräumt werden. Keinen Ausschluss des Stimmrechts bewirken indes

Aktien mit einem anderen Vorzug, wie etwa bei der Liquidation oder einen nicht nachzuzahlenden Vorzug bei der Gewinnverteilung[622].

Vom Fall des Ausschlusses bzw. des Nichtvorhandenseins des Stimmrechts bei (Vorzugs-)Aktien sind die Fälle zu unterschieden, in denen zwar grundsätzlich ein Stimmrecht besteht, dieses jedoch vom Berechtigten nicht ausgeübt werden darf. So gibt es Sachverhalte, bei denen die Ausübung des Stimmrechts gesetzlich ausgeschlossen ist bzw. das Stimmrecht ruht.

Das ist grundsätzlich der Fall, wenn die Aktien der Gesellschaft selbst gehören. Zwar kann die Gesellschaft im Rahmen des § 71 AktG eigene Aktien im nach Abs. 2 beschriebenen Umfang von 10% des Grundkapitals erwerben, doch darf sie daraus nach Maßgabe des § 71b AktG keine Rechte, insbesondere nicht das Stimmrecht, wahrnehmen bzw. ausüben. Um Umgehungen zu vermeiden, gilt nach Maßgabe des § 71d S. 2 AktG Entsprechendes auch für das Stimmrecht aus Aktien, die einem von der Gesellschaft abhängigen oder in ihrem Mehrheitsbesitz stehenden Unternehmen gehören, sowie nach S. 1 für solche Aktien, die von einem Dritten für Rechnung der Gesellschaft bzw. eines von ihr abhängigen oder in ihrem Mehrheitsbesitz stehenden Unternehmens gehalten werden. Es soll dadurch nämlich verhindert werden, dass der Vorstand unmittelbar oder mittelbar an der Willensbildung in der eigenen Hauptversammlung teilnimmt und so seinen Machtbereich ausdehnt.

Während die §§ 71 – 71e AktG und folglich auch die §§ 71b, 71d AktG sich überwiegend mit dem abgeleiteten Erwerb eigener Aktien befassen und deren Rechtsfolgen regeln, bezieht sich § 56 AktG, gleichsam als Gegenstück hierzu, auf den ursprünglichen Erwerb eigener Aktien. § 56 AktG richtet sich daher gegen die unmittelbare und mittelbare Beteiligung der Aktiengesellschaft im Rahmen der Übernahme neu ausgegebener eigener Aktien und dient somit in erster Linie der Sicherung der realen Kapitalaufbringung. Darüber hinaus soll durch diese Vorschrift einerseits die innere Ordnung der Aktiengesellschaft gewahrt und andererseits verhindert werden, dass die Gesellschaft sich unmittelbar oder mittelbar unter ihre eigenen Gesellschafter begibt und die Mehrheitsverhältnisse in der Hauptversammlung entsprechend beeinflusst. Dementsprechend stellen § 56 Abs. 1 und Abs. 2 AktG klar, dass jegliche Übernahme von eigenen Aktien, gleichgültig, ob von der ausgebenden Gesellschaft selbst oder durch ein von ihr abhängiges Unternehmen bzw. ein von ihr aufgrund ihres Mehrheitsbesitzes beherrschtes Unternehmen, grundsätzlich nicht erlaubt ist und dass ein etwaiger Verstoß gegen diese Regelung die Unwirksamkeit der Übernahme zur Folge hat[623].

Da § 56 AktG den originären Aktienerwerb zum Gegenstand hat und nicht etwa wie § 71d AktG den abgeleiteten, der das Verbot von Erwerbstatbeständen von Aktien für Rechnung der Gesellschaft erforderlich macht, ist eine entsprechende Regelung im Rahmen des Anwendungsbereiches des § 56 AktG nicht vorgesehen. Abs. 3 erfasst daher nur die etwaigen Fälle der mittelbaren

---

[622] vgl. Semler in MüHdB, a. a. O., § 38 Rn 18

[623] vgl. MK-Bungeroth, a. a. O., § 56 Rn 2; Zu den Heilungsmöglichkeiten vgl. Rn 11 ff

Stellvertretung, in denen der Aktienübernehmer zwar nach außen hin im eigenen Namen auftritt, im Innenverhältnis jedoch auf Rechnung der Gesellschaft oder eines abhängigen oder in Mehrheitsbesitz stehenden Unternehmens handelt. Im Gegensatz zu Abs. 1 und 2 enthält diese Regelung indes kein Verbot des vom Gesetzgeber als unerwünscht angesehenen Verhaltens, sondern verknüpft dieses mit zwingenden Rechtsfolgen, die negative Auswirkungen derartiger originärer Erwerbstatbestände weitgehend verhindern sollen. Demgemäß sind die unter Abs. 3 fallenden Aktienübernahmen in vollem Umfang wirksam und zulässig, infolge dessen der Übernehmer der Aktien wirksam Aktionär wird. Aufgrund Abs. 3 S. 2 und 3 wird jedoch zwingend festgelegt, dass, solange die Aktien für Rechnung der Gesellschaft gehalten werden, hieraus keine Rechte, d.h. insbesondere auch keine Stimmrechte, sondern nur mitgliedschaftliche Pflichten resultieren. Erst die nachträglichen Übernahme der Aktien auf eigene Rechnung durch den Übernehmer führt dazu, dass von diesem Zeitpunkt an, die Aktien auch Rechtswirkung entfalten, d.h. dem Aktionär nunmehr auch alle Rechte (ungeschmälert) zustehen[624].

Nicht unter den Anwendungsbereich des Abs. 3, sondern vielmehr in den der Abs. 1 und 2 fällt hingegen das Auftreten des Handelnden als offener Stellvertreter der Gesellschaft oder eines Tochterunternehmens. Es handelt sich hierbei nämlich um Fälle der verbotenen Selbstzeichnung der Gesellschaft oder um eine nach Abs. 2 unzulässige Aktienübernahme durch das Tochterunternehmen[625].

Eine vergleichbare Situation findet sich weiterhin im Rahmen etwaiger wechselseitiger Beteiligungen von Unternehmen. Um auch hier der Gefahr der Verselbständigung der Verwaltung gegenüber den Gesellschaftern entgegenzuwirken, die darin begründet ist, dass jedes Unternehmen mittelbar an sich selbst beteiligt ist, da ihm das Unternehmen, das an ihm beteiligt ist, selbst (teilweise) gehört[626], hat der Gesetzgeber in § 328 AktG entsprechende Vorkehrungen getroffen. Gleichzeitig dient diese Regelung dem Schutz vor den mit den wechselseitigen Beteiligungen verbundenen Problemen der sogenannten „Kapitalverwässerung“, d.h. der Gefährdung der Aufbringung, des Erhaltes und des richtigen Ausweises des Kapitals[627], denen vor allem die Gläubiger und die anderen Aktionäre ausgesetzt sind[628].

---

624 vgl. MK-Bungeroth, a. a. O., § 56 Rn 46/58/68

625 vgl. MK-Bungeroth, a. a. O., § 56 Rn 46

626 vgl. Wastl/Wagner, a. a. O., AG 1997, 241 (241); vgl. MK-Grunewald, a. a. O., § 328 Rn 2

627 So besteht nämlich die Befürchtung, dass eine Verbindung zweier zuvor voneinander unabhängiger Unternehmen durch den Aufbau wechselseitigter Beteiligungen zu einem Rückfluss von Kapital führt, der aus der Bilanz nicht ersichtlich wird. Weisen beispielsweise zwei Unternehmen jeweils ein Kapital von 100 auf, so haben die außenstehenden Gesellschafter diesen beiden Unternehmen, als Gruppe betrachtet, ein Gesamtkapital von 200 zur Verfügung gestellt. Erwirbt nun das eine der beiden Unternehmen Anteile an dem anderen, und beteiligt sich dieses an ersterem, so zahlen beide Unternehmen, als Gruppe betrachtet, das für diese Beteiligungen aufgewandte Kapital an die (außenstehenden) Aktionäre aus. Haben beispielsweise beide Unternehmen jeweils 1/5 ihres Kapitals für den Beteiligungserwerb an dem je-

Der Anwendungsbereich dieser Vorschrift erstreckt sich jedoch nur auf die Fälle, in denen eine Aktiengesellschaft oder eine Kommanditgesellschaft auf Aktien mit Sitz im Inland von einer wechselseitigen Beteiligung betroffen ist und in welchen darüber hinaus auch das andere Unternehmen, welches gleichermaßen eine Kapitalgesellschaft sein muss, seinen Sitz im Inland hat. Dementsprechend bestimmt die Regelung des § 328 Abs. 1 AktG, dass das etwaige Recht aus den Anteilen, insbesondere das Stimmrecht, nur für höchstens ein Viertel des Aktienkapitals ausgeübt werden kann, wobei in diesem Zusammanhang auch die Ausnahmeregelung des § 328 Abs. 2 AktG zu berücksichtigen ist.

Voraussetzung für die Möglichkeit der Inanspruchnahme der Mitgliedschaftsrechte, insbesondere des Stimmrechts in Höhe von 25% ist jedoch, dass die Unternehmen ihren Mitteilungspflichten nach § 20 Abs. 3 AktG oder § 21 Abs. 1 AktG nachkommen. Um eine Umgehung dieser Mitteilungspflichten zu vermeiden, sieht § 328 Abs. 4 AktG darüber hinaus vor, dass sich die betroffenen Unternehmen unverzüglich gegenseitig jede Veränderung in der Beteiligungshöhe mitteilen müssen. Damit wird letztendlich auch sichergestellt, dass jedem Unternehmen jederzeit deutlich ist, in welcher Höhe es an sich selbst beteiligt ist. Es handelt sich bei dieser Vorschrift demzufolge um ein Schutzgesetz zugunsten des Unternehmens, welches im Falle der Verletzung Schadensersatzansprüche nach § 823 Abs. 2 BGB mit sich bringen kann, obgleich regelmäßig die Feststellung des Schadens problematisch sein wird[629].

Eine Stimmrechtsausübung ist gemäß §§ 20 Abs. 7, 21 Abs. 4 AktG und § 28 WpHG ferner in den Fällen verboten, in denen die betreffenden Gesellschaften ihren Mitteilungspflichten nicht nachkommen. Dabei gilt es, zwischen der kapitalmarktrechtlichen und der aktienrechtlichen Mitteilungspflicht gemäß § 21 ff WpHG und §§ 20 ff AktG zu unterscheiden. Beide gesetzlich ausgestalteten Mitteilungspflichten bezwecken, Aktionäre, Gläubiger und Öffentlichkeit über bestehende oder entstehende Konzernbildungen (im weitesten Sinne) zu informieren und Gewissheit über die Beteiligungsquoten zu schaffen. Der Unterschied zwischen den Mitteilungspflichten besteht darin, dass für Aktien börsennotierter Aktiengesellschaften die §§ 20, 21 AktG keine Anwendung finden (vgl. § 20 Abs. 8, 21 Abs. 5 AktG), die Regelung der §§ 21 WpHG insoweit also lex specialis ist, wohingegen die früheren inhaltlichen Unterschiede im Bereich der Rechtsfolge beseitigt wurden und nunmehr die Ausübung etwaiger Rechte aus den Aktien erst nach der entsprechenden Mitteilung über das Beteiligungsverhältnis möglich ist[630].

---

weils anderen Unternehmen aufgewandt, beläuft sich das auf die Gruppe bezogene Eigenkapital nur noch auf 160. Man könnte nun erwägen, diesen auf die Gruppe bezogenen Kapitalabfluss bilanziell zu korrigieren, welches jedoch in der Praxis durchaus problematisch ist; vgl. Wastl/Wagner, a. a. O., AG 1997, 241 (244)

[628] vgl. Wastl/Wagner, a. a. O., AG 1997, 241 (243 f); vgl. MK-Bayer, a. a. O., § 19 Rn 1

[629] vgl. MK-Grunewald, a. a. O., § 328 Rn 14

[630] vgl. MK-Bayer, a. a. O., § 20 Rn 1/5

Mitteilungspflichtig sind dabei nicht nur Aktiengesellschaften, sondern grundsätzlich jedes inländische und ausländische Unternehmen, welches an einer inländischen Aktiengesellschaft (oder gemäß § 278 Abs. 3 AktG an einer Kommanditgesellschaft auf Aktien) im bereits beschriebenen Maße beteiligt ist, wobei diesbezüglich der Unternehmensbegriff des § 15 AktG zugrunde zu legen ist. Hiervon ausgenommen sind Privataktionäre, sofern diese nicht noch anderweitigen wirtschaftlichen Interessenbindungen unterliegen, was selbst dann der Fall ist, wenn ein solcher privater (Groß-)Aktionär in die Geschicke der Aktiengesellschaft eingreift. Diese Privilegierung gilt auch für Gesellschaften des bürgerlichen Rechts, sofern sich nicht bei ihnen das unternehmerische Interesse ihrer Gesellschafter derart durchschlägt, dass sie sich über das bloße Halten der Aktien hinaus noch anderweitig wirtschaftlich planend und entscheidend betätigen[631].

Die demgemäß bestehenden Stimmrechtsausübungsverbote sind jedoch nicht endgültiger Natur. Es liegt vielmehr ausschließlich im Machtbereich der Betroffenen, diese Ausübungssperre durch die entsprechende Mitteilung des Beteiligungsverhältnisses zu beseitigen.

Die möglicherweise relevantesten Fälle des Verbotes der Stimmrechtsausübung betreffen jedoch die Sachverhalte, in denen Interessenkollision festzustellen sind.

Der Gesetzgeber, der von der Normierung eines allgemeinen Verbotstatbestands aufgrund möglicher Interessenkollisionen abgesehen hat, hat in § 136 Abs. 1 AktG drei eng begrenzte Fälle von möglichen Interessenkollisionen mit der Rechtsfolge des Ausschlusses der Stimmrechtsausübung geregelt. So ist es demjenigen Stimmberechtigten untersagt, von seinem Stimmrecht Gebrauch zu machen, wenn seine Entlastung in der Hauptversammlung beschlossen wird, infolge dessen überwiegend Vorstands- und Aufsichtsratsmitglieder, die selbst Aktien der Gesellschaft besitzen, zum betroffenen Personenkreis gehören. Zu einer weiteren Gruppe von betroffenen Berechtigten, die unter das Stimmrechtsausübungsverbot fallen, sind diejenigen zu rechnen, die durch einen Beschluss von einer Verbindlichkeit befreit werden sollen. Dabei muss sich die beschlussgegenständliche Verbindlichkeit nicht nur auf nicht-gesellschaftsrechtliche Verbindlichkeiten beziehen, sondern kann auch solche Verbindlichkeiten zum Gegenstand haben, die ausschließlich gesellschaftsrechtliche Ursachen haben, wie etwa der Verzicht auf Schadensersatzansprüche wegen pflichtwidriger Handlungen gegen Gründer und Organmitglieder sowie bei gesellschaftswidriger Einflussnahme auf Organmitglieder gemäß § 117 AktG. Gehört es schließlich zum Gegenstand der Hauptversammlung, darüber zu beschließen, ob ein Anspruch der Gesellschaft gerichtlich oder außergerichtlich geltend gemacht werden soll, ist der Anspruchsgegner gleichermaßen nach § 136 Abs. 1 AktG nicht befugt, an der Abstimmung teilzunehmen.

---

[631] vgl. MK-Bayer, a. a. O., § 20 Rn 6 f mit dem Verweis, dass sich eine solche Mitteilungspflicht auch nicht aus dem Treueverhältnis zur Gesellschaft ableiten lässt.

Eine analoge Anwendung auf sonstige Interessenkollisionen ist im Hinblick auf den Ausnahmecharakter von § 136 AktG nicht möglich[632]. § 136 Abs. 1 AktG (analog) erfasst insbesondere nicht die Fälle, im Gegensatz zu § 34 BGB und § 47 Abs. 4 GmbHG, in denen ein Beschluss die Vornahme eines Rechtsgeschäfts mit dem stimmberechtigten Aktionär betrifft.

Die Verbotsadressaten des durch § 136 Abs. 1 AktG auferlegten Stimmrechtsausübungsausschlusses im Falle der Interessenkollision sind die Aktionäre - und zwar auch dann, wenn sie „für einen anderen handeln" wollen. Wer demnach nach Maßgabe von § 136 Abs. 1 S. 1 AktG das Stimmrecht aus seinen eigenen Aktien nicht ausüben darf, kann auch nicht für einen anderen abstimmen, und zwar ohne Rücksicht darauf, ob in der Person des Vertretenen gleichfalls ein Ausschlusstatbestand vorliegt. Dies gilt auch in den Fällen der sogenannten „verdeckten" Vertretung (vgl. § 135 Abs. 4 S. 2 AktG), der Legitimationsübertragung (vgl. § 129 Abs. 3 AktG), der Testamentsvollstreckung und schließlich dann, wenn der Vertreter nicht selbst Aktionär ist, sofern er nur als solcher dem Stimmrechtsausübungsverbot unterläge, was beispielsweise dann der Fall wäre, wenn ein Vorstandsmitglied, das selbst nicht Aktionär ist, bei der Abstimmung über seine Entlastung für einen anderen das Stimmrecht ausüben soll. Unerheblich ist hierbei, ob er das Stimmrecht kraft Vollmacht oder Ermächtigung ausüben soll oder ob er ausdrückliche Weisungen für die Ausübung des Stimmrechts erhalten hat. Der vom Stimmrechtsausübungsverbot betroffene Vertreter kann ferner nach umstrittener Auffassung auch nicht einen Untervertreter mit der Stimmabgabe betrauen[633].

Um jeglicher Umgehung des Stimmrechtsausübungsverbots entgegenzuwirken, regelt § 136 Abs. 1 S. 2 AktG in Ergänzung zu § 136 Abs. 1 S. 1 AktG überdies, dass das Stimmrecht auch nicht „durch einen anderen" ausgeübt werden kann, es infolge dessen auch keine Stellvertretungsmöglichkeiten für einen (aufgrund der Interessenkollision) vom Stimmrechtsausübungsverbot Betroffenen gibt. Auch in diesen Fällen ist es unerheblich, ob es sich um sogenannte „offene" oder „verdeckte" Vertretungsformen handelt, ob eine Ermächtigung gemäß § 185 BGB (Legitimationsübertragung) oder ob eine Testamentsvollstreckung vorliegt[634].

Das Stimmrechtsausübungsverbot erstreckt sich jedoch nicht auch auf nahe Angehörige bzw. sonstige Personen, die dem Betroffenen persönlich verbunden sind. Nach ganz h.M. führt ein gegen einen solchen nahen Angehörigen und sonstigen persönlich Vertrauten gerichtete Stimmrechtsausübungsverbot nicht dazu, dass der Aktionär, in dessen Person das Verbot nicht verwirklicht

---

[632] vgl. Nirk/Reuter/Bächle, a. a. O., I Rn 1287; vgl. Semler in MüHdB, a. a. O., § 38 Rn 30; vgl. Hüffer, a. a. O., § 136 Rn 18

[633] vgl. Hüffer, a. a. O., § 136 Rn 5 f; vgl. Eckhardt in Geßler/Hefermehl, a. a. O., § 136 Rn 33 f

[634] vgl. Hüffer, a. a. O., § 136 Rn 7; vgl. Eckhardt in Geßler/Hefermehl, a. a. O., § 136 Rn 36; vgl. Raiser, a. a. O., § 16 Rn 86

ist, von der Abstimmung ausgeschlossen werden kann, sofern nicht im Einzelfall ein Umgehungssachverhalt festgestellt werden kann[635].

Selbiges gilt im Grundsatz auch im Falle der Ausübung des Stimmrechts aufgrund gemeinschaftlicher Berechtigung. Gehören Aktien zum gemeinschaftlichen Vermögen von Miterben (§§ 2032 ff BGB), Ehegatten, die in Gütergemeinschaft leben (§§ 1415 ff BGB) oder den Teilhabern einer Bruchteilsgemeinschaft (§§ 741 ff BGB), ist das gegen einen Beteiligten gerichtete Stimmrechtsausübungsverbot nicht ohne weiteres gegen den bzw. die anderen zu erstrecken. Anders verhält es sich indes, wenn der betroffene Aktionär die Stimmabgabe aus den gemeinschaftlichen Aktien maßgeblich beeinflussen kann, wie beispielsweise dann, wenn Miterben einem von ihnen die Verwaltung des Nachlasses übertragen haben (§ 745 Abs. 1 S. 1 i.V.m. § 2038 Abs. 2 S. 1 BGB), so dass es geboten ist, auch die anderen Berechtigten nicht an der Abstimmung teilnehmen zu lassen[636].

Bedenken können sich jedoch hinsichtlich des Verbotes der Stimmrechtsausübung ergeben, sofern das betroffene Mitgliedschaftsrecht einer Drittgesellschaft gehört. Bei der Beurteilung dieser Frage wird in diesem Zusammenhang vertreten, nach der rechtlichen Eigenart der Drittgesellschaft zu unterscheiden und demzufolge zwischen juristischen Personen einerseits und Personengesellschaften und anderen Gesamthands- sowie Bruchteilsgemeinschaften andererseits zu unterscheiden. Diese Differenzierung führt indes nicht zu einer sachgerechten Bewertung der Problematik, sondern wirft vielmehr weitere Fragen auf, wie etwa die Möglichkeit einer eventuellen Durchgriffshaftung bei juristischen Personen.

Im Einklang mit dem Zweck des § 136 AktG, gesellschaftsfremde Sonderinteressen der Aktionäre nicht auf die Willensbildung der Aktiengesellschaft durchschlagen zu lassen, ist es daher angebracht, danach zu unterscheiden, ob sich das Stimmrechtsausübungsverbot primär gegen die Mitglieder der Drittgesellschaft oder gegen diese selbst richtet. Bezieht sich daher das Verbot, das Stimmrecht auszuüben, gegen einzelne Mitglieder, ist damit nicht ohne weiteres ein Stimmrechtsausschluss zu Lasten der Gesellschaft begründet. Entscheidend ist vielmehr, ob das Mitglied der Drittgesellschaft maßgeblich auf diese Einfluss ausüben kann, etwa wenn der Gesellschafter die Geschäfte der OHG allein führt oder er einziger Komplementär einer KG ist, etc.. Nur in derartig gelagerten Sachverhalten ist nämlich zu befürchten, dass sich die etwaigen Sonderinteressen im Hauptversammlungsbeschluss Geltung verschaffen[637].

In den Fällen, in denen das Stimmrechtsausübungsverbot gegen die Drittgesellschaft gerichtet ist, ist dieses auf deren Mitglieder bezüglich ihres persön-

---

635 vgl. Hüffer, a. a. O., § 136 Rn 16; vgl. BGHZ 56, 47 (54); vgl. KK-Zöllner (Voraufl.), a. a. O., § 136 Rn 52

636 vgl. Hüffer, a. a. O., § 136 Rn 15; vgl. Semler in MüHdB, a. a. O., § 38 Rn 33; vgl. BGHZ 49, 183 (194)

637 vgl. KK-Zöllner (Voraufl.), a. a. O., § 136 Rn 35 ff/39 ff; vgl. Hüffer, a. a. O., § 136 Rn 9 ff; vgl. Semler in MüHdB, a. a. O., § 38 Rn 31

lichen Aktienbesitzes zu erstrecken, wenn eine gesellschaftsrechtlich fundierte nachhaltige Interessenverknüpfung zur Drittgesellschaft besteht und diese intensiver ist als diejenige zur Aktiengesellschaft, da dann stets zu befürchten ist, dass die Mitglieder der Drittgesellschaft sich eher von deren Interessen leiten lassen als von denen der Aktiengesellschaft. So dürfte beispielsweise ein persönlich haftender Gesellschafter einer OHG oder einer KG nicht abstimmen, wenn die OHG oder die KG einem Stimmrechtsausübungsverbot unterliegt. Ebenso dürfte in etwa auch in den Fällen, in denen es sich bei der Drittgesellschaft um eine Aktiengesellschaft oder eine GmbH handelt, deren Alleingesellschafter nicht an der Abstimmung teilnehmen[638].

Ein weiterer Fall des Stimmrechtsausübungsverbots aufgrund einer möglichen Interessenkollision ist ferner als lex specialis zu § 136 Abs. 1 AktG in § 142 Abs. 1 S. 2 AktG geregelt, wonach ein Mitglied des Vorstandes oder des Aufsichtsrates nicht abstimmen kann, wenn die Hauptversammlung über die Bestellung von Sonderprüfern beschließt[639].

Den letzten (Sonder-)Fall des Verbotes der Stimmrechtsausübung wegen einer möglichen Interessenkollision hat der Gesetzgeber für das Recht der Kommanditgesellschaften auf Aktien in § 285 Abs. 1 S. 2 AktG geregelt. Danach können persönlich haftende Gesellschafter ihr Stimmrecht nicht ausüben, wenn es um die Wahl von Organen zur Überwachung der Geschäftsführung geht oder aber, wenn der persönlich haftende Gesellschafter durch den Beschluss selbst betroffen wird, was beispielsweise auch bei der Wahl des Abschlussprüfers (Nr. 6) der Fall ist, da die Rechnungslegung bei der KGaA dem persönlich haftenden Gesellschafter obliegt, und dementsprechend gewährleistet werden muss, dass die Wahl des Prüfers nicht (durch den Komplementär) beeinflusst werden kann[640]. Die ergänzende Regelung des § 285 Abs. 1 S. 3 AktG entspricht insoweit der des § 136 Abs. 1 S. 2 AktG und soll gleichermaßen sicherstellen, dass das normierte Stimmrechtsausübungsverbot nicht umgangen wird.

Den soeben dargestellten Fällen des §§ 136 Abs. 1, 142 Abs. 1 S. 2 und § 285 Abs. 1 AktG liegt der (Rechts-)Gedanke zugrunde, dass die jeweils Betroffenen nicht in eigener Sache zu entscheiden haben, sie mithin also nicht „Richter in eigener Angelegenheit“ sein dürfen. Naturgemäß ist deshalb bei Einpersonengesellschaften ein etwaiges Stimmrechtsausübungsverbot gegenstandslos. Ebenso können Stimmrechtsausübungsverbote bei gleichmäßiger Befangenheit aller stimmberechtigten Aktionäre nicht gelten, da andernfalls Hauptversammlungsbeschlüsse überhaupt nicht gefasst werden könnten[641].

Die Fälle von Stimmrechtsausübungsverboten bedürfen jedoch nicht zwangsläufig einer aktienrechtlichen Grundlage. Vielmehr können auch allge-

---

[638] vgl. Hüffer, a. a. O., § 136 Rn 12 f; vgl. BGH NJW 1973, 1039 (1040); vgl. BGHZ 56, 47 (53)

[639] vgl. Raiser, a. a. O., § 16 Rn 80 ff; vgl. Semler in MüHdB, a. a. O., § 18 Rn 27

[640] vgl. MK-Semler/Perlitt, a. a. O., § 285 Rn 17/33

[641] vgl. Raiser, a. a. O., § 16 Rn 85; vgl. Hüffer, a. a. O., § 136 Rn 5

meine (zivilrechtliche) Erwägungen in Ausnahmefällen ein solches Ausübungsverbot hervorrufen bzw. dazu führen, dass den Stimmberechtigten eine sogenannte „positive Stimmpflicht" trifft. Dies gilt insbesondere in den Fällen, in denen die zugrunde liegende Treupflicht des Aktionärs, die auch gegenüber den Mit- und Mehrheitsaktionären besteht, eine solche Beschränkung rechtfertigt. Darüber hinaus ist auch generell der Anwendungsbereich der zivilrechtlichen Generalklauseln und insbesondere des § 138 BGB eröffnet, infolge dessen eine Stimmrechtsausübungsverbot immer dann besteht, wenn die Gebrauchmachung des Stimmrechts – unabhängig, ob vom Aktionär selbst oder von einem Vertreter – sich als sittenwidrig erweisen würde[642].

Die demgemäß von einem Stimmrechtsausübungsverbot Betroffenen sind nicht berechtigt, sich an der Abstimmung zu beteiligen, so dass die jeweiligen Aktien bei der Berechnung der erforderlichen Stimm- und Kapitalmehrheit nicht mitzählen. Es stellt sich in diesem Zusammenhang jedoch die Frage nach den Rechtsfolgen eines etwaigen Verstoßes. Hierbei gilt es, nach der Wirkung in Bezug auf den mit diesen Stimmen zustande gekommenen Hauptversammlungsbeschluss einerseits und den etwaigen „persönlichen" Folgen für den jeweiligen zur Stimmrechtsausübung nicht Berechtigten andererseits zu unterscheiden.

Im Hinblick auf Letzteres findet sich in § 405 Abs. 3 Nr. 5 i.V.m. Abs. 4 AktG eine aktienrechtliche abschließende Regelung für die Fälle, in denen etwaige Verstöße gegen die Stimmrechtsausübungsverbote als Ordnungswidrigkeiten mit einer Geldbuße bis zu fünfundzwanzigtausend Euro geahndet werden können. Unabhängig hiervon sind die Stimmrechtsausübungsverbote, sofern sie nicht eine Ordnungswidrigkeit darstellen, Schutzgesetze im Sinne des § 823 Abs. 2 BGB, infolge dessen ein Verstoß hiergegen Schadensersatzansprüche auslösen kann, welche etwa im Ersatz der durch den Anfechtungsprozess entstandenen Kosten liegen können. Entscheidend ist jedoch, dass diese Schutzgesetze nur zugunsten der Gesellschaft und nicht etwa zugunsten der Mitaktionäre wirken[643].

Bezüglich der etwaigen, den Hauptversammlungsbeschluss betreffenden Rechtsfolgen gilt anzumerken, dass nach allgemeiner Auffassung eine entsprechende vorschriftswidrige Stimmabgabe nichtig ist und folglich auch nicht bei der Ergebnisfeststellung berücksichtigt werden darf. Sind dennoch solche verbotswidrig abgegebenen Stimmen fälschlicherweise mitgezählt worden und ist es dadurch zur Feststellung eines falschen Ergebnisses gekommen, stellt sich die Frage, ob ein solcher Beschluss nicht nichtig bzw. ohne irgendeine Maßnahme automatisch ungültig ist oder aber, ob ein solcher Beschluss statt dessen zwar gleichermaßen im festgestellten Sinne zustande gekommen ist, jedoch der Anfechtung unterliegt.

---

[642] vgl. BGHZ 129, 136 (142 ff); vgl. Henze, a. a. O., BB 1996, 489 (489/494 ff); vgl. Timm, a. a. O., WM 1991, 481 (484)

[643] vgl. Eckhardt in Geßler/Hefermehl, a. a. O., § 136 Rn 48 f; vgl. Semler in MüHdB, a. a. O., § 38 Rn 39

Die insoweit vorhandene Bestimmung des § 241 i.V.m. §§ 250, 253, 256 AktG zählt dabei, wie der Wortlaut deutlich macht, die Nichtigkeitsgründe abschließend auf. Damit steht auch im Gegensatz zu den Anfechtungsgründen fest, dass eine eventuelle Nichtigkeitsklage nicht auf eine Verletzung von Bestimmungen außerhalb des Aktiengesetzes gestützt werden kann. Denkbar ist daher allenfalls die Nichtigkeit des Hauptversammlungsbeschlusses aufgrund vorschriftswidrig abgegebenen Stimmen nach Maßgabe des § 241 Nr. 4 AktG.

Entscheidend bei diesem Nichtigkeitsgrund ist jedoch, dass sein Inhalt gegen die guten Sitten verstößt und nicht etwa durch den verfolgten Zweck oder die Art des Zustandeskommens die Nichtigkeit eintritt. Im Hinblick auf den Begriff der „guten Sitten“ kann dabei insbesondere auf die Rspr. und das Schrifttum zu § 138 BGB zurückgegriffen werden, infolge dessen der Inhalt des Beschlusses gegen das „Anstandsgefühl aller gerecht und billig Denkenden“ verstoßen muss[644].

Allein der Umstand, dass das Stimmrecht vorschriftswidrig ausgeübt worden ist, lässt noch keinen Rückschluss auf den (gegebenenfalls nichtigen) Inhalt des entsprechenden Hauptversammlungsbeschlusses zu und rechtfertigt somit auch nicht die Begründung einer Nichtigkeitsklage.

Die Feststellung eines falschen Abstimmungsergebnisses aufgrund vorschriftswidrig abgegebener Stimmen führt statt dessen dazu, dass der derart zustande gekommene Beschluss zwar im festgestellten Sinne zustande gekommen ist, jedoch anfechtbar wird.

Maßgeblich ist dabei unter Berücksichtigung des § 243 AktG, dass der Hauptversammlungsbeschluss auf der Verletzung des Gesetzes oder der Satzung beruht. Auch wenn der Wortlaut nicht ausdrücklich einen ursächlichen Zusammenhang zwischen Gesetzes- und Satzungsverletzung und dem angefochtenen Beschluss voraussetzt, ist das Vorhandensein einer solchen Kausalität aber implizit erforderlich. Hat demzufolge eine solche Verletzung offensichtlich oder nachweislich überhaupt keinen Einfluss auf den Hauptversammlungsbeschluss gehabt, entfällt auch die Anfechtungsbefugnis. Liegt ein solch ursächlicher Zusammenhang indes vor, kann der streitgegenständliche Beschluss im Wege der Anfechtungsklage durch rechtskräftiges Urteil für nichtig erklärt werden. Ist hingegen umgekehrt ein Beschlussantrag unter Berücksichtigung der verbotswidrig abgegebenen Stimmen zu Unrecht abgelehnt worden, kann nach h.M. in bestimmten Fällen die Anfechtungsklage mit der Klage auf Feststellung des rechtmäßigen Beschlusses verbunden werden[645].

Neben den soeben näher ausgeführten Fällen, in denen der Berechtigte sein Stimmrecht nicht ausüben darf, ist eine Beschränkung bzw. Erschwerung der Ausübung des ansonsten unverzichtbaren und unentziehbaren Stimmrechts außer durch die in § 123 Abs. 2 – 4 AktG zugelassenen Hinterlegungs- und Anmeldungserfordernisse nicht möglich. Insbesondere ist der Abschluss soge-

---

644 vgl. Henn, a. a. O., Rn 969

645 vgl. Semler in MüHdB, a. a. O., § 38 Rn 37; vgl. Eckhardt in Geßler/Hefermehl, a. a. O., § 136 Rn 47; vgl. KK-Zöllner (Voraufl.), a. a. O., § 136 Rn 57 ff; vgl. Henn, a. a. O., Rn 915

nannter „Stimmbindungsverträge“, d.h. Vereinbarungen, durch die sich ein Aktionär gegenüber einem anderen Aktionär oder einem Dritten verpflichtet, seine Stimme in der Hauptversammlung auf bestimmte Weise auszuüben oder von der Ausübung Abstand zu nehmen, nach allgemeiner Ansicht grundsätzlich unbedenklich. Stimmbindungsverträge unterliegen jedoch den allgemeinen Schranken und sind nichtig, wenn sie gemäß § 138 Abs. 1 BGB gegen das Knebelungsverbot oder sonst die guten Sitten verstoßen. Es besteht zudem eine gesellschaftsrechtliche, insbesondere auch aktienrechtliche Einschränkung insofern, als der Stimmbindungsvertrag nicht zu Stimmabgaben verpflichten darf, die gegen das Gesellschaftsinteresse verstoßen. Eine weitere Beschränkung der generellen Wirksamkeit von Stimmbindungsverträgen können letztlich auch aus den aktienrechtlichen Einzelbestimmungen der §§ 405 Abs. 3 Nr. 4 - 7 AktG (gegebenenfalls i.V.m. § 134 BGB) und § 136 Abs. 2 AktG resultieren[646].

Zu berücksichtigen ist hinsichtlich des in der Hauptversammlung auszuübenden Stimmrechts, dass es sich hierbei nicht um ein sogenanntes „höchstpersönliches Recht“ handelt, so dass eine Stimmrechtsvertretung grundsätzlich zulässig und gegebenenfalls auch erforderlich wird, um vom Mitgliedschaftsrecht Gebrauch machen zu können, wie etwa in dem Fall, in dem der (Stimm-) Berechtigte der Hauptversammlung verwiesen wird. Dementsprechend ist daher stets das Teilnahme- vom Stimmrecht zu unterscheiden, was auch im Zusammenhang mit der Ausgabe von Vorzugsaktien ohne Stimmrecht deutlich wird, da die Vorzugsaktionäre zwar wegen des ihnen gewährten Vorzugs nicht stimmberechtigt sind, aber dennoch an der Hauptversammlung teilnehmen können, um von den anderweitig mit der Inhaberschaft der Aktie verbundenen Mitgliedschaftsrechte Gebrauch zu machen.

3.4.3 Stimmrechtsinhaberschaft

3.4.3.1 Allgemein

Die Stimmrechtsausübung ist grundsätzlich an die Aktie gebunden. Dementsprechend ist der Inhaber der Aktie auch Inhaber des Stimmrechtes und zwar unabhängig davon, ob er der materiell Berechtigte ist. Hat demnach der materiell Berechtigte die Aktien einem Treuhänder übertragen, ist dieser Inhaber des Mitgliedschaftsrechts und als solcher gegenüber der Gesellschaft Träger der Aktionärsrechte und –pflichten und somit auch zur Ausübung des Stimmrechts berechtigt. Die konkrete (inhaltliche) Form der Ausübung des Mitgliedschaftsrechtes, insbesondere des Stimmrechts, gegenüber der Gesellschaft richtet sich dabei nach dem zwischen Treugeber und Treuhänder und demzufolge von dem (Rechts-)Verhältnis zwischen Treuhänder und Gesellschaft zu unterscheidenden Treuhandverhältnis, ohne dass ein Verstoß in diesem Verhältnis grundsätzlich Auswirkungen auf die Wirksamkeit der Ausübung des Mitgliedschaftsrechts gegenüber der Gesellschaft hat. Ein Verstoß gegen die Treuhandabrede führt folglich auch nicht zur Nichtigkeit der Stimmabgabe, sondern kann „lediglich“ Schadensersatzansprüche wegen positiver Forderungsverletzung auslösen.

---

[646] vgl. Semler in MüHdB, a. a. O., § 38 Rn 44 ff; vgl. Raiser, a. a. O., § 16 Rn 90 ff

In eng begrenzten Ausnahmefällen, in denen der Treuhänder die ihm anvertraute Rechtsstellung sittenwidrig missbraucht, kann demgegenüber von einer nichtigen Stimmabgabe und der damit einhergehenden, und bereits beschriebenen, Anfechtungsmöglichkeit des mit Hilfe dieser Stimme zustande gekommenen Hauptversammlungsbeschlusses ausgegangen werden, sofern die hierfür erforderlichen (weiteren) Voraussetzungen gleichermaßen vorliegen.

In Betracht kommt dabei unter Heranziehung der aus § 138 BGB abzuleitenden allgemeinen Rechtssätze die Nichtigkeit der Stimmabgabe aufgrund sittenwidriger Kollusion und Evidenz des Missbrauchs. Arbeiten dementsprechend Treuhänder und Gesellschaft bewusst zum Nachteil des Treugebers zusammen, d.h. erfolgt die für den Treugeber nachteilige Stimmabgabe des Treuhänders im bewussten und gewollten Zusammenwirken mit der Gesellschaft, besteht keine Veranlassung der derartigen Maßnahme Rechtsschutz zu verleihen. Selbiges gilt auch dann, wenn ein etwaiger Missbrauch der Rechtsstellung des Treuhänders offenkundig war bzw. sich der Gesellschaft aufgrund aller ihr bekannten Umstände gleichsam hat aufdrängen müssen[647].

Der Umstand, dass es bei der Ausübung der Mitgliedschaftsrechte, insbesondere des Stimmrechts, auf die Inhaberschaft der Aktien ankommt, bedeutet im Hinblick auf das Recht der Namensaktie, dass gegenüber der Gesellschaft der Namensaktionär, d.h. der nach Maßgabe des § 67 Abs. 2 AktG als solcher im Aktienregister Eingetragene, als stimmrechtsberechtigt gilt, auch wenn er nicht der materiell Berechtigte ist.

Es handelt sich folglich in den Fällen, in denen der im Aktienregister eingetragene Nichtberechtigte das Stimmrecht ausübt, um keinen Fall der Stimmrechtsvertretung, sondern um die (direkte) Ausübung des Mitgliedschaftsrechts kraft vermuteter Aktionärseigenschaft. Will hingegen der Nichteingetragene materiell Berechtigte selbst das Stimmrecht ausüben, kann er dies nur Wege der Stellvertretung des eingetragenen Nichtberechtigten tun. Die Eintragung im Aktienregister kann demzufolge die (verwirrende) Wirkung haben, dass der materiell Berechtigte – sofern er nicht im Aktienregister eingetragen ist – eine Bevollmächtigung des Nichtberechtigten benötigt, wenn er „sein" Stimmrecht ausüben will. Der eingetragene Nichtberechtigte hingegen benötigt grundsätzlich keinerlei weitere Legitimation gegenüber der Gesellschaft.

Gegenüber dem materiell Berechtigten resultiert die Legitimation, je nachdem, wie es zur Eintragung des Nichtberechtigten gekommen ist, aus dem zugrunde liegenden Rechts- bzw. Schuldverhältnis. Ist beispielsweise das Kreditinstitut eingetragen, welches die Namensaktien ihres Depotkunden (zwischen-)verwahrt, beruht die Legitimation aus der im Depot- bzw. Girovertrag enthaltenen Treuhandabrede. Ist demgegenüber ein Nichtberechtigter im Aktienregister eingetragen worden, ohne dass eine etwaige (Treuhand-)Abrede mit dem materiell Berechtigten existiert, finden die gesetzlichen Regelungen der Geschäftsführung ohne Auftrag bzw. der Regelungen über die ungerechtfertigte Bereicherung Anwendung.

---

[647] vgl. Medicus, a. a. O., Rn 966 ff

3.4.3.2 Sonderregelung des § 135 AktG

3.4.3.2.1 Ermächtigungserfordernis

Aufgrund der Bedeutung des Stimmrechts hinsichtlich der möglichen Einflussnahme auf die Geschicke der Gesellschaft im Wege der Beschlussfassung in der Hauptversammlung, gilt es einige Besonderheiten zu berücksichtigen, die in § 135 AktG, der zentralen Vorschrift für die Stimmrechtsausübung, geregelt werden[648].

Ist nämlich nach Maßgabe von § 135 Abs. 7 AktG ein Kreditinstitut bzw. eine der in § 135 Abs. 9 S. 1 Nr. 1 – 3 AktG bezeichneten Personen, für die die Regelungen des Abs. 7 entsprechend gilt, im Aktienregister als Namensaktionär eingetragen, ohne materiell berechtigt zu sein, darf das Stimmrecht durch diese nur aufgrund einer (internen) Ermächtigung ausgeübt werden. Der demgemäß Ermächtigte kann dabei nach Maßgabe des Abs. 3 die Ermächtigung an eine bei ihm nicht angestellte Person nur dann weiterreichen, sofern dies ausdrücklich gestattet ist.

Im Gegensatz zur ursprünglichen Rechtslage vor In-Kraft-treten des NaStraG ist das Schriftlichkeitserfordernisses der Ermächtigung gesetzlich nicht mehr aufrecht erhalten geblieben. Das Absehen von einer schriftlichen Ermächtigung hat in diesem Kontext nicht den Verlust von Kontrollmöglichkeiten zur Folge, da die Kreditinstitute gemäß § 135 Abs. 7 S. 2 i.V.m. § 135 Abs. 2 S. 4 AktG (bzw. die in § 135 Abs. 9 AktG benannten Personen aufgrund der entsprechenden Anwendung) verpflichtet sind, die entsprechende Ermächtigung, welche nach Abs. 2 S. 3 nur die mit der Stimmrechtsausübung verbundenen Erklärung enthalten darf, „nachprüfbar festzuhalten". Das Kreditinstitut muss danach die Ermächtigung bzw. die damit gegebenenfalls einhergehende Befugnis zur Weiterreichung der Ermächtigung so festhalten, dass eine Überprüfung im Rahmen der Prüfung nach § 29 Abs. 2 KWG möglich ist. Zum Erfordernis der Nachprüfbarkeit gehört dabei selbstverständlich auch, dass die Ermächtigung mit einem Datum versehen ist, ohne dass dieses einer ausdrücklichen Erwähnung im Gesetz bedarf, da das Datum Bestandteil einer vollständigen Ermächtigung im Sinne des Abs. 2 S. 3 ist und es darüber hinaus eine Obliegenheit der Parteien ist, die geeignete Ermächtigungsform zu vereinbaren[649]. Der Umstand, dass ausweislich des Regierungsentwurfes eine Überwachungsmöglichkeit der Ermächtigung nach Maßgabe der Prüfung nach § 29 Abs. 2 S. 2 KWG beabsichtigt ist, führt richtigerweise zu der Konsequenz, dass die Kreditinstitute eine zehnjährige Aufbewahrungspflicht für die „Ermächtigungsaufzeichnungen" trifft und nicht etwa nur eine sechsjährige, wie teilweise ohne weitere Ausführungen mit Verweis auf § 257 Abs. 4 HGB vorgebracht wird. So

---

[648] Für die Ausübung des Stimmrechts durch Kreditinstitute und geschäftsmäßig Handelnde in der Hauptversammlung der Volkswagenwerk AG gelten die Sondervorschriften des § 3 des Gesetzes über die Überführung der Anteilsrechte an der Volkswagen GmbH in private Hand vom 21. Juli 1960, die durch § 38 EG AktG zwar geändert worden, grundsätzlich aber aufrechterhalten geblieben sind und § 135 AktG vorgehen.

[649] vgl. Seibert, a. a. O., ZIP 2000, 937 (945)

regelt § 29 Abs. 2 S. 2 KWG die Prüfungspflichten im Rahmen des Jahresabschlusses, welcher seinerseits von den Gesellschaften gemäß § 257 Abs. 1 Nr. 1 i.V.m. Abs. 4 HGB zehn Jahre aufzubewahren ist. Leitete man die Aufbewahrungsfrist nicht aus dem Handelsgesetzbuch ab, ließe sich diese Frist auch aus der analogen Anwendung des § 273 Abs. 2 AktG entnehmen, der die aktienrechtliche Ergänzung zum § 257 HGB darstellt[650].

Durch die Gesetzesänderung ist es nunmehr möglich das Kreditinstitut oder die diesem gleichgestellte Person auf andere Art und Weise, etwa via E-Mail etc. zur Stimmrechtsausübung zu ermächtigen, infolge dessen auch hierbei das Bestreben des Gesetzgebers erkennbar wird, das Namensaktienrecht für die modernen Kommunikationsmittel zu öffnen. Das Kreditinstitut bzw. die nach Maßgabe von § 135 Abs. 9 S. 1 Nr. 1 - 3 AktG sonst stimmberechtigte Person hat entsprechend der Weisung des nichteingetragenen materiell Berechtigten zu folgen. Lediglich im Falle einer nicht erteilten Weisung ist der stimmberechtigte Eingetragene gemäß § 135 Abs. 5 i.V.m. § 128 Abs. 2 AktG (gegebenenfalls i.V.m. § 135 Abs. 9 S. 1 AktG) befugt, entsprechend den vorher mitgeteilten Vorschlägen abzustimmen, sofern er nicht den Umständen nach annehmen darf, dass der materiell Berechtigte bei Kenntnis der Sachlage die abweichende Ausübung des Stimmrechts billigen würde.

Eng mit dieser Vorschrift verbunden, die teilweise mit dem Wortlaut des § 665 S. 1 BGB übereinstimmt, ist auch Abs. 8 zu würdigen. Hiernach ist das stimmberechtigte Kreditinstitut bzw. die stimmberechtigte Person nach Abs. 9 S. 1 Nr. 1 – 3 verpflichtet, den materiell Berechtigten nach der Hauptversammlung zu benachrichtigen, wenn bei der Ausübung des Stimmrechts von der Weisung des materiell Berechtigten oder, falls der materiell Berechtigte keine Weisung erteilt hatte, vom eigenen nach § 128 Abs. 2 S. 1 AktG mitzuteilenden Vorschlag, abgewichen worden ist. Diese Mitteilung, die vom Stimmberechtigten unaufgefordert zu erfolgen hat, muss dabei die Abweichung und die Gründe hierfür angeben. Dazu gehört die Angabe, wie der Stimmberechtigte das Stimmrecht ausgeübt hat und welche Umstände vorlagen, nach denen angenommen worden ist, dass der materiell Berechtigte bei Kenntnis der Sachlage die abweichende Ausübung des Stimmrechts billigen würde. Nicht erforderlich ist jedoch, dass diese Mitteilung schriftlich zu erfolgen hat bzw. dass der materiell Berechtigte unverzüglich benachrichtigt werden muss. Gleichwohl wird man annehmen müssen, da es sich hierbei um eine ergänzende Vorschrift zum zwischen dem Depotkunden und dem Kreditinstitut zugrunde liegenden Depotvertrag handelt, dass die Pflicht erfüllt werden muss, wie es im Rahmen des Depotvertrags zumutbar und möglich ist, infolge dessen beispielsweise ein mehrmonatiges Aufschieben der Mitteilung nicht zulässig sein dürfte. § 135 Abs. 8 AktG weist insoweit gleichfalls Parallelen zum Auftragsrecht auf und entspricht § 666

[650] vgl. Hüffer, a. a. O., § 273 Rn 10; vgl. NZG 2000, 443 (447); vgl. Noack, a. a. O., ZIP 2001. 57 (58); Insoweit ist die Auffassung überholt, die von einer dreijährigen Aufbewahrungspflicht in Anlehnung an die zwischenzeitig aufgehobenen §§ 44 - 44b HGB ausgegangen ist vgl. Eckhardt in Geßler/Hefermehl, a. a. O., § 135 Rn 61

BGB, wonach der Beauftragte dem Auftraggeber nach Erledigung des Auftrages Rechenschaft zu legen hat. Inhaltlich liegt dieser Vorschrift der Gedanke, der auch durch § 135 Abs. 5 AktG deutlich wird, zugrunde, dass der Stimmberechtigte nicht starr an die Beachtung der Weisungen oder den an den materiell Berechtigten mitgeteilten Vorschlägen gebunden sein kann, wenn sich nachträglich neue Umstände ergeben, die eine Stimmabgabe entsprechend der Weisung oder des eigenen Vorschlags als eine offensichtliche Verletzung des Interesses des materiell Berechtigten erscheinen lassen[651].

Eine weitere Besonderheit ist insoweit in §§ 135 Abs. 7 i.V.m. § 135 Abs. 1 S. 2 AktG geregelt, wonach das Kreditinstitut einer ausdrücklichen Weisung bedarf, sofern es in der eigenen Hauptversammlung als eingetragener Nichtberechtigter abstimmen soll. Dieses ausdrückliche Weisungserfordernis ist auch im Hinblick auf den Anwendungsbereich von § 135 Abs. 1 S. 3 AktG erforderlich, sofern das mit der Ausübung des Stimmrechts beauftragte Kreditinstitut an einer Abstimmung in einer Hauptversammlung einer Gesellschaft teilnehmen soll, an der es mit mehr als 5% am Grundkapital oder über eine Mehrheitsbeteiligung mittelbar beteiligt ist. Selbiges gilt grundsätzlich auch aufgrund der entsprechenden Anwendung des § 135 Abs. 9 AktG für die dort benannten stimmberechtigten Personen, sofern diese in der eigenen Hauptversammlung für den materiell Berechtigten abstimmen sollen. Praktische Auswirkungen des Erfordernisses einer ausdrücklichen Weisung für diesen Personenkreis sind kaum bemerkbar, da die unter Nr. 1 aufgeführten Aktionärsvereinigungen sich regelmäßig nicht als Aktiengesellschaft organisieren und auch die unter Nr. 2 aufgeführten Personen nicht juristischer Natur sind. Allenfalls im Rahmen des Personenkreises, welcher unter den Regelungsbereich der Nr. 3 fällt, wäre demnach die Anwendbarkeit der §§ 135 Abs. 7, 1 S. 2 AktG i.V.m. Abs. 9 realistisch möglich.

3.4.3.2.2 Sonderregelung für Kreditinstitute

Eine spezifisch für Kreditinstitute geltende Regelung, die, wie § 663 BGB (i.V.m. § 362 Abs. 1 S. 2 HGB) deutlich macht, gleichermaßen Parallelen zum Auftragsrecht aufweist, findet sich indes in § 135 Abs. 10 AktG. Unter der Voraussetzung, dass das Kreditinstitut die Aktien des Depotkunden verwahrt, d.h. ein wirksamer Depotvertrag zwischen beiden vorliegt, oder aber für den materiell Berechtigten im Aktienregister eingetragen ist, und es sich zudem zur Ausübung des Stimmrechts „erboten“ hat, ist es – unter Berücksichtigung der Ausnahmeregelung des S. 2 – verpflichtet, dieses auch auszuüben. Maßgebend ist somit nicht nur das Vorhandensein eines Vertragsverhältnisses oder der Aktionärsstellung kraft Eintragung im Aktienregister, sondern auch, dass das Kreditinstitut die Stimmabgabe für den materiell Berechtigten angeboten hat, was insoweit im eigenen Ermessen des Kreditinstituts steht. Die Notwendigkeit des Erbietens der Stimmrechtsausübung verlangt über die Bereitschaft der Verwahrung der Aktien oder der Eintragung als Aktionär im Aktienregister hinaus eine

[651] vgl. Eckhardt in Geßler/Hefermehl, a. a. O., § 135 Rn 84 ff/70

Handlung des Kreditinstituts, in der sich seine Bereitschaft ausdrückt, für den Depotkunden bzw. den materiell Berechtigten das Stimmrecht in der Hauptversammlung auszuüben. Das Erbieten verlangt jedoch nur eine Handlung, nicht aber eine Initiative des Kreditinstituts. Demnach ist nicht erforderlich, dass das Kreditinstitut an seine Depotkunden bzw. die eigentlich materiell Berechtigten herantritt. Vielmehr kann das Erbieten des Kreditinstituts auch darin gesehen werden, dass es die Aufträge der Depotkunden bzw. der materiell Berechtigten annimmt, das Stimmrecht in einer bestimmten Hauptversammlung auszuüben. Es ist somit der (angenommene) Auftrag zur Stimmrechtsausübung, der die Verpflichtungswirkung des § 135 Abs. 10 AktG auslöst und im Falle der Zuwiderhandlung mögliche Schadensersatzansprüche des Auftraggebers mit sich bringen[652].

3.4.3.3 Zurechenbarkeit von (übertragenen) Stimmrechten

In den Fällen, in denen ein Kreditinstitut oder eine in § 135 Abs. 9 S. 1 Nr. 1 – 3 AktG benannte Person das Stimmrecht für den materiell Berechtigten ausübt, geht die gesetzgeberische Intention im Regelfall davon aus, dass der eingetragene Nichtberechtigte nicht nach eigenem Ermessen entscheidet. Dies entspricht insoweit der Sachlage des Auftragsstimmrechts bei Inhaberaktien, wo der Stimmberechtigte ebenfalls nicht materiell Berechtigter im eigentlichen Sinne ist, sondern von diesem das Mitgliedschaftsrecht – oftmals zum Zwecke der Stimmrechtsausübung – (treuhänderisch) übertragen bekommen hat. Aufgrund der grundsätzlich fehlenden eigenen Ermessensentscheidung besteht daher auch nach § 22 Abs. 1 Nr. 7 WpHG keine kapitalmarktrechtliche Meldepflicht nach §§ 21 ff WpHG, da insoweit das Stimmrecht nicht dem stimmrechtsausübenden Legitimationsaktionär zugerechnet wird.

Anders stellt sich die Situation hinsichtlich der aktienrechtlichen Meldepflicht gemäß §§ 20, 21 AktG dar. Nach § 21 Abs. 4 AktG dürfen Rechte aus Aktien, die einer mitteilungspflichtigen Gesellschaft gehören, nicht geltend gemacht werden, sofern die Gesellschaft ihre Mitteilungspflicht nicht erfüllt hat. Es stellt sich somit auch in diesem Zusammenhang die Frage nach der möglichen Zurechnung des Stimmrechts.

Im Gegensatz zur kapitalmarktrechtlichen Meldepflicht nach §§ 21, 22 WpHG beschränkt sich die Meldepflicht des Aktiengesetzes nicht nur auf die vorhandene Kapitalmehrheit, sondern erstreckt sich auch auf die Stimmenmehrheit bzw. die Mehrheitsbeteiligung gemäß § 16 AktG.

Auszugehen ist dabei von der grundsätzlichen Regelung des § 16 Abs. 1 AktG, wonach dem mit Mehrheit beteiligten Unternehmen die Anteile „gehören“ bzw. die Stimmrechte „zustehen“ müssen. Nach Maßgabe dieser Bestimmung „gehören“ dem Unternehmen die Anteile, wenn es Rechtsinhaber bzw. Eigentümer ist. Die Stimmrechte stehen dem Unternehmen folglich kraft seiner mitgliedschaftlichen Beteiligung zu, die entweder unmittelbar aus seinen Anteilen oder kraft Zuweisung durch die Satzung erwachsen. Wird demnach das

---

[652] vgl. Eckhardt in Geßler/Hefermehl, a. a. O., § 135 Rn 90 ff

Mitgliedschaftsrecht vom Rechtsinhaber bzw. dem Treugeber auf einen Dritten bzw. einen Treuhänder (treuhänderisch) übertragen, gehören die Anteile dem Treuhänder, so dass ihm auch das Stimmrecht zusteht. Bezüglich der Berechnung der Anteils- und Stimmenmehrheit gilt es daher stets zu den eigenen Anteilen des Unternehmens, diejenigen zusätzlich zu berücksichtigen, die von diesem treuhänderisch gehalten werden. Unerheblich ist bezüglich der konkreten Berechnung der entsprechenden Mehrheiten insoweit, ob der Treuhänder ein Eigeninteresse an der Ausübung der übertragenden Rechtsmacht hat und inwieweit ihm schuldrechtliche Bindungen (Weisungsrecht des Treugebers, Stimmrechtsvollmacht für den Treugeber etc.) auferlegt worden sind. Eine Ausnahme hiervon ist jedoch angebracht, wenn dem Treugeber nicht nur eine Stimmrechtsvollmacht, sondern durch Vereinbarung in der Satzung weitergehend das mitgliedschaftliche Recht zur Stimmrechtsausübung gleichsam als Sonderrecht eingeräumt wird, da dann konsequenterweise allein ihm und nicht dem Treuhänder die Stimmen im Sinne des § 16 Abs. 1 AktG zugeordnet sind[653]. Neben der aus dieser Bestimmung resultierenden Mehrheitsbeteiligung gilt es aber auch diejenigen Anteile hinzuzurechnen, die nach Maßgabe des § 16 Abs. 4 AktG als dem Unternehmen gehörend angesehen werden. Es handelt sich hierbei um eine Regelung, die mit Hilfe einer gesetzlichen Fiktion einer Umgehung des Abs. 1 durch Verlagerung der Anteile auf Dritte vorbeugen soll. Dementsprechend werden drei Fallgruppen präzisiert, bei deren Vorliegen die Anteile dem Unternehmen zugeordnet werden. Dies ist dann der Fall, wenn die Anteile einem abhängigen Unternehmen (1. Fallgruppe) oder einem anderen für Rechnung des Unternehmens oder eines von diesem abhängigen Unternehmens gehören (2. Fallgruppe). Die 3. Fallgruppe deckt diejenigen Fälle ab, in denen ein Einzelkaufmann Inhaber eines Unternehmens ist, welches die Anteile für Rechnung des anderen Unternehmens hält.

Die Anteile werden dabei dann für Rechnung des Unternehmens (oder eines von ihm abhängigen Unternehmens) gehalten und diesem zugerechnet, wenn der Dritte zwar formal Rechtsinhaber ist, das Unternehmen aber die Kosten und das wirtschaftliche Risiko trägt. Das ist insbesondere beim sogenannten „Durchstellgeschäft" der Fall, bei dem der Dritte im Auftrag des Unternehmens die Anteile erwirbt und gemäß § 667 BGB zur Herausgabe verpflichtet ist. Ferner aber auch dann, wenn zwischen dem Unternehmen und dem Dritten ein Treuhandverhältnis besteht, gleichgültig, ob in Form einer Verwaltungs- oder Sicherungstreuhand, wonach der Dritte als Treuhänder formal Inhaber des Mitgliedschaftsrechts ist. Es macht hierbei keinen Unterschied, inwieweit der Treugeber, d.h. das Unternehmen, den Treuhänder im Innenverhältnis schuldrechtlich gebunden hat. Entscheidend ist vielmehr, ob der Treugeber im Ergebnis die wirtschaftlichen Folgen trägt. Eine Zurechnung zu Lasten des Treugebers scheidet folglich nur dann aus, wenn gewährleistet ist, dass die Chancen und die

---

[653] vgl. MK-Bayer, a. a. O., § 16 Rn 24 ff

Risiken aus der Verwaltung des Treuguts, d.h. der Anteile, allein den Treuhänder treffen[654].

Der Gesetzgeber geht daher in den gesetzlich normierten Sachverhalten des § 16 Abs. 4 AktG davon aus, dass das Unternehmen, dem die Anteile zugerechnet werden, in der Lage ist, die Entscheidung darüber zu treffen, wie die Rechte aus den zugerechneten Anteilen ausgeübt werden sollen. Im Mittelpunkt der gesetzgeberischen Bestrebung steht also die Vermeidung einer etwaigen unmittelbaren und mittelbaren Einflussnahme auf eine Gesellschaft, ohne dass diese vorher über die bestehende Mehrheitsbeteiligung informiert worden ist.

Entgegen der Formulierung des § 16 Abs. 4 AktG bezieht sich die Zurechnung jedoch nicht nur auf die Anteile, sondern erstreckt sich auch auf die damit verbundenen Stimmrechte. Da diese Vorschrift eine Fiktion beinhaltet, kommt es nicht darauf an, ob die dem Unternehmen zugerechneten Stimmen auch tatsächlich ausgeübt werden bzw. ob das Unternehmen diese ausüben kann. Entscheidend ist vielmehr, dass dem Unternehmen Stimmrechte (fiktiv) zugerechnet werden können, so dass eine fiktive Stimmenmehrheit entstehen kann, die zur Meldepflicht des Unternehmens führt und die bei verbotswidrigen Stimmenabgabe im Falle des Verstoßes gegen die Mitteilungspflicht durchaus die Anfechtbarkeit eines mit Hilfe dieser Stimmen zustande gekommenen Hauptversammlungsbeschlusses mit sich bringen kann[655].

Davon streng zu unterscheiden sind die Fälle, in denen eine Person kraft Bevollmächtigung das Stimmrecht für den im Aktienregister Eingetragenen ausübt. Er handelt hierbei folglich nicht als Inhaber des Stimmrechts, so dass ihm dieses auch nicht zugerechnet werden kann und dementsprechend auch keine Mitteilungspflicht des Bevollmächtigten im aktienrechtlichen Sinne ausgelöst werden, was jedoch nicht zwangsläufig auch für den Vollmachtgeber, d.h. den im Aktienregister Eingetragenen, gelten muss. Die Bevollmächtigung eines Dritten zur Stimmrechtsausübung führt nämlich nicht zur Vermeidung etwaiger Mitteilungspflichten, sofern in der Person des Vollmachtgebers die Voraussetzungen hierfür erfüllt sind.

3.4.3.4 Auswirkungen

Vor allem die Kreditinstitute haben sich die Möglichkeit des Vollmachtsstimmrechts, auf welches noch einzugehen sein wird, zu Nutze gemacht und sukzessive ihren Einfluss auf die Aktiengesellschaften, insbesondere auf die großen (börsennotierten) Publikumsgesellschaften, ausgebaut, ohne dabei einem eigenen wirtschaftlichen Risiko ausgesetzt zu sein, welches allein beim vertretenen Aktionär liegt. Besonders deutlich wird dies, wenn man berücksichtigt, dass in den Hauptversammlungen von 24 großen Gesellschaften[656] im Jahre 1992 nicht weniger als 84% der anwesenden Stimmen von Kreditinstituten repräsentiert worden sind, wobei fast drei Viertel dieser Stimmanteile der Kredit-

---

[654] vgl. MK-Bayer, a. a. O., § 16 Rn 47
[655] vgl. MK-Bayer, a. a. O., § 16 Rn 46
[656] vgl. Anlage III, IV

institute auf Vollmachtstimmrechten ihrer Depotkunden basierten. Ergänzt man dieses mit Erfahrungswerten, wonach nur in den seltensten Fällen, nämlich nur von 2 – 3% der Depotkunden, Weisungen zur Stimmrechtsausübung erteilt werden, wird ersichtlich, wie bedeutend die Stimmrechtsausübung für die Kreditinstitute ist und diese demzufolge auch über die Mittel verfügen, um entsprechend Einfluss auf die Gesellschaften ausüben zu können, ohne direkt an diesen beteiligt zu sein, was sich nicht zuletzt in der Zahl der von den Kreditinstituten besetzten Aufsichtsratspositionen widerspiegelt[657].

Die zunehmende Verbreitung der Namensaktie kann in diesem Zusammenhang zu erheblichen Veränderungen auf diesem Gebiet führen.

Wie bereits aufgezeigt worden ist, führt der verstärkte Handel von Namensaktien dazu, dass anstelle des tatsächlich materiell Berechtigten ein „street name“ im Aktienregister eingetragen wird, um so etwaige Umschreibungen im Falle der (Weiter-)Veräußerung zu vermeiden und so auch eine der Inhaberaktie entsprechende Umlauffähigkeit zu erzielen.

Es stellt sich hierbei die Frage, ob nun die Kreditinstitute oder aber „sonstige Dritte“ diese Funktion übernehmen werden. Neben den gegebenenfalls aus der Eintragung resultierenden Verpflichtungen des Eingetragenen, der gegenüber der Gesellschaft als Aktionär gilt, sind die soeben ausgeführten Mitteilungspflichten zu berücksichtigen. Dementsprechend wird es weniger Bedenken geben, sich für börsennotierte Gesellschaften im Aktienregister eintragen zu lassen als für nichtbörsennotierte, da für erstere eine Zurechnung der Stimmenanteile entsprechend den Vorschriften des WpHG nicht erfolgt und folglich auch eine Mitteilungspflicht nicht notwendig ist, sofern nicht die Zahl der eigenen Aktien dies erfordert. Umgekehrt wird die Verwaltung von Namensaktien nichtbörsennotierter Gesellschaften aufwendiger werden, da das Kreditinstitut oder der „sonstige Dritte“ der als „street name“ eingetragen wird, stets Kenntnis von der Gesamtzahl der von ihm kraft Eintragung im Aktienregister ausgeübten Mitgliedschaftsrechte haben muss, um so gegebenenfalls der Mitteilungspflicht der §§ 20, 21 AktG nachzukommen, und zwar unabhängig davon, ob ihm im Einzelfall eine konkrete Ermächtigung zur Stimmrechtsausübung erteilt worden ist oder nicht, da andernfalls sämtliche von ihm kraft Eintragung im Aktienregister ausgeübten Stimmrechte unwirksam wären und gegebenenfalls im Falle der verbotswidrigen Stimmabgabe die Unwirksamkeit von Hauptversammlungsbeschlüssen bewirken könnte.

Es bleibt aber abzuwarten, ob die Kreditinstitute hieraus die Konsequenz ableiten, nur noch die Eintragung für börsennotierte Aktiengesellschaften zu akzeptieren, da die Kreditinstitute sich, unabhängig vom Nichtbestehen einer Mitteilungspflicht, erfahrungsgemäß nur sehr zögerlich in eine Position bringen lassen, in der sie formal Berechtigte werden, ohne aus einer solchen Maßnahme (einen weiteren) wirtschaftlichen Nutzen zu ziehen. Darüber hinaus kann unter

---

[657] vgl. Lutter, a. a. O., NJW 1995, 2766 (2767); vgl. Baums/v. Randow, a. a. O., AG 1995, 145 (145/150); vgl. Baums, a. a. O., AG 1996, 11 (11f); vgl. Hammen, a. a. O., ZIP 1995, 1301 (1302)

Berücksichtigung der Entwicklungen in den Wirtschafts- und Kapitalmärkten, in denen die Namensaktie eine geschichtlich gewachsene, sehr starke Verbreitung hat, durchaus damit gerechnet werden, dass sich auch in Deutschland ein Markt von „street names“ bilden wird, der mit den Kreditinstituten um die Ausübung mitgliedschaftlicher Rechte konkurrieren wird[658].

3.4.3.4.1 „Voting trust“

Insbesondere sei hier auf eine der zwei in den USA bekannten Formen der nicht persönlichen Stimmrechtsausübung verwiesen. Während es sich beim sogenannten „proxy voting“ um eine Art der Stellvertretung bei der Stimmrechtsausübung handelt welche auch noch im Rahmen der Stimmrechtsvertretung zu erörtern sein wird, erfolgt beim sogenannten „voting trust“ eine Trennung von wirtschaftlichem Eigentum und Stimmrecht der Aktien. Durch den „voting trust“ übertragen zwei oder mehrere Aktionäre ihre Stimmrechte für eine gewisse Zeit unwiderruflich auf einen Treuhänder, um damit die Kontrolle über die Aktionärsversammlung zu erhalten. Die Willensbildung erfolgt dabei gemeinsam für alle eingebrachten Anteile nach dem Verfahren, dass in dem der Treuhand zugrunde liegenden Vertrag vereinbart worden ist. Über die Rechte aus diesem Vertrag hinaus stehen den Aktionären bzw. Treugebern keine Einfluss- oder Weisungsrechte zu. Bei einem „voting trust“ verliert der Aktionär also in der Regel den unmittelbaren Einfluss auf die Stimmrechte seiner Aktien für einen längeren Zeitraum. Dadurch wird aber auch die Veräußerung der Aktien erschwert, da der Erwerber nur den Anteil an dem „trust“ und somit kein eigenes Stimmrecht erwerben kann. Gerade bei börsengehandelten Gesellschaften und insbesondere bei Kleinanlegern ist der „voting trust“ nicht von großer Bedeutung, da hier die Umlauffähigkeit der Aktie im Vordergrund steht. Außerdem dürfte es ein fast unmögliches Unterfangen sein, ausreichend Kleinaktionäre für einen kontrollierenden Anteil an einer Publikumsgesellschaft bei einem voting trust zusammenzuführen[659].

Eine derartige Entwicklung hat in Deutschland (noch) nicht stattgefunden, obwohl gewisse Ansätze bereits praktiziert werden, wie das in etwa bei den Stimmbindungsverträgen der Fall ist. Der Unterschied besteht jedoch dahingehend, dass die an einem Stimmbindungsvertrag beteiligten Aktionäre ihre Aktionärsstellung behalten und nur die Ausübung ihres Stimmrechts „abstimmen“, nicht jedoch ihre Anteile treuhänderisch auf einen Dritten übertragen, der (im Wege der Eintragung im Aktienregister) gegenüber der Gesellschaft als Aktionär auftritt und nach Maßgabe der zugrunde liegenden Treuhandvereinbarung die Mitgliedschaftsrechte ausübt. Diese Art der Stimmrechtsausübung stellt eine effektivere Möglichkeit der Interessenvertretung dar, da nur die als Aktionär eingetragene Person an der Abstimmung teilnimmt und so die Gefahr der Nichteinhaltung des vertraglich vereinbarten Abstimmungsverhaltens minimiert wird.

---

[658] vgl Seibert in v. Rosen/Seifert, a. a. O., 11 (42); vgl. Noack, a. a. O., in FS Lutter 2000, 1463 (1471)

[659] vgl. Hoffman, a. a. O., S. 82 f

Bezüglich der Durchsetzung einer solchen Methode der Interessenvertretung in Deutschland ist zu bemerken, dass auch in Deutschland der Gesichtspunkt der Umlauffähigkeit der Namensaktien von erheblicher Bedeutung ist, da es gerade dieser Aspekt war, der den Gesetzgeber veranlasst hat, die wesentlichen Änderungen des Namensaktienrechts durchzuführen. Dementsprechend dürfte der Abschluss eines solchen „voting trust", mit der Folge, dass unwiderruflich für einen bestimmten Zeitraum die Stimmrechte übertragen werden und somit dem autonomen Entscheidungswillen des materiell Berechtigten bzw. Treugebers entzogen werden, (negativen) Einfluss auf die Übertragbarkeit haben. Nichts desto trotz ist durchaus denkbar, dass diese Methode bei bestimmten Aktiengesellschaften und unter bestimmten Konstellationen erfolgversprechend sein kann. Ähnlich wie in den USA dürfte auch in Deutschland der Hauptanwendungsbereich bei nichtbörsennotierten (Familien-) Gesellschaften und solchen mit überschauberem Aktionärskreis zu finden sein. Anders als in den USA haben aber in Deutschland Aktionärsvereinigungen einen höheren Stellenwert und genießen vor allem bei Kleinaktionären ein höheres Ansehen, so dass eine Übertragung der Stimmrechte im Wege eines „voting trust" nicht gänzlich auszuschließen ist.

3.4.3.4.2 Street name-Eintragungen

Generell dürfte jedoch der Interessenwahrnehmung der materiell Berechtigten durch Dritte (in Konkurrenz zu den Kreditinstituten) im Wege der Einräumung der Aktionärsstellung kraft Eintragung im Aktienregister eine stärkere Bedeutung zukommen.

Neben den Kreditinstituten und den bereits erwähnten Aktionärsvereinigungen dürften die unter § 135 Abs. 9 S. 1 Nr. 3 AktG beschriebenen Personen, die sich geschäftsmäßig gegenüber den Aktionären zur Ausübung des Stimmrechtes in der Hauptversammlung erbieten, eine größere Bedeutung gewinnen, wohingegen der unter Nr. 2 aufgeführte Personenkreis wohl kaum – bis auf wenige Einzelfälle – eine starke Verbreitung erfahren wird.

Es sind gerade die nach Nr. 3 „geschäftsmäßig Handelnden", die entweder als „street names" oder als Stimmrechtsvertreter vermehrt in Erscheinung treten werden.

Diese Personengruppe ist im Rahmen der Aktienrechtsreform im Jahre 1965 in den Referentenentwurf und später im Gesetz miteinbezogen worden. Man ist hierbei von der Erkenntnis ausgegangen, dass bei diesen Personen im Vergleich zu den Kreditinstituten eine andere Sachlage vorliegt, da bei letzteren der (Depot-) Verwahrungsvertrag die Grundlage für die spätere Stimmrechtserteilung bildet, während bei den sogenannten „geschäftsmäßig Handelnden" gerade kein Besitz der Aktien des materiell Berechtigten vorliegt. Dennoch erscheint es zweckmäßig, diese „geschäftsmäßig Handelnden" den Kreditinstituten gleichzustellen, weil ihnen im zunehmenden Maße Abstimmungsaufträge erteilt werden und somit gewährleistet werden muss, dass auch sie das Stimmrecht entsprechend dem Willen des materiell Berechtigten ausüben[660].

Aufgrund des Wortlauts der Begründung des Referentenentwurfs der Aktienrechtsreform 1965, der vom „geschäftsmäßigen Vertreter" bei der Stimmrechtsausübung spricht, ist es offensichtlich, dass der Gesetzgeber, von der Dominanz der Inhaberaktie ausgehend, den grundsätzlichen Anwendungsbereich dieser „geschäftsmäßig Handelnden" im Rahmen der Stimmrechtsvertretung (von Inhaberaktien) gesehen hat und nicht etwa in der Übertragung der formalen Aktionärsstellung als „street name" kraft Eintragung im Aktienregister, obwohl durch die entsprechende Anwendung der Absätze 1 – 8 auch diese Konstellation berücksichtigt worden ist.

Die Veränderungen auf dem deutschen Aktienmarkt verbunden mit der stärkeren Präsenz der Namensaktie eröffnen diesen „geschäftsmäßig Handelnden" einen neuen Tätigkeitsraum, ohne dass eine inhaltliche Neugestaltung der Vorschrift des § 135 Abs. 9 S. 1 AktG und damit einhergehend eine neue Definition des unter Nr. 3 aufgeführten Personenkreises für notwendig erachtet worden ist. Nichts desto trotz gilt es, die bisherige Definition des „geschäftsmäßig Handelnden" auch im Lichte einer Eintragung im Aktienregister als „street name" für den materiell Berechtigten zu sehen.

Die als „street name" eingetragene Person muss demnach die Ausübung des Stimmrechtes „erbieten", um unter den Anwendungsbereich des § 135 Abs. 9 Nr. 3 AktG zu fallen. Das „Erbieten", welches von jeder natürlichen oder juristischen Person ausgehen kann, welche zudem auch nicht selbst Aktionär zu sein braucht, kann mündlich oder schriftlich, durch persönliches Schreiben, durch allgemeine Rundschreiben (per E-Mail) oder durch die Presse erfolgen. Dabei braucht es nicht an alle Aktionäre gerichtet zu sein, wohingegen das Erbieten gegenüber einem oder wenigen Aktionären allerdings nicht genügt, infolge dessen etwa der Vertrauensanwalt einer oder mehrerer Firmen nicht unter diese Vorschrift fällt, wenn er sich gegenüber diesen Firmen zur Ausübung des Stimmrechts erbietet. Das Erbieten ist ferner auch nicht an die Abgabe der Stimmen in einem bestimmten Sinne gebunden. Es muss indes erkennbar werden, dass der Erklärende bereit ist, die Vertretung fremder Stimmrechte in der Hauptversammlung bzw. die formale Aktionärsstellung im Aktienregister für den materiell Berechtigten zu übernehmen, so dass die bloße Aufforderung der Aktionäre, ihre Stimmen selbst oder durch einen Vertreter in einem bestimmten Sinne abzugeben oder einen bestimmten Antrag zu unterstützen, gleichermaßen kein „Erbieten" darstellt und folglich auch nicht in den Anwendungsbereich dieser Vorschrift fällt.

Zudem muss das Erbieten „geschäftsmäßig" erfolgen, d.h. mit der Absicht und Bereitschaft vorgenommen werden, die Stimmrechtsausübung öfters und nicht nur gelegentlich zu wiederholen bzw. die Eintragung im Aktienregister nicht nur sporadisch, auf einzelne Fälle beschränkt, zu erwirken. Nicht entscheidend ist insoweit, ob die Person beabsichtigt, sich durch die Stimmrechts-

---

[660] vgl. Eckhardt in Geßler/Hefermehl, a. a. O., § 136 Rn 114

ausübung bzw. über die Eintragung im Aktienregister als „street name" einen Vermögensvorteil zu verschaffen. Genauso wenig ist es erforderlich, dass sich die wiederholte Stimmrechtsausübung auf die Hauptversammlungen der betreffenden Gesellschaft beziehen bzw. dass sich die Erlangung der Eintragungswirkungen auf nur eine Gesellschaft beschränken muss. Es genügt vielmehr, wenn eine solche Absicht auch in Bezug auf andere Gesellschaften besteht[661].

Auch diesbezüglich gilt es, die zukünftige Entwicklung abzuwarten. Sicherlich werden sich aber zwei grundsätzliche Tendenzen auf dem Markt der (geschäftsmäßigen) „street names" zeigen.

Neben Personen, die, ähnlich wie Kreditinstitute, allgemein, d.h. für grundsätzlich jedermann und gegenüber grundsätzlich jeder Gesellschaft die Übernahme solcher „street name-Eintragungen" anbieten und demzufolge in den Anwendungsbereich des § 135 Abs. 9 S. 1 Nr. 3 AktG fallen, wird es aber auch solche (juristische oder natürliche) Personen geben, die ausschließlich spezifische Interessenvertretung im Wege der „street name-Eintragung" ausüben werden und dabei gleichsam als eine Art „pressure group" auftreten, die sich durchaus das Instrument des soeben ausgeführten „voting trusts" zu Nutze machen kann. Regelmäßig wird ein derartiger „street name" eine Aktionärsvereinigung im Sinne des § 135 Abs. 9 S. 1 Nr. 1 AktG darstellen, da die Interessenvertretung meist einen längeren Zeitraum umfasst. Denkbar ist dabei aber auch, dass eine solche spezifische Interessenvertretung ebenfalls unter den Anwendungsbereich des § 135 Abs. 9 S. 1 Nr. 3 AktG fällt, mithin der Interessenvertreter bzw. der „street name" ein geschäftsmäßig Handelnder" ist.

Es sind jedoch auch Konstellationen vorstellbar, in denen der eingetragene „street name" weder als „Aktionärsvereinigung" noch als „geschäftsmäßig Handelnder" in Erscheinung tritt, da insoweit das Tatbestandsmerkmal der „Dauerhaftigkeit" der Aktionärsvereinigung bzw. der „Geschäftsmäßigkeit" des Handelnden nicht vorliegt. Dies ist in etwa dann der Fall, wenn zum Beispiel mehrere materiell Berechtigte aufgrund besonderer Umstände – etwa zur Abwehr einer Übernahme oder zum Zwecke der Bestellung oder Abberufung bestimmter Vorstandsmitglieder bzw. zur Durchsetzung bestimmter Entscheidungen im Rahmen der Hauptversammlung oder sogenannter „Investmentclubs" bzw. „Börsenvereine" – vereinbaren, einen „street name", gleichsam als „Strohmann" im Aktienregister eintragen zu lassen. Obwohl es sich bei derartigen Konstellationen sicherlich um Ausnahmefälle handeln würde, wären für die eingetragene Person hierbei die gesetzlichen Regelungen des § 135 AktG nicht anwendbar, infolge dessen es etwa keine mit der § 135 Abs. 8 AktG vergleichbare gesetzliche Rechenschaftspflicht gäbe und auch die weisungsgemäße Abstimmung durch den „street name" nicht gesetzlich verankert wäre[662], so dass die Grundlage für das Auftreten eines demgemäß Handelnden allein die zwi-

---

661 vgl. Eckhardt in Geßler/Hefermehl, a. a. O., § 135 Rn 116 f; vgl. Noack, a. a. O., in FS Lutter 2000, 1463 (1472 f)

662 Die Weiterleitungspflicht entsprechender Mitteilungen der Gesellschaft ergibt sich, wie bereits aufgezeigt, aus der analogen Anwendung der §§ 125 Abs. 2 Nr. 3, 128 Abs. 5 AktG.

schen ihm und dem materiell Berechtigten zugrunde liegende Treuhandvereinbarung wäre, obgleich, von der Interessenlage und von der möglichen Einflussmöglichkeit ausgehend, eine vergleichbare Sachlage mit dem in § 135 Abs. 9 Nr. 1 und 3 aufgeführten Personenkreis besteht.

Es stellt sich in diesem Zusammenhang die Frage, ob nicht eine derartige Regelungslücke im Wege einer weitergehenden Auslegung der Begriffe der „Aktionärsvereinigung" im Sinne des § 135 Abs. 9 S. 1 Nr. 1 AktG bzw. der „Geschäftsmäßigkeit" gemäß § 135 Abs. 9 S. 1 Nr. 3 AktG beseitigt werden kann.

Naturgemäß ist dabei die Möglichkeit der Auslegung am Wortlaut und dessen auslegungsfähigen Grenzen ausgerichtet. Diesbezüglich ist hinsichtlich der „Geschäftsmäßigkeit" festzustellen, dass dieser Begriff den Handelnden bzw. den als „street name" Eingetragene charakterisieren soll und zu verstehen gibt, dass ein derart Handelnder vom Bestreben geleitet wird, diese Handlung, d.h. die Erlangung der „street name-Eintragung", auch regelmäßig und nicht nur einmalig auszuüben. Dies ist jedoch, ausgehend von der soeben geschilderten Ausgangslage, nicht immer zu unterstellen, so dass es anhand des Begriffs der „Geschäftsmäßigkeit" nicht möglich ist, auch die Sonderkonstellationen zu erfassen, in denen mehrere materiell Berechtigte eine Person bestimmen, die für alle die Aktionärsstellung kraft Eintragung erlangen soll.

Der Begriff „Aktionärsvereinigung" betont demgegenüber verstärkt die hinter dem Eingetragenen stehenden Interessen, indem begrifflich die Bündelung bzw. Zusammenführung von Aktionären und deren Interessen zu einer „Vereinigung" unterstrichen wird. Der Begriff der „Vereinigung" unterstellt indes ein gewisses organisatorisches Mindestmaß, dergestalt, dass sich eine Gruppe von Personen zusammenfindet, um einen gemeinsamen Zweck zu verfolgen. Neben einem gewissen Organisationsgrad beinhaltet der Begriff der „Vereinigung" indes auch – in Abgrenzung zur „Vertretung" - eine gewisse Konstanz bzw. Dauerhaftigkeit, die über die einmalige Handlungsweise hinausgeht. Würde nämlich auch das punktuelle Zusammenführen von unterschiedlichen (Aktionärs-)Interessen zu einer Vereinigung führen, wären sämtliche abgestimmte Verhaltensweisen in irgendeiner Form „Vereinigungen".

Im Ergebnis bleibt somit festzuhalten, dass der Gesetzeswortlaut nicht dazu geeignet ist, die geschilderte Ausgangssituation zu erfassen, so dass nur eine analoge Anwendung des § 135 Abs. 9 S. 1 Nr. 1, 3 AktG in Betracht kommt.

Ausgehend vom Umstand, dass der Gesetzgeber durch § 135 Abs. 9 S. 2 AktG einen eng begrenzten Personenkreis, der sich überwiegend auf den Familienkreis beschränkt, von der Anwendung der Sonderregelungen des § 135 Abs. 1 – 8 AktG befreit hat, ohne dieses bei der Einführung dieser Bestimmung im Rahmen der Aktienrechtsreform 1965 näher zu begründen, kann davon ausgegangen werden, dass sämtliche weiteren (denkbaren) personellen Konstellationen unter die Regelung des S. 1 fallen. § 135 Abs. 9 S. 2 AktG ist insoweit als Ausnahmeregelung zu S. 1 aufzufassen, infolge dessen die ursprüngliche Intention des Gesetzgebers darin bestanden hat, dass alle Personen, die nicht in den Anwendungsbereich von S. 2 einzuordnen sind, unter den Regelungsbereich des S. 1 gehören.

Dementsprechend liegt in den Fällen, in denen ein „Strohmann" als „street name" im Aktienregister eingetragen wird, eine planwidrige Regelungslücke vor, die vom Gesetzgeber nicht berücksichtigt worden ist und die im Wege des Analogieschlusses beseitigt werden kann. Es ist in diesem Zusammenhang auch keine unterschiedliche Interessenlage erkennbar, die zu der Annahme führt, dass eine analoge Anwendung nicht geboten wäre. Es macht insoweit keinen Unterschied, ob mehrere materiell Berechtigte ihre Aktionärsstellung (treuhänderisch) auf eine Aktionärsvereinigung oder einem geschäftsmäßig Handelnden übertragen, um somit ihre Interessen gemeinsam durchzusetzen, und anschließend wieder diese Position zurückführen oder aber, ob hierfür gemeinsam eine Person ausgesucht wird, die nicht als „Aktionärsvereinigung" bzw. „geschäftsmäßig Handelnder" gilt und hieraus dann die rechtliche Konsequenz resultiert, dass diese Person nicht den Verpflichtungen des § 135 Abs. 1 – 8 AktG unterliegt und somit beispielsweise im Falle des Abweichens von einer gemeinsam erteilten Weisung nicht rechenschaftspflichtig wäre.

§ 135 Abs. 9 S. 1 Nr. 1, 3 AktG ist demzufolge auf Konstellationen, in denen zwei oder mehrere materiell Berechtigte ihre Aktionärsstellung im Wege der Eintragung im Aktienregister auf einen Dritten übertragen, der nicht zu dem Personenkreis des § 135 Abs. 9 S. 2 AktG gehört, analog anzuwenden.

3.4.4 Stimmrechtsvertretung

3.4.4.1 Allgemein

Neben der Ausübung des Stimmrechts aufgrund der Inhaberschaft der Aktie bzw. kraft Eintragung im Aktienregister besteht nach § 134 Abs. 3 S. 1 AktG die Möglichkeit das eigene Stimmrecht durch einen Bevollmächtigten ausüben zu lassen. Der unpersönliche Charakter der Aktie verlangt dabei grundsätzlich keine persönliche Anwesenheit der Aktionäre in der Hauptversammlung. Überdies kommt für Kleinaktionäre, die nicht sachkundig sind und ihre Aktien im Wesentlichen als Vermögensanlage betrachten, eine Teilnahme nicht in Betracht, so dass ihre Stimmen entfallen, sofern nicht ein Vertreter für sie auftritt. Unter Berücksichtigung der im Jahre 1992 gemachten Untersuchung der damals 24 größten deutschen Unternehmen in mehrheitlichem Streubesitz ist festgestellt worden, dass, wie bereits erwähnt, 84,09% aller abgegebenen Stimmen von Kreditinstituten ausgeübt worden sind, wovon 60,59% aufgrund des Vollmachtstimmrechtes erfolgt sind. Demgegenüber sind 13,02% der Stimmen auf den Eigenbesitz der Banken und 10,11% auf von einer Bank abhängige Investmentfonds entfallen. Von den restlichen 15,91% der abgegebenen Stimmen, die nicht von den Kreditinstituten ausgeübt worden sind, sind 1,74% auf Privatpersonen, 0,28% auf Aktionärsvereinigungen und 13,89% auf institutionellen Anleger entfallen[663].

---

[663] vgl. Anlage III, IV; vgl. Raiser, a. a. .O., § 16 Rn 102

Obschon sich diese statistischen Werte seit 1992 geändert haben, kann jedoch davon ausgegangen werden, dass die Stimmrechtsvertretung nach wie vor in seiner wirtschaftlichen und damit einhergehend rechtlichen Bedeutung von erheblichem Interesse ist, was nicht zuletzt auch durch den sogenannten „Girmes"-Fall deutlich wird, bei dem es einem Aktionärsvertreter gelungen war, mit den Stimmen zahlreicher Kleinanleger unter Inkaufnahme des Konkurses der Gesellschaft die Beschlussvorlage der Verwaltung zu Fall zu bringen[664].

Das Aktiengesetz hat dabei im Zusammenhang mit der Stimmrechtsvertretung gleichermaßen zwischen der Vertretung von Inhaber- und Namensaktionären differenziert, infolge dessen es auch unterschiedliche gesetzliche Regelungen gegeben hat, die jedoch im Zuge des In-Kraft-Tretens des NaStraG, und dem mit dieser Reform bezweckten Ziel, die Namensaktie der Inhaberaktie (in ihrer rechtlichen Ausgestaltung) anzugleichen, vereinheitlicht worden sind.

3.4.4.2 Stimmrechtsvertretung gemäß § 135 AktG

Während § 134 Abs. 3 S. 1 AktG – als Regelfall – die Ausübung des Stimmrechts durch einen Bevollmächtigten ausdrücklich zulässt, findet sich in § 135 AktG die aktienrechtliche Sonderregelung im Falle der Ausübung des Stimmrechts (in Vertretung) durch Kreditinstitute oder den durch § 135 Abs. 9 S. 1 AktG gleichgestellten Personen, für die mit Ausnahme der Absätze 10 – 12 die Regelungen des § 135 AktG ebenfalls (entsprechend) gelten.

Im Falle der Ausgabe von Namensaktien ist eine Stellvertretung bei der Stimmrechtsausübung nur dann möglich, wenn der Stimmrechtsausübende, d.h. nach Maßgabe des § 135 AktG das Kreditinstitut (bzw. die in Abs. 9 S. 1 Nr. 1 – 3 benannten Personen), gemäß § 135 Abs. 1 S. 1 AktG nicht im Aktienregister eingetragen ist, da er andernfalls – ungeachtet der materiellen Berechtigung – nicht als Vertreter, sondern vielmehr als Inhaber des Mitgliedschaftsrechts auftritt, so dass der Anwendungsbereich des § 135 Abs. 7 AktG eröffnet ist.

Neben der fehlenden Eintragung im Aktienregister setzt § 135 Abs. 1 S. 1 AktG für eine wirksame Stimmrechtsvertretung die Bevollmächtigung des Kreditinstituts bzw. der in § 135 Abs. 9 S. 1 Nr. 1 – 3 AktG benannten Personen voraus. Entgegen der ursprünglichen Gesetzeslage bedarf die Vollmacht nunmehr im Einklang mit den allgemeinen Regeln des Stellvertretungsrechts des BGB nicht mehr der Schriftform. Insoweit ist der Gesetzgeber davon ausgegangen, dass ein Aufrechterhalten des Schriftformerfordernisses nicht mehr zeitgemäß ist und auch nicht mehr den praktischen Bedürfnissen einer weltweit gestreuten Aktionärsstruktur entspricht, zumal das ursprüngliche Schriftfomerfordernis nicht dem Übereilungsschutz gedient hat, sondern „lediglich" Nachweis-, Identifikations- und Dokumentationsfunktion gehabt hat. Darüber hinaus ist es auch nicht Aufgabe des Aktiengesetzes, durch Festlegung einer bestimmten Form für die Dokumentations- und Identifikationsbedürfnisse der Beteiligten die Nutzbarmachung moderner Technologien zu behindern, so dass das Gesetz die Anforderungen zurücknehmen und die Nachweiserfordernisse den Beteilig-

---

[664] vgl. Bachmann, a. a. O., WM 1999, 2100 (2100); vgl. AG 1991, 409 (409)

ten überlassen kann. In Ergänzung hierzu ist durch die Neuregelung die Dokumentationspflicht auf die Kreditinstitute verlagert worden. Statt der bisherigen Regelung, die die Verwahrung der Vollmachtsurkunden durch die Gesellschaft vorgesehen hat, ist nunmehr das Kreditinstitut bzw. die nach § 135 Abs. 9 S. 1 AktG gleichgestellte Person verpflichtet, die Vollmachtserteilung „nachprüfbar festzuhalten“ – etwa in Form der Speicherung und Sicherung von Datum und Pfad der eingegangenen E-Mail, Aufzeichnung von telefonischen Vollmachten einschließlich eines Codewortes, etc., so dass eine Überprüfung durch das Bundesaufsichtsamt für das Kreditwesen möglich ist[665]. Bezüglich des Nachweis- bzw. Nachprüfungserfordernisses gilt die Regelung des Abs. 2 S. 4, welche bereits im Rahmen der Nachprüfungsnotwendigkeit einer dem im Aktienregister eingetragenen materiell Nichtberechtigten erteilten Ermächtigung erörtert worden und in diesem Zusammenhang gleichlautend zugrunde zu legen ist.

Die demgemäß erteilte Vollmacht (einschließlich der nach § 135 Abs. 3 S. 1 AktG möglichen Berechtigung zur Unterbevollmächtigung), die nur die mit der Stimmrechtsausübung verbundenen Erklärungen enthalten darf und gegebenenfalls nach § 135 Abs. 1 S. 2, 3 AktG um eine ausdrückliche Weisung bezüglich der jeweiligen Tagesordnungspunkte ergänzt werden muss, sofern die Stimmrechtsausübung in der eigenen Hauptversammlung des Stimmrechtsausübenden bzw. an einer solchen, an der der Stimmrechtsvertreter 5% am Grundkapital oder über eine Mehrheitsbeteiligung mittelbar beteiligt ist, erfolgen soll, darf dabei gemäß § 135 Abs. 2 S. 1 AktG nur einem bestimmten Kreditinstitut oder einer ihm gleichgestellten Person (Abs. 9 S. 1) erteilt werden. Das Kreditinstitut oder die gleichgestellte Person hat dabei dem Aktionär bzw. dem im Aktienregister Eingetragenen nach S. 2 jährlich und deutlich hervorgehoben auf die jederzeitige Möglichkeit des Widerrufs und einer anderweitigen Vertretungsmöglichkeit hinzuweisen. Auch diese Regelung modifiziert die ursprüngliche Rechtslage, nach der die Vollmacht – jederzeit widerruflich – für längstens 15 Monate erteilt werden durfte. Sie stellt sowohl in rechtspolitischer als auch rechtspraktischer Hinsicht eine bedeutsame Gesetzesänderung dar, da den (professionellen) Stimmrechtsvertretern eine zeitlich unbegrenzte Vollmacht erteilt werden kann, ohne dabei den mit der ursprünglichen Befristung der Vollmacht auf 15 Monate verfolgten Zweck, wonach dem Berechtigten verdeutlicht werden sollte, dass er immer erneut zu entscheiden hat, ob das Kreditinstitut oder die diesem gleichgestellte Person auch künftig für ihn das Stimmrecht ausüben soll[666], zu vernachlässigen, indem eine jährliche Informationspflicht gesetzlich verlangt wird.

Durch diese Regelung wird auch die auftretende Problematik des „Verbrauchs der Vollmacht“ beseitigt, die darin bestanden hat, dass das Kreditinstitut nach Maßgabe von Abs. 4 S. 2 a.F. der Gesellschaft vor der Abstimmung unter Benennung des Aktionärs die Vollmachtsurkunde vorzulegen hatte, wel-

---

[665] vgl. Seibert, a. a. O., ZIP 2000, 937 (945); vgl. Zätzsch/Gröning, a. a. O., NZG 2000, 393 (399); Weber, M., a. a. O., NZG 2001, 337 (342); vgl. Bunke, a. a. O., AG 2002, 57 (59)
[666] vgl. Eckhardt in Geßler/Hefermehl, a. a. O., § 135 Rn 37

che von dieser dann verwahrt werden musste, was dazu geführt hat, dass das Kreditinstitut oder die diesem nach Abs. 9 S. 1 gleichgestellte Person die Dauervollmacht nur in einer einzigen Hauptversammlung ausüben konnte und folglich für die Ausübung des Stimmrechts auf weiteren Hauptversammlungen erneut der Ausstellung einer Vollmachtsurkunde vom Berechtigten bedurfte, sofern nicht vorher eine beglaubigte Abschrift von der vorgelegten Vollmachtsurkunde gefertigt worden ist, welche gleichfalls dem Vorlageerfordernis genügt hätte[667].

Hinsichtlich der konkreten Art und Weise der Ausübung des Stimmrechts im Rahmen der Vertretungsbefugnis ist nochmals auf die Regelungen des § 135 Abs. 3, 5, 8 und 10 AktG zu verweisen, die bereits im Zusammenhang mit der Stimmrechtsinhaberschaft erörtert worden sind und die gleichermaßen in den Fällen gelten, in denen das Kreditinstitut (oder eine der diesem nach Abs. 9 S. 1 gleichgestellte Person) den im Aktienregister eingetragenen Aktionär vertritt. Es ist folglich gewährleistet, dass das Kreditinstitut (oder eine gleichgestellte Person) das Stimmrecht als Vertreter selbst ausübt und nur im Ausnahmefall – kraft ausdrücklicher Zustimmung nach Abs. 3 – durch einen Unterbevollmächtigten ausüben lässt. Darüber hinaus ist grundsätzlich sichergestellt, sofern nach Abs. 10 eine Verpflichtung des Kreditinstitutes zur Stimmrechtsausübung besteht, dass diese auch entsprechend der zugrunde liegenden Weisung des Aktionärs zu erfolgen hat und dass eventuelle Abweichungen (entweder von der Weisung selbst oder im Falle des Fehlens einer solchen von den eigenen nach § 128 Abs. 2 AktG mitzuteilenden Vorschläge) eine (begründete) Mitteilung hierüber erforderlich machen.

3.4.4.2.1 Verdeckte Vertretung bei Namensaktien

Mit Blick auf das Recht der Namensaktie erweisen sich zudem die Änderungen im Zusammenhang mit der Regelung des § 135 Abs. 4 AktG als durchaus signifikant. Während bisher ein Namensaktionär, der selbst im Aktienregister eingetragen ist, durch sein Kreditinstitut oder eine nach Abs. 9 S. 1 gleichgestellte Person nur offen, d.h. namentlich, vertreten werden konnte, da das Gesetz in § 135 Abs. 7 S. 1 2. Alt. AktG a.F. ausdrücklich gefordert hat, dass der Aktionär zu benennen sei, ist aufgrund der aktuellen Gesetzeslage nunmehr auch die sogenannte „verdeckte" Stimmrechtsvertretung, d.h. die Kundbarmachung des Vertretungshandelns ohne Benennung der Personen des Vertretenen, auch bei Namensaktien möglich, so dass auch diesbezüglich eine mit der Inhaberaktie vergleichbare Rechtslage vorliegt. Die Begründung des Regierungsentwurfs ist diesbezüglich etwas missverständlich, da davon gesprochen wird, dass durch § 135 Abs. 4 AktG „die beiden zulässigen Formen der offenen und der verdeckten Stimmrechtsausübung angeglichen" werden, was aber nicht heißt, dass diese Formen zusammengeführt bzw. assimiliert werden. Vielmehr sollen durch die Neuregelung die Voraussetzungen der Stimmrechtsausübung, nämlich der Nachweis der Stimmberechtigung gegenüber der Gesellschaft, an-

---

667 vgl. Noack, a. a. O., DB 1999, 1306 (1310); vgl. Kölling, a. a. O., NZG 2000, 631 (637)

geglichen werden, indem generell auf die Vorlage einer Vollmachtsurkunde bei der Gesellschaft (sowohl bei der verdeckten als auch bei der offenen Vertretung) verzichtet wird[668].

3.4.4.2.2 Legitimationsdefizit der verdeckten Stimmrechtsvertretung

Berücksichtigt man jedoch den Sinn einer verdeckten Stimmrechtsvertretung, der gerade darin besteht, dass die Person des Aktionärs bzw. des Vertretenen gegenüber der Gesellschaft und den Mitaktionären anonym bleiben soll, wodurch letztlich auch die Vorstellung der Aktiengesellschaft als eine kapitalorientierte Investorenverbindung deutlich wird, stellen sich in Bezug auf die rechtlichen Besonderheiten der Namensaktie einige Fragen.

Dies betrifft vorrangig die Vereinbarkeit der mit der verdeckten Stellvertretung bezweckten Anonymität mit der Legitimationswirkung des Aktienregisters. So hat man bei der Schaffung des Aktiengesetzes 1965 eine verdeckte Stimmrechtsvertretung bei Namensaktien für ausgeschlossen gehalten, da die Anonymität des Aktionärs wegen der notwendig namentlichen Legitimation aus dem ehemaligen Aktienbuch bzw. Aktienregister ohnehin nicht gewahrt werden könne und somit der Zweck dieser besonderen Abstimmungsart entfalle.

Der wirksamen Vertretung liegt insoweit zugrunde, dass sich der Vertreter entsprechend legitimieren kann, d.h. er in der Lage ist, zu belegen, dass er einen Aktionär vertritt, was wiederum auf zwei getrennt voneinander zu beurteilenden Fragen beruht, nämlich einerseits, dass eine entsprechende Vollmacht besteht, und andererseits, dass der Vollmachtgeber auch Aktionär ist.

Letztere Frage ist dabei für die Beurteilung eines möglichen Widerspruchs zwischen verdeckter Stellvertretung und dem Recht der Namensaktie ausschlaggebend.

Vergegenwärtigt man sich, dass sich die Legitimation bei Namensaktien aus dem Aktienregister ergibt und nicht etwa aus der Inhaberschaft der Aktie, wie dies bei der Inhaberaktie der Fall ist, müsste folgerichtig das vertretende Kreditinstitut bzw. die ihr gleichgestellte Person nach § 135 Abs. 9 S. 1 AktG gegenüber der Gesellschaft die von ihm auf der Hauptversammlung vertretenen Aktionäre namentlich benennen, damit ein Abgleich mit den im Aktienregister eingetragenen Namensaktionären möglich ist, infolge dessen die Anonymität – zumindest gegenüber der Gesellschaft – auch nach neuem Recht nicht gewährleistet wäre.

Die aktuelle Gesetzeslage behebt diesen Wertungswiderspruch zwischen verdeckter Vertretung und Anonymität nicht, sondern vermeidet die Klärung dieser Frage, indem nach Maßgabe des Abs. 4 S. 3 die Legitimation bei Vertretung von Namensaktionären – wie im System der Inhaberaktie – von der Erfüllung der in der Satzung vorgesehenen Erfordernisse der Stimmrechtsausübung (zumeist der Hinterlegung der Aktien bei einer von der Gesellschaft anerkannten Stelle) abhängig gemacht wird und nicht etwa auf die Eintragung im Aktien-

---

668 vgl. Noack, a. a. O., ZIP 2001, 57 (58)

register abgestellt wird. Noch deutlicher wird das vorhandene „Legitimationsdefizit" im Falle der verdeckten Vertretung von Namensaktionären im Falle des Fehlens einer entsprechenden statutarischen Regelung. Hier sieht Abs. 4 S. 3 2. HS. vor, dass dann die „Vorlegung der Aktien oder einer Bescheinigung über die Hinterlegung der Aktien bei einem Notar oder einer Wertpapiersammelbank" genügt[669].

Bedenkt man hierbei, dass die Hinterlegung der Aktien bei Namensaktien im Gegensatz zu Inhaberaktien weder einen Legitimationszweck erfüllt noch erfüllen kann, da andernfalls der Zweck des Aktienregisters konterkariert wäre, und dementsprechend auch von den Gesellschaften, die Namensaktien ausgegeben, regelmäßig kein Gebrauch von einem derartigen statutarischen Hinterlegungserfordernis gemacht wird, wird deutlich, dass sich die Legitimation des (verdeckten) Vertreters von Namensaktionären nach dem gesetzlichen Leitbild allein aus der Hinterlegung der Namensaktie – im Regelfall bei der Wertpapiersammelbank in Anbetracht der überwiegend stattfindenden (Giro-) Sammelverwahrung – ergibt, ohne dass ein anderweitige Kontrollmöglichkeit der Berechtigung des Vertretenen besteht.

Die gesetzlich eröffnete Möglichkeit der verdeckten Vertretung von Namensaktionären birgt zum anderen aber auch die Gefahr der „doppelten Stimmrechtsausübung" in sich, die eng mit der Legitimationswirkung des Aktienregisters verknüpft ist.

Im Falle der Ausgabe von Inhaberaktien ist es grundsätzlich ausgeschlossen, dass sowohl das Kreditinstitut als auch eine Aktionärsvereinigung für denselben Aktionär auftreten bzw. dass der Aktionär selbst neben einem von ihm beauftragten Vertreter das Stimmrecht ausübt, da das Kreditinstitut über die Ausgabe von Eintrittskarten zur Hauptversammlung bzw. Hinterlegungsbescheinigungen eine Doppelung verhindert. Sofern also beispielsweise eine Aktionärsvereinigung den Aktionär vertreten soll, stellt das depotführende Kreditinstitut die entsprechende Eintrittskarte auf die Aktionärsvereinigung aus, was bankintern zur Nichtinanspruchnahme einer etwa dem Kreditinstitut erteilten (Dauer-)Vollmacht führt. Sofern Namensaktien ausgegeben worden sind, gewährleistet das Aktienregister, dass ein Aktionär nur einmal persönlich oder durch einen anderen vertreten teilnehmen kann, so dass innerhalb des jeweiligen Legitimationssystems keine Mehrfachvertretung möglich ist.

Die „verdeckte" Vertretung von Namensaktionären führt zur Vermischung dieser beiden unterschiedlichen Legitimationssysteme und eröffnet im Falle der Ausgabe von Namensaktien gerade die nicht gewollte Mehrfachvertretung. Beschließt beispielsweise der im Aktienregister eingetragene und gegenüber der Gesellschaft legitimierte Aktionär, selbst an der Hauptversammlung teilzunehmen und sein Stimmrecht auszuüben, bzw. beauftragt er einen Vertreter, der ihn offen namentlich vertreten soll (§ 134 Abs. 3 AktG), kann er parallel hierzu sein Kreditinstitut bzw. einem diesem gleichgestellte Person mit

---

[669] vgl. Noack, a. a. O., ZIP 2001, 57 (59 f)

der „verdeckten“ Stimmrechtsvertretung beauftragen, ohne dass eine effektive Kontrollmöglichkeit vorhanden wäre.

Der Gesetzgeber verhindert diese negative Folge, indem er die Ausübung des Stimmrechts von der Vorlage einer Hinterlegungsbescheinigung abhängig macht. Damit ist zwar gewährleistet, dass es nicht zu mehrfachen Hauptversammlungsteilnahmen kommt, da für dieselbe Aktie jeweils nur eine Bescheinigung erteilt wird, jedoch wird damit das Aktienregister in weiten Teilen funktionslos. Die Eintragungswirkung, aufgrund derer nur die im Aktienregister eingetragene Person gegenüber der Gesellschaft als Aktionär gilt, hätte kaum noch Bedeutung, wenn der Hauptversammlungszugang nur über die Hinterlegung möglich ist[670].

Soll folglich die uneingeschränkte Legitimationswirkung des Aktienregisters beibehalten werden, müsste man konsequenterweise die „verdeckte“ Vertretungsmöglichkeit im Rahmen der Stimmrechtsausübung bei Namensaktien ausschließen, da zur Vermeidung etwaiger doppelter Stimmrechtsausübungen stets ein Abgleich zwischen der Hinterlegungsbescheinigung und der Aktienregistereintragung erforderlich ist, der es mit sich bringt, dass der verdeckte Stimmrechtsvertreter gegenüber der Gesellschaft offenlegt, wen er vertritt, infolge dessen der bezweckte Erfolg der verdeckten Vertretung, nämlich die Wahrung der Anonymität des vertretenen Aktionärs, nicht gewahrt werden kann.

Unzutreffend sind in diesem Zusammenhang die von KÖLLING gemachten Ausführungen, nach denen der Aktionär grundsätzlich nicht benannt werden müsse, er aber im Verhältnis zur Gesellschaft keine Anonymität genieße, da diese auch von den Kreditinstituten bei Anmeldung zur Hauptversammlung die Angabe des Namens des Aktionärs zum Zwecke des Abgleichs mit dem Aktienregister verlangen könne, was selbst dann gelte, wenn es sich um eine verdeckte Form der Stellvertretung handele. Entscheidend sei aber, dass die Offenlegung der eigenen Daten gegenüber Mitaktionären und belieben Dritten wegfalle, so dass die Ausübung des Stimmrechtes in verdeckter Form zulässig sei[671]. Es wird hierbei verkannt, dass der Sinn und Zweck einer verdeckten Vertretung nicht ausschließlich darin liegt, gegenüber den Mitaktionären oder sonstigen Dritten unbenannt zu bleiben, sondern hauptsächlich gegenüber der Gesellschaft. Eine verdeckte Vertretung soll nämlich dem Vertretenen in erster Linie gegenüber dem Erklärungsempfänger, also der Gesellschaft, Anonymität verschaffen, so dass eine solche Vertretungsform regelmäßig dann überflüssig wird, wenn dem Erklärungsempfänger der Name des Vertretenen bzw. seines Aktionärs bekannt wird, auch wenn damit „nur“ ein Abgleich mit dem Aktienregister ermöglicht werden soll. Dass die Anonymität gegenüber dem Erklärungsempfänger bzw. der Gesellschaft gleichzeitig dazu führt, dass die Person des Vertretenen auch gegenüber Mitaktionären oder sonstigen Dritten unbekannt bleibt, ist insoweit lediglich ein (gewollter) Nebeneffekt, der unter bestimmten Voraussetzungen sicherlich auch das leitende Motiv für die Wahl einer solchen verdeckten Ver-

---

670 vgl. Noack, a. a. O., ZIP 2001, 57 (60)
671 vgl. Kölling, a. a. O., NZG 2000, 631 (638)

tretung sein kann, regelmäßig jedoch als Konsequenz hieraus in Kauf genommen wird.

Des weiteren wird verkannt, dass bei der zugrunde liegenden Regelung der verdeckten Vertretung nicht die Frage der Zulässigkeit problematisch ist, da sich der Gesetzgeber insoweit durch die Gesetzesänderung ausdrücklich hierfür entschieden hat, sondern vielmehr sich die Frage nach der Vereinbarkeit der durch die Gesetzesänderung geschaffene Rechts- und Gesetzeslage mit dem Legitimationssystem des Namensaktienrechts stellt.

Die aktuelle Regelung führt nämlich zu einem grundsätzlichen Systembruch, welcher die Frage aufwirft, welchen (Legitimations-)Zweck das Aktienregister überhaupt noch erfüllen soll. Er kann mithin nicht darin liegen, ein „Kommunikationsforum" zu bieten anhand dessen es der Gesellschaft möglich ist im Sinne einer (guten) Investor Relation Kontakt zu ihren Aktionären aufzunehmen. Das Aktienregister würde infolge dessen zum Speichermedium etwaiger (fakultativer) persönlicher Daten verkommen. Darüber hinaus ist auch die aktuelle Regelung im eigentlichen Sinne in sich nicht schlüssig, wenn man bedenkt, dass die Möglichkeit der „verdeckten" Vertretung ohnehin nur durch den (privilegierten) Personenkreis der unter den Anwendungsbereich des § 135 AktG fallenden Personen ausgeübt werden kann, die darüber hinaus bestehenden Vertretungsmöglichkeit nach § 134 Abs. 3 AktG, auf die im Folgenden einzugehen sein wird, jedoch immer nur „offen" erfolgen darf. Es liegt folglich ein doppelter Systembruch vor, da zudem die Legitimationswirkung des Aktienregisters davon abhängig gemacht wird, von wem sich der eingetragene Aktionär vertreten lässt. Handelt es sich um einen Stimmrechtsvertreter, der unter den Anwendungsbereich des § 135 AktG fällt, hat die Eintragungswirkung im Aktienregister nur dann Geltung, wenn der Vertreter den Vertretenen namentlich benennt, da andernfalls diese Wirkung entfällt bzw. sich ausschließlich auf das Vorliegen des Hinterlegungserfordernisses beschränkt. Schließlich stellt sich aber auch die Frage nach dem Nutzen, der aus einer solchen Vermischung des Legitimationssystems resultieren soll. Berücksichtigt man nämlich die immer stärker zunehmende Tendenz der Eintragung von „street names", d.h. entweder des depotführenden Kreditinstituts oder eines anderen Dritten, im Aktienregister, resultiert daraus, dass der eigentlich materiell Berechtigte und damit die Person, die über die Art und Weise sowie den Inhalt der Stimmrechtsausübung bestimmt, ohnehin nicht bekannt ist, da die Gesellschaft nur Kenntnis vom Namen des „street names" hat, infolge dessen den Bedürfnissen nach Anonymität ausreichend Rechnung getragen werden kann.

3.4.4.3 Stimmrechtsvertretung nach § 134 Abs. 3 AktG

3.4.4.3.1 Allgemein

Obwohl die meisten Anwendungsfälle der Stimmrechtsvertretung (noch) in den Anwendungsbereich des § 135 AktG fallen, handelt es sich bei dieser Vorschrift, wie sich aus der Gesetzessystematik entnehmen lässt, um eine Ausnahmregelung zu § 134 Abs. 3 AktG, welche insoweit den Grundtatbestand der Stimmrechtsvertretung regelt.

Im Gegensatz zu § 135 AktG und zu den Grundsätzen des Vertretungsrechts des allgemeinen Zivilrechts, d.h. der §§ 164 ff BGB, bedarf es nach § 134 Abs. 3 S. 2 AktG zur wirksamen Bevollmächtigung eines Dritten einer schriftlichen Vollmacht, aus der sich die Legitimation des Bevollmächtigten ableiten lässt. Infolge der Änderungen durch das NaStraG kann die Satzung der Aktiengesellschaft allerdings nunmehr Erleichterungen bestimmen, wobei die jeweiligen Erfordernisse für die Stimmrechtsvollmacht gemäß § 121 Abs. 3 S. 2 AktG im Rahmen der Einberufung zur Hauptversammlung bekannt zu machen sind. Anhand der eigenständigen Regelungsmöglichkeit ist es somit möglich, die Schriftform durch andere – gesellschaftsspezifische – Formerfordernisse, wie etwa die Erteilung der Vollmacht im Wege eines Fax-Schreibens oder einer E-Mail, etc., zu ersetzen. Insbesondere bei Gesellschaften mit Namensaktien ist dabei denkbar, dass es den Aktionären ermöglicht wird, durch eine Aktionärsnummer oder ähnliches auf der Homepage der Gesellschaft ihren Vertreter zu benennen. Gleichwohl der Wortlaut des § 134 Abs. 3 S. 2 AktG nicht ausdrücklich von einer Aufhebung des Formerfordernisses, sondern lediglich von einer „Erleichterung“ ausgeht, entspricht es dem mit der Neuregelung verfolgten Zweck der erweiterten Satzungsautonomie, dem Satzungsgeber uneingeschränkte Entscheidungsfreiheit darüber zu belassen, ob er überhaupt formelle Anforderungen an die Bevollmächtigung stellen will. Es ist folglich möglich, gänzlich auf die Schriftform zu verzichten und eine mündliche oder telefonische Erklärung für die wirksame Bevollmächtigung ausreichen zu lassen und somit eine § 135 AktG vergleichbare Rechtslage zu schaffen. Die Gesellschaft hat im Gegenzug zu den statutarisch eingeräumten Formerleichterungen zu beachten, dass im Rahmen der Hauptversammlung stets sicherzustellen ist, dass nur wirksam bevollmächtigte Vertreter an der Hauptversammlung teilnehmen, so dass die Gesellschaft im Zweifelsfalle einen entsprechenden Nachweis verlangen und gegebenenfalls den Vertreter auch zurückweisen kann. Um jedoch die Vorbereitung und Durchführung der Hauptversammlung zu erleichtern, sollte die Gesellschaft, sofern das Schriftformerfordernis erleichtert oder gänzlich aufgehoben wird, gleichzeitig eine statutarische Regelung über den Nachweis der Bevollmächtigung in der Hauptversammlung aufnehmen[672].

Die Aufnahme einer derartigen Nachweisregelung in der Satzung entspricht dabei den ureigensten Interessen der Gesellschaft, da die Vollmachtserteilung - den Regeln des allgemeinen Zivilrechts entsprechend - regelmäßig bzw. vorrangig im Verhältnis zwischen Vertreter und Vertretenem erfolgt und nicht dem Dritten, d.h. der Gesellschaft, gegenüber mitgeteilt wird. Darüber hinaus sind in diesem Zusammenhang auch die Dokumentationspflichten der Gesellschaft zu beachten, die die entsprechenden Vollmachten (und Ermächti-

---

672 vgl. Ludwig, a. a. O., AG 2002, 433 (434); vgl. Weber, M., a. a. O., NZG 2001, 337 (343); vgl. Seibert, a. a. O., ZIP 2000, 937 (944); vgl. Bunke, a. a. O., AG 2002, 57 (59); vgl. NZG 2000, 443 (447)

gungen) „nachprüfbar festhalten“ müssen. Im Regelfall dürfte dabei eine solche Nachweisregelung keine größere Schwierigkeit darstellen. Wird etwa die Vollmachtserteilung durch Fax-Schreiben oder E-Mail zugelassen, kann (und sollte) angeordnet werden, dass der Bevollmächtigungsnachweis durch Vorlage der entsprechenden Faxkopie bzw. E-Mail-Ausdrucks geführt werden kann. Außerdem wäre es im Falle einer E-Mail-Bevollmächtigung möglich, dass er Vollmachtgeber die an den Bevollmächtigten versandten Vollmachtserklärung parallel an die Gesellschaft schickt. Problematischer dürfte sich demgegenüber die Nachweisregelung bei einer mündlichen Bevollmächtigung darstellen, da die Gesellschaft sicherstellen muss, dass die mündliche Erklärung in geeigneter Weise dokumentiert wird, was zur Folge haben kann, dass die Gesellschaften auf die völlige Formfreigabe der Vollmachten verzichten werden[673].

In Ermangelung einer abweichenden Satzungsregelung verbleibt es nach § 134 Abs. 3 S. 2 AktG beim gesetzlichen Schriftformerfordernis, infolge dessen der Aktionär, wenn er sich vertreten lassen will, nach § 126 Abs. 1 BGB eine eigenhändig unterzeichnete Vollmachtsurkunde ausstellen und dafür sorgen muss, dass die darin verkörperte Erklärung dem Empfänger, d.h. nach § 167 S. 1 1. Alt. BGB regelmäßig den Bevollmächtigten, zugeht. Alternativ ist durch das zum 01.08.2001 in Kraft getretene „Gesetz zur Anpassung der Formvorschriften des Privatrechts und anderer Vorschriften an den modernen Rechtsgeschäftsverkehr“[674] die Möglichkeit eröffnet worden, die Vollmacht auf elektronischem Wege mit einer Signatur nach dem Signaturgesetz zu erteilen (§§ 126 Abs. 3, 126a BGB).

Nach h.M. handelt es sich bei diesem Schriftformerfordernis um eine materielle Wirksamkeitsvoraussetzung für die Vollmachtserteilung, so dass bei Nichtbeachtung ein Fall der Vertretung ohne Vertretungsmacht vorliegt. Es stellt gerade kein zusätzliches Legitimationserfordernis für die tatsächliche Ausübung des Teilnahme- und Stimmrechts in der Hauptversammlung dar, so dass der Vertreter in der Hauptversammlung trotz wirksamer Bevollmächtigung zurückgewiesen werden kann, wenn er keine formgerechte Urkunde vorlegt[675]. In Ermangelung anderweitiger Ansatzpunkte kann für die Beurteilung dieses Meinungsstreits nur der Gesetzeswortlaut ausschlaggebend sein, so dass der h.M. insoweit beizupflichten ist. Wenig hilfreich ist in diesem Zusammenhang die Rspr. des BGH, der in seiner bisher einzigen einschlägigen Entscheidung,

---

[673] vgl. Ludwig, a. a. O., AG 2002, 433 (434); So lautet § 16 Abs. 2 der aktuelle Satzungsregelung der Deutschen Telekom AG: „Das Stimmrecht kann durch einen Bevollmächtigten ausgeübt werden. Wenn weder ein Kreditinstitut noch eine Aktionärsvereinigung bevollmächtigt werden, ist die Vollmacht schriftlich oder auf einem von der Gesellschaft näher zu bestimmenden elektronischen Wege zu erteilen.“ Die ursprüngliche Satzungsregelung lautete: „Der Aktionär kann Stimmrechtsvollmacht nach Maßgabe der gesetzlichen Vorschriften auch im Wege elektronischer Post (E-Mail) mit einem von der Gesellschaft zu bestimmenden üblichen Echtheitsnachweis erteilen.“

[674] vgl. BGBl. I 2001, 1542

[675] vgl. Hüffer, a. a. O., § 134 Rn 23; vgl. Semler in MüHdB, a. a. O., § 38 Rn 50; vgl. KK-Zöllner (Voraufl.), a. a. O., § 134 Rn 82

die gleichgelagerte Problematik des § 47 Abs. 3 GmbHG a.F. beurteilend, einerseits, dem Gesetzeswortlaut entsprechend, auf die materielle „Gültigkeit" der Vollmacht abstellt, andererseits aber eine schriftliche Vollmachterteilung unter bestimmten Umständen, insbesondere wenn eine nicht schriftlich erteilte Vollmacht den übrigen Gesellschaftern bekannt ist, für entbehrlich hält[676].

Eine hieran angelehnte Problematik stellt sich im Hinblick auf das Zugangserfordernis. Da die Vollmachtserteilung formbedürftig ist, unterliegt der Zugang (§ 130 Abs. 1 BGB) dem selben Formerfordernis wie die Abgabe der Erklärung, weshalb die wirksame Vollmachtserteilung die Übermittlung der unterschriebenen Originalurkunde an den Bevollmächtigten voraussetzt, wohingegen beispielsweise eine Faxkopie – in Ermangelung einer anderweitigen Satzungsregelung – nicht ausreicht, mit der Folge, dass eine lediglich per Fax übermittelte Vollmacht nach § 125 S. 1 BGB nichtig ist. Es handelt sich hierbei keineswegs um eine atypische Konstellation, wenn man bedenkt, dass es durchaus vorkommen kann, dass ein Aktionär eine Vollmachtsurkunde zwar eigenhändig unterzeichnet, diese dem Bevollmächtigten jedoch vor der betreffenden Hauptversammlung (aus Zeitgründen) nicht im Original, sondern lediglich als Faxkopie oder Computerfax zukommen lässt[677].

Das in § 130 Abs. 1 BGB niedergelegte Erfordernis des Zugangs einer Willenserklärung ist allerdings kein zwingendes Recht, so dass in Rspr. und Lit. anerkannt ist, dass die Parteien eines Rechtsgeschäfts Zugangserleichterungen vereinbaren können, obgleich das gesetzliche Formerfordernis als solches nicht zu ihrer Disposition steht. Diese Bewertung kann auch auf die Situation der Vollmachterteilung gemäß § 134 Abs. 3 S. 2 AktG übertragen werden. Abhängig von den jeweiligen Umständen des Einzelfalls kann somit bereits in der Übersendung und Entgegennahme einer bloßen Faxkopie der Vollmacht eine stillschweigende Vereinbarung zwischen Vollmachtgeber und Bevollmächtigtem über den Verzicht auf die Einhaltung der Zugangsform gesehen werden, obwohl aus Beweisgründen eine ausdrückliche Verzichtsregelung angebracht wäre. Die Zulässigkeit eines zwischen dem Vollmachtgeber und dem Bevollmächtigten vereinbarten Verzichts auf den formgerechten Zugang der Vollmachtserklärung wird auch nicht aus Drittschutzerwägungen ausgeschlossen. Zwar besteht die Regelung des § 134 Abs. 3 S. 2 AktG darin, auch der Gesellschaft die Prüfung der gültigen Bevollmächtigung zu ermöglichen, um einen ordnungsgemäßen Ablauf der Hauptversammlung zu gewährleisten. Die Gesellschaft und die Mitaktionäre sind jedoch dadurch hinreichend geschützt, dass der Bevollmächtigte sich in jedem Fall ordnungsgemäß legitimieren muss. Es ist daher folgerichtig zwischen einer wirksamen Bevollmächtigung (mit eventuellem Verzicht auf das Zugangserfordernis) und der ordnungsgemäßen Legitimation zur Ausübung der Vollmacht im Rahmen der Hauptversammlung zu unterscheiden. Dieser Differenzierung entspricht es, dass die Gesellschaft berechtigt ist, einen Vertreter – trotz wirksamer Bevollmächtigung – von der Teilnahme an

---

676 vgl. BGHZ 49, 183 (194)

677 vgl. Ludwig, a. a. O., AG 2002, 433 (435)

der Hauptversammlung und der Ausübung des Stimmrechts auszuschließen, sofern er seine Bevollmächtigung nicht ordnungsgemäß nachweisen kann. § 134 Abs. 3 S. 3 AktG a.F. sah in diesem Zusammenhang die Nachweiserbringung durch Vorlage der (originalen) Vollmachtsurkunde vor, welche anschließend von der Gesellschaft verwahrt werden musste, was zu der bereits erörterten Problematik des „Verbrauchs der Vollmacht" geführt hat. Obwohl im Zuge des NaStraG diese Regelung ersatzlos entfallen ist, ist dennoch davon auszugehen, dass mangels einer abweichenden Satzungsregelung nach wie vor grundsätzlich die Vorlage der Originalvollmacht erforderlich ist. Nichts desto trotz ist die Gesellschaft nicht verpflichtet, auf einer derartigen Legitimation zu bestehen, sondern kann sich auch mit einem nicht formgerechten Nachweis begnügen bzw. gänzlich von einem Nachweis absehen. Sofern nämlich die Gesellschaft die Wirksamkeit der Bevollmächtigung nicht in Zweifel zieht, ist nicht ersichtlich, warum diese dann nicht auch auf den ihr aufgrund des Legitimationserfordernisses zustehenden Schutzzweck verzichten kann. Folglich kann auch ein nicht ausreichend legitimierter Bevollmächtigter zur Teilnahme an der Hauptversammlung und den darin erfolgenden Abstimmungen zugelassen werden, wobei eine nachträgliche Legitimation durch Vorlegung der Vollmachtsurkunde (im Original oder ein entsprechend anderer statutarisch begründeter Nachweis) vorbehalten werden kann und im Interesse der späteren Nachweisbarkeit der ordnungsgemäßen Beschlussfassung regelmäßig geboten ist[678].

3.4.4.3.2 „Verdeckten" Vertretung nach § 134 Abs. 3 AktG

Berücksichtigt man die „Sonderregelung" des § 135 AktG, wonach nur in den Fällen der „organisierten" Vertretung durch Kreditinstitute (oder diesen gleichgestellte Personen) eine verdeckte Vertretung von Inhaber- und Namensaktionären möglich ist, ergibt sich im Umkehrschluss für die (individuellen) Vertretungsmöglichkeiten des § 134 Abs. 3 AktG, dass eine solche (verdeckte) Vertretung für den, den es angeht, hierbei nicht möglich ist, was gleichzeitig auch eine Einschränkung der allgemeinen zivilrechtlichen Grundsätze über das Vertretergeschäft darstellt. Die Möglichkeit der verdeckten Vertretung eines Aktionärs wird folglich allein von der der Person des Vertreters abhängig gemacht, ohne dass dabei ersichtlich wird, warum dies der Fall sein soll. Sofern die „verdeckte" Stimmrechtsvertretung weiterhin eine Sonderregelung darstellen soll, d.h. eine generelle Einführung als nicht angebracht erachtet wird, wäre es ratsam, den Anknüpfungspunkt hierfür nicht in der Person des Vertreters zu suchen, sondern vielmehr an der Struktur der Gesellschaft auszurichten. Vergegenwärtigt man sich nämlich, dass überwiegend Kreditinstitute mit der Stimmrechtsvertretung betraut werden, stellt die Möglichkeit der „verdeckten Vertretung" keine „Ausnahme- bzw. Sonderregelung" im eigentlichen Sinne dar. Es ist zudem nicht ersichtlich, warum nur Kreditinstitute oder die diesen gleichgestellten Personen privilegiert werden sollen. Die Vertretungsmöglichkeiten sind vielmehr an den Interessenlagen des Vertretenen und des Erklärungsempfängers

---

[678] vgl. Ludwig, a. a. O., AG 2002, 433 (435 f); vgl. Hüffer, a. a. O., § 134 Rn 24

auszurichten und gerade nicht an der des Dritten bzw. Vertreters. Würde man demzufolge die Vertretung für den, den es angeht, grundsätzlich nur für börsennotierte Gesellschaften zulassen und nicht-börsennotierten Gesellschaften eine entsprechende Satzungsdisposition einräumen, wäre ein interessengerechter Ausgleich geschaffen, der auch die organisierten Stimmrechtsvertreter, insbesondere die Kreditinstitute, nicht benachteiligt[679].

Es wäre damit den Interessen der (kleineren) nicht-börsennotierten Gesellschaften Genüge getan, Kenntnis darüber zu erhalten, welcher Aktionär auf welche Art und Weise abgestimmt hat, ohne dabei die Interessen ihrer Aktionäre zu vernachlässigen, die gerade darin bestehen, dass – im Regelfall – eine stärker mitgliedschaftsbetonte Funktion gewünscht ist, welche es rechtfertigen würde, ihnen die Möglichkeit der verdeckten Vertretung zu verwehren. Umgekehrt entspricht die Zulassung der „verdeckten Vertretung“ bei börsennotierten Gesellschaften ebenfalls den Interessen der Parteien. So ist die Beteiligung an einer börsennotierten Gesellschaft überwiegend kapitalorientiert, infolge derer der einzelne Aktionär im Regelfall eine direkte persönliche Einbeziehung nicht wünscht, was insoweit auch nicht dem Interesse der Gesellschaft widerspricht. Auch wenn für die Gesellschaften die einzelnen (Klein-)Aktionäre im Sinne einer Investor Relation durchaus von Bedeutung sind, besteht jedoch aufgrund der Größe der Aktionärsschaft kein grundsätzliches Interesse an der Kenntnis der Stimmabgabe eines jeden Aktionärs, zumal der prozentuale Stimmenanteil der (Klein-)Aktionäre im Verhältnis eher gering ist und diese zudem im Regelfall kein dem Abstimmungsvorschlägen der Gesellschaft oder der Kreditinstitute widersprechendes Votum abgeben.

3.4.4.3.3 Stimmrechtsausübung durch Gesellschaftsvertreter

Neben der Zulassung der verdeckten Vertretungsmöglichkeit von Namensaktionären nach § 135 AktG stellt die Zulässigkeit eines „gesellschaftseigenen Stimmrechtsvertreters“ die wichtigste Neuerung auf dem Gebiet der Stimmrechtsausübung im Rahmen des NaStraG dar.

Der Gesetzgeber hat damit einen Tatbestand geregelt, der lange Zeit heftig im Zusammenhang mit der Durchbrechung der „Bankenmacht“ bei der Ausübung des Stimmrechtes diskutiert worden ist und bis kurz vor In-Kraft-Treten des NaStraG noch Anlass zu Rechtsstreitigkeiten gegeben hat[680]. Insbesondere das sogenannte „Telekom-Modell“ (Forum T-Aktie), bei dem ein von der Aktiengesellschaft beauftragter und bezahlter Dritter im Rahmen eines Treuhandmodells den (Publikums-)Aktionären angeboten hat, ihre Stimmrechte in der Hauptversammlung der Gesellschaft kostenlos wahrzunehmen[681], hat dazu ge-

---

[679] vgl. Noack, a. a. O., ZIP 2001, 57 (59)

[680] vgl. Hüther, a. a. O., AG 2001, 68 (71); vgl. Westermann, a. a. O., 255 (255 f); Hierbei ist aber auch die Einsetzung eines staatlichen „Stimmrechtsbeauftragten“ vergleichbar mit einem Datenschutzbeauftragten diskutiert worden. vgl. Baums, a. a. O., AG 1996, 11 (18 ff)

[681] vgl. Bachmann, a. a. O., WM 1999, 2100 (2100); vgl. ZIP 1998, 1308 (1308 f); vgl. Dreher/Schnorbus, a. a. O., EWIR 1998, 675 (675)

führt, dass die Problematik des sogenannten „Verwaltungsstimmrechts" erneut kontrovers thematisiert worden ist.

Obwohl die ursprüngliche Gesetzeslage in § 134 Abs. 3 AktG a.F. keinerlei Beschränkungen hinsichtlich der möglichen Stimmrechtsvertreter vorgesehen hat und folglich von der grundsätzlichen Zulässigkeit der Bevollmächtigung der Verwaltung (bzw. einer von ihr in irgendeiner Weise abhängigen Person) zur Ausübung des Stimmrechts in der eigenen Hauptversammlung ausgegangen werden musste, ist diese Art der Stimmrechtsvertretung mehrheitlich abgelehnt worden[682].

Ausgehend vom Bestehen einer Regelungslücke hinsichtlich des Verwaltungsstimmrechts ist im Wege der teleologischen Reduktion des § 134 Abs. 3 AktG a.F. die Unzulässigkeit einer Stimmrechtsvollmacht an die Gesellschaft (bzw. den Vorstand) begründet worden. Hauptsächlich ist dabei auf den vermeintlichen Willen des Gesetzgebers abgestellt worden, der die Begrenzung des Verwaltungseinflusses bei der Stimmrechtsausübung vorsieht, welcher in §§ 71b, 71d S. 4 und 136 Abs. 1, 2 AktG Niederschlag gefunden hat. Darüber hinaus ist vorgebracht worden, dass eine Stimmrechtsausübung durch die Gesellschaft selbst oder aber durch einen von ihr ausgewählten bzw. abhängigen Dritten die Durchbrechung der gesetzlich vorgegebenen innergesellschaftlichen Kompetenzverteilung, die auch zwischen Vorstand und Hauptversammlung besteht, durch die Verwaltung darstellt, welche „rechtspolitisch unerwünscht" ist und vom Gesetzgeber folglich auch nicht gewollt sein kann[683].

Durch das NaStraG und die in § 134 Abs. 3 S. 3 AktG getroffenen Regelung, wonach auch von der Gesellschaft benannte Stimmrechtsvertreter das Stimmrecht für die Aktionäre ausüben können, ist nunmehr auch die Zulässigkeit eines solchen „gesellschaftseigenen Stimmrechtsvertreters" ausdrücklich anerkannt worden. Neben der Bestimmung, dass die Stimmrechtsvertretung durch einen von der Gesellschaft benannten Stimmrechtsvertreter zulässig ist, enthält § 134 Abs. 3 S. 3 AktG zwei weitere Bestimmungen. Es handelt sich hierbei zum einen um die Verpflichtung der Gesellschaft, die Vollmachtserklärungen drei Jahre nachprüfbar festzuhalten. Zum anderen kann, aufgrund der entsprechenden Anwendung des § 135 Abs. 4 S. 1 – 3 AktG, die Stimmrechtsvertretung im Namen des Aktionärs, den es angeht, erfolgen kann, will heißen, dass eine verdeckte Vertretung möglich ist, und somit das Interesse des Aktionärs nach Anonymität gewahrt wird.

Abgesehen von diesen Bestimmungen finden sich jedoch keine weiteren Regelungen bezüglich des Verfahrens als solchem. Insbesondere ist dabei offen geblieben, wen die Gesellschaft als Stimmrechtsvertreter benennen darf und wie die Bevollmächtigung konkret ausgestaltet sein muss, d.h. ob der Stimmrechts-

---

682 vgl. v. Randow, a. a. O., ZIP 1998, 1564 (1565); vgl. Hüther, a. a. O., AG 2001, 68 (71); vgl. Noack, a. a. O., in FS Lutter 2000, 1463 (1475)

683 vgl. v. Randow, a. a. O., ZIP 1998, 1564 (1566); vgl. Hanloser, a. a. O., NZG 2001, 355 (355 f); vgl. Hüther, a. a. O., AG 2001, 68 (71) ; vgl. Dreher/Schnorbus, a. a. O., EWIR 1998, 675 (675 f); vgl. Bachmann, a. a. O., WM 1999, 2100 (2103 f)

vertreter nur auf der Grundlage einer konkret zu erteilenden Weisung oder aber auch ohne das Bestehen einer solchen das Stimmrecht für den Aktionär ausüben darf[684]. In Ermangelung etwaiger Stellungnahmen hierzu im Rahmen der Begründung zum Referentenentwurf lassen sich etwaige Probleme bei einer Vertretung durch einen gesellschaftseigenen Stimmrechtsvertreter nur durch die Gesetzesauslegung klären. Ergänzend kann hierbei auf das im angloamerikanischen Rechtsraum übliche sogenannte „proxy voting" zurückgegriffen werden, da es ausweislich der Begründung des Regierungsentwurfes das Bestreben des Gesetzgebers gewesen ist, ein diesem Verfahren „vergleichbares" Verfahren in Deutschland zu etablieren[685].

Der Umstand, dass der Gesetzgeber bei der Einführung des § 134 Abs. 3 S. 3 AktG auf das sogenannte „proxy voting" Bezug genommen hat, darf jedoch nicht zu Verwechslungen führen, da insoweit die Regelung des § 134 Abs. 3 S. 3 AktG mit diesem nicht kongruent ist. Während nämlich § 134 Abs. 3 S. 3 AktG „lediglich" die Verwaltungsvollmacht regelt, umfasst das „proxy voting" sämtliche Stimmvollmachten.

3.4.4.3.3.1 Proxy Voting

Der Hintergrund der Verbreitung des „proxy voting" in den USA liegt darin begründet, dass das Leitbild der Präsenz-Hauptversammlung, wie es in Deutschland vorherrscht, in der US-amerikanischen Praxis fremd ist, so dass die Erteilung von Stimmrechtsvollmachten (sogenannte „proxies") durchaus als üblich angesehen werden kann. Als „proxy" wird dabei jedoch nicht nur die Vollmachtsurkunde bzw. die Vollmacht selbst bezeichnet, sondern teilweise auch der Vollmachtnehmer[686], was zu Missverständnissen führen kann.

Das Rechtsverhältnis, das der Stimmrechtsvertretung zugrunde liegt, ist eine „agency", wobei der Stimmrechtsvertreter als „agent" tätig wird und der Aktionär der „principal" ist. „Agency" ist die Rechtsbeziehung aus dem Common Law, die entsteht, wenn zwei Parteien eine Übereinkunft treffen, dass der eine für den anderen, den „principal", tätig wird oder ihn vertritt, wobei der „agent" dem Recht des „principals", die Verwaltung seiner Angelegenheit zu kontrollieren, unterworfen ist. Aufgrund der Tatsache, dass sich der „agent" bereit erklärt, in erster Linie die Interessen des „principals" zu wahren bzw. in seinem Sinne tätig zu werden, und er ihm beispielsweise auch die Gewinne aus den wahrgenommenen Geschäften abliefern muss, lässt sich diese Rechtsbeziehung auch als Treuhandverhältnis bezeichnen. Obschon einer derartige „Interessenwahrnehmung" regelmäßig ein Vertrag zugrunde liegt, ist das Vorhandensein eines solchen nicht unbedingt erforderlich. Ausschlaggebend ist insoweit, dass der Wille der Parteien im Sinne eines derartigen Rechtsverhältnisses tätig zu werden, zutage tritt. Es muss also der Wille des „principals" erkennbar sein,

---

[684] vgl. Bunke, a. a. O., AG 2002, 57 (59); vgl. Noack, a. a. O., ZIP 2001, 57 (62)
[685] vgl. Seibert, a. a. O., ZIP 2000, 937 (937); vgl. Weber, M. a. a. O., NZG 2001, 337 (342)
[686] vgl. Hoffmann, a. a. O., S. 82 f; vgl. Zätzsch/Gröning, a. a. O., NZG 2000, 393 (400); vgl. Hanloser, a. a. O., NZG 2001, 355 (356)

den „agent“ für seine Rechnung tätig werden zu lassen, genauso wie die Zustimmung des „agent“ ersichtlich sein muss, in diesem Sinne tätig zu werden. In diesem Zusammenhang gilt es, zu beachten, dass dieser Aussage der Vertragsbegriff des Common Law zugrunde liegt, nach welchem Voraussetzung eines Vertrags eine Gegenleistung (consideration) ist, infolge dessen eine unentgeltliche Geschäftsbesorgung nicht unter diesen Vertragsbegriff fällt. Demgegenüber ist die Einhaltung eines bestimmten Formerfordernisses nicht erforderlich, um ein wirksames Vertrags- bzw. Rechtsverhältnis zu begründen[687].

Inhaltlich ergeben sich die Rechte und Pflichten der Parteien in erster Linie aus der Vereinbarung, was insbesondere für die Gegenleistungspflicht des „principals“ gilt. Unabhängig vom Vorhandensein einer (besonderen) Vereinbarung treffen den „agent“ Sorgfalts-, Berichts- Rechnungslegungs- und Loyalitätspflichten sowie die Pflicht, sich im Rahmen seiner Vertretungsbefugnisse im Innenverhältnis zu halten und die Weisungen des „principals“ zu befolgen. Soweit eine schuldhafte Verletzung einer solchen Pflicht vorliegt, ist der „agent“ schadensersatzpflichtig, und zwar unabhängig davon, ob ein „offizieller“ Vertrag vorliegt. Umgekehrt ist der „principal“ verpflichtet, dem „agent“ Aufwendungen, Schäden oder sonstige Verluste zu ersetzen[688]. Die „agency“ entspricht daher im Wesentlichen dem deutschen Verständnis eines Treuhandvertrages, obwohl bestimmte Ausprägungen aufgrund des unterschiedlichen Vertragsverständnisses bzw. –begriffes nicht hierunter fallen.

Während die „agency“ eigentlich an Sachverhalten ausgerichtet ist, bei denen der „principal“ an der Wahrnehmung seiner Geschäfte ein starkes (ökonomisches) Interesse hat, stellt sich die Interessenlage beim „proxy voting“ anders dar. Hierbei hat meist der „agent“ ein stärkeres Interesse an der Bevollmächtigung, da ihm die „proxy“ dazu dient, seinen Einfluss in der Gesellschaft zu verstärken. Gleichwohl umfassen die Regeln der „agency“ – nicht zuletzt wegen ihrer Entwicklung in der Billigkeitsrechtssprechung – die wesentlichen Ausgestaltungsmerkmale der Stimmrechtsvertretung. Diese unterschiedliche Interessenlage ist dabei letztlich der Hintergrund für die Besonderheiten des „proxy voting“.

Eine solche Besonderheit wird bereits im Rahmen der Erteilung der „proxy“ erkennbar. Obwohl die Initiative hierfür selbstverständlich auch von den Aktionären ausgehen kann, verhält es sich regelmäßig so, dass der Aktionär die „proxy-Urkunde“ nicht unaufgefordert erteilt. Vielmehr versendet das Management der Gesellschaft – verbunden mit der Bitte um Unterzeichnung und Rücksendung - an alle Aktionäre vorgedruckte „proxy cards“, welche nähere Angaben zur Bevollmächtigung, d.h. Namen etwaiger Kandidaten, Weisungen, etc., enthalten. Die demgemäß erteilte „proxy“ berechtigt sodann die Gesellschaft, dass Stimmrecht für den Aktionär auszuüben. Die unterschiedlichen Gesetze der einzelnen US-Bundesstaaten können hierbei zu Differenzierungen im Hinblick auf bestimmte Voraussetzungen für die wirksame Erteilung der

687 vgl. Hoffmann, a. a. O., S. 83 f
688 vgl. Hoffmann, a. a. O., S. 84

„proxy" führen[689]. Regelmäßig wird die „proxy" jedoch schriftlich (oder in einer sonstigen, nachprüfbaren Form, zum Beispiel E-Mail) erteilt, um so eventuell. auftretenden Beweispflichten, in etwa, ob tatsächlich ein „agency" zustande gekommen ist, nachzukommen[690].

Der Umfang der „proxy" richtet sich dabei grundsätzlich nach der zugrunde liegenden „agency". Dementsprechend hat der Stimmrechtsvertreter nicht nur das Stimmrecht entsprechend den Weisungen des Aktionärs auszuüben, sondern auch Beschränkungen seiner Vertretungsmacht auf die Stimmrechtsausübung bei bestimmten Abstimmungen zu beachten. Ergänzend zur „agency" gelten in den USA im Gegensatz zu England sogenannte „General Rules and Regulations", die die ausführliche Information des Aktionärs bzw. die genaue Umschreibung der Vertretungsmacht in einem sogenannten „proxy statement" voraussetzen. Durch hinreichende Information soll der Aktionär somit dem Vollmachtswerber, d.h. der Gesellschaft, interessengerechte Weisungen zur Stimmrechtsausübung auf dem Vollmachtsformular erteilen können, so dass eine Vertretungsmacht, die sich nicht aus dem Wortlaut des verwendeten Formulars ergibt, auch nicht besteht. In den Fällen, in denen der „agent" berechtigt bzw. auch verpflichtet sein könnte, von Weisungen des „principals" abzuweichen, ist anerkannt, dass dem Aktionär vorher Informationen zugeleitet werden müssen, die es ihm ermöglichen, gegebenenfalls seine Weisung zu ändern. Dem Stimmrechtsvertreter wird somit kein eigenes Ermessen im Falle der Stimmrechtsausübung eingeräumt, infolge dessen er in Zweifelsfällen stets weisungsgerecht handeln muss[691].

Abschließend ist im Zusammenhang mit der Darstellung des „proxy voting" noch auf die Wahl der „proxies", d.h. der Stimmrechtsvertreter, einzugehen.

Als Stimmrechtsvertreter kommt prinzipiell jeder in Betracht, der die rechtliche Fähigkeit hat, als „agent" aufzutreten, was insbesondere auch Minderjährige und juristische Personen betrifft, ohne dass eine etwaige Einschränkung des Personenkreises zulässig wäre, mithin eine Vorschrift, die nur andere Aktionäre als Stimmrechtsvertreter zulässt, unwirksam wäre. Obwohl nicht ausdrücklich geregelt wird, ab welchem Zeitpunkt ein Stimmrechtsvertreter verpflichtet ist, die „proxy" auch tatsächlich auszuüben, lässt die insoweit zugrunde liegende „agency" den Schluss zu, dass die Verpflichtung der Stimmrechtsausübung durch den Vertreter in dem Moment entsteht, in welchem er der Übernahme der Stimmrechtsausübung zustimmt. Problematisch kann dies jedoch in den Fällen werden, in denen die Initiative zur Stimmrechtsvertretung vom Aktionär ausgeht und die Gesellschaft keine entsprechende (Annahme-) Erklärung abgibt. Umgekehrt wird im Regelfall, da die Gesellschaft entspre-

---

689 So setzt beispielsweise das Recht des Staates Delaware grundsätzlich keine besondere Form für die wirksame Erteilung der „proxy" voraus.
690 vgl. Zätzsch/Gröning, a. a. O., NZG 2000, 393 (400); vgl. Hoffmann, a. a. O., S. 85; vgl. Hanloser, a. a. O., NZG 2001, 355 (356)
691 vgl. Hoffmann, a. a. O., S. 88; vgl. Hanloser, a. a. O., NZG 2001, 355 (356)

chende „proxy cards" an die Aktionäre verschickt, die Verpflichtung zu dem Zeitpunkt entstehen, wenn die „proxy card" der Gesellschaft unterschrieben zugehen.

Eine (weitere) Besonderheit besteht hierbei dahingehend, dass die vorgedruckten „proxy cards" vom Management, d.h. vom Vorstand, abgeschickt werden, so dass auch nur das Management zur Stimmrechtsvertretung verpflichtet wird. Hintergrund für diese Vorgehensweise ist das Bestreben des Vorstands, auf diese Art und Weise Stimmrechte auf sich zu versammeln, um sich so die eigene Wiederwahl zu sichern und aufgrund des erforderlichen Quorums überhaupt eine beschlussfähige Aktionärsversammlung herbeizuführen. Diese auf den ersten Blick den Vorstand begünstigende Regelung wird jedoch auch den Interessen der Aktionäre gerecht, die ihrerseits, zum Einen im Rahmen einer Stimmrechtsvertretung durch den Vorstand, diesem konkrete Weisungen erteilen können, und zum Anderen nicht verpflichtet sind, dem Vorstand die Stimmrechtsvertretung zu übertragen[692].

3.4.4.3.3.2 Formerfordernis

Demgegenüber lässt der Wortlaut des § 134 Abs. 3 S. 3 AktG, der ausdrücklich von einem „gesellschaftseigenen" Stimmrechtsvertreter spricht, auch die Möglichkeit zu, dass nicht nur der Vorstand die Stimmrechtsvertreter übernehmen kann, sondern auch andere zur Gesellschaft gehörende Personen bzw. solche, die bei ihr angestellt sind. Wenn aber die Stimmrechtsvertretung innerhalb der Gesellschaft an bei ihr tätige Personen delegiert werden kann, muss es demzufolge auch zulässig sein, einen externen Dritten mit der Stimmrechtsvertretung zu beauftragen, sofern gleichzeitig sichergestellt wird, dass dieser Dritte hinsichtlich seiner Verpflichtung zur Stimmrechtsausübung einer „gesellschaftseigenen" Person im engeren Sinne gleichgestellt wird.

Hinsichtlich des Formerfordernisses der zu erteilenden Vollmacht ist anzumerken, dass aufgrund der systematischen Einbettung in § 134 Abs. 3 AktG, d.h. im Rahmen der individuellen Stimmrechtsvertretung, grundsätzlich von der Formbedürftigkeit der Vollmachtserteilung, vorbehaltlich einer anderweitigen statutarischen Regelung, ausgegangen werden kann.

Gerade diese systematische Einordnung kann auch in bestimmten Konstellationen Probleme verursachen. Neben der grundsätzlichen Fragwürdigkeit der Einordnung in den Bereich der individuellen Stimmrechtsvertretung in Anbetracht des Umstandes, dass es sich beim Gesellschaftsvertreter, dessen Angebot sich typischerweise an die breite Masse der Aktionäre richtet, der Sache nach um einen Fall der organisierten Vertretung handelt, welche demnach in den Anwendungsbereich des § 135 AktG fallen müsste, kann es unter bestimmten Voraussetzungen zu Überschneidungen mit § 135 AktG kommen, die insbesondere im Hinblick mit dem Formerfordernis der Vollmachtserteilung relevant werden.

---

[692] vgl. Hoffmann, a. a. O., S. 87; vgl. Zätzsch/Gröning, a. a. O., NZG 2000, 393 (400)

Ausgehend vom Fehlen einer statutarischen Erleichterung des Formerfordernisses für die Vollmachtserteilung im Sinne des § 134 Abs. 3 S. 2 AktG, ist es im Hinblick auf die Frage, ob eine schriftliche Vollmachtserteilung erforderlich ist, ausschlaggebend, wen die Gesellschaft mit der Stimmrechtsvertretung nach § 134 Abs. 3 S. 3 AktG betraut.

Wird nämlich mit der Stimmrechtsvertretung eine Person betraut, die in den Anwendungsbereich des § 135 Abs. 9 S. 1 AktG fällt, entfällt das Formerfordernis, da insoweit die diesbezügliche Privilegierung des § 135 AktG Vorrang genießt. Regelmäßig wird es sich dabei um einen „geschäftsmäßig Handelnden" im Sinne der Nr. 3, beispielsweise eine eingesetzte Anwalts- oder Wirtschaftsprüferkanzlei, handeln, wohingegen Personen, die in den Anwendungsbereich der Nr. 1 und 2 fallen, regelmäßig wohl nicht von der Gesellschaft betraut werden. Umgekehrt wird eine für die konkrete Hauptversammlung als Gesellschaftsvertreter benannte (andere) Person, zum Beispiel ein Mitglied der Rechtsabteilung der Gesellschaft, grundsätzlich nicht als „geschäftsmäßig Handelnder" anzusehen sein, da es bei ihm in der Regel an der Absicht fehlen wird, auf weiteren Hauptversammlungen derselben oder einer anderen Gesellschaft (als Stimmrechtsvertreter) teilzunehmen, obwohl seine Benennung darauf ausgerichtet ist, für eine bestimmte Hauptversammlung eine unbestimmte Zahl von Aktionären zu vertreten. Es handelt sich hierbei folglich um einen Fall der Individualvertretung, so dass die Einhaltung des Schriftformerfordernisses nach § 134 Abs. 3 S. 2 AktG bzw. des statutarisch vorgesehenen Formerfordernisses notwendig ist[693].

3.4.4.3.3.3 Weisungsabhängigkeit

Offen ist jedoch die Frage, auf welcher Grundlage die Stimmrechtsausübung des Gesellschaftsvertreters zu erfolgen hat.

Da der Gesetzgeber die Stimmrechtsvertretung durch einen Gesellschaftsvertreter im Zusammenhang mit der Individualvertretung geregelt hat, ergibt sich, dass die Ausübung des Stimmrechts dementsprechend nur aufgrund einer diesem konkret zu erteilenden Weisung erfolgen darf. Ergänzend hierzu kann auch der Rechtsgedanke des § 135 Abs. 1 S. 2 AktG herangezogen werden, wonach die Wahrnehmung der Vollmacht auf der eigenen Hauptversammlung nur dann gestattet ist, wenn eine Einzelweisung erteilt worden ist, was insoweit auch der vor dem In-Kraft-Treten des NaStraG ergangenen Rspr. zum Treuhandmodell (Telekom-Modell) und dem Verständnis des „proxy voting" entspricht[694].

---

693 vgl. Noack, a. a. O., ZIP 2001, 57 (62)

694 vgl. Pikó/Preissler, a. a. O., AG 2002, 223 (227); vgl. Bachmann, a. a. O., WM 1999, 2100 (2106); vgl. Noack, a. a. O., ZIP 2001, 57 (62); vgl. ders., a. a. O., in FS Lutter 2000 1463 (1477/1479 f); vgl. Bunke, a. a. O., AG 2002, 57 (59 f); vgl. Zetzsche, a. a. O., ZIP 2001, 682 (684); vgl. ZIP 1998, 1308 (1308/1311); vgl. v. Randow, a. a. O., ZIP 1998, 1564 (1567); vgl. Dreher/Schnorbus, a. a. O., EWIR 1998, 675 (675)

Nichts desto trotz ist dadurch die Gefahr der Interessenkollision, die in der Vergangenheit die Unzulässigkeit eines solchen Verwaltungsstimmrechts begründet hat, nicht gebannt. So hindert die Einschaltung eines Stimmrechtsvertreters die Gesellschaft nicht daran, die Aktionäre um Weisungserteilung entsprechend der von ihr gemäß § 124 Abs. 3 AktG gemachten Abstimmungsvorschläge zu bitten, wobei der vollmachtgebende (Klein-)Aktionär häufig weder in der Lage ist noch dazu geneigt sein wird, die ihm unterbreiteten Vorschläge inhaltlich zu würdigen und deren Tragweite einzuschätzen, infolge dessen er die Weisung – mehr oder weniger kritiklos – im Sinne der Verwaltung erteilen wird. Die „bloße“ Gefahr, dass Aktionäre dem Abstimmungsvorschlägen der Gesellschaft folgen könnten, mag jedoch keine Einschränkungen dieser Form der Stimmrechtsvertretung begründen. Es ist nicht verständlich, dass der Aktionär, der ansonsten abweichende Weisungen erteilen kann, nur deshalb davon Abstand nimmt, weil die Gesellschaft die entsprechenden Abstimmungsvorschläge unterbreitet bzw. weil der Vertreter von der Gesellschaft empfohlen wird. Im Übrigen bestehen insoweit Parallelen zu der Ausübung des Stimmrechts durch Kreditinstitute bzw. diesen gleichgestellte Personen nach § 135 Abs. 9 S. 1 AktG. Unterstellt man nämlich eine kritiklose Übernahme der Abstimmungsvorschläge der Gesellschaft, müsste dies grundsätzlich auch für (insbesondere vom Verwaltungsvorschlag abweichende) Abstimmungsvorschläge des Kreditinstituts oder der diesen gleichgestellten Personen gelten, so dass lediglich das Eigeninteresse der Gesellschaft durch das (Fremd-)Interesse der sonstigen organisierten Stimmrechtsvertreter ausgetauscht wird. Auch der in diesem Zusammenhang erfolgende (zutreffende) Hinweis, dass die Stimmrechtsvertretung durch einen Gesellschaftsvertreter im Gegensatz zu der durch die Kreditisinstitute aktiv „beworben“ wird, rechtfertigt keine anders lautende Beurteilung. Der Eigenwerbung durch die Gesellschaft, sowohl im Hinblick auf die eigenen Abstimmungsvorschläge als auch für den benannten Stimmrechtsvertreter ist ohne weiteres zulässig und kompensiert im eigentlichen Sinne die bei der Aktionärsschaft vorhandene Skepsis gegenüber solchen, von der Gesellschaft abhängigen, Stimmrechtsvertretern. Schließlich gilt es auch zu bedenken, dass durch § 135 Abs. 1 S. 2 AktG eine vergleichbare Situation geregelt worden ist, wonach die Kreditinstitute, die in der eigenen Hauptversammlung die Stimmrechtsvertretung für die Aktionäre übernehmen, „lediglich“ dem Mandat der Einzelweisung unterworfen sind und nicht zusätzlich dadurch eingeschränkt werden, dass sie beispielsweise auch keine Abstimmungsvorschläge unterbreiten dürften. Ebenso wie beim Gesellschaftsvertreter kann hier nicht erwartet werden, dass etwaige Abstimmungsvorschläge erteilt werden, die vom eigenen Interesse abweichen. Dementsprechend ist auch nicht nachvollziehbar, warum im Falle der Vertretung durch einen Gesellschaftsvertreter eine andere „Gefahrenlage“ besteht, die etwaige Einschränkungen rechtfertigen soll, als bei organisierten Stimmrechtsvertretern, die in der eigenen Hauptversammlung (ohne jegliche weitere Beschränkung) die Vertretung der eigenen Aktionäre übernehmen[695].

Bedenken in Bezug auf die konkrete Befugnis zur Ausübung der erteilten Vollmacht bestehen indes in den (Sonder-)Fällen, in denen die Hauptversammlung einen völlig unerwarteten (dramatischen) Verlauf nimmt, wodurch die ursprüngliche Weisung an den Stimmrechtsvertreter nicht mehr passend ist und oftmals keine Möglichkeit – mit Ausnahme einer denkbaren Online-Hauptversammlung – besteht, mit dem Aktionär Rücksprache über die neue Situation zu halten. Relevant wird in einer solchen Konstellation die Frage, ob der Stimmrechtsvertreter in Anbetracht der neuen Umstände das Stimmrecht noch weisungsgemäß ausüben darf, er die Weisung im Interesse des Aktionärs auszulegen oder aber sich gänzlich der Stimmrechtsausübung zu enthalten hat. Es ist nämlich hierbei zu berücksichtigen, dass sich in dieser Situation der befürchtete Interessenkonflikt verwirklicht, da der Stimmrechtsvertreter zwar dem Aktionär verpflichtet ist, gleichzeitig aber auch eine Verpflichtung gegenüber der Gesellschaft besteht, die umso intensiver ist, sofern der Stimmrechtsvertreter nicht ein externen Dritter, sondern vielmehr ein Mitarbeiter ist. Der in dieser Situation bestehende Interessenwiderstreit ist sinnvollerweise nur im Wege einer restriktiven Handhabung der Stimmrechtsvertretung durch einen „gesellschaftseigenen" Vertreter zu beheben, da die Auslegung der Weisung nämlich nur in den seltensten Fällen zur Behebung dieses Problems geeignet ist, wenn man bedenkt, dass sich die Weisungen regelmäßig darauf reduzieren, entweder für oder gegen den Verwaltungsvorschlag zu stimmen und nur in wenigen Fällen überhaupt auslegungsfähige Aussagen des Aktionärs enthalten, wodurch deutlich wird, dass die Ermittlung des Interesses bzw. des Willens des Aktionärs beinahe unmöglich ist[696]. Zudem würde die Befugnis zur Auslegung einer entsprechenden Aktionärserklärung wieder – unter verschärften Umständen – zum bereits angesprochenen Interessenkonflikt des „gesellschaftseigenen" Vertreters führen, der zwar – theoretisch – im Aktionärsinteresse abstimmen müsste, praktisch aber zu einer Entscheidung gezwungen werden würde, die ihm ein eigenes Ermessen einräumt, welches nur bedingt (gerichtlich) überprüfbar wäre. Wenig hilfreich ist insoweit auch der Verweis auf die gesetzliche Situation der Kreditinstitute und der anderen organisierten Stimmrechtsvertreter, die in Ausnahmefällen von der zugrunde liegenden Weisung abweichen dürfen und dies im Nachhinein entsprechend gegenüber ihren Vollmachtgebern begründen müssen. Es darf hierbei nämlich nicht übersehen werden, dass zwar die Kreditinstitute und diesen gleichgestellten Personen gleichfalls ein eigenes Interesse verfolgen können, dieses aber nicht mit dem Eigeninteresse der Gesellschaft verwechselt werden kann, da es sich um eine Fremdinteresse handelt, welches grundsätzlich geeignet ist, die Gewaltenkontrolle der Gesellschaft, insbesondere die zwischen Vorstand und Hauptversammlung, aufrechtzuerhalten. So ver-

---

695 vgl. Bachmann, a. a. O., WM 1999, 2100 (2106); vgl. Bunke, a. a. O., AG 2002, 57 (60); vgl. Hüther, a. a. O., AG 2001, 68 (73); vgl. Noack, a. a. O., in FS Lutter 2000, 1463 (1479)

696 vgl. Fikó/Preissler, a. a. O., AG 2002, 223 (227)

gleichbar die Ausgangssituationen auch sein mögen, der Unterschied besteht darin, dass das vertretende Kreditinstitut ein unabhängiger „Dritter" ist, was beim Gesellschaftsvertreter gerade nicht der Fall ist. Der Gesetzgeber hat schließlich auch davon abgesehen, für einen derartigen Entscheidungsspielraum des Gesellschaftsvertreters eine entsprechende gesetzliche Grundlage, etwa durch Verweis auf § 135 Abs. 8 AktG, zu schaffen, so dass, nicht zuletzt auch um den Gesellschaftsvertreter vor etwaigen Konfliktsituationen zu schützen, eine eindeutigen Verhaltensvorgabe von entscheidender Bedeutung ist.

Eine solche Vorgabe bzw. „restriktive" Handhabung der Stimmrechtsvertretung durch den „gesellschaftseigenen" Vertreter kann nur dergestalt erfolgen, indem man entweder von der Ausübung des Stimmrechts in diesen Ausnahmefällen gänzlich absieht, sofern es dem Stimmrechtsvertreter vor der Abstimmung nicht mehr möglich ist, eine (bestätigende oder abweisende) Entscheidung des Aktionärs einzuholen, oder aber den Gesellschaftsvertreter verpflichtet, dennoch weisungsgemäß abzustimmen. Das Absehen von der Stimmrechtsausübung geht dabei selbstverständlich mit dem Verlust des Stimmrechts des Aktionärs und der damit verbundenen Einflussmöglichkeit auf die Entscheidungsfindung der Hauptversammlung einher. Zudem wird dadurch gleichfalls ein eventuell möglicher Missbrauch im Zuge des (vorhandenen) Interessenkonflikts des Gesellschaftsvertreters nicht verhindert. So kann die Vorgabe, dass im Zweifel das Stimmrecht nicht auszuüben ist, den „gesellschaftseigenen" Vertreter dazu verleiten, die notwendigen Informationen nicht an den Aktionär weiterzureichen, um so gegebenenfalls von den Verwaltungsvorschlägen abweichende Weisungen zu umgehen. Letztlich sehe sich der Aktionär somit entgegen der Tatsache, dass er sich gerade aktiv in die gesellschaftliche Willensbildung einbringen will, was durch seine Weisungserteilung zum Ausdruck kommt, in jedem Fall jeglicher Willensbekundung „beraubt". Demgegenüber führt die Verpflichtung des „gesellschaftseigenen" Vertreters sich im Zweifel weisungsgemäß zu verhalten, dazu, dass unter Umständen eine aus der Sicht des Aktionärs inhaltliche falsche Entscheidung getroffen würde, was insoweit aber im Vergleich zum Absehen einer Stimmrechtsausübung keine Schlechterstellung der Position des Aktionärs beinhaltet. Unterstellt man ferner, dass es dem „gesellschaftseigenen" Vertreter gelungen ist, den Aktionär über die neue Situation zu informieren – etwa durch Versendung einer E-Mail, etc. - und dass dieser nicht darauf reagiert, kann davon ausgegangen werden, dass sich der Aktionär entweder bewusst für die Beibehaltung seiner Weisung auch angesichts der neuen Umstände entschieden oder aber von der Möglichkeit der Einflussnahme keinen Gebrauch gemacht und damit auf eine an sich mögliche Anpassung seiner Weisung an eventuell auftretende Umstände verzichtet hat, infolge dessen es unbedenklich erscheint, wenn der „gesellschaftseigene" Stimmrechtsvertreter gemäß der ursprünglich erteilten Weisung abstimmt[697].

---

[697] vgl. Pikó/Preissler, a. a. O., AG 2002, 223 (227); vgl. Zetzsche, a. a. O. ZIP 2001, 682 (684), der jedoch eine Entscheidung offen lässt.

Im Zweifel hat folglich der „gesellschaftseigene" Stimmrechtsvertreter stets entsprechend der erteilten Weisung das Stimmrecht auszuüben.

3.4.4.3.3.4 Verdeckte Vertretung durch den Gesellschaftsvertreter

Abschließend ist im Zusammenhang mit der Stimmrechtsausübung durch einen „gesellschaftseigenen" Vertreter letztlich noch auf die damit verbundene und ausdrücklich durch § 134 Abs. 3 2. HS. AktG erwähnte Möglichkeit der verdeckten Vertretung einzugehen.

Der Gesetzgeber hat auch diesbezüglich von einer Begründung abgesehen, weshalb der Schluss naheliegend ist, dass diese Entscheidung darauf beruht, den Gesellschaftsvertreter auch im Hinblick auf Möglichkeiten der Wahrnehmung der Stimmrechtsvertretung in verdeckter Form den (weiteren) organisierten Vertretern gleichzustellen und somit vom Regelfall des § 134 Abs. 3 S. 1 AktG abzugrenzen. Gehört der Gesellschaftsvertreter der Gesellschaft an, d.h. handelt es sich hierbei um einen Angestellten der Gesellschaft, erweist sich diese Bestimmung als nur bedingt tragfähig, da das durch die verdeckte Vertretung vornehmlich geschützte Anonymitätsinteresse des Aktionärs umgangen wird. So sind die Aktionäre, die diese Form der Vertretung wählen, dem Gesellschaftsvertreter aufgrund der Vollmachtserteilung bekannt, so dass durchaus davon ausgegangen werden kann, dass auch die Gesellschaft Kenntnis von den Namen der vertretenen Aktionäre erhalten wird. Dies gilt umso mehr, als ein Gesellschaftsvertreter, der gleichzeitig Mitarbeiter der Gesellschaft ist, keinen organisatorisch eigenständigen Bereich aufweisen wird, in dem er etwa die Vollmachten (3 Jahre) aufbewahrt, so dass allein schon praktische Erwägungen, wie die Art und Weise der Aufbewahrung der Vollmachten, eine solche Annahme begründet. Anders stellt sich die Situation jedoch in den Fällen dar, in denen externe Dritte, zum Beispiel Wirtschafsprüferkanzleien, etc., mit der Stimmrechtsvertretung beauftragt sind. Hier kann durchaus angenommen werden, dass das Anonymitätsinteresse trotz Bestehens einer vertraglichen Beziehung zur Gesellschaft gewahrt werden kann.

In der Praxis wird daher eine verdeckte Vertretung der Aktionäre durch einen „gesellschaftseigenen" Vertreter nur dann erfolgen, wenn die Gesellschaft einen externen Dritten mit dieser Aufgabe betraut, da andernfalls die Aktionäre mehrheitlich wohl nicht den Gesellschaftsvertreter, sondern vielmehr einen anderen (organisierten) Stimmrechtsvertreter mit der Ausübung ihres Stimmrechts beauftragen werden.

3.4.4.4 Rechtsfolge bei fehlerhafter Stimmrechtsvertretung

Bezüglich der Beurteilung der Problematik, welche Rechtsfolgen ein Fehler bzw. ein Mangel bei der Stimmrechtsausübung durch einen Stimmrechtsvertreter hat, gilt es, grundsätzlich zwischen den Rechtsfolgen aus dem Rechtsverhältnis zwischen Vollmachtgeber und Vollmachtnehmer und der damit einhergehenden Haftungsfrage einerseits und den sich aus dem Verhältnis zur Gesellschaft und der damit verbundenen Wirksamkeitsfrage der Stimmabgabe ergebenden andererseits zu differenzieren. Im Anschluss hieran kann in Bezug auf das Verhältnis gegenüber der Gesellschaft die Frage von Bedeutung sein, welche Art von Rechtsverstoß oder Fehler vorliegt, da diese gegebenenfalls Auswirkungen auf die Wirksamkeit des mit der fehlerhaften Stimme zustande gekommenen Beschlusses bzw. des ohne Mitwirkung zustande gekommenen Beschlusses haben können.

3.4.4.4.1 Im Verhältnis zwischen Vollmachtgeber und Vollmachtnehmer

Die Haftung des Vertreters gegenüber dem Vertretenen bei unsachgemäßer Stimmrechtsausübung ist rechtlich unproblematisch. Regelmäßig haftet der Vertreter wegen einer Pflichtverletzung aus dem Geschäftsbesorgungsvertrag bzw. dem Auftrag nach §§ 662 ff i.V.m. §§ 280 Abs. 1, 3, 281 BGB, sofern die entsprechenden (weiteren) Voraussetzungen erfüllt sind. Dabei macht es insbesondere keinen Unterschied, ob es sich beim Vertreter um ein Kreditinstitut oder eine diesem gleichgestellte Person handelt, die in den Anwendungsbereich des § 135 AktG fällt, da diese Vorschrift keine diesbezügliche Privilegierung enthält, sondern vielmehr nur die Geschäftsbesorgung inhaltlich ergänzt[698].

Die der Haftung des Vertreters zugrunde liegende Pflichtverletzung wird dabei regelmäßig aus einem weisungswidrigen Verhalten resultieren. In diesem Zusammenhang ist es gleichgültig, ob man das Schweigen des Aktionärs auf die nach § 128 Abs. 2 AktG geforderten Vorschläge für die Ausübung des Stimmrechts als Weisung betrachtet oder nicht, da eine interessenwidrige Ausübung der Weisung nur in eingeschränktem Maße möglich ist. Grundsätzlich ergibt sich dabei das Recht des Vollmachtnehmers aus § 135 Abs. 5 AktG (gegebenenfalls i.V.m. § 135 Abs. 9 S. 1 AktG), § 665 S. 1 BGB nur dann, wenn der Vertreter annehmen darf, dass der Vollmachtgeber eine Abweichung billigt[699], was jedoch im Rahmen der Ausübung des Stimmrechts durch einen „gesellschaftseigenen" Vertreter, wie bereits dargestellt worden ist, nicht gilt.

Neben dem vertraglichen Anspruch gewährt auch § 823 Abs. 2 BGB einen Schadensersatzanspruch zugunsten des Vollmachtgebers, da § 135 AktG ein Schutzgesetz darstellt.

Unabhängig hiervon muss jedoch festgestellt werden, dass die Einräumung von Schadensersatzansprüchen wohl kein geeignetes Mittel darstellt, die weisungsgemäße Ausübung des Stimmrechts sicherzustellen, da hierbei dem Beweispflichtigen, d.h. dem Vollmachtgeber bzw. dem Aktionär der Nachweis eines Schadens, der Kausalität und der Interessenverletzung gelingen muss[700].

---

698 vgl. Eckhardt in Geßler/Hefermehl, a. a. O., § 135 Rn 131; vgl. KK-Zöllner (Voraufl.), a. a. O., § 135 Rn 109; vgl. Hammen, a. a. O., ZBB 1993, 239 (241)

699 vgl. Hammen, a. a. O., ZBB 1993, 239 (241)

700 Zur Haftung gegenüber den nicht vertretenen Aktionären vgl. Hammen, a. a. O., ZBB 1993, 239 (240 ff)

3.4.4.4.2 Im Verhältnis zur Gesellschaft

Im Hinblick auf die Frage nach der Rechtsfolge einer fehlerhaften Stimmrechtsausübung durch den beauftragten Vertreter ist zunächst zu bemerken, dass ein solcher Fehler bzw. Mangel gegenüber der Gesellschaft nur dann relevant ist, wenn er sich nicht auf den Inhalt der Stimmabgabe beschränkt, d.h. nicht darin besteht, ob der Vertreter weisungsgemäß oder weisungswidrig abgestimmt hat, da dies ein Mangel ist, der sich ausschließlich auf das Verhältnis zwischen Vertreter und Vertretenem bezieht und gegebenenfalls, wie soeben dargestellt, die Haftung des Vertreters nach sich ziehen kann. Demgegenüber beziehen sich etwaige Mängel in der Berechtigtung bzw. der Legitimation des Vertreters auf das Verhältnis gegenüber der Gesellschaft und stellen als Konsequenz grundsätzlich die Wirksamkeit des zustande gekommenen Beschlusses in Frage.

§ 135 Abs. 6 AktG macht in diesem Zusammenhang deutlich, dass aber nicht jeder Mangel in der Berechtigung die Wirksamkeit der Stimmabgabe in Frage stellt. Demgemäß führen Verstöße gegen § 135 Abs. 1 S. 2, Absätze 2, 3 und 5 AktG nicht zur Unwirksamkeit der Stimmabgabe. Es handelt sich im eigentlichen Sinne um Rechtsverletzungen, deren Vermeidung vorrangig im Machtbereich der Kreditinstitute bzw. der diesen gleichgestellten Personen liegen, infolge dessen die Gesellschaft nicht in der Weise dafür verantwortlich gemacht werden kann, dass der Verstoß zur Anfechtbarkeit des Hauptversammlungsbeschlusses führt[701].

Mängel bzw. Rechtsverletzungen, die sich im Einflussbereich der Gesellschaft ereignen und deren Vermeidung ihr somit zugemutet werden können, berechtigen demgegenüber dazu, die Wirksamkeit des daraufhin zustande gekommenen Beschlusses in Zweifel zu ziehen.

Hierbei kann jedoch die Unterscheidung zwischen der materiellen Wirksamkeit der Vollmachtserteilung und der ordnungsgemäßen Legitimation des Vertreters in der Hauptversammlung dazu führen, dass auch hinsichtlich der eventuellen Fehlerfolge eine differenzierte Betrachtungsweise angezeigt ist.

Ist die Vollmacht materiellrechtlich wirksam erteilt, d.h. entspricht sie entweder dem gesetzlichen oder dem statutarischen Erfordernis, muss sich der Vertreter zusätzlich noch gegenüber der Gesellschaft in der Hautpversammlung legitimieren, indem er beispielsweise die schriftliche Originalvollmacht vorlegt. Ist dies der Fall oder wird er ohne eine solche Legitimation zur Teilnahme an der Hauptversammlung zugelassen, kann er den Vollmachtgeber, d.h. den Aktionär, in der Hauptversammlung wirksam vertreten. Kann sich der Vertreter hingegen nicht in gehöriger Form legitimieren, kann er von der Gesellschaft – trotz wirksam erteilter Vollmacht – von der Teilnahme an der Hauptversammlung und damit von der Ausübung des Stimmrechts ausgeschlossen werden, wobei ein solcher Ausschluss weder einen Nichtigkeits- noch einen Anfechtungsgrund zugunsten des von ihm vertretenen Aktionärs begründet. Wird demgegenüber der Vertreter trotz entsprechender Legitimation nicht zur Teilnahme

[701] vgl. Eckhardt in Geßler/Hefermehl, a. a. O., § 135 Rn 127; vgl. Hüffer, a. a. O., § 135 Rn 22

an der Hauptversammlung zugelassen, stellt dies im Hinblick auf die ohne sein Mitwirken gefassten Beschlüsse einen Anfechtungsgrund nach § 243 Abs. 1 AktG dar, welcher im Wege der Anfechtungsklage vom Vollmachtgeber nach § 245 Nr. 2 AktG geltend gemacht werden und im Falle des Vorliegens der weiteren Voraussetzungen, d.h. der Fristwahrung des § 246 Abs. 1 AktG, der Ursächlichkeit der Rechtsverletzung für die Beschlussfassung, etc., zur Unwirksamkeit des Hauptversammlungsbeschlusses führen kann. Dies wird regelmäßig anzunehmen sein, da nicht auszuschließen ist, dass der Vertreter durch sein Mitwirken, beispielsweise durch die Ausübung des Rederechts, das Abstimmungsverhalten der übrigen Aktionäre hätte beeinflussen können und darüber hinaus die Nichtzulassung des Vertreters eine Verkürzung des Teilhaberechts des vertretenen Aktionärs darstellt[702].

Liegt keine materiellrechtlich wirksam erteilte Vollmacht vor, ist hinsichtlich der Wirksamkeitsfrage des Hauptversammlungsbeschlusses danach zu unterscheiden, ob der nicht wirksam Bevollmächtigte zur Teilnahme an der Hauptversammlung und zur Ausübung des Stimmrechts zugelassen worden ist oder nicht. Ist er von der Teilnahme ausgeschlossen worden, handelt es sich hierbei um eine rechtmäßige Maßnahme der Gesellschaft, die keinerlei rechtliche Konsequenz in Bezug auf den zustande gekommenen Hauptversammlungsbeschluss hat. Wird der nicht wirksam bevollmächtigte Vertreter hingegen zugelassen und übt infolge dessen das Stimmrecht aus, macht seine Teilnahme die gefassten Hautpversammlungsbeschlüsse gemäß § 243 Abs. 1 anfechtbar, sofern das Beschlussergebnis auf der Mitwirkung des nicht wirksam bevollmächtigten Vertreters beruht. Anders als im Falle des unberechtigten Ausschlusses ist in diesem Zusammenhang hinsichtlich der Kausalität der Rechtsverletzung für den zustande gekommen Hauptversammlungsbeschluss danach zu fragen, ob der gefasste Beschluss bei korrekter Feststellung des Abstimmungsergebnisses, d.h. unter Nichtberücksichtigung der vom nicht wirksam bevollmächtigten Vertreter abgegebenen Stimme, trotzdem mit der erforderlichen Stimmenmehrheit zustande gekommen wäre. Sofern hierbei die Stimmen des nicht wirksam bevollmächtigten Vertreters entscheidend sind, ergibt sich der Kreis der Anfechtungsberechtigten aus § 245 AktG, wobei der nicht wirksam vertretene Aktionär mangels Vorliegen der Voraussetzungen des § 245 Nr. 2 AktG regelmäßig nicht hierzu gehört[703].

Ein solcher Mangel kann auch nicht im Wege einer nachträglichen Genehmigung der Stimmabgabe behoben werden. Insoweit stehen hier die Erwägungen der aktienrechtlichen Formstrenge und der abschließenden Fehlerfolgenregelung der §§ 241 ff AktG einer analogen Anwendung der §§ 180 S. 2 i.V.m. 177 Abs. 1 BGB entgegen. Außerdem bewirkt das in § 118 Abs. 1 AktG normierte Präsenzprinzip, wonach die Aktionäre ihre Mitgliedschaftsrechte grundsätzlich nur in der Hauptversammlung ausüben können, dass eine außer-

---

[702] vgl. Ludwig, a. a. O., AG 2002, 433 (437)

[703] vgl. Ludwig, a. a. O., AG 2002, 433 (438) ebenfalls zum Sonderproblem des vollmachtlosen Vertreters in der Vollversammlung

halb der Hauptversammlung erteilte Genehmigung ebenso unzulässig ist wie eine extern vorgenommene Stimmabgabe durch den Aktionär selbst[704].

Um die gegebenenfalls vorliegende Unwirksamkeit des mit einer Rechtsverletzung zustande gekommenen Beschlusses zu vermeiden, kann die Gesellschaft diesen, unter Beachtung des § 244 AktG, durch Neuvornahme eines inhaltsgleichen neuen Beschlusses bestätigen lassen.

---

[704] wie vor

VI. Zusammenfassende Würdigung

Der Gesetzgeber hat die im Jahre 1994 begonnene Modernisierung des Aktienrechts durch das NaStraG konsequent fortgeführt und dabei die verfolgte Zielsetzung im Wesentlichen erfüllt. So ist es ihm gelungen, das Vorhandensein und die Nutzung der modernen Kommunikationsmittel adäquat zu berücksichtigen und dabei durch „Öffnungsklauseln" den Gesellschaften bestimmte Freiräume zu lassen, damit diese im Hinblick auf die ihnen gewährte Satzungsautonomie in der Lage sind, ihre gesellschaftlichen Strukturen den entsprechenden spezifischen Bedürfnissen auszurichten. Darüber hinaus ist es dem Gesetzgeber gelungen die bisherigen gesetzlichen Hindernisse in Bezug auf die Namensaktie, zum Beispiel die Vorlagepflicht der Aktienurkunde beim Rechtsübergang gemäß § 68 Abs. 3 S. 3 AktG a.F., abzubauen und so eine weitgehende Annäherung an die Inhaberaktie zu erzielen, womit auch der zunehmenden Verbreitung der Namensaktie im Rahmen der Internationalisierung bzw. Globalisierung der Wirtschaft Rechnung getragen worden ist.

Unerfüllt sind hingegen die mit der Ausarbeitung dieses (bisher) letzten Reformschritts verbundenen Wünsche einiger Autoren nach einer umfassenderen Reform des Aktienrechtes geblieben. So wird es Aufgabe des Gesetzgebers sein, den von ihm begonnenen Weg der sukzessiven Modernisierung des Aktienrechts auch auf anderen Schwerpunktgebieten fortzuführen, wie beispielsweise der Zulässigkeit der Online-Hauptversammlung und der damit einhergehenden Aufgabe der „Präsenz-Hautpversammlung" nach heutigem Verständnis, was gleichzeitig auch Auswirkungen auf die mit dem NaStraG erfolgten Änderungen, insbesondere im Rahmen Vorbereitung und Durchführung der Hauptversammlung sowie der Stimmrechtsvertretung haben wird.

Dieses konzeptionelle Vorgehen des Gesetzgebers bringt jedoch auch einige Nachteile mit sich, da das dergestalt modernisierte Aktienrecht nicht „aus einem Guss" entstanden ist, insoweit also die Rechtslage, insbesondere sowohl an ihren Schnittstellen zur ursprünglichen Rechtslage als auch in speziellen Randbereichen, gewisse Problemstellungen, unabhängig von ihren praktischen Auswirkungen, nicht berücksichtigt bzw. nicht regelt.

Vor diesem Hintergrund sollen abschließend die im Rahmen des neuen Namensaktienrechts vorhandenen „Schwachstellen" kurz thematisiert werden.

1. Hinsichtlich der Übertragungsmodalitäten hat das Recht der Namensaktie keine Änderungen erfahren, so dass es diesbezüglich bei den bisherigen Übertragungsmöglichkeiten im Wege des Indossaments und der Abtretung mit der korrespondierenden besonderen Ausgestaltungsform des Blankoindossaments und der Blankozession geblieben ist. Diese beiden besonderen Ausgestaltungsformen, insbesondere die des Blankoindossaments, haben indes bewirkt, dass sich die Namensaktie zu einem fungiblen Wertpapier gewandelt hat, was insoweit auch die Voraussetzung für die (Giro-) Sammelverwahrfähigkeit darstellt, welche rückblickend betrachtet, mit ausschlaggebend für die Verbreitung der Namensaktie im Wirtschaftsleben gewesen ist. Die Einbeziehung der Namensaktie im Rahmen der (Giro-) Sammelverwahrung und die damit einher-

gehenden Änderungen führen aber dazu, dass sich einige Folgefragen aufdrängen, die speziell mit der Übertragung des daraufhin zwangsläufig entstehenden (Mit-)Eigentumsanteils am Sammelbestand zusammenhängen. Die depotrechtliche Übertragung des Sammelbestandsanteils kennzeichnet sich dadurch, dass das Tatbestandsmerkmal der „Übergabe“ faktisch durch eine Umbuchung ersetzt wird, um so den Erfordernissen der „Vertretbarkeit“ gerecht zu werden. Gleichzeitig wird hierdurch auch die Möglichkeit eines gutgläubigen Erwerbs des Sammelbestandsanteils gewährleistet, der ebenfalls maßgebend ist, um so eine hinreichende Umlauffähigkeit zu erzielen. Die depotrechtliche Übertragung der Namensaktie findet folglich ausschließlich nach Maßgabe der sachenrechtlichen Vorschriften des BGB unter Modifikation des „Übergabebegriffs“ statt. Dies ist, für sich gesehen, bei Einreichung blankoindossierter Namensaktien nicht besonders schwerwiegend, da durch dass Blankoindossament ohnehin eine namentliche Erwähnung des Erwerbers entfällt und somit ebenfalls der sachenrechtliche Übertragungstatbestand für den Rechtsübergang maßgebend ist. Anders verhält es sich jedoch bei der blankozedierten Namensaktie, da diese grundsätzlich nicht den sachenrechtlichen Übertragungsregeln unterworfen ist, d.h. insbesondere keine Übergabe bzw. „Umbuchung“ für eine rechtswirksame Übertragung erforderlich wird, und somit ihre Einbeziehung in die sachenrechtlichen Übertragungsmodalitäten höchst fragwürdig erscheint, was insbesondere im Hinblick eines möglichen Gutglaubenserwerbs deutlich wird. Ein solcher ist bei der blankozedierten Namensaktie nicht möglich, da insoweit die Abtretungsregeln gelten, die einen gutgläubigen Erwerb nur unter besonderen Voraussetzungen (§ 405 BGB) vorsehen, welche regelmäßig bei der depotrechtlichen Übertragung nicht gewahrt werden. In diesem Bereich wäre also die blankozedierte Namensaktie nicht „vertretbar“, so dass eine Einbeziehung in die (Giro-)Sammelverwahrung nicht möglich wäre und konsequenterweise dazu führen müsste, dass blankozedierten Namensaktien die Sammelverwahrfähigkeit abgesprochen wird. Es handelt sich hierbei jedoch um ein Problem, das in der Praxis nicht vorkommt, da die für die (Giro-)Sammelverwahrung zuständige Wertpapiersammelbank keine Sammelbestände von blankozedierten Namensaktien führt und diese auch nicht aufnimmt, so dass sich eine anderweitige Regelung offensichtlich erübrigt, obwohl sie geboten erscheint.

Unabhängig hiervon stellt sich jedoch auch die bereits angedeutete grundsätzliche Frage, inwieweit ein Erfordernis besteht, die depotrechtliche Übertragung an den sachenrechtlichen Vorschriften zu koppeln. Berücksichtigt man, dass der Verbriefungsanspruch der Aktionäre von den Gesellschaften ausgeschlossen werden kann und dass die Einbeziehung in die (Giro-) Sammelverwahrung die „Einziehung“ aller Einzelurkunden bzw. nur die Hinterlegung einer Globalurkunde voraussetzt, um so, unter anderem, auch die Zulassung zum Börsenhandel zu erreichen, ergibt sich keine Notwendigkeit der Anwendung der sachenrechtlichen Übertragungsvorschriften. Denkbar wäre in diesem Zusammenhang eine generelle Unterscheidung zwischen Aktien nicht-börsennotierter und börsennotierter Gesellschaften und der damit einhergehenden Normierung eines besonderen depotrechtlichen Übertragungstatbestands bei der (Giro-) Sammelverwahrung für Mitgliedschaftsrechte börsennotierter Gesellschaften, der sich an der Praxis der notwendigen Einigung der Parteien und des weiteren Publizitätsakts, der Umbuchung, orientiert. Diese Vorgehensweise würde zudem aber auch die Einbeziehung von blankozedierten Namensaktien bedeuten, da ein solcher Übertragungstatbestand sämtliche börsenfähige Wertpapiere umfasst und somit die Abhängigkeit vom Zessionsrecht überwindet.

Zusammenfassend bedeutet diese Unterscheidung und die Normierung eines Sondertatbestands, bei dem eine Übertragung nicht an der äußeren Form des Wertpapiers anknüpft, die (partielle) Einführung eines Wertrechts.

2. Wesentliche Änderungen haben sich im Zusammenhang mit dem ehemaligen Aktienbuch bzw. dem Aktienregister ergeben. Nicht von einer solchen Änderung betroffen ist die Frage, ab welchem Zeitpunkt die Führungsverpflichtung der Gesellschaft in Bezug auf das Aktienregister besteht. Nach h.M. ist dies (erst) mit Ausgabe einer verkörperten Aktienurkunde der Fall, sei es auch nur in Form einer Globalurkunde, der Fall. Hierbei liegt der Gedanke zugrunde, dass nur die „äußere Form", d.h. die physische Existenz einer Aktienurkunde, eine Überprüfung des Aktienübergangs gewährleistet. Die h.M. behilft sich dabei einer „Hilfskonstruktion", wenn sie auch die Hingabe einer Globalurkunde, die zugegebenermaßen physisch existiert, in diesem Zusammenhang als ausreichend erachtet. So wird verkannt, dass, trotz Globalurkunde, gerade keine an der „äußeren Form" anknüpfende Überprüfung stattfindet und auch nicht stattfinden kann, da die Einbeziehung in die (Giro-)Sammelverwahrung die Hinterlegung der Aktienurkunden bzw. der Globalurkunde bei der Wertpapiersammelbank, d.h. der Clearstream Banking AG, erfordert, und sich somit der Übertragungstatbestand nicht an der Aktienurkunde selbst, sondern vielmehr durch einen reinen Buchungsvorgang manifestiert. Diese Ansicht wird zudem auch der Möglichkeit der Gesellschaft nicht gerecht, gänzlich auf die Verbriefung des Mitgliedschaftsrechtes zu verzichten, was jedoch sehr selten der Fall ist, da (zumindest) die Ausgabe einer Globalurkunde eine Zulassungsvoraussetzung zum Börsenhandel darstellt. Die Gesellschaften mit unverkörperten Mitgliedschaftsrechten, die möglicherweise keinen Börsengang beabsichtigen, wären gänzlich von der Führungspflicht eines Aktienregisters ausgenommen, wodurch überhaupt keine Überprüfung eines Rechtsübergangs möglich wäre, ohne dass ersichtlich wäre, warum in diesen Fällen eine Überprüfungsmöglichkeit weniger wichtig sein sollte.

Erforderlich ist daher die Vorverlagerung der Führungspflicht des Aktienregisters auf den Zeitpunkt der Gründung der Gesellschaft, sofern die Ausgabe von Namensaktien vorgesehen ist bzw. im Falle der Umstellung von Inhaber- auf Namensaktien auf den Zeitpunkt, zu dem die Umstellung statutarisch beschlossen und mit der Umstellung begonnen wird.

3. Das Einsichtsrecht in das ehemalige Aktienbuch betreffend, ist durch das NaStraG eine wesentliche – nicht gerechtfertigte – Verschlechterung der rechtlichen Möglichkeiten der Aktionärsschaft eingetreten. Ungeachtet des

terminologischen Wandels, wonach nunmehr statt eines Einsichtsrechts ein Auskunftsrecht besteht, was Folge der Anpassung an die modernen Kommunikationsmittel darstellt, ist die Reduzierung dieses Rechts auf die Überprüfung der eigenen Daten ein Rückschritt hinsichtlich einer wünschenswerten Aktionärskommunikation. Die Regelung geht letztlich also zu Lasten der Kontrollmöglichkeiten der Hauptversammlung und dient statt dessen neben der weiterhin vorhandenen unwiderlegbaren Legitimationswirkung als „Informationsmedium“ der Gesellschaft bzw. des Vorstands, mit dessen Hilfe sich die Attraktivität der Gesellschaft im Sinne einer guten Investor Relation steigern lässt, indem die Aktionäre mit Informationen über die Gesellschaft sowie über deren Produkte „versorgt“ werden. Diese Einschränkung der rechtlichen Befugnisse der Aktionäre wird dabei vom Gesetzgeber aber offensichtlich nur für börsennotierte Gesellschaften als notwendig erachtet, ohne dass eine Begründung hierfür ersichtlich wäre, zumal gerade die modernen Kommunikationsmittel eine für alle Aktionäre zugängliche Registerführung ermöglicht, da andernfalls die statutarische Erleichterung bzw. das Aufrechterhalten oder die Wiederherstellung der „alten“ Rechtslage bei nichtbörsennotierten Gesellschaften nicht verständlich wäre. Scheinbar reduziert sich das Verständnis des Gesetzgebers bei börsennotierten Gesellschaften darauf, dass Aktionäre solcher Gesellschaften ausschließlich kapitalorientiert sind und keine darüber hinausgehenden gesellschaftlichen Interessen vorhanden sind, infolge dessen eine Reduzierung des Auskunftsrechts auf die Überprüfung der Richtigkeit der eigenen Daten angemessen erscheint. Es wird verkannt, dass die Attraktivität einer Gesellschaft nicht nur darin besteht, wie sie sich gegenüber ihren Aktionären darstellen kann, sondern auch darin, ob eine solche Gesellschaft eine aktive Aktionärskommunikation und einen entsprechenden Ideen- und Meinungsaustausches im Sinne eines mitgliedschaftlichen Zusammenwirkens zulässt.

Erforderlich ist daher, sofern nicht eine grundsätzliche Änderung des Auskunftsrechtes beabsichtigt wird, dass auch börsennotierten Gesellschaften die gleichen statutarischen Möglichkeiten wie nichtbörsennotierten Gesellschaften eingeräumt werden.

4. Die Verbreitung der Namensaktie bringt im Hinblick auf das Aktienregister weitere wesentliche Auswirkungen mit sich, die darin bestehen, dass ein Treuhänder als Aktionär (sogenannter „street name“) im Aktienregister eingetragen wird, was mit dem Bestreben nach erhöhter Umlauffähigkeit und nach Anonymität eines breiten Kreises der Aktionärsschaft einhergeht. Es handelt sich insoweit um eine Entwicklung, die ihre Ursprünge in den USA hat, wo die Namensaktie bzw. die „registered share“ die übliche Aktienart darstellt. Die Eintragung eines Treuhänders, d.h. eines materiell Nichtberechtigten, in Verbindung mit der unwiderlegbaren Vermutungswirkung des Aktienregister gemäß § 67 Abs. 2 AktG, wonach der im Aktienregister Eingetragene gegenüber der Gesellschaft als Aktionär gilt, führt zu wesentlichen Änderungen der bisherigen Praxis, sowohl die Vorbereitung und Durchführung der Hauptversammlung als auch die Frage der Stimmrechtsausübung betreffend. Die (Rechts-)

Beziehung zwischen Gesellschaft und materiell Berechtigtem wird gleichsam durch den eingetragenen „street name“ vermittelt, so dass kein direkter Austausch zwischen Gesellschaft und materiell Berechtigtem erfolgen wird. Dementsprechend wird sich das Mitgliedschaftsverhältnis in zwei unterschiedliche Rechtsverhältnisse bzw. Ebenen aufspalten. Das für die Gesellschaft wichtige Rechtsverhältnis wird sich dabei im Wesentlichen auf die als Aktionär eingetragene Person reduzieren, die für sie der nach außen hin erkennbare Aktionär und damit Träger sämtlicher Rechte und Pflichten ist. Umgekehrt wird sich das für den materiell Berechtigten wichtige Rechtsverhältnis im Rahmen seiner Mitgliedschaft zur Gesellschaft ebenfalls nur auf den „street name“ beziehen. Dieser ist dem materiell Berechtigten aufgrund des regelmäßig zugrunde liegenden Treuhandverhältnisses verpflichtet und berechtigt. Diese Konstellation zeichnet sich im Ergebnis dadurch aus, dass der materiell Berechtigte, wenn er gegenüber der Gesellschaft auftreten will – etwa um „sein“ Stimmrecht auszuüben –, als Vertreter seines „street names“ handeln muss.

5. Eine Folge aus dieser Konstellation ist, dass sich die Gesellschaft nur an die Person wenden kann, die ihr aufgrund der Eintragung im Aktienregister namentlich bekannt ist und folglich auch nur dieser Person alle notwendigen und gesetzlich erforderlichen Mitteilungen, wie etwa die Einberufung der Hauptversammlung, die Tagesordnungspunkte derselben, die eigenen Abstimmungsvorschläge, etc., zukommen lassen kann. Der Gesetzgeber hat hieraus die Konsequenz gezogen, dass, sofern Kreditinstitute oder Aktionärsvereinigungen für den materiell Berechtigten im Aktienregister eingetragen werden, diese verpflichtet sind, die erhaltenen Mitteilungen (bei Aktionärsvereinigungen auf Verlangen der materiell Berechtigten) unverzüglich an den materiell Berechtigten weiterzuleiten (vgl. § 125 Abs. 2 Nr. 3 i.V.m. §§ 128 Abs. 1, 5 S. 1 AktG). Von der Regelung einer solchen Weitergabepflicht von gesellschaftlichen Mitteilungen für andere eingetragene Dritte, bei denen es sich nicht um ein Kreditinstitut oder eine Aktionärsvereinigung handelt, ist hingegen abgesehen worden. Aufgrund der vergleichbaren Interessenlage ist aber eine derartige Unterscheidung zwischen Kreditinstituten und Aktionärsvereinigungen einerseits und „sonstigen Dritten“, die gegebenenfalls geschäftsmäßig auftreten, andererseits nicht geboten, weshalb diesbezüglich eine analoge Anwendung der §§ 125 Abs. 2 Nr. 3, 128 Abs. 1, 5 S. 1 AktG erforderlich wird, sofern die Eintragung des „street names“ bzw. dieses „sonstigen Dritten“ auf der Grundlage eines (vermeintlichen) Vertragsverhältnisses zwischen ihm und dem materiell Berechtigten erfolgt ist bzw. nicht auf einer schlichten Falscheintragung ohne Kenntnis der Parteien beruht.

6. Neben der analogen Anwendung der §§ 125 Abs. 2 Nr. 3, 128 Abs. 1, 5 S. 1 AktG in Bezug auf die Weiterleitungspflicht von Mitteilungen ist bei der Eintragung eines „street names“ im Aktienregister, der nicht unter den Personenkreis des § 135 Abs. 9 S. 1 Nr. 1 – 3 AktG fällt, eine analoge Anwendung dieser Vorschrift gleichfalls erforderlich, infolge dessen auch die Regelungen des § 135 AktG auf diesen anwendbar sind, womit sichergestellt wird, dass

auch ein solcher „street name“ weisungsgemäß abstimmen muss und im Falle des Abweichens von der Weisung rechenschaftspflichtig ist. Es ist insoweit kein Grund erkennbar, warum ein „street name“, der nicht unter den vorbezeichneten Personenkreis fällt, bezüglich seiner Verpflichtungen gegenüber dem materiell Berechtigten besser gestellt sein sollte.

7. Ein weiterer im Rahmen des NaStraG auftretender Problemkreis ist im Stimmrecht und dessen Ausübung durch den materiell Berechtigten bzw. den eingetragenen Aktionär zu sehen. Auch diesbezüglich kommt die durch die Verbreitung der Namensaktie vermehrt auftretende Eintragung von „street names" im Aktienregister zum Tragen. Inhaber des Stimmrechts ist für die Gesellschaft nämlich ausschließlich der im Aktienregister eingetragene Aktionär, so dass der materiell Berechtigte, sofern er persönlich bei der Hauptversammlung „seine“ Mitgliedschaftsrechte wahrnehmen will, nur als Vertreter des eingetragenen „street names“ an der Hautpversammlung teilnehmen und sein Stimmrecht ausüben kann. Die Eintragung eines „street names“ für den materiell Berechtigten bewirkt folglich die Umkehrung der Ausübungsbefugnisse im Verhältnis zwischen „street name“ und materiell Berechtigten, da die Wahrnehmung der eigenen Befugnisse nur noch im Rahmen der Stellvertretung möglich ist.

8. Unabhängig von diesen Auswirkungen auf die Inhaberschaft des Stimmrechts sind durch das NaStraG einige bemerkenswerte Neuerungen geregelt worden, die neben etwaigen formellen Erleichterungen auch materiell zu wesentlichen Veränderungen, insbesondere im Rahmen der Stimmrechtsvertretung, führen.

a) An erster Stelle ist die Zulässigkeit der Ausübung des Stimmrechts im Wege der „verdeckten“ Vertretung für den, den es angeht, auch für Namensaktien zu nennen. Hintergrund für diese Vertretungsform ist das Anliegen, den Vertretenen gegenüber dem Erklärungsempfänger zu anonymisieren bzw. nicht kenntlich zu machen, weshalb die Wahrnehmung einer „verdeckten“ Vertretungsmöglichkeit ursprünglich ausschließlich bei Inhaberaktionären möglich gewesen ist, da diese der Gesellschaft ohnehin regelmäßig namentlich nicht bekannt sind. Im Bestreben, die Namensaktie der Inhaberaktie auch diesbezüglich anzugleichen, ist die Anwendungsmöglichkeit der „verdeckten“ Vertretung vom Gesetzgeber nunmehr auch zugunsten der Namensaktionäre ausgeweitet worden, ohne dass dabei die spezifischen rechtlichen Rahmenbedingungen bei der Namensaktie, insbesondere im Zusammenhang mit der Legitimationswirkung des Aktienregisters, berücksichtigt worden wären. So ist die Zulässigkeit der „verdeckten“ Vertretung bei Namensaktien deshalb abgelehnt worden, weil eine „Verdeckung“ des Vertretenen aufgrund der Eintragung im Aktienregister unmöglich ist.

An der Richtigkeit dieser Aussage hat sich auch nach wie vor nichts geändert. Berücksichtigt man nämlich, dass bei Namensaktionären – im Gegensatz zu Inhaberaktionären – die Hinterlegung der Namensaktie oder ein sonstiger statutarisch geregelter Legitimationsnachweis zum Zwecke der Teilnahme an der Hauptversammlung bzw. zur Ausübung des Stimmrechtes nicht erforderlich ist, sondern dass sich statt dessen die Legitimation aus dem Aktienregister ergibt, resultiert daraus, dass die an der Hauptversammlung teilnehmenden Namensaktionäre der Gesellschaft stets bekannt sind. Diese Kenntnis ist umso wichtiger, sofern sich der betreffende Namensaktionär bei der Wahrnehmung seiner Mitgliedschaftsrechte durch einen Dritten vertreten lassen will, da andernfalls eine effektive Kontrolle nicht gewährleistet wäre und gegebenenfalls eine „Mehrfachteilnahme“ nicht verhindert werden könnte. Aus diesem Grund muss die Vollmachtsurkunde, die den Vertreter ausweist bzw. legitimiert, auch den Vertretenen benennen. Anders verhält es sich bei Inhaberaktionären, bei denen der Vertretene dem Vertreter die Aktienurkunde zum Zwecke der Teilnahme bzw. der Rechtsausübung „übergeben“ kann, damit dieser die Aktie bei der Gesellschaft oder bei einer von ihr bezeichneten Stelle hinterlegt oder gegebenenfalls dem anders lautenden statutarischen Nachweiserfordernis gerecht wird (vgl. § 135 Abs. 4 S. 3 AktG), infolge dessen Missbrauchsmöglichkeiten verhindert werden. Die Hinterlegung der Aktie dient folglich der Legitimation der teilnehmenden bzw. abstimmenden Person.

Die im Zuge der Anerkennung der „verdeckten“ Vertretung bei Namensaktien gesetzlich geregelte Notwendigkeit des Legitimationsnachweises außerhalb des Aktienregisters – etwa der Hinterlegung -, welche auch dazu dient, „Mehrfachteilnahmen“ und damit verbundene Missbrauchsmöglichkeiten zu vermeiden, bedingt, dass sich die Legitimität der teilnehmenden Person des Stimmberechtigten nun nicht mehr (allein) aus dem Aktienregister ergibt. Die Tatsache jedoch, dass nach wie vor vom gesetzlichen Leitbild des § 67 Abs. 2 AktG auszugehen ist, wonach der im Aktienregister Eingetragene gegenüber der Gesellschaft als Aktionär gilt, erfordert es jedoch, dass zumindest gegenüber der Gesellschaft der Name des eingetragenen Namensaktionärs, der dem durch § 135 Abs. 4 S. 3 AktG geforderten zusätzlichen Nachweis gerecht werden muss, trotzdem mitgeteilt werden muss, da nur auf diesem Wege ein Abgleich mit dem Aktienregister möglich ist, wodurch sich aber die durch die „verdeckte“ Vertretung bezweckte Anonymität – zumindest gegenüber der Gesellschaft – erübrigt.

Die Zulassung einer „verdeckten“ Vertretung von Namensaktionären in Verbindung mit einem zusätzlichen Nachweiserfordernis im Rahmen der Durchführung der Hauptversammlung verfehlt den beabsichtigten Zweck und führt zur Aushöhlung der Legitimationswirkung des Aktienregisters und folglich des gesamten Legitimationssystems des Rechts der Namensaktie.

b) Schließlich ist in Bezug auf das NaStraG noch auf die gleichermaßen für Inhaber- und Namensaktien geltende Möglichkeit der Stimmrechtsvertretung durch einen „gesellschaftseigenen“ Vertreter einzugehen.

Der Gesetzgeber hat mit der erstmaligen Normierung einer solchen Rechtsfigur zwar den grundsätzlichen Meinungsstreit über die Zulässigkeit des sogenannten „Verwaltungsstimmrechts“ entschieden, doch es gleichzeitig versäumt, diese Rechtsfigur bzw. deren Ausgestaltung näher zu bestimmen, so dass es diesbezüglich die weitere Entwicklung in Literatur und Rspr. abzuwarten gilt. Maßgebend für die inhaltliche Auslegung dürfte jedoch die vom Gesetzgeber beabsichtigte Nähe zum „proxy voting" in den USA und die Berücksichtigung der vorhandenen Interessenlage sein, wonach der „gesellschaftseigene" Vertreter grundsätzlich „dem Lager der Gesellschaft angehört" und nicht etwa ein neutraler Dritter ist, wie dies grundsätzlich bei den „anderen" Formen der organisierten Vertretung, insbesondere bei Kreditinstituten und Aktionärsvereinigungen der Fall ist.

Der „gesellschaftseigene" Vertreter darf nach § 134 Abs. 3 S. 2 AktG das Stimmrecht der Aktionäre nur auf der Grundlage einer – drei Jahre lang aufzubewahrenden – schriftlichen Vollmacht ausüben, sofern keine anderweitige statutarische Legitimationsmöglichkeit eingeräumt wird. Für die Ausübung dieses Stimmrechts ist ferner erforderlich, dass dem „gesellschaftseigenen" Vertreter jeweils Einzelweisungen bezüglich seines Abstimmungsverhaltens erteilt werden, um so etwaigen Interessenkonflikten entgegenzuwirken. Ein solches Erfordernis ergibt sich dabei aus der systematischen Einbettung des „gesellschaftseigenen" Vertreters in das „System der individuellen Stimmrechtsvertretung" und aus der entsprechenden Anwendung des Rechtsgedankens des § 135 Abs. 1 S. 2 AktG, der bei der Stimmrechtsausübung durch Kreditinstitute bei der eigenen Hauptversammlung stets die Erteilung von Weisungen verlangt, sowie der Praxis des „proxy voting", bei dem ein weisungsunabhängiges Handeln des Stimmrechtsvertreters unzulässig ist.

Im Gegensatz zu den Kreditinstituten und den diesen gleichgestellten Personen, die unter bestimmten Voraussetzungen von der Weisung des Aktionärs abweichen und somit nach eigenem Ermessen im Interesse des Aktionärs entscheiden können, ist der „gesellschaftseigenen" Vertreter – etwa aufgrund plötzlich veränderter Umstände in der Hauptversammlung – nicht berechtigt, von der erteilten Weisung des Vollmachtgebers abzuweichen, sofern er diesen nicht vorher über die neue Situation informiert hat und dieser nicht eine entsprechende (neue) Weisung erteilt hat. Die unterschiedlichen Interessenlagen rechtfertigen eine derartige Differenzierung, da nur dann gewährleistet ist, dass keine Beeinflussung des „gesellschaftseigenen" Vertreters zu Lasten des Aktionärs stattfindet.

Im Hinblick auf die „verdeckte" Vertretungsmöglichkeit des „gesellschaftseigenen" Vertreters bleibt anzumerken, dass diese – abgesehen von den bereits dargestellten Einwänden bei Namensaktien – sich wohl nur dann realisieren lässt, sofern nicht ein Mitarbeiter der Gesellschaft als „gesellschaftseigener" Vertreter benannt wird, sondern ein „externer Dritter", da nur ein solcher im Regelfall über einen eigenständigen organisatorischen Bereich verfügt und somit gewährleistet ist, dass nicht die Gesellschaft „auf Umwegen" Kenntnis von den Namen der Vollmachtgeber hat.

Die Rechtsfigur des „gesellschaftseigenen" Stimmrechtsvertreters bedarf folglich einer näheren (gesetzlichen) Ausgestaltung, um dem Aktionär eine (weitere) interessengerechte Vertretungsmöglichkeit zu bieten.

Literarturverzeichnis

1. Kommentare

Baumbach/Hefermehl — Wechsel- ud ScheckG, 21. Aufl., 1999

Baumbach/Hueck — Aktiengesetz, 13. Aufl., 1968

Baumach/Hopt — Handelsgesetzbuch, 30. Aufl., 2000

Ebenroth/Boujong/Joost — Handelsgesetzbuch-Kommentar, Bd. 2, 2001 (zitiert: Ebenroth-HGB-Autor)

Erman — Bürgerliches Gesetzbuch, Bd. 1, §§ 1 - 853 BGB, 10.Aufl. 2000

Geßler/Hefermehl/Eckhardt/Kropf/ — Aktiengesetz, Bd. 1, §§ 1 - 75, 1984 (zitiert Autor in Geßler/Hefermehl)

Aktiengesetz, Bd. 2, §§ 76 – 147, 1974 (zitiert Autor in Geßler/Hefermehl)

v. Godin/Wilhelmi — Aktiengesetz, Bd. 1, §§ 1 - 178, 4. Aufl., 1971

Großkommentar (Hrsg. Hopt/Wiedemann; ehem. Gadow/Heinichen) — Aktiengesetz, 4. Aufl.,
1. Lieferung Einleitung A-D, 1992 (zitiert: Großkomm-Autor)

2. Lieferung §§ 1 – 14, 1992 (zitiert: Großkomm-Autor)

4. Lieferung §§ 121 – 130, 1993 (zitiert: Großkomm-Autor)

5. Lieferung §§ 179 – 191, 1995 (zitiert: Großkomm-Autor)

7. Lieferung §§ 23 – 40, 1997 (zitiert: Großkomm-Autor)

Großkommentar (Hrsg. Gadow/Heinichen) — Aktiengesetz, 3. Aufl.,
1. Band 1. Halbband, §§ 1 – 75, 1973 (zitiert: Großkomm-Autor Voraufl)

	1. Band 2. Halbband §§ 76 – 147, 1973 (zitiert: Groß-komm-Autor Voraufl.)
Heinsius/Horn/Than	Depotgesetz, 1975
Hüffer, Uwe	Aktiengesetz, 5. Aufl., 2002
Jauernig	Bürgerliches Gesetzbuch, 9. Aufl., 1999
Kölner Kommentar	Kölner Kommentar zum Aktiengesetz, Bd. 1 §§ 1-75, 2. Aufl., 1988 (zitiert: KK-Autor)
	Kölner Kommentar zum Aktiengesetz, Bd. 2 §§ 76 – 117, 2. Aufl., 1996 (zitiert: KK-Autor)
	Kölner Kommentar zum Aktiengesetz, Bd. 5 1. Halbband §§ 179 – 240, 2. Aufl., 1995
Kölner Kommentar	Kölner Kommentar zum Aktiengesetz, Bd. 1 §§ 1- 147, 1. Aufl., 1985 (zitiert: KK-Autor Voraufl.)
Münchener Handbuch des Gesellschaftsrechts	Aktiengesellschaft, Bd. 4, 2. Aufl., 1999 (zitiert: Autor in MüHdB)
Münchener Kommentar	Bürgerliches Gesetzbuch, Schuldrecht Allgemeiner Teil, Bd. 2, §§ 241 – 432, 4. Aufl., 2001 (zitiert: MüKo-Autor)
	Bürgerliches Gesetzbuch, Schuldrecht Besonderer Teil III. Bd. 5, §§ 705 – 853, 3. Aufl., 1997 (zitiert: MüKo-Autor)
	Bürgerliches Gesetzbuch, Sachenrecht, Bd. 6, §§ 854 – 1296, 3. Aufl., 1997 (zitiert: MüKo-Autor)
Münchener Kommentar	Handelsgesetzbuch, Bd. 5, §§ 343 – 372, 2001 (zitiert: MK-HGB-Autor)
Münchener Kommentar	Aktiengesetz, Bd. 1, §§ 1 - 53, 2. Aufl., 2000 (zitiert: MK-Autor)
	Aktiengesetz, Bd. 2, §§ 53a – 75, 2. Aufl., 2003 (zitiert: MK-Autor)

Aktiengesetz, Bd. 8, §§ 278 – 328, 2. Aufl., 2000 (zitiert: MK-Autor)

Nirk/Reuter/Bächle	Handbuch der Aktiengesellschaft, 3. Aufl., 1994 (fortlaufende Loseblattsammlung)
Opitz, Georg	Depotgesetz, 2. Aufl., 1955
Palandt	Bürgerliches Gesetzbuch, 61. Aufl., 2002
RGRK	Bürgerliches Gesetzbuch, Bd. 3 1. Teil, §§ 854 – 1011, 12. Aufl., 1979
Schlegelberger, Franz	Handelsgesetzbuch, Bd. 6, §§ 383 – 460 HGB, 5. Aufl., 1977
Schlegelberger/ Quassowski	Aktiengesetz, 1937
Staub	Handelsgesetzbuch Grosskommentar, Bd. 3, Teilband 2, §§ 352 – 372, 3. Aufl. 1978 (zitiert: Staub-HGB-Autor)
	Handelsgesetzbuch Grosskommentar, Bankvertragsrecht (2. Bearbeitung) Bd. 3, Teilband 3, 3. Aufl., 1981 (zitiert: Staub-Canaris-BVR)
Staudinger	BGB, Zweites Buch Recht der Schuldverhältnisse §§ 397-432, 13. Aufl., 1999 (zitiert: Staudinger-Autor)
	BGB, Drittes Buch Sachenrecht §§ 925 – 984, 13. Aufl., 1995 (zitiert: Staudinger-Autor)
	BGB, Drittes Buch Sachenrecht §§ 1018 – 1112, 13. Aufl., 1994
	BGB, Drittes Buch Sachenrecht §§ 1204 – 1296, 13. Aufl., 2002

2. Lehrbücher

Assmann/ Schütze-Kümpel	Handbuch des Kapitalanlagerechts, 2. Aufl., 1997 (zitiert: Assmann/Schütze)
Balser/Bokelmann/ Piorreck	Die Aktiengesellschaft, 1985
Canaris, Claus-Wilhelm	Handelsrecht, 23. Aufl., 2000
Claussen, Carsten Peter	Bank- und Börsenrecht, 2. Aufl., 2000
Gursky Karl-Heinz	Wertpapierrecht, 2. Aufl., 1997
Henn, Günter	Handbuch des Aktienrecht, 7. Aufl., 2002
Hueck/Canaris	Recht der Wertpapiere, 12. Aufl., 1986
Hübner, Ulrich	Handelsrecht, 4. Aufl., 2000
Kümpel, Siegfried	Bank- und Kapitalmarktrecht, 2. Aufl., 2000
Larenz, Karl	Methodenlehre der Rechtswissenschaft, 6. Aufl., 1991
Medicus, Dieter	Allgemeiner Teil des BGB, 8. Aufl. 2002
Meyer-Cording, Ulrich	Wertpapierrecht, 2. Aufl., 1990
Müller/ Christmann-Schnander	Wertpapierrecht, 1992
Raiser, Thomas	Recht der Kapitalgesellschaften, 3. Aufl., 2001
Schimansky/Bunte/ Lwowski	Bankrechts-Handbuch, Bd. 2, 1997 (zitiert: Schimansky)
Schmidt, Karsten	Gesellschaftsrecht, 4. Aufl., 2002
Ders.	Handelsrecht, 5. Aufl. 1999 (zitiert: HR)
Sedatis, Lutz	Einführung in das Wertpapierrecht, 1988
Wiedemann, Herbert	Gesellschaftsrecht 1980 Bd. 1 (zitiert: Wiedemann-GesR)

Zöllner, Wolfgang — Wertpapierrecht, 14. Aufl. 1987

3. Aufsätze, Monographien

Bachmann, Gregor — Namensaktie und Stimmrechtsvertretung, in WM 1999, 2100 ff

Baums, Theodor (Hrsg.) — Neudrucke privatrechtlicher Kodifikationen und Entwürfe des 19. Jahrhunderts, Bd. 5, 1981 – Gesetz über die Aktiengesellschaften für die königlich Preussischen Staaten vom 09. November 1843 – Texte und Materialien

Ders. — Vollmachtstimmrecht der Banken – Ja oder Nein ?, in AG 1996, 11 ff

Baums/v. Randow — Der Markt für Stimmrechtsvertreter, in AG 1995, 145 ff

Böckenhoff, Johannes/ Ross, Malcolm I. — American Depositary Receipts (ADR) – Strukturen und rechtliche Aspekte – Teil1, in WM 1993, 1781 ff

Bösselmann, Kurt — Die Entwicklung des deutschen Aktienwesens im 19. Jahrhundert, Berlin 1939

Bopp, Elmar — Die Namensaktie, Diss. Heidelberg 1932

Büchner, Rudolf — Die treuhandrechtliche Organisation des Effektengiroverkehrs, 1956

Bunke, Casper — Fragen der Vollmachtserteilung zur Stimmrechtsausübung nach §§ 134, 135 AktG, in AG 2002, 57 ff

Deutsche Bank — Aktiengesetz 1965, Erläuterungen mit praktischen Hinweisen, Stuttgart 1965

Diekmann, Hans — Namensaktien bei Publikumsgesellschaften, in BB 1999, 1985 ff

Dreher, Mainrad/ Schnorbus, York — Anmerkung zu LG Baden-Baden, Urt. V. 29.04.1998 – 4 O 137/97, in EWIR 1998, 675 f

Endemann, Wilhelm — Die Entwicklungen der Handelsgesellschaften, Berlin 1867

Einsele, Dorothee — Das Wertpapierrecht als Schuldrecht, 1995

Fabricius, Fritz	Zur Theorie des stückelosen Effektengiroverkehrs mit Wertrechten aus Staatsanleihen, in AcP 162 (1963), 456 ff
Fick, Julius	Ueber Begriff und Geschichte der Aktiengesellschaft, in ZHR 5 (1862) 1 ff
Habersack, Mathias	Aktienrecht und Internet, in ZHR 165 (2001), 172 ff
Hachenburg, Max	Aktienrechtliche Fragen zum Wertpapierbereinigungsgesetz, in JW 1951, 13 ff
Hammen, Horst	Zur geplanten Neuregelung des Depotstimmrechts, in ZIP 1995, 1301 ff
Ders.	Zur Haftung bei der Stimmrechtsvertretung durch Kreditinstitute in der Hauptversammlung der Aktiengesellschaft, in ZBB 1993, 239 ff
Hanloser, Stefan	Proxy-Voting, Remote-Voting und Online-Hauptversammlung: § 134 III 3 AktG nach dem NaStraG, in NZG 2001, 355 ff
Happ, Wilhelm	Vom Aktienbuch zum elektronischen Aktionärsregister, in Festschrift Bezzenberger 2000, 111 ff
Ders.	Die Legitimationsübertragung im Aktienrecht, in Festschrift Rowedder 1994, 119 ff
Heißel/Kienle	Rechtliche und praktische Aspekte zur Einbeziehung vinkulierter Namensaktien in die Sammelverwahrung, in WM 1993, 1909 ff
Herold, Hermann	Inhaber- oder Namensaktie, in NJW 1952, 81 ff
Henssler, Martin	Die gesetzliche Regelung der Rechtsanwalts-GmbH, in NJW 1999, 241 ff
Henze, Hartwig	Die Treuepflicht im Aktienrecht, in BB 1996, 489 ff
Hoffman-Becking, Michael	Gesetz zur „kleinen AG“ – unwesentliche Randkorrekturen oder grundlegende Reform ?, in ZIP 1995, 1 ff
Hoffmann, Jansen	Der Nießbrauch im Zivil- und Steuerrecht, 1972 (zitiert: Hoffmann, J.)

Hoffmann, Jochen — Systeme der Stimmrechtsvertretung in Publikumsgesellschaften, Diss. 1998

Hommelhoff, Peter, — Eigenkontrolle statt Staatskontrolle – rechtsdogmatischer Überblick zur Aktienrechtsreform 1884, in ZGR Sonderheft 4, 53 ff

Hopt, Klaus J. — Ideelle und wirtschaftliche Grundlagen der Aktien-, Bank- und Börsenrechtsentwicklung im 19. Jahrhundert, in: Coing, Helmut/Wilhelm, Walter (Hrsg). Wissenschaft und Kodifikation des Privatrechts im 19. Jahrhundert, Band V, Geld und Banken, Frankfurt a.M. 1979, 128 ff

Ders. — Präventivmaßnahmen zur Abwehr von Übernahme- und Beteiligungsversuchen, in WM-Festausgabe für Theodor Heinsius vom 25.09.1991

Hüther, Mario — Namensaktien, Internet und die Zukunft der Stimmrechtsvertretung, in AG 2001, 68 ff

Huep, Tobias — Die Renaissance der Namensaktie – Möglichkeiten und Probleme im geänderten aktienrechtlichen Umfeld, in WM 2000, 1623 ff

Knobbe-Keuk, Brigitte — Inanspruchnahme des arglistig getäuschten Erwerbers eines noch nicht eingezahlten GmbH-Geschäftsanteils in ZIP 1983, 274 ff

Koller, Ingo — Der gutgläubige Erwerb von Sammeldepotanteilen an Wertpapieren im Effektengiroverkehr, in DB 1972, 1857 ff, 1905 ff

Köhler, A. — Inhaberaktie oder Namensaktie, Das Wertpapier 1954, 199 ff

Kölling, Lars — Namensaktie im Wandel der Zeit – „NaStraG", in NZG 2000, 631 ff

Kossmann, Horst — Der Anspruch auf Genehmigung zur Übertragung vinkulierter Namensaktien, in BB 1985, 1364 ff

Krebs, Karsten/
Wagner, Jens — Der Leistungszeitpunkt von Sacheinlagen nach § 36a Abs. 2 AktG, in AG 1998, 467 ff

Kropff, Bruno — Zur Vinkulierung, zum Vollmachtsstimmrecht und zur Unternehmensaufsicht im deutschen Recht, in ZGR 1994 Sonderheft 12, 3 ff

Kümpel, Siegfried — Die Internationalisierung der deutschen Girosammelverwahrung, in WM 1976, 942 ff

Ders. — Zur Girosammelverwahrung und Registerumschreibung der vinkulierten Namensaktien, in WM 1983 Sonderbeilage 8

Ders. — Der Bestimmtheitsgrundsatz bei Verfügungen über Sammeldepotguthaben – zur Theorie des Bruchteilseigentums sui generis, in WM 1980, 422 ff

Lehmann, Karl — Das Recht der Aktiengesellschaften, Erster Band, Berlin 1898 (Neudruck 1964)

Leuering, Dieter — Das Aktienbuch, ZIP 1999, 1745 ff

Loewenfeld, Hermann — Der Entwurf des neuen Actiengesetzes, Berlin 1884

Ludwig Frank — Formanforderungen an die individuell erteilte Stimmrechtsvollmacht in der Aktiengesellschaft und in der GmbH, in AG 2002, 433 ff

Lutter, Marcus — Die Rechte und Pflichten des Vorstandes bei der Übertragung vinkulierter Namensaktien, in AG 1992, 369 ff

Ders. — Das neue „Gesetz für kleine Aktiengesellschaften und zur Deregulierung des Aktienrechts“ in AG 1994, 429 ff

Ders. — Macht der Banken, in NJW 1995, 2766 ff

Lutter, Marcus/
Grundewald, Barbara — Zur Umgehung von Vinkulierungsklauseln in Satzungen von Aktiengesellschaften und Gesellschaften mbH, in AG 1989, 109 ff

Luttter/Schneider — die Beteiligung von Ausländern an inländischen Aktiengesellschaften – Möglichkeiten der Beschränkungen nach geltendem Recht und Vorschläge de lege ferenda, in ZGR 1975, 182 ff

Mayer, Dieter — Der Leistungszeitpunkt bei Sacheinlageleistungen im Aktienrecht, in ZHR 154 (1990), 535 ff

Merkt, Hanno — Die Geschichte der Namensaktie, S. 63 ff in Namensaktie – Schriften zum Kapitalmarkt Bd. 3 Hrsg. von Rosen/Seifert, 2000

Meyer-Sparenberg — Deutsche Aktien auf dem US-amerikanischen Kapitalmarkt, WM 1996, 1117 ff

Möhring, Oscar — Zum Geschäftsverkehr mit vinkulierten Namensaktien, BB 1953, 773 ff

Müller-Erzbach, Rudolf — Die Entartung des Deutschen Aktienwesens seit der Inflationszeit, 1926

Noack, Ulrich — Die Namensaktie- Dornröschen erwacht, DB 1999, 1306 ff

Ders. — Die Umstellung von Inhaber- auf Namensaktien, in Festschrift Bezzenberger, 2000, 291 ff

Ders. — Die organisierte Stimmrechtsvertretung auf Hauptversammlungen – insbesondere durch die Gesellschaft, in Festschrift Lutter 2000, 1463 ff

Ders. — Moderne Kommunikationsformen vor den Toren des Unternehmensrechts, in ZGR 1998, 592 ff

Ders. — Stimmrechtsvertretung in der Hauptversammlung nach NaStraG, ZIP 2001, 57 ff

Ders. — Neues Recht für die Namensaktie – Zum Referentenentwurf eines NaStraG, ZIP 1999, 1993 ff

Ders. — Namensaktie und Aktienregister: Einsatz für Investor Relations und Produktmarketing, in DB 2001, 27 ff

Noack/Zetzsche — Die Legitimation der Aktionäre bei Globalaktien und Depotverbuchung, in AG 2002, 651 ff

Opitz, Georg — Die Girosammelverwahrung von Inhaberteilschuldverschreibungen und von Orderpapieren, in 50 depotrechtlichen Abhandlungen, 1954, 146 ff

Ders., — Gutgläubiger Erwerb von Orderpapieren, in 50 depotrechtlichen Abhandlungen, 1954, 682 ff

Otto, Hans-Jochen — Gebundene Aktien: Vertragliche Beschränkungen der Ausübung und Übertragbarkeit von Mitglieschaftsrechten zugunsten der AG, in AG 1991, 369 ff

Passow, Richard — Die Aktiengesellschaft – Eine wirtschaftswissenschaftliche Studie 2. Aufl., Jena 1922

Peters, Klaus — Wertpapierfreies Effektensystem – Eine Untersuchung der faktischen und rechtlichen Möglichkeiten einer Weiterentwicklung des herrschenden Effektenwesens, 1978

Ders. — Bucheffekten – eine Alternative zum Wertpapier, in WM 1976, 890 ff

Pikó, Rita/Preissler, Tino — Die Online-Hauptversammlung bei Publikumsaktiengesellschaften mit Namensaktien, in AG 2002, 223 ff

Pinckernelle, Hans — Inhaberaktie oder Namensaktie, in Das Wertpapier 1954, 230

Rasch, Harold — Die Namensaktie, in ZgesKW 1952, 230 ff

Renaud, Achilles — Das Recht der Actiengesellschaften, 2. Auflage, Leipzig 1875

Richter, Bodo — Das Aktienbuch, Berlin 1934

Schäfer, J. — Rückkehr zur Inhaberaktie, in Das Wertpapier 1954, 27 ff

Scharff, Christian — Der Nießbrauch an Aktien im Zivil- und Steuerrecht, 1982

Schmidt, Karsten — Aktionärs- und Gesellschafterzuständigkeiten bei der Freigabe vinkulierter Aktien und Geschäftsanteile in FS Beusch 1993, 759 ff

Schubert, Werner — Die Entstehung des Aktiengesetzes vom 18. Juli 1884, in ZGR Sonderheft 4, 1 ff

Schück, Richard	Brandenburg-Preußens Kolonialpolitik unter dem Großen Kurfürsten und seinen Nachfolgern, Berlin 1889
Seibert, Ulrich	Der Regierungsentwurf zum Namensaktiengesetz (NaStraG), in ZIP 2000, 937 ff
Ders.	Die gesetzliche Neuregelung, S. 11 ff in Namensaktie – Schriften zum Kapitalmarkt Bd. 3 Hrsg. von Rosen/Seifert, 2000
Ders.	Der Ausschluß des Verbriefungsanspruchs des Aktionärs in Gesetzgebung und Praxis, in DB 1999, 267 ff
Siems, Mathias	Der RegE für ein Gesetz zur Namensaktie und zur Erleichterung der Stimmrechtsausübung (NaStraG), in NZG 2000, 626 ff
Spindler, Gerald	Internet und Corporate Governance – ein neuer virtueller (T)Raum ?, in ZGR 2000, 420 ff
Than/Hannöver	Depotrechtliche Fragen bei Namensaktien, S. 279 ff in Namensaktie – Schriften zum Kapitalmarkt Bd. 3 Hrsg. von Rosen/Seifert, 2000
Timm, Wolfram	Treuepflichten im Aktienrecht, in WM 1991, 481 ff
v. Berenberg-Gossler, G.	Die Übertragung gebundener Namensaktien, in BB 1954, 427 ff
v. Franckenstein,	Das Luftverkehrsnachweissicherungsgesetz und die Sicherung der Luftverkehrsrechte im Rahmen der Privatisierung der Lufthansa, in NJW 1998, 286 ff
v. Randow, Philipp	Stimmrechtsvertretung nach Art des Hauses, in ZIP 1998, 1564 ff
v. Rosen/Gebauer	Namensaktie und Investor Relations, S. 127 ff in Namensaktie – Schriften zum Kapitalmarkt Bd. 3 Hrsg. von Rosen/Seifert, 2000
v. Rottenburg, Franz	Inhaberaktien und Namensaktien im deutschen und amerikanischen Recht, Stuttgart 1967

Wastl, Ulrich/ Wagner, Franz	Wechselseitige Beteiligungen im Aktienrecht, in AG 1997, 241 ff
Weber, Martin	Der Eintritt des Aktienrechts in das Zeitalter der elektronischen Medien – Das NaStraG in seiner verabschiedeten Fassung, in NZG 2001, 337 ff (zitiert: Weber, M.)
Weber, Max	Wirtschaftsgeschichte: Abriss der universalen Sozial- und Wirtschaftsgeschicht. Aus den nachgelassenen Vorlesungen herausgegeben von S. Hellmann und M. Palyi, München und Leipzig 1923; 5. Unveränderte Auflage, Berlin 1991
Westermann, Harm P.	§§ 128, 135 AktG – Vollmachtstimmrecht, in Dörner/Menold/Pfilzer (Hrsg.), Reform des Aktienrechts, der Rechnungslegung und Prüfung, 1999
Wiedemann, Herbert	Die Übertragung und Vererbung von Mitgliedschaftsrechten bei Handelsgesellschaften, 1965
Woeste, Karl Friedrich	Die Namensaktie in der deutschen Aktienrechtspraxis, in AG 1961, 249 ff
Wunderlin, Rainer/ Zahn, Andreas	Die Einführung der deutschen Namensaktie in den USA über „US-Registrered Shares" S. 387 ff, in Namensaktie – Schriften zum Kapitalmarkt Bd. 3 Hrsg von Rosen/Seifert, 2000
Zätzsch, Jörg/ Gröning Moritz	Neue Medien im deutschen Aktienrecht: Zum RefE des NaStraG, in NZG 2000, 393 ff
Zetzsche, Dirk	NaStraG – ein erster Schritt in Richtung virtuelle Hauptversammlung für Namens- und Inhaberaktien, in ZIP 2001, 682 ff
Zöllner, Wolfgang	Neustückelung des Grundkapitals und Neuverteilung von Einzahlungsquoten bei teileingezahlten Aktien der Versicherungsgesellschaften, in AG 1985, 19 ff
Zöllner, Wolfgang	Die Zurückdrängung des Verkörperungselements bei den Wertpapieren, in Festschrift Raiser 1974, 249 ff

Saarbrücker Studien zum Privat- und Wirtschaftsrecht

Herausgeber:
Johann Paul Bauer, Michael Martinek und Helmut Rüßmann

Band 1 Susanne Jaschinski: Die Haftung von Schwestergesellschaften im GmbH-Unterordnungskonzern. Ein Beitrag zum Konzernverfassungsrecht. 1997.

Band 2 Roman Sascha Ahnert: Die *actio individualis*. Ein Beitrag zur verfassungsrechtlichen Fundierung der Aktionärsklage bei sogenannten Aktien-Interessenverbänden. 1997.

Band 3 Torsten Peters: Der Cateringvertrag. Rechtstatsachen, Rechtsnatur und Rechtsprobleme eines modernen Dienstleistungsvertrags. 1998.

Band 4 Michael Meissner: Persönlichkeitsschutz juristischer Personen im deutschen und US-amerikanischen Recht. Eine rechtsvergleichende Untersuchung des allgemeinen Persönlichkeitsrechts juristischer Personen. 1998.

Band 5 Thomas Tegen: Joint Venture-Vertrag und Projektträgergesellschaft im amerikanischen und deutschen Recht. 1998.

Band 6 Gerhard Wolter: Treuhandrecht im Umbruch? Ein Blick nach Frankreich, Luxemburg, in die Schweiz und in den Libanon sowie auf das Haager Trust-Übereinkommen. 1999.

Band 7 Thomas Dehlfing: Das Recht der irreführenden Werbung in Deutschland, Großbritannien und Frankreich. 1999.

Band 8 Hanno Dornseifer: Börsentermingeschäfte und Börsentermingeschäftsfähigkeit. Zur börsengesetzlichen Behandlung von finanzwirtschaftlichen Festgeschäften, Options- und Optionsscheingeschäften. 1999.

Band 9 Patrick Lenz: Absatzförderung durch *zinssubventionierte* Darlehen. Eine wettbewerbs- und kartellrechtliche Studie zur Zulässigkeit von Niedrigzins-Kreditangeboten unter besonderer Berücksichtigung des Automobilmarktes. 1999.

Band 10 Mansur Pour Rafsendjani: Der Goodwill-Ausgleichsanspruch des Franchisenehmers. Ein Vergleich des deutschen, französischen und US-amerikanischen Franchiserechts. 1999.

Band 11 Jörg Hartmann: Juristische und ökonomische Regelungsprobleme des Insiderhandels. Eine rechtsvergleichende Darstellung USA – Deutschland. 1999.

Band 12 David Altmeier: Rückstellungsbilanzierung in Deutschland und Frankreich. Eine vergleichende Untersuchung der französischen Rückstellungsbilanzierung aus der Perspektive des deutschen Bilanzrechts. 1999.

Band 13 Barbara Günther: Aktivische Bilanzierungshilfen im deutschen und französischen Bilanzrecht. 1999.

Band 14 Bernhard Glasow: Vertikale Preisbindung, Wettbewerbstheorie und Wettbewerbsrecht in den USA, Deutschland und Europa. Bestandsaufnahmen, Kritik und Zukunftsperspektiven. 2000.

Band 15 Dorota Nowak-James: Der Börsenzugang für Anleger in Deutschland und Polen. Eine rechtsvergleichende Untersuchung zum deutschen Finanzkommissionsgeschäft und zum polnischen Brokerauftragsvertrag. 2000.

Band 16 Mathias Queck: Der Nießbrauch am Anteil einer offenen Handelsgesellschaft. Eine Form der (un-)mittelbaren Unternehmensbeteiligung. 2000.

Band 17 Ina Roth: Umweltbezogene Unternehmenskommunikation im deutschen und europäischen Wettbewerbsrecht. 2000.

Band 18 Jörg Preiss: Die Anwendung des markenrechtlichen Erschöpfungsgrundsatzes auf Dienstleistungsmarken. 2000.

Band 19 Kevin M. McDonald: Der Begriff der Dienstleistung im europäischen Binnenmarkt und WTO-System (GATS). 2001.

Band 20 Carolin Opgenhoff: Die europäische Fusionskontrolle zwischen Wettbewerbsrecht und Industriepolitik. 2001.

Band 21 Susanne Schäfer: Die Deliktsfähigkeit juristischer Personen. Eine rechtsvergleichende Untersuchung zur Übertragbarkeit des englischen Modells. 2001.

Band 22 Kay Diedrich: Die Interventionswirkung – Ausprägung eines einheitlichen Konzepts zivilprozessualer Bindungswirkung. 2001.

Band 23 Michael Fröhlich: Zentrale Institutionen des deutschen Urheberrechts und des französischen Droit d'auteur auf dem Prüfstand der elektronischen Netzwerke. 2001.

Band 24 Joël Benjamin Münch: Abtretungsverbote im deutschen und französischen Recht. Rechtsvergleichende Untersuchung der Übertragungshindernisse im deutschen und französischen Forderungsverkehr als Beitrag zu einer weiteren Schuldrechtsvereinheitlichung in Europa. 2001.

Band 25 Monika Prieß: Der Begriff des Sachmangels im deutschen und englischen Kaufrecht. Reformbedarf aufgrund der Verbrauchsgüterkauf-Richtlinie 1999/44/EG. 2001.

Band 26 Katharina Siegel: Produkthaftung im polnischen, tschechischen und slowenischen Recht. 2001.

Band 27 Carolin Kühne: Die gesetzliche Form der Rechtsgeschäfte im deutschen und italienischen Recht. Eine rechtsvergleichende Untersuchung. 2002.

Band 28 Nina Scherf: Die Nachschußpflicht im Gesellschaftsrecht. Eine rechtsformübergreifende Bestandsaufnahme, Analyse und Kritik. 2002.

Band 29 Marc Laukemann: Fernsehwerbung im Programm. Die zunehmende Kommerzialisierung des Fernsehprogramms im Zeitalter einer Ökonomisierung der Aufmerksamkeit als verfassungs-, wettbewerbs- und rundfunkrechtliches Problem. 2002.

Band 30 Michael Bo Jaspers: Nachträgliche Rechtswahl im internationalen Schuldvertragsrecht. Unter besonderer Berücksichtigung der Rechtspraxis in England, Frankreich, Dänemark und Deutschland. 2002.

Band 31 Christina Pernice: Die Insolvenzverschleppung durch das Geschäftsführungsorgan der kleinen Kapitalgesellschaft im deutschen, französischen und englischen Recht. Eine rechtsvergleichende Untersuchung zur Entwicklung eines europäischen Lösungsansatzes. 2002.

Band 32 Anne Christine Janert: Der sachliche und persönliche Anwendungsbereich des deutschen Verbraucherkreditrechts und des britischen Consumer Credit Act 1974. Ein Beitrag zu den Möglichkeiten und Grenzen verbraucherrechtlicher Harmonisierung in Europa. 2002.

Band 33 Annette Trost: Faktische Sitzverlegung unter Sitz- und Gründungstheorie im Vergleich. Unter besonderer Berücksichtigung ihrer gesellschafts- und zivilrechtlichen Folgewirkungen. 2003.

Band 34 Esther Cordula Hilpert: Die Gründerhaftung in der Gesellschaft mit beschränkter Haftung in Deutschland, Frankreich und England. 2003.

Band 35 Wei-ming Liao: Die Schiedsgerichtsbarkeit in Taiwan. Unter besonderer Berücksichtigung der internationalen Handelsschiedsgerichtsbarkeit und mit Hinweisen zu der Entwicklung in Deutschland. 2003.

Band 36 Stefan Stork: Sitzverlegung von Kapitalgesellschaften in der Europäischen Union. Zur Reichweite der Niederlassungsfreiheit unter Berücksichtigung der positiven und der negativen Integration. 2003.

Band 37 Marc Pfeffer: Interbrand-Kartellverbot und Intrabrand-Vereinbarungen. Die Ablösung horizontaler und vertikaler Eingriffsmerkmale im GWB zu Gunsten einer Betrachtung produktexterner und -interner Wettbewerbsfaktoren. 2003.

Band 38 Nicole Burkardt: Der arbeitsrechtliche Aufhebungsvertrag. Einvernehmliche Beendigung von Arbeitsverhältnissen unter Berücksichtigung der Rechtslage nach der Schuldrechtsreform. 2004.

Band 39 Christian Schmeling: Die Entlastung von Mitgliedern geschäftsführender Organe im Recht der Kapitalgesellschaften. Eine rechtsvergleichende Studie zum deutschen, schweizerischen und französischen Recht. 2004.

Band 40 Andreas Wolf: Wege zur virtuellen Haupt- und Gesellschafterversammlung. Eine vergleichende Untersuchung über die Einbeziehung elektronischer Medien in die Hauptversammlung einer Aktiengesellschaft und die Gesellschafterversammlung einer GmbH. 2004.

Band 41 Bianca Natalie Baldus: Der elektronisch geschlossene Vertrag mit Schiedsabrede. Zulässigkeit und anwendbares Recht in nationalen und internationalen Schiedsverfahren. 2004.

Band 42 Vania Dilek: Der Wettbewerbsschutz in Bulgarien und in der Russischen Föderation während des Übergangs vom Dirigismus zur Privatautonomie. 2004.

Band 43 Rudolf Lenders: Treuhand am Gesellschaftsanteil. Die Einbindung des Treugebers in das gesellschaftsrechtliche Organisationsgefüge. 2004.

Band 44 Weizuo Chen: Rück- und Weiterverweisung (Renvoi) in staatsvertraglichen Kollisionsnormen. 2004.

Band 45 Stefan Hahn: Neue Ansätze im Anlegerschutz durch die Ad-hoc-Publizität des § 15 WpHG. 2004.

Band 46 Pietro Graf Fringuelli: Internet TV. Filmurheberrecht im Internet. 2004.

Band 47 Caspar Frhr. v. Schnurbein: Missbrauch von Minderheitsrechten im deutschen und italienischen Aktienrecht. 2005.

Band 48 David Kereselidze: Der allgemeine Teil des Georgischen Zivilgesetzbuches von 1997. Eine rechtsvergleichende Untersuchung. 2004.

Band 49 Miguel A. García Mateos: Das neue Recht der Namensaktie. Bestandsaufnahme, Analyse und Kritik. 2005.

Peter Lang · Europäischer Verlag der Wissenschaften

Ulrich Wastl

Aktienrechtliche Treupflicht und Kapitalmarkt

Ein Plädoyer für eine juristisch-interdisziplinäre Betrachtungsweise

Frankfurt am Main, Berlin, Bern, Bruxelles, New York, Oxford, Wien, 2004. 102 S.
ISBN 3-631-52853-1 · br. € 24.50*

Die überwiegend im Stil eines Plädoyers gehaltene Arbeit geht der Frage nach, welche Bedeutung aktienrechtlichen Treupflichten im Bereich kapitalmarktrelevanter Vorgänge zukommt. Namentlich wird hierbei untersucht, ob und in welchem Umfang kapitalmarktpraktischen Fehlentwicklungen mit Hilfe eines Rückgriffs auf das Rechtsinstitut der aktienrechtlichen Treupflicht begegnet werden kann. Zu diesem Zweck werden zunächst die allgemeinen rechtlichen Grundlagen, namentlich die aktienrechtliche Treupflicht sowie ihr Verhältnis zum Kapitalmarktrecht betreffend dargestellt. Hierauf aufbauend werden Inhalt und Tragweite aktienrechtlicher Treupflichten in einigen spezifischen Fallkonstellationen, wie beispielsweise im Hinblick auf den Erwerb eigener Aktien, den Auf- und Ausbau wechselseitiger Beteiligungen sowie den Squeeze-out und das Delisting, herausgearbeitet. Basierend auf den Ergebnissen dieser Untersuchung spezifischer kapitalmarktrelevanter Sachverhalte, werden schließlich erste abstrakte Fallgruppen gebildet, wobei besonderer Wert auf die Entwicklung genereller rechtlicher Leitlinien gelegt wird. Dieses Plädoyer verfolgt darüber hinaus die Zielsetzung, die wohl dringend notwendige Diskussion über die disziplinierende Funktion der aktienrechtlichen Treupflicht im Kapitalmarktgeschehen zu fördern.

Aus dem Inhalt: Rechtliche Grundlagen · Einige Fallkonstellationen aktienrechtlicher Treupflichten im kapitalmarktrelevanten Bereich · Zusammenfassendes Fazit und Ausblick: Bildung erster abstrakter Fallgruppen

Frankfurt am Main · Berlin · Bern · Bruxelles · New York · Oxford · Wien
Auslieferung: Verlag Peter Lang AG
Moosstr. 1, CH-2542 Pieterlen
Telefax 00 41 (0) 32 / 376 17 27

*inklusive der in Deutschland gültigen Mehrwertsteuer
Preisänderungen vorbehalten

Homepage http://www.peterlang.de

FSC
www.fsc.org
MIX
Papier | Fördert
gute Waldnutzung
FSC® C083411

Kolibri 360 GmbH
Ferdinand-Jühlke-Straße 7
99095 Erfurt, Deutschland
produktsicherheit@kolibri360.de

Druck:
CPI Druckdienstleistungen GmbH
im Auftrag der
Kolibri 360 GmbH
Ferdinand-Jühlke-Str. 7
99095 Erfurt